《布拉格的回忆》编纂人员名单

顾　问

钱李仁

编委会成员

江广平　倪　健　万学军　李玉琦　丁涤和

撰稿人

钱存学　梁　畔　程极明　徐　葵　胡述智

布拉格的回忆

参与国际学联工作二十年

（1947年—1966年）

共青团中央国际联络部 编

中国青年出版社

（京）新登字 083 号

图书在版编目（CIP）数据

布拉格的回忆/共青团中央国际联络部编. —北京：中国青年出版社，2008
ISBN 978-7-5006-8556-2

Ⅰ. 布...　　Ⅱ. 共...　　Ⅲ. 回忆录—作品集—中国—当代　　Ⅳ. I251

中国版本图书馆 CIP 数据核字（2008）第 182469 号

责任编辑：冈　宁

*

中国青年出版社出版 发行
社址：北京东四 12 条 21 号　　邮政编码：100708
网址：www.cyp.com.cn
编辑部电话：（010）84015594　　营销中心电话：（010）84039659
三河市君旺印刷厂印刷　　新华书店经销

*

700×1000　　1/16　　22.75 印张　　6 插页　　400 千字
2008 年 12 月北京第 1 版　　2008 年 12 月河北第 1 次印刷
定价：35.00 元
本图书如有印装质量问题，请凭购书发票与质检部联系调换
联系电话：（010）84047104

1958 年 9 月，国际学联第五次代表大会在北京举行。图为中国国务院总理周恩来（左 2）在招待会上向与会代表祝酒。

1958 年 9 月，国际学联第五次代表大会在北京举行。图为中国国务院总理周恩来（左 5）在招待会上向与会代表祝酒。

1949年8月，第二届世界青年与学生和平友谊联欢节在匈牙利首都布达佩斯举行。图为参加联欢节活动的中国代表团团长萧华与其他国家代表合影。

1949年8月，第二届世界青年与学生和平友谊联欢节在匈牙利首都布达佩斯举行。图为参加游行活动的中国代表团。

国际学联会徽。

1949年8月，第二届世界青年与学生和平友谊联欢节在匈牙利首都布达佩斯举行。图为参加联欢节活动的学生抬着国际学联会徽游行的情形。

第二次世界学生代表大会代表证。

1950年8月14日至23日，第二次世界学生代表大会在布拉格举行。图为大会
会场。

INTERNATIONAL UNION OF STUDENTS
МЕЖДУНАРОДНЫЙ СОЮЗ СТУДЕНТОВ
UNION INTERNATIONALE DES ETUDIANTS
国际学生联合会
UNION INTERNACIONAL DE ESTUDIANTES
MEZINÁRODNÍ SVAZ STUDENTSTVA

国际学联公函签头。

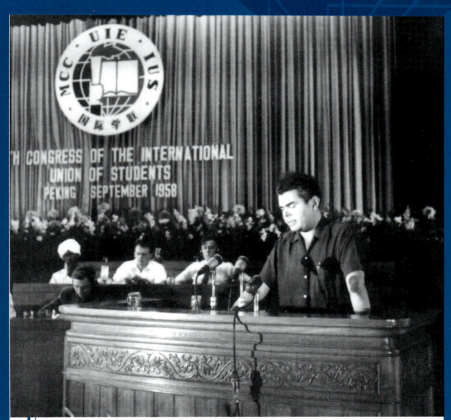

1958年9月，国际学联第五次代表大会在北京举行。图为国际学联主席贝利康在大会上作工作报告。

1949 年 9 月 15 日至 25 日，国际学联一届理事会第四次会议在索非亚举行。图为出席会议代表与保加利亚群众跳保加利亚民间舞蹈。

1948 年 9 月，国际学联在法国巴黎召开理事会会议。图为会后与会者与法国总统 Auriol 合影。

图为出席国际学联某次会议的各国代表外出参加活动的情形。

图为国际学联某次会议会场（局部）。

曾经参与国际学联工作或担任驻国际学联代表并是本书《综述》和《纪事》文稿撰写者的老同志合影。左起：徐葵、梁畊、钱存学、钱李仁、程极明、胡述智。

目　　录

前　言

国际学联是第二次世界大战结束后,世界学生于1946年在战时世界人民反法西斯大团结的基础上成立的一个国际学生组织,是世界人民反法西斯统一战线胜利发展的产物。

20世纪30年代,由于难以摆脱沉重的世界经济危机,西方主要垄断资本主义国家之间的矛盾和对抗不断加剧。德、日、意三个法西斯国家迅速走上了对外侵略扩张的道路。1937年日本发动全面侵华战争,揭开了第二次世界大战的序幕,1939年德国入侵波兰,第二次世界大战全面爆发,由此英、法政府首脑对法西斯的绥靖幻想被彻底打碎,国际反法西斯力量开始团结合作。在希特勒入侵苏联后,遭受法西斯力量侵略的各国迅即结成反法西斯同盟,一条空前广泛的国际反法西斯统一战线也就此形成,并推动世界反法西斯战争逐步走向胜利。作为反法西斯统一战线一个组成部分的世界学生运动,也在这场斗争中做出了贡献,得到了锻炼。

在此背景下,国际学联应运而生。国际学联的成立反映了战后世界学生要求团结合作,保卫世界和平,防止再次发生世界大战和维护学生权益的良好愿望。国际学联自成立之日起,就大力引导各国学生投身清除法西斯残余势力、反对殖民主义、争取国家独立、维护世界和平的伟大历史洪流,为建立战后国际新秩序做出了积极贡献。进入20世纪中叶后,由于东西方的"冷战",导致世界学生运动发生分裂;后来又随着中苏两党分歧的发展而加剧了国际学联内部的矛盾。在此期间,国际学联逐渐演变成为国际上不同政治力量斗争的一个前沿阵地。尽管如此,国际学联在保卫世界和平、支持殖民地和附属国的民族解放运动以及维护广大学生权益等方面的历史功绩是不可磨灭的。

作为国际学联的重要成员,中国学联在中国共产党领导下,从1947年与国际学联建立联系起,到1966年"文化大革命"爆发不久撤回常驻代表,中断了与国际学联的联系,参与国际学联工作长达20年。在这20年间,中国学联始终大力支持并积极参与国际学生的正义斗争,也通过国际学联取得了世界学生给予中国学生运动的大力支持和帮助。不仅如此,参与国际学联工作还使中国学联在配合和贯彻党在各个历史时期总体对外路线、方针方面发挥了应起的和能起的作用,包括新中国成立前向国际社会揭露国民党政府的本质及其在美国支持下发动内战的罪行,以及在新中国成立初期,开展多边人民外交,扩大国际联系和展现国家形象,打破西方敌对势力的外交封锁方面等的作用。同时,也使许多青年外事工作干部经受了锻炼。

在这20年中,中国学联在处理与国际学联的关系中走过了一条不寻常的道路,积累了许多弥足珍贵的经验和教训。真实记录下这段历史,借以保存一批全面、真实、准确的历史资料,对于学习和研究中国青年运动的历史具有重要的意义。更何况记录和追思并不仅仅是为了回忆过去,更是为了创造美好的未来。所谓"读史使人明智"、"鉴古而知今",是因为历史蕴涵着经验与真知,包藏着智慧和启迪。只有善于学习和研究历史,才能真正做到以史为鉴,弄懂昨天、看懂今天和预见明天,这是编写本书的初衷。但是由于这些事件的时间跨度长,所涉及的范围广,特别是对当时发生的某些重大事件和问题的认识与评价,现在还是见仁见智,因此本书基本上是采取"述而不评"的写法,仅对事件发生时的实际情况作如实的叙述,一般不作评论,是非功过留待读者慧眼相识。

本书由共青团中央国际联络部组织当年参与国际学联工作的负责同志和中国学联历届常驻国际学联代表集体讨论、分工撰写。综述部分由钱李仁草拟提纲,程极明执笔;纪事部分关于国际学联在成立初期和东西方冷战初期的内容由钱存学和梁畔执笔;关于国际学联在中苏分歧时期的内容由程极明、徐葵和胡述智执笔。对这20年工作中某些段落或某些方面细节的追忆,分别由个人撰写并署名,编入回忆录部分。还有一些与国际学联有关的重要的参考资料,则收在附录部分,供读者参考。

本书在编写过程中,本着"尊史崇实"的原则,运用了翔实可靠的历史资料和珍贵的历史照片,以再现当年复杂多变的国际形势和国际学生运动状况,并将昔日的重要场景和过往的时代风云展现在读者面前,力图向广大读者,特别是向广大青少年读者奉献一本朴实可信的历史读物。但是,由于编者水平有限,加之获取和掌握资料方面的限制,考虑不周和疏误之处在所难免,敬请各界人士及读者批评指正。

国际学联综述

（1943—1966）

国际学生联合会（International Union of Students），简称国际学联（IUS），发起于1943年，成立于1946年8月。在正式成立时，会员组织包括了各大洲40多个国家的全国学联和一些全国性的学生团体。国际学联是第二次世界大战后首次出现的一个具有全球性和广泛代表性的国际大学生组织[①]，其章程规定，"国际学联作为全世界为进步事业而努力的民主学生自己的组织"有12项任务，其中包括"保卫学生权益"，"支持殖民地、半殖民地和附属国的学生为自由和独立的斗争"，"保卫世界和平、利用科学和文化的进步为人类谋福利"。这是在第二次世界大战中形成最广泛的国际反法西斯统一阵线的历史基础上的产物。

世界各国的大学生，是一个学习知识、逐步成长的群体。他们关心个人的前途，自然也会联系所在的民族（国家）和社会的处境和前景，因而会不同程度地产生对社会政治的敏感和寻求真理的愿望，这往往成为各国兴起学生运动和成立学生组织的客观基础。但不同类型国家的社会情况和国际地位差异甚大，在第二次世界大战前世界上三种类型国家（资本主义国家、殖民地半殖民地国家、社会主义国家苏联）的学生组织之间存在着重大的差异和矛盾，要把世界各国的学生组织团结到一个具有共同政治目标的国际学生组织中是难以做到的。只是从20世纪30年代起，由于法西斯主义的扩张侵略、血腥残暴、灭绝人性的罪行，才使亚洲、欧洲、非洲、美洲和大洋洲都陆续卷入了世界反对法西斯的生死斗争之中，殖民地和附属国争取民族独立运动也成为反法西斯斗争中的一支重要力量。在人类经历第二次世界大战的整个过程中，各种不同类型国家中的学生在反法西斯和争取民族解放的斗争中奋勇当先，冲锋陷阵，成为他们本民族的一支先锋力量，同时在国际上加强了相互联系和相互声援，这一切构成了国际学联得以创立的政治基础和组织基础。第二次世界大战后，以中、苏、美、英、法五大国为安理会常任理事国的联合国组织的成立，也推动了包括国际学联在内的各种国际性群众组织创建的进程。这样，一个包容多种类型国家学生组织

[①] 国际学联成立时，其会员组织是世界各国大学生组织，1950年8月第二次世界学生大会以后，增加了某些国家的中学生组织。

的国际学联才于 1946 年应运而生，并且在一段时间里显示了这个组织在国际社会中的独特作用。

中国学联从 1947 年开始成为国际学联会员组织并向其派出了常驻代表，直到 1966 年撤回，共参与国际学联工作 20 年。结合这段经历，我们回顾的国际学联从开始筹备的 1943 年到 1966 年这段历史大体上可以分成三个阶段：第一阶段是从 1943 年到 1946 年，是发起、筹备和成立时期；第二阶段是从 1947 年到 1959 年，是国际学联在世界两大阵营形成、冷战开始和民族解放运动蓬勃兴起和发展的情况下工作的时期；第三阶段是从 1960 年到 1966 年，是国际学联在中苏分歧逐步公开化的情况下工作的时期。

为不同时期国际局势所决定，国际学联内各种力量无论在相互之间还是在各自内部的关系和矛盾中，都经历了重大而复杂的变化，以致国际学联发生过两次大的分裂。尽管如此，国际学联还是在曲折中为其创始时在"章程"中所规定的任务而坚持努力，在这 23 年中对和平、民族独立、反帝反殖、学生的切身利益和国际合作，做出了自己的贡献。

以下，进行分阶段的概述。

一

第一阶段，国际学生运动所处的国际环境是，世界反法西斯统一阵线从形成到胜利，其团结战斗的精神在战后建立国际新秩序中还起到一定影响。

20 世纪 30 年代，日本军国主义在全面展开侵华战争的同时，与德国、意大利法西斯政权结成了"轴心国"。德国法西斯从 1938 年 3 月开始侵占欧洲许多国家，1939 年占领波兰，继而占领了大半个欧洲，并渡海侵入北非；1941 年 6 月侵入苏联，一直攻到列宁格勒和莫斯科城下。同年 12 月，日军突袭珍珠港，战火蔓延到整个东南亚和南太平洋，直逼大洋洲，美国宣布参战。中、苏、美、英、法等国结成反法西斯同盟，在反对德、日、意法西斯国家的战争中取得最后胜利。

在法西斯国家开始发动侵略战争的时候，亚洲、欧洲、北美、非洲（包括在"宗主国"留学的）学生，就曾先后奋起投身反法西斯斗争。1939 年 10 月 28 日，布拉格学生勇敢地举行反对德国占领的示威游行，11 月 17 日德国法西斯对捷克大学生实施镇压①,激发起战时国际学生团结反法西斯的强大运动。青年学生提高了觉悟,同时也建立起了许多学生组织。1941年流亡在英国的12个国家的学生组织在伦敦成立了"国际学生理事会"(International Council of Students),团结世界各国学生组织,投身反法西斯斗争。该组织把11月17日定为"国际学生日"。后来,随着世界反法西斯战争逐步走向胜利,以欧洲、亚洲强大的学生运动为基础,各国大学生们纷纷要求在反法西斯团结、胜利的条件下,建立一个具有广泛代表性的国际学生组织,以便继承和发扬在反法西斯战争中所形成的团结战斗精神,同时争取自身更好的生活和学习条件。这种要求成为各国学生越来越强烈的共同愿望。

1943年担任国际学生理事会秘书长的英国学联代表玛格特·盖尔(Margot Gale)向该会提议:在反法西斯战争胜利后,建立一个具有广泛代表性的国际学生团体,"不分地域、种族、肤色、政治倾向、宗教信仰,团结全世界学生,清除法西斯主义的残余,维护世界和平,在战后的国际社会中代表各国学生的利益和努力解决他们的问题。"理事会肯定和接受了这个建议,并委托英国学联负责筹备这个组织。

1945年2月,苏、美、英三国首脑的雅尔塔会议确立了战后两极体制的世界格局;1945年10月,联合国的成立为战后国际秩序制定了基本准则和组织框架。苏联和美、英之间在政治、经济、安全以及意识形态等各方面的矛盾乃至冲突,随着法西斯的溃败而日益暴露,但双方起初都还具有在上述框架内用和平手段加以处理的愿望和要求。这一特定条件下的国际局势为建立具有广泛性的国际学生组织提供了可能。

在第二次世界大战的形势发展对反法西斯阵营极为有利的态势下,受国际学生理事会委托的英国学联于1944年年末开始了建立国际学联筹备工作。在有英、法、美、苏、南、捷等13个国家学生组织的24名代表应邀参加磋商的基础上,成立了由中、苏、美、英、法五国及加拿大、南斯拉夫共7个国家学生代表组

① 1938年9月底,德国法西斯继3月吞并奥地利后,又出兵占领了捷克斯洛伐克的苏台德地区。1939年3月,德国宣布捷克斯洛伐克为德国保护国。德国法西斯的侵略行径激起捷克斯洛伐克人民的反抗。1939年10月28日是捷克斯洛伐克独立日,在捷共产党的领导下,布拉格人民和学生举行大规模示威游行,抗议德国占领。为扑灭这场反抗的烈火,11月17日,德国法西斯的盖世太保突然袭击了布拉格的查理大学及其大学生宿舍,逮捕了1200名学生,并在当场枪杀了多名学生运动的领导人,查理大学和捷大批高等院校被关闭,一些建筑被德国占领军占用,大部分被捕的学生被关进了法西斯集中营。这次事件发生后,随着德国法西斯在欧洲不断扩张,欧洲各国学生纷纷流亡伦敦、北美等地。

成的国际筹委会(International Preparatory Committee),具体负责成立新的国际学生组织的筹备工作。

1945年春,南斯拉夫、匈牙利和捷克斯洛伐克①相继解放,5月苏军攻克柏林,世界反法西斯战争取得决定性的胜利。当年6月,捷全国学联建议将新的国际学生组织的成立大会由原定的伦敦改在布拉格举行,这个建议得到了国际筹委会的支持,并决定先在伦敦和布拉格分两个阶段召开一次国际学联的国际筹备大会(International Preparatory Congress)。

1945年11月,国际学联的国际筹备大会先后在伦敦和布拉格举行。会议通过了4项决议:(1)1946年8月,在布拉格举行世界学生代表大会,成立国际学生联合会;(2)改组国际筹委会;(3)批准将《国际学联章程》(草案)提请世界学生代表大会审议;(4)建议国际学联总部设在布拉格。1946年7月31日至8月12日,战后的第一次世界学生代表大会,也就是国际学联成立大会,按预定时间在布拉格音乐厅举行。大会讨论通过了《国际学联章程》,选出了国际学联理事会,正式成立了国际学生联合会。

在第一次世界学生代表大会上,关于国际学联宗旨问题就有分歧。争论的焦点是:国际学联在关心学生切身利益等"业务性"活动的同时,是否也要关心和参与世界和平、民主、民族独立等政治性活动?与会的苏联和东欧国家、殖民地半殖民地国家学联代表和部分西方国家学联代表回答为"是",而西方学联代表中的主流则回答为"否"。争论的结果是前者的主张取得多数代表的认可,这个主张被明确写入国际学联章程。对《章程》表决时,在有表决权的38个国家学联中,除荷兰学联未参加表决外,37个国家的代表投票赞成通过了《国际学联章程》。有关要点已在本文开始时引述。

在会后举行的理事会会议上选出的执委会成员中,共产党人在执委会中占

---

① 捷克斯洛伐克:欧洲中部国家,与俄罗斯、德国、波兰、匈牙利、奥地利接壤,民族成分主要为占全国人口94%的捷克人和斯洛伐克人,捷克人主要居住在西部,斯洛伐克人居住在东部。第一次世界大战以前,捷克和斯洛伐克两个地区分别属奥匈帝国。在第一次世界大战中奥匈帝国瓦解后,1918年捷克和斯洛伐克两个地区联合成立了捷克斯洛伐克共和国。在第二次世界大战中,两个地区分别被德国法西斯占领。1945年战胜德国法西斯后,两个地区重新组成捷克斯洛伐克共和国。1969年捷克斯洛伐克共和国成为捷克斯洛伐克社会主义共和国,由捷克和斯洛伐克两个联邦制社会主义共和国组成。1989年捷克斯洛伐克发生剧变后,成为捷克斯洛伐克联邦共和国。1992年11月25日,捷克斯洛伐克联邦议会通过《捷克斯洛伐克联邦解体法》,依据这个法律,1993年1月1日,分成为捷克共和国和斯洛伐克共和国两个独立国家,捷克斯洛伐克共和国不复存在。

有重要的位置。这与共产党人在反法西斯战争中发挥的作用直接相关。由于苏联和世界其他国家的共产党人在反法西斯战争和争取民族独立斗争中付出了重大的牺牲,做出了卓越的贡献,并受到所在国家民众普遍的尊敬,因而在反法西斯战争胜利后产生的国际学联中具有较大的影响,共产党人执委在执委会中也占有重要位置,这是当时的形势使然,是很自然的。

在国际学联筹备建立的时候,中国学生反对国民党政府内战、独裁政策的爱国民主运动正在走向高潮,但是由于国民党政府的迫害,中国原有的全国学联已停止活动多年,广大中国学生对于国际学生运动的发展情况不很了解,同国际学生运动也没有联系。当时,国际学联筹委会对联合国安理会五大国学生组织参与筹备工作的邀请是向这五国政府发出的,是通过五国政府转送给这些国家的学生组织的。国民党政府借此机会虚构了一个根本不存在的"中国大学生中央联盟",指派一名国民党政府驻英国大使馆的外交官充当该组织的代表进入了国际学联的领导机构。1947 年中国各地区学联代表在"五二〇"学生运动①基础上,于 6 月 17 日至 19 日在上海秘密举行了全国学联代表大会②,成立了中国学生联合会(下简称中国学联)。同年 7 月 31 日至 8 月 19 日,国际学联在布拉格召开第一届理事会第二次会议,中国学联派上海交通大学学生钱存学为代表出席了这次会议。他向国际学联介绍了中国学生运动和中华全国学生联合会的情况,说明中国根本不存在所谓"中国大学生中央联盟"这个组织。于是,这次理事会会议专门讨论了中国学生运动的问题,强烈谴责国民党政府对中国学生运动的迫害和镇压,开除了"中国大学生中央联盟"的会籍,并把中国学联的代表选为国际学联副主席。从此时起,中国学联成为国际学联的成员并连续派出常驻国际学联代表。

---

① "五二〇"运动:1947年四五月间,上海、南京等许多城市的学生发出"挽救教育危机"、"向炮口要饭吃"的呼声。5月4日,上海学生走上街头进行反内战宣传,遭到国民党特务、警察的殴打和逮捕。5月中旬南京、北平等地学生也纷纷走上街头进行反饥饿、反内战宣传,斗争声势日渐扩大。5月20日,南京、上海、苏州、杭州16个专科以上学校的5000多名学生在南京举行"挽救教育危机联合大游行",国民党当局出动军警镇压,制造了"五二〇"血案。但是学生们的正义斗争得到广大人民群众的支持,非但没有被镇压下去,反而发展成为"反饥饿、反内战、反迫害"运动,并且迅速波及到全国60多个大中城市。学生运动的高涨,推动了国民党统治区人民群众斗争的发展,形成了人民解放战争的第二条战线。

② 在中华人民共和国成立前,于 1949 年 3 月在北平召开的全国学生代表大会被定名为中华全国学生联合会第十四次代表大会,所以这次会议在事实上成为在全国学联历史上的第十三次代表大会。

二

第二阶段,国际学联处于世界两大阵营形成、冷战开始、民族解放运动蓬勃兴起和发展的国际环境中。

第二次世界大战刚刚结束不久,以美国为首的西方与以苏联为首的社会主义和人民民主国家就开始出现分歧和对立。尔后,逐渐形成了两个阵营。这种情况从当时东西方政要的言论和一些国际事件中已日益明显地显示出来。

1946年1月5日,美国总统杜鲁门对苏联在伊朗和土耳其问题上的做法表示不满,声称"除非俄国碰到铁拳和强硬的抗议,另一次大战就可能发生……我认为我们不应该再作任何妥协……"

1946年2月9日,斯大林在苏联最高苏维埃选举前在莫斯科市斯大林区选民大会上发表演说,认为现代资本主义是新的世界大战的根源。

1946年3月5日,在美国总统杜鲁门的家乡密苏里州的小镇富尔敦的威斯敏斯特学院,英国首相丘吉尔在杜鲁门的陪同下发表演说。他说,"从波罗的海的斯德丁(什切青)到亚得里亚海边的里雅斯特,一幅横贯欧洲大陆的铁幕已经降落下来。"

1947年3月12日,杜鲁门在美国参、众两院联席会议上发表演说,把世界政局划分成"自由民主"和"极权主义"两个对立的壁垒,表示美国要领导和支持"世界各地自由民族"抵制"极权政权"的决心。杜鲁门这一思想被称为"杜鲁门主义"。

1947年6月5日,美国国务卿马歇尔在哈佛大学演说,提出了帮助欧洲复兴的"马歇尔计划"。他也建议苏联和东欧国家参加这个计划,苏联和东欧国家均予以拒绝。

1947年9月,苏联、东欧等9个国家的共产党在波兰开会,成立了"共产党情报局"。会议发表了《关于国际形势的宣言》,明确宣布世界已经分裂成两个阵营,一个是帝国主义反民主阵营,另一个是反帝国主义民主阵营。次年,在1948年6月的会议上,情报局谴责南斯拉夫脱离马列主义路线,并将南斯拉夫共产党开除出情报局。

1949年1月,苏联等6个国家在莫斯科聚会,建立"经济互助委员会",后来,阿尔巴尼亚、民主德国也参加了经互会。

1949年10月1日,中华人民共和国成立。1950年2月,中国和苏联签订了

《中苏友好同盟互助条约》。

1949年4月，西方12国成立了"北大西洋公约组织"，后来建立了联合司令部。1955年5月，苏联等8国在华沙签订了"友好合作互助条约"（统称"华沙条约"），6月正式成立"华沙条约"组织，也相应建立了联合司令部。

1950年爆发了朝鲜战争，中国派志愿军抗美援朝，与侵朝美军直接交战。这场战争直到1953年签订了停战协定后方告停止。

在20世纪40年代末至60年代，民族解放运动从亚洲东部逐步发展到西亚、非洲和拉丁美洲，进入高潮时期。许多殖民地、半殖民地国家通过武装斗争和非武装斗争，相继获得了民族独立和解放。亚、非、拉地区的学生运动也随着民族解放运动的浪潮风起云涌，在各国的民族解放运动中起着某种程度的先锋作用。

在国际学联第一届理事会第二次会议上，除就争取教育民主化和学生切身权益作出决议外，还以多数票通过了关于支持越南、印度、印度尼西亚、缅甸、巴勒斯坦、伊朗、埃及，以及北非、拉丁美洲等地学生争取民族独立和民主自由的斗争，谴责帝国主义进行的殖民战争；决定在秘书处增设"殖民地局"，由刚到任的中国学联代表负责，以加强支援殖民地、附属国学生的工作；还决定和世界民主青年联盟（下简称"世青"）共同举办东南亚青年与学生争取民族独立与自由大会（简称东南亚青年与学生大会）。当时作为国际学联会员的西方国家学联虽然在总体上对国际学联还是采取合作态度，但已有不少国家学联的代表在会上公开提出学生组织不应"政治化"、不应"受党派影响"，有的代表还声明"不受国际学联的约束"。

国际学联与世青共同举办的"东南亚青年与学生大会"于1948年2月在印度加尔各答举行，中国、缅甸、锡兰、印度、印度尼西亚、马来亚、巴基斯坦、越南8国学联代表和朝鲜、蒙古、尼泊尔、苏联和菲律宾5国学联的观察员参加了这次大会（青年组织参加大会的未计在内）。大会强烈谴责了英、法、荷等帝国主义国家在美国支持下重新武装侵占马来亚（马来西亚）、越南和印度尼西亚，热烈赞扬了中国、印度、巴基斯坦、锡兰和缅甸"强大的民族解放运动"。

国际学联也积极参加当时保卫世界和平的运动。1949年4月，在布拉格"世界和平大会"上，国际学联主席格罗曼以300万会员学生的名义发言，表示全力支持大会，保证将无保留地贯彻大会的一切决议。1950年3月，保卫世界和平大会发表要求无条件禁止原子武器的《斯德哥尔摩宣言》，号召世界人民在宣言上签名。国际学联书记处全体人员都迅速签了名，同时书记处发表声明要求各会员组织把签名运动作为一项紧迫任务来做。对此,西方学联纷纷宣称,签名运动是一项政治活动,拒绝参加。

1948年间,捷克斯洛伐克发生"二月事件"①,捷政局发生变化,东西方冷战格局凸显。同年8月,国际学联单方面中止与南斯拉夫学联的一切协议并规定书记处所有人员不得与南斯拉夫学联任何人接触。1949年9月,南斯拉夫学联派出代表团出席国际学联索非亚理事会会议,代表团在抵达后先被拘留后被驱逐。西方国家学联就这些事件的发生加大了对国际学联批评的力度。不少西欧国家的全国学联也借机改组了本国学联的领导层,有些原来由共产党人负责的岗位被更换了负责人。1950年12月,以西方国家学联为主体又另外成立了一个新的国际学生组织——"国际学生会议"和它的常设办事机构"联络秘书处"(International Student Conference/Coordinating Secretariat,简称ISC/COSEC或COSEC)。因常设联络秘书处办公地设在荷兰的莱顿(Leyden),故通常简称"莱顿联络秘书处"。这个新的国际学生组织成立后,原来参加国际学联的西方国家学联陆续退出国际学联。到20世纪50年代中期,只有法国、冰岛、芬兰学联还留在国际学联内,成为"联系会员"。就这样,国际学联从一个由全世界学生组织参加的统一的国际学生组织演变为一个以社会主义国家学生组织为主,团结亚洲、非洲、拉丁美洲许多学生组织的国际学生组织,在很长一段时间里,苏联成为它的主导力量。从此在世界上就出现国际学联和莱顿联络秘书处两个对立的国际学生组织并存的局面。

在这种情况下,国际学联工作既要在已出现分裂局面下继承第二次世界大战时国际学生运动团结反法西斯的传统,正确处理国际学生运动团结的新课

---

① 捷克斯洛伐克1948年二月事件:1945年苏联红军解放布拉格后,捷克斯洛伐克共产党、社会民主党、农民党等政党组成了联合政府。1948年2月20日,参加联合政府的民族社会党、民主党、斯洛伐克人民党为接受美国马歇尔计划与捷共尖锐对立,三党的12名部长向E.贝奈斯总统提出辞职,企图引起政府危机,迫使共产党领导的联合政府倒台,由他们另组新政府。2月21日,捷共在布拉格古城广场召集10万人大会,揭露资产阶级制造政府危机的真相。22日,革命工会召开全国代表大会,坚决支持政府,要求将反动分子从政府和各级民族委员会中清洗出去。2月24日,在捷共领导下,全国250万人举行一小时总罢工,针锋相对地跟资产阶级展开了斗争。最后,捷共在全国人民的支持下清洗了各政党各群众团体中的反动分子,建立了新的民族阵线,并要求总统同意这12名部长的辞呈,由新的民族阵线中推举新的部长来接任。资产阶级反动派的阴谋最终彻底粉碎了。这次事件的最直接的后果,就是加剧了苏联东欧国家与美国等西方国家的对立,促使美国加快了实施马歇尔计划的步骤和推动西欧国家联合的进程,从而进一步确定了美苏冷战的局面。这次事件,在捷克斯洛伐克当时编写的现代史上又称为"二月革命"或"二月胜利"。

题,包括探讨是否有可能经过努力重新建立新的统一的国际学生组织;又要在民族独立解放运动蓬勃发展的局面下,发扬国际学生运动的光荣传统,积极站在亚洲、非洲、拉丁美洲各国人民和学生一边,为正义进步事业贡献自己的力量。处理好这两方面问题以及摆正两者之间的关系,关系国际学联的发展方向。这表明,国际学联需要认真探索和解决把工作中心放在什么地方的问题。

对于国际学生运动的团结统一问题,国际学联花了很大精力,不断提出各种建议,如提议召开"圆桌会议",或派代表团去列席"国际学生会议",以寻求与西方国家学联重新联合,建立新的国际学生组织。但是,这些努力没有收到预期的效果。为促成建立新的国际学生组织,国际学联曾召开过几次内部协商会议,但是都未能达成一致意见。

实际上在当时冷战的国际政治形势下,国际学联和莱顿联络秘书处已经没有共同的政治基础,与西方国家学联的团结和统一已经没有可能。因此在国际学联内部,就重建统一的国际学生组织问题进行协商时,中国学联主张,国际学联要首先抓住世界学生团结合作旗帜不放,不反对建立新的国际学生组织的主张,但是也要明确对此不要抱幻想,在冷战的格局下想用一个具有共同政治目标的国际学生组织来团结全世界学生和统一国际学生运动,是不可能的;而苏联等一些国家的代表则主张明确提出解散国际学联和国际学生会议,以寻求建立新的国际学生组织。在国际学联内部虽经多次协商,各方仍然有较大分歧,始终没有达成一致的意见。在这种情况下,中国学联主张,应巩固和改善国际学联,改进它的工作方针和工作方法,把它改造成一个比较松散的、能广泛团结中间分子的国际学生组织,使莱顿联络秘书处更加孤立。不过这一设想由于苏联方面表示不赞同,也未能实现。

围绕国际学生运动团结统一问题的争论,必然会联系到什么是国际学联的工作中心的问题。中国学联和多数亚非拉国家学联认为,团结统一,主要的问题是出在从国际学联分裂出去的西方学联那边,国际学联认真做西方国家学联的工作是必要的,但不应该以此作为工作中心,所以主张把工作中心转移到对亚非拉各国学联的工作方面来,大力支持他们反殖民主义、争取和巩固民族独立和解放的斗争。中国学联还强调这样做,符合《国际学联章程》中所规定的宗旨,符合国际形势的发展和世界人民的需要, 也是为保卫世界和平的斗争增加力量,并且还可以加强国际学联在与西方学联沟通的主动地位。

经过中国学联和多数亚非拉国家学联的共同努力,虽然内部各种意见分歧依然存在,但国际学联在实际工作中逐步加强了对绝大部分亚非拉国家学联的工作,使得这些国家的学联成为国际学联的积极会员,这也使得莱顿联络秘书处瓦解国际学联的企图落了空。1958 年在北京举行的国际学联第五次代表大会,除社会主义国家学联的代表外,有 48 个亚非拉国家学联的代表参加,并通过了许多支持亚非拉学联争取和巩固民族独立和解放的决议,既显示出国际学联的广泛代表性和影响力,也得到了亚非拉各国学联的欢迎。会外,还组织了一次所有与会的亚非拉国家学联代表(包括苏联代表)的友好会见,体现了亚非拉学联的广泛团结。

对待亚非拉各国学联的态度问题所反映出来的,首先是对国际局势的估计问题。如从深层次看,这实际上是国际共产主义运动中一直存在着争议的一个理论和策略问题——如何对待中间力量的问题,是把他们当做危险的动摇的力量,还是争取他们成为同盟军?苏联共青团和学生组织对拉丁美洲和非洲一些学联总是不放心,怕他们既反帝,也反对当时东方国家的社会制度,并认为这实质是针对苏联。中国共青团和全国学联则始终把亚非拉各国学联看成是反对帝国主义、殖民主义可靠的同盟军和巨大的政治力量,把他们看成是国际学生组织中最值得信赖的朋友;认为他们对社会主义国家的一时不了解,可以通过耐心做工作逐步解决;社会主义国家和亚非拉民族主义国家人民和学生相互支持和团结,是维护世界和平和反对帝国主义核战争威胁的强大力量,也是促进世界学生运动团结统一的强大力量。

1956 年举行的亚非学生会议,是争取和团结中间力量的一次成功的活动。这次会议是由印度尼西亚大学生组织联合会在 1952 年发起的亚洲学生会议演变而来的,是在 1955 年"亚非会议"①胜利召开一年之后,于 1956 年 5 月 30 日至 6 月 7 日在印度尼西亚的万隆召开的,有 27 个亚非国家的学生组织出席。会上,中国和属于中间力量国家的学生组织代表密切合作,击败了由莱顿联络秘

① 亚非会议:即1955年4月18日至24日,29个亚非国家和地区的政府代表团在印度尼西亚万隆召开的亚非会议(Asian-African Conference)。这是亚非国家第一次在没有殖民国家参加的情况下讨论亚非人民切身利益的大型国际会议。由于这次会议在万隆召开,所以也称万隆会议。这次会议由印度、印度尼西亚、缅甸、锡兰(斯里兰卡)、巴基斯坦5国发起。参加会议的除了5个发起国之外,还有阿富汗、柬埔寨、中华人民共和国、埃及、日本等24个亚非国家,中国代表团由周恩来总理率领。会议本着求同存异的精神,讨论了民族独立和主权、反帝反殖斗争、世界和平以及与会各国的经济和文化合作等问题。经过充分的协商,会议一致提出了处理国际关系的十项原则。这十项原则是1954年中国、印度、缅甸总理所倡导的著名的和平共处五项原则的引申和发展,体现了独立、和平与友好合作的崇高思想,形成了永放光辉的万隆精神。如今,万隆精神对指导当今世界国与国之间的关系、解决国际争端、维护世界和平仍然具有重要的现实意义。

书处在幕后操纵的破坏捣乱。会议强烈谴责殖民主义，支持亚非各国争取民族独立解放的斗争，加强了亚非各国学联的相互了解和团结。会议还规定每年4月24日为亚非学生反殖民主义斗争日。

在筹备召开亚非学生会议的过程中，苏联共青团和学生组织一直主张这个会议应与国际学联合作，并邀请国际学联和苏联学生组织参加，实际上是想把这个会议纳入国际学联活动的轨道。中国学联和广大亚非国家的学联则主张这个会议应按照1955年"万隆会议"的模式举行，不与现存的两个国际学生组织的任何一方挂钩。会议的成功举行证明，这样的做法有助于加强亚非各国学联的相互了解与团结，客观上起到了既促进了亚非各国学联和国际学联的友好联系，也击败了美国的破坏阴谋，并且起到了暴露莱顿秘书处的真实面貌的作用。

在这个阶段里，苏联的大国主义作风日益发展和暴露，在工作中总是要求国际学联的工作要追随苏联的国际总战略和外交政策。中国学联根据党中央确定的方针，在国际学联工作中，在大政方针上，凡属公开场合，一直是和苏联保持一致，有意见也在内部提出，达不成共识也不公开争论。但是，从20世纪50年代中期起，中国学联在保持与苏联团结的前提下，逐步加强与苏联和社会主义国家代表的协商，并且从实际出发，本着分清是非坚持原则的态度，在国际学联内部进行必要的讨论或(不指名的)争论，同时也阐述中国学联的不同意见。当时，在维护中苏团结的前提下进行必要的有理有节的内部斗争，这种做法也取得了亚非拉各国学联的欢迎和支持。

在这个历史阶段里，国际学联内部虽然在关于工作中心方面有过激烈争论，但是国际学联作为一个具有广泛代表性的国际学生组织，通过某种协商和争论，经过中国学联和亚非拉各国学联及一些明智之士的一起推动，在工作方针上还是做了一定的调整，从而加强了国际学联和亚非拉各国学联的团结与合作，在这方面取得了比较显著的效果，使国际学联在发挥它的积极作用，特别是在为维护世界和平，反对殖民主义，争取民族独立解放，争取民主教育，维护学生利益等方面，做了许多有益的工作。

三

第三阶段，国际学联处于中苏分歧公开化的大环境中。

1953年斯大林逝世以后，中苏从各自的需要出发，起初都很注意保持和尽可能加强彼此的团结。1956年苏共二十大召开，在会上批判斯大林。中国共产党用党报编辑部文章的方式发表了两篇论无产阶级专政历史经验的文章,表示了对有关重大问题的观点。但是到了 1959 年赫鲁晓夫访问美国后,中苏无论在对世界战略的看法上还是在双边关系的处理上,矛盾越来越尖锐,最后发展到分歧公开化。

1960 年 4 月,中国在纪念列宁诞辰 90 周年时发表了统称为"列宁主义万岁"的三篇文章,通过对"现代修正主义"的批判,间接批评了苏共。1960 年 7 月,苏联从中国撤回专家,撕毁两国的经济技术合作协议和项目。1963 年 3 月苏共致函中共建议召开共产党和工人党国际会议讨论国际共运总路线。6 月,中共在复函苏共时发表《关于国际共产主义运动总路线的建议》。7 月,苏共中央就中共提出的国际共运总路线的建议发表苏共中央致各级党组织和全体共产党员的公开信,全面批评中共,并唆使一些国家的共产党公开批评中共。此时中苏之间的分歧演化成公开论战。1963 年 8 月,美、苏、英三国正式在莫斯科签署了《部分禁止核试验条约》,这是美苏试图垄断核武器的产物,遭到了中、法等国的拒绝。在这个条约签订后,中国又连续公开发表评苏共公开信的 9 篇文章,点名批判了"赫鲁晓夫修正主义",中苏两党关系急剧恶化。中苏分歧公开化的这一系列进程,在国际学联工作中也有充分的反映。

自 1959 年以后,中苏两国的学生代表在国际学联书记处及公开的会议上,争论逐渐增多。中方在争论中提出的主要问题有:是坚决反对美国帝国主义,还是美化美国帝国主义,强调"戴维营精神",由苏联与美国"共同主宰世界";是依靠全世界人民的联合持久斗争,反对美国帝国主义核战争政策,保卫世界和平,还是强调 "全面彻底裁军是保卫世界和平的最重要的任务","把裁军节省下来的钱援助不发达国家",以及一味强调"核战争恐怖"以致瓦解人民的斗志;是由苏、美、英三国垄断核武器,还是让法国、中国等国发展自己的核武器,以增强各自国家的自卫能力,保障世界和平;是把保卫世界和平与反对帝国主义、殖民主义相互联系起来,还是相互对立起来;是坚决反对殖民主义支持民族解放运动,还是弱化这个斗争;是加强和正确发挥国际学联的作用,还是取消国际学联,幻想与莱顿联络秘书处建立新的统一的国际学生组织等。后来随着中苏分歧的进一步激化,还出现了中国学联代表公开提出在国际学联内部要"结成反对以美国为首的帝国主义统一战线"、最后还公开提出要"反对修正主义"的情况。这些情况在 1960 年的国际学联第六次代表大会(巴格达)、1962 年的第七次代表大会(列宁格勒)、1964 年的第八次代表大会(索非亚)及这几年的几次执委会上,都有所反映,这些会议上都充满着火药味很浓的争论。

由于以中苏双方为代表的论争越来越激烈，尤其是在 1963 年苏、美、英三国签署部分禁止核试验条约以后，一般在国际学联的会议上无法形成有共识的议案时，苏联代表团经常采取开动"表决机器"的办法通过一些议案，力图压倒中国代表团，有时甚至用操纵程序、无理起哄等办法打击中国代表。当然，中国代表在会议上也想方设法争取支持者，以有利于同苏联代表的争论。应该说，中国方面有些做法也有值得商榷之处，某些做法虽然获得多数亚非拉国家学联在不同程度上的支持或同情，但是也有一些属于中间状态的代表对于这些做法很不理解，多数国家的学联代表都不愿看到国际学联成为中苏争论的舞台。

1966 年 5 月，中国发生了"文化大革命"，在极左路线盛行的情况下，于当年 9 月从国际学联撤回了中国的驻会代表。后来，尽管国际学联不断给中国学联来信，但中国学联未作反应。中国学联虽未正式退出国际学联，但从 1966 年 9 月起，在事实上就中止了与国际学联的联系。自中国学联中断了与国际学联的联系后，国际学联在苏联的控制和东欧社会主义国家的支持下，继续活动了近 25 年。在 1989 年和 1991 年东欧国家和苏联先后发生剧变后，捷克新政府依旧允许国际学联继续在布拉格存在和进行工作，由于不再有苏联的控制，使得国际学联逐渐演变成为以一些亚非拉国家学联为主体的学生联合组织。而在此期间，西方国家学联建立的莱顿联络秘书处则于 1967 年被揭露出是靠美国中央情报局提供活动经费的一个组织[1]，因此受到瑞典等许多国家学联的遗弃，后来便终止了活动。

中国学联参与国际学联工作的 20 年是中国学生组织走向世界，在国际学生运动中进行学习和取得实践经验，建立国际联系和培养自己的外事工作干部的 20 年。中国学联与国际学联建立联系后，首先使中国学生运动在反对蒋介石反动政权的斗争中得到了国际支援。在新中国成立初期，在与新中国建交的国家还比较少的情况下，中国学联通过自己在国际学联中的活动，在开展国际联系方面，同中国的工会、妇联等群众团体一样，起到了一定的尖兵和开拓作用。当时，在中国遭受美帝国主义封锁的情况下，国际学联曾是中国学联进行青年外事活动、开展国际青年统一战线工作的一个重要渠道。国际学联总部所在地——布拉格成了中国青年组织进行青年外事交往的重要通道。中国青年组织也通过这种人民外交活动，学习到了许多国际知识，了解了许多国家的学生运

---

[1] 详情请见本书附录的"资料摘编两则"。

动和组织的情况,并且和许多国家、特别是亚非拉国家学生运动的领导人建立了深厚的友谊,其中有一些人后来成为他们国家的领导人,缘于国际学联的交往也成为我们国家的好朋友。中国学联通过参与国际学联的工作,也学到了不少组织国际会议和大型活动(如适合青年学生特点的联欢活动)的经验。同时在这个过程中也为国家锻炼和培养了一批外事工作干部。

中国学联在参与国际学联工作的 20 年中,对如何做好外事工作也获得了不少实际体会。首先,认识到由于世界各洲、各国的历史和现实情况有很大差别,各国学生组织的情况也很不相同,国际局势的发展又迅速多变,所以需要不断加强学习,特别要注意调查研究。其次,在实际工作中,既要注意国际形势的发展,力争做到吃透中央的战略方针和政策,胸怀全局;又要虚心向各国朋友学习,根据各国人民和学生的要求和愿望有针对性地进行工作,务求实效;并加强组织性、纪律性,多请示汇报,尽量避免犯方向性的错误。第三,在国际组织工作中,作为中国代表一定要有良好的工作作风,要坚持实事求是、谦虚谨慎、平等待人、以理服人,绝不能强加于人;在复杂、激烈的斗争中,要保持头脑冷静,尽量避免犯主观主义、大国主义的错误。第四,在国际交往中,还要既着眼于当前又要从长远考虑,要注意多做联系沟通工作,广交朋友。

记述和探讨国际学联的历史和中国学联参与国际学联 20 年的工作,有助于人们铭记当年国际学生运动如何继承世界各国学生团结起来进行反法西斯斗争的光荣传统,英勇地站在世界人民为保卫和平、争取民族独立解放、反对帝国主义和殖民主义伟大斗争的前列,包括那些可歌可泣的感人事迹;也有助于人们从当时应对国际学联极其复杂的内外矛盾的曲折过程中吸取有益的经验教训。需要强调的是,本书只是为总结经验教训提供一些略经整理的原始素材,而不是试图进行总结。特别是涉及当年中苏分歧和论战的问题,要牢记邓小平同志在 1989 年说的:"经过二十多年的实践,回过头来看,双方都讲了许多空话","这方面现在我们也不认为自己当时说的都是对的"。①有鉴于此,本文和《国际学联纪事》一文在记述国际学联工作中涉及这方面的事实时,只是客观引用当年所用的语言,并不表明现在就是认同或是否定这些语言及观点。

共青团和中国学联的外事工作,一直是在党中央领导下,由团中央书记处具体领导进行的,是中国党和国家的外事工作的一个组成部分。如果说,中国学联在参与国际学联的工作中有一点工作成绩的话,那是由于包括团中央书记处

---

① 《邓小平文选》第三卷,人民出版社1993年版,第291、294页。

在内的党的领导的结果。此外,中国驻捷使馆在政治上和具体业务上也一直给中国学联常驻国际学联工作人员以有力领导、热情关怀和宝贵帮助,这也是党的领导的一种体现。但由于当时青年干部的政治水平、国际知识和掌握斗争策略的水平有限,经验也不足,在参与国际学联工作20多年中也曾犯过一些错误,这方面的教训是需要做进一步的思考和总结的。

国际学联纪事

（1943—1966）

国际学联的发起、筹备和成立时期

（1943—1946）

1943 年

苏联红军在斯大林格勒迫使德军停止了前进的步伐，并从战略防御转入了战略反攻后，世界人民看到了反法西斯战争的胜利希望，开始考虑战后团结合作、建设更加合理的世界新秩序和防止再次发生世界大战的问题。这时，国际学生理事会秘书长——英国全国学联代表玛格特·盖尔提出："第二次世界大战胜利结束后，世界需要有一个新的全球性的国际学生团体，不分地域、种族、肤色、政治倾向、宗教信仰，团结全世界学生，清除法西斯主义的残余，维护世界和平，在战后的国际社会中代表各国学生的利益和努力解决他们的问题。"国际学生理事会接受了她的意见，并委托英国学联按此精神同各国学生团体进行联络，筹组新的国际学生团体。英国学联先后有玛格特·盖尔、卡梅尔·布里克曼（Carmel Brickman）和汤姆·马登（Tom Madden）负责此事。这三个人当时均为英共党员。

1944 年

6 月，欧洲西线美英联军在诺曼底登陆，开辟了"第二战场"，从德国法西斯铁蹄下解放了法、比、荷、卢等西欧国家；苏联红军也在东线打出了国境，德国的附庸国罗、保、匈宣布退出了战争，波、捷、南、阿等国的解放指日可待；在亚洲，日本的海空军主力已被基本消灭，战场开始逼近日本本土，世界反法西斯战争的胜利曙光已经出现在世界人民眼前。

年底，英国学联受国际学生理事会委托致函各反法西斯国家政府教育部，邀请各国学生团体派代表于1945年3月24日至25日到伦敦开会，磋商成立具有广泛代表性的新的国际学生组织事宜。英、法、美、苏、南、捷等13个国家学生组织的24名代表应邀参加了磋商会议，一致同意国际学生理事会的意见，并决定于1945年11月10日至11日，在伦敦召开世界学生代表大会，成立新的国际学生组织。为了召开这次国际学生代表大会,磋商会议还决定由中、苏、美、英、法五大国及加拿大、南斯拉夫共7个国家的学生代表组成国际筹备委员会,选举英国全国学联代表汤姆·马登为国际筹委会主席, 捷克斯洛伐克全国学联代表约瑟夫·格罗曼(Josef Grohman)为秘书长。

1945 年

春,南斯拉夫、匈牙利、捷克斯洛伐克相继解放,东西线盟军在易北河会师。

5月,苏联红军攻克法西斯德国首都——柏林。

6月, 捷克斯洛伐克全国学联向国际筹委会建议将新国际学生团体的成立大会改在布拉格举行,理由之一是,于1939年11月17日在布拉格发生的学生遭到德国法西斯的野蛮镇压事件,让世界学生认清了法西斯的罪恶本质,促成了战时国际学生的大团结;在布拉格事件两周年时,在伦敦举行的"国际学生理事会"成立大会把"11月17日"定为"国际学生日",使布拉格成了国际学生反法西斯大团结的一面旗帜;把新的国际学生组织成立大会的会址设在布拉格具有承前启后的象征意义。理由之二是,布拉格地处中欧,是东西欧交界处的十字路口,交通也方便。

8月,国际筹委会研究了捷克斯洛伐克学联的意见后,决定在举行新的国际学生团体成立大会前,先召开一次国际筹备大会。国际筹备大会将分两个阶段举行:第一阶段的会议在伦敦举行,主要任务是为成立大会起草新组织的《章程》(草案)等重要文件;第二阶段会议在布拉格举行,对上述文件进行审议和修改。

安排国际学联的国际筹备大会分两个阶段在伦敦和布拉格举行,是世界学生反法西斯大团结的象征和延续,反映了世界学生在战后要继续合作的强烈愿望。

11月10日至12日,国际筹备大会第一阶段会议在伦敦贝德福举行,有38个国家的150名学生代表出席。英国政府有7名内阁部长出席大会开幕式。大会由国际筹委会主席马登主持。大会同意将国际筹委会起草的《国际学生组织章程》(草案)提交布拉格会议审议。会后,全体代表赶往布拉格。

由于国际筹委会邀请中国学生代表出席会议的邀请信是通过当时国民党政府驻英国和捷克斯洛伐克使馆转给国民党政府的,再加上这时在抗日战争中期被迫停止工作的全国学联还没有恢复①，而国民党的青年组织——三民主义青年团作为国民党政府监视和镇压学生运动的主要帮手,在国际反法西斯学生中毫无威信,根本不具备承担中国学生代表的资格,所以国民党政府在接到国际筹委会的邀请后,不敢让三青团直接出面代表中国学生参加国际学生组织的筹备会议,只好指示教育部和三青团虚构了一个根本不存在的"中国大学生中央联盟"(Central Union of Chinese University Students, 简称CUCUS),并在其驻英使馆职员中找了一个名叫区锡龄的职员冒充中国学生代表,参加了国际筹备大会。国际筹委会由于不了解事情真相,以致后来区锡龄不但出席了国际学联的成立大会,而且还因为中国是反法西斯五大盟国之一而被选为国际学联的副主席。对于这个意外的"成功",国民党政府不但没有宣传,而且还对国内严密封锁消息,不准国内新闻媒体报道,以防止国内学生知道后起来抗议。

11月17日,国际筹备大会第二阶段会议在布拉格国家大剧院举行。该剧院位于瓦茨拉夫广场的繁华街区,由于曾上演莫扎特等国外知名作曲家的歌剧和芭蕾舞而闻名遐迩。出席会议代表增至600多名,来自51个国家。大会由国际筹委会秘书长、捷全国学联代表约瑟夫·格罗曼主持,捷外长马萨里克致开幕词。大会通过4项决议:(1)1946年8月在布拉格举行国际学生代表大会,成立国际学生联合会;(2)改组国际筹委会;(3)批准将《国际学联章程》(草案)提请大会审议;(4)建议将国际学联总部设在布拉格。

改组后的新筹委会由以下9人组成②:英国代表汤姆·马登任国际筹委会主席,捷代表约瑟夫·格罗曼任秘书长,其余7人为南斯拉夫代表拉约克·托姆维奇(Rajuk Tomovic),印度代表阿赫默德·萨德尔(Ahmed Sader),法国代表约瑟夫·罗杰(Josef Roger),中国代表区锡龄,苏联代表奥勒斯特·舍甫措夫(Орест Шевцов),以及白俄罗斯代表塔玛拉·叶尔绍娃(Тамара Ершова)和乌克兰代表米哈伊尔·别斯列亚克 (Михайл Песляк)(增加白俄罗斯和乌克兰代表是参

① 1938年3月第十二次全国学生代表大会召开后,全国学联开展了一系列的抗日救亡活动,在社会上产生了广泛的影响,并得到了社会知名人士的支持。抗日战争进入相持阶段以后,国民党当局开始迫害进步学生运动,在皖南事变前,逮捕了全国学联主席郑代巩,这样全国学联就很难开展活动,于是便把学联办公室撤出重庆,停止了工作。

② 参阅保罗·佛朗西斯·马格勒里亚 (Paul Francis Magnelia)[美] 著:《The International Union of Students》,日内瓦大学国际问题高级研究院 (Universite de Geneve Insitut de Hautes Etudes Internationales),1976年出版。

照雅尔塔会议决定的"对苏联在联合国的代表权①"的做法)。除上述9名筹备委员外,还聘请了两位专职秘书参加筹委工作:组织秘书(organizing secretary)为英国学联的卡梅尔·布里克曼,行政秘书(executive secretary)为捷克斯洛伐克学联的雅尔米拉·马萨科娃(Yarmila Marsakova)。会后,秘书处迁到了布拉格,由捷克斯洛伐克学联为秘书处提供会所和后勤保障。

1946 年

7月31日至8月12日,世界学生代表大会在布拉格音乐厅举行。参加大会的有43个国家117个学生组织的代表291名。其中有苏联及东欧国家的学生组织的代表,有英、法等西欧和北欧国家的全国学联的代表,这是会议代表主体,他们来自欧洲25国;另外还有来自亚洲7国、非洲2国、拉丁美洲4国、北美3国、澳洲2国的代表。这些代表所代表的43个全国学联和全国性青年组织中,有7个是国家的学生组织联络委员会、有5个政治性学生组织、10个宗教学生团体、33个地方性学生组织、5个学科组织,以及若干个其他性质的组织,成分比较广泛。据参加这次会议的美国代表马丁·麦克劳夫林(Martin Mclauphlin)回忆,这308名②代表中,共产党员或"准共产党员"185人,约占60%,在非共产党员代表中,社会党、社会民主党和参加过战时"抵抗运动"的学生占绝对多数,在政治上公开反苏反共的人数很少。造成这种现象的原因是"由于苏联在反法西斯战争中作出的巨大牺牲和贡献,以及在欧洲各国人民反对德国占领的地下斗争中,共产党员一般都战斗在最前线,表现得非常英勇顽强,在各国学生中拥有很高的威信,因而许多国家的学生团体都选出了共产党员和进步学生当他们的代表出席世界学生代表大会"③。

中国出席这次会议的代表是区锡龄及14名留英学生,共计15人,用的依旧是"中国大学生中央联盟"代表的身份。这时,中国国内正处在人民解放战争时期,全国学联还没有恢复,身处解放区的中国学生正忙于反击国民党军队的军事进攻,身处国民党统治区的中国进步学生正忙于反对国民党发动内战,争取

---

① 在雅尔塔会议上,苏联方面提出,希望三个或至少两个苏联的加盟共和国应像英联邦自治领那样,作为联合国的创始会员国参加该国际组织。英国首相丘吉尔出于想把英帝国各自治领都列入创始会员国,支持苏联的要求。鉴于英、苏的强烈要求,雅尔塔会议最终达成协议,同意苏联的乌克兰和白俄罗斯两个加盟共和国列为联合国创始会员国,它们各有单独的表决权。

② 马丁·麦克劳夫林回忆录原文如此,与相关历史资料记载的 291 名代表数不符。

③ Joel Kotek[比]著:《Students and the Cold War》,Macmilan Press[英],1996 年出版。

国内和平、民主的斗争,都不曾得到国际学联将要成立的消息。

大会的任务是成立一个新的、统一的国际学生组织。大会的议程只有两项:

1.成立国际学生联合会。

2.审议和通过《国际学生联合会章程》。

大会分成7个小组委员会,分别是:知识分子合作问题小组委员会、学生交换和旅行问题小组委员会、宣传出版问题小组委员会、学生救济问题小组委员会、学生体育运动问题小组委员会、学生经济社会和健康情况问题小组委员会、学科问题小组委员会。

大会开幕时,捷克斯洛伐克政府总理哥特瓦尔德出席并致开幕词,号召"全世界学生为争取世界持久和平、肃清法西斯残余势力和一切反动派而奋斗"。开幕式结束后, 大会分7个小组讨论国际筹备委员会向大会提出的关于战后世界学生的任务和《国际学生联合会章程》(草案)。

会议讨论《国际学联章程》问题时,主要围绕国际学联宗旨问题展开了辩论。辩论的主要问题是"作为一个代表全世界学生共同利益的国际组织,除关心和组织各国学生间的交流、救济、文化、体育等'业务性'活动外,是否也应关心和参与战后世界的和平、民主、民族独立等'政治性活动'";如何保证国际学联的"广泛代表性"和防止它的"政治化"、"党派化"等。不少欧洲国家全国学联的代表担心参与政治性活动可能会受某种政治势力的控制,导致这个新成立的国际学生组织"政治化"和"党派化",影响不同政治倾向的学生团体之间的团结合作,甚至产生分裂,因而主张国际学联只从事与学生有直接关系的业务活动,不参与国际社会的政治活动;而苏联和东欧国家、殖民地附属国国家以及其他国家的部分代表则认为学生的利益与世界和平及民族独立等政治问题有着密不可分的关系,因而他们倾向于国际学联应既从事业务活动,也参加政治活动。经过辩论,与会代表们一致同意国际学联既应为世界学生谋利益,也应支持维护世界和平与争取民族独立的运动,因此,在大会通过的《国际学生联合会章程》中具体提出: 国际学联为下列各项宗旨而努力:"保卫学生权益","提高教育水平","促进民族文化","实现各国学生的团结","致力于全世界学生间的友谊、理解和合作","消灭一切形式的特别是种族间的歧视","反对殖民主义","促进学生与其他青年的合作","保卫世界和平、利用科学和文化的进步为人类谋福利"。

同时,与会代表还在有关国际学联的性质、结构、办事程序规则等问题上,甚至对诸如"民主"、"进步"、"法西斯"、"反动"等某些措辞的定义及使用问题展开了辩论。这反映出在这个新成立的国际学生组织内部,西方资本主义国家代表和人民民主国家、殖民地半殖民地国家代表之间,在诸多意识形态和政治问题上,从一开始就存在着的矛盾和分歧。但是会议总的情况正如美国代表团团长、国际学联副主席比尔·艾利斯(Bill Ellis)20年后在接受《Students and the Cold War》(《学生和冷战》)一书的作者科特克(Joel Kotek)采访时所说的那样:"那时大家虽已感觉到战时的团结之花正在开始凋谢,一种趋向分裂的强大力量正在悄然浮出水面,然而,由于各国学生的主流都是希望保持战时的团结,都希望成立一个真正能够团结全世界学生的'学生联合国'式的组织在战后国际社会代表学生的利益,进行国际合作。为了达到这个目的,各国代表在成立大会上对《国际学联章程》进行了认真的辩论和修改,使它的广泛代表性的主要特性有了必要的保证。在这种气氛中,任何人都不愿也不敢承担分裂国际学生团结的责任。因此,绝大多数国家的代表团最后还是同意先把大家都希望成立的新国际组织成立起来,然后再徐图解决以后可能发生的分歧。"[1]另外章程还专门规定了会员资格必须是各国的全国学联,规定了国际学联及其会员国组织的关系以及国际学联本身的组织结构。对《章程》草案进行表决时,在有表决权的38个国家的学联代表中,除荷兰一国,即荷兰学联代表未参加表决外,其他37国代表都投票赞成通过了《国际学联章程》。

会上,7个小组委员会分别作出了具体工作建议,都要求国际学联设立相应的专门机构,以执行各小组委员会提出的工作方案。

世界学生代表大会选出了国际学联第一届理事会,随后便在国际筹委会秘书长、捷克斯洛伐克全国学联代表约瑟夫·格罗曼的主持下,召开了国际学联第一届理事会第一次会议,选举出由17个国家的代表组成的执行委员会[2]:

主席:格罗曼(捷克斯洛伐克全国学联代表)。

副主席:(按国名的英文字母次序排列)

区锡龄("中国大学生中央联盟"代表);

皮·特鲁瓦(Pierre Trouvat,法国全国学联代表);

比·艾里斯(美国学生联络委员会National Coordinating Committee代表);

亚·谢列平(Александр Шелепин苏联反法西斯青年联合会学生部代表)。

---

① 参阅《Students and the Cold War》及1959年5月团中央国际联络部编辑的《国际学生联合会 (1946—1958)会章、大事记、会员组织情况汇编》。

② 参阅《Students and the Cold War》。

秘书长:汤姆·马登(英国全国学联代表)。

司库:路·米尔特(Louis Meert比利时全国学联代表)。

专职执行委员:(按国名的英文字母次序排列)

阿·伊万诺夫(А. Иванов,乌克兰反法西斯青年委员会学生部代表);

阿·瓦兹克斯(A. Vazques, 古巴大学生联合会 Federacion Estudiants Universitariode Cuba代表);

阿·阿瑟博斯(A. Acebez,共和西班牙学联主席Union Federalde Estudiants Hispanos),由常驻代表加尔维兹(Galvez)代理;

薇·巴卡雅(Vimla Bakaya,印度全国学生联合会All India Student Federation代表);

苏基约诺(Sugiono,印度尼西亚全国学联代表);

弗罗勃列夫斯基 (Wroblewski, 波兰学联主席),由常驻代表皮尼亚泽克(Pieniazek)代理;

塔·叶尔绍娃(白俄罗斯反法西斯青年联合会代表);

拉·托姆维奇(南斯拉夫人民青年团学生部代表);

拉丁美洲籍执委一人(暂缺);

非洲籍执委一人(暂缺)。

行政秘书:雅·马萨科娃(捷学联)。

组织秘书:卡·布里克曼(英国学联)。

从第一届执行委员会的组成看,主席、4名副主席、秘书长、司库7人中,3人为共产党人。在1947年执委会改选后,7人中5人为共产党人。秘书处的两位秘书均为共产党人。这是当时国际学生运动中实际政治力量的反映。对于国际学联执委会的这个选举结果,虽然也有些西方学联代表不很满意,但由于在4名副主席中,美、中、法三国担任副主席的人不是共产党员,掌握财政的司库和另一位专职执委也不是共产党员,用美国代表团团长比尔·艾利斯的话说,"少数派是有足够力量保证执委会按《章程》办事的",所以绝大部分代表对这次会议的结果还是满意的①。

国际学联的成立和第一届理事会及其执行委员会的诞生,反映了战后时期年轻一代要求和平、民主、团结、合作的美好愿望,为战后世界学生的团结合作提供了必要的条件。

① 参阅《Students and the Cold War》。

11月，中国留英学生会就区锡龄冒用中国学生代表名义一事向国民党政府的中国驻英大使馆提出书面抗议。事后，收到该大使馆的答复，承认该馆按国民党政府教育部的命令派人以"中国大学生中央联盟"代表的名义参加世界学生代表大会的事实。

两大阵营形成、冷战开始和民族
解放运动兴起和发展时期
（1947—1959）

1947 年

3月12日，美国总统杜鲁门向美国会两院联席会议提出特别咨文，以抵制共产主义威胁为名，公开号召用政治、经济、文化等手段，全面遏制苏联，图谋建立美国的世界霸权地位。杜鲁门在这个咨文中提出的思想被称为"杜鲁门主义"。

6月5日，美国国务卿马歇尔在哈佛大学演说，提出了帮助欧洲复兴的"马歇尔计划"①，主张利用美国雄厚的资本和先进的技术，通过帮助欧洲国家复兴经济的途径，把欧洲纳入战后美国全球战略的轨道，以此作为实施杜鲁门主义的措施。美国也企图诱使苏联和东欧国家参加"马歇尔计划"，但遭到苏联和东欧国家的拒绝和抵制。

6月，中国留英学生会致函国际学联检举国民党政府派人冒充中国学生代表的事件，同时附上中国驻英国大使馆的回函作为凭据。国际学联受理了中国留英学生会的检举，开始对中国学生运动情况和中国学生代表权问题进行调查，并将此事纳入了执委会的议程。

---

① 马歇尔计划(The Marshall Plan)：在冷战形成时期，美国政府中的很多人士对苏联的怀疑情绪日渐加深，对一些西欧国家的共产党权力及声望的增长也深感不安，为施行对苏联及共产主义运动遏制政策，美国决定向非共产主义国家提供援助，以起到遏制苏联影响及扩张的作用，并寄希望于东欧国家加入这一计划，从而使他们从正在形成的苏联集团中脱离出来。就这样，官方名称为欧洲复兴计划(European Recovery Program)的马歇尔计划，于1948年4月正式实施，并整整持续了4个财政年度。由于苏联强烈反对马歇尔计划，东欧国家都没有参加。在马歇尔计划实施期间，西欧各国通过参加经济合作发展组织(OECD)总共接受了美国包括金融、技术、设备等各种形式的援助合计130亿美元。若考虑通货膨胀因素，那么这笔援助相当于2006年的1300亿美元。当该计划临近结束时，西欧国家中除了德国以外的绝大多数参与国的国民经济都已经恢复到了战前水平。在接下来的20余年时间里，整个西欧经历了前所未有的高速发展时期，社会经济呈现出一派繁荣景象，可以说这与马歇尔计划不无关系。同时马歇尔计划长期以来也被认为是促成欧洲一体化的重要因素之一。因为该计划消除，或者说减弱了历史上长期存在于西欧各国之间的关税及贸易壁垒，同时使西欧各国的经济联系日趋紧密并最终走向一体化。该计划同时也使西欧各国在经济管理上系统地学习和适应了美国的经验。

6月中旬，中国国民党统治区的北平、上海、南京、杭州、苏州、河南等六区学联代表汇集于上海，于6月17日下午，召开了学联代表大会的筹备会议。这个会议决定6月18日召开全国学联代表大会，并推选了南京、上海、北平、浙江四区学联为大会秘书处，负责起草全国学联章程。6月19日，全国学联代表大会先在上海麦伦中学，后在沙逊大厦（今和平饭店）秘密召开，成立了中国学生联合会。会议结束后，中国学联委派上海交通大学学生钱存学为代表，以出席世界基督教青年大会的名义，准备取道奥斯陆前往法国巴黎，想通过世界民主青年联盟寻找进步的国际学生组织，以建立国际联系，争取国际学生对中国学生的支援。

7月中旬，在奥斯陆举行的世界基督教青年大会上，钱存学巧遇作为贵宾出席这个会议的世界民主青年联盟秘书长赫伯特·威廉姆斯（Herbert Williams）。威廉姆斯告诉钱存学，1946年在布拉格成立的国际学联就是中国学联想要寻找的国际学生组织，这个组织将于7月底在布拉格召开理事会会议；还告诉了钱存学关于世界民主青年联盟和国际学联将于7月底在布拉格联合举办世界青年与学生联欢节，参加这个活动的中国解放区青年代表团已经先期到达布拉格等重要信息。钱存学也向威廉姆斯介绍了中国学生运动的情况，并委托威廉姆斯把他从上海带来的关于中国学生运动的照片和剪报资料带回布拉格。就这样，钱存学通过威廉姆斯不但同国际学联取得了联系，还和已抵达布拉格的中国解放区青年代表团团长蒋南翔、副团长陈家康等中央青委领导同志取得了联系。钱存学根据中国解放区青年代表团的指示，在奥斯陆世界基督教青年大会结束后，立即赶往布拉格，同参加联欢节的解放区学联筹备会代表张凡和平津学联代表李彦组成"中国学生代表团"，准备参加国际学联即将召开的理事会会议。

在此期间，中国学生在国民党政府首都南京举行游行示威和由此引发的各地学生开展的"反饥饿、反内战、反迫害运动"的消息，以及这些学生运动因受到国民党政府的镇压而酿成流血事件的新闻已经引起世界的轰动。钱存学请威廉姆斯带到布拉格的中国学生运动照片和剪报资料在布拉格展出后，使得中国学联已经成立、其代表即将来到布拉格参加国际学联理事会的消息，迅速在出席国际学联理事会会议的各国代表中广为传播开来。

7月25日至28日，国际学联执委会会议在捷克斯洛伐克首都布拉格召开，审议通过国际学联一届理事会二次会议①的议事日程。这次会议通过决议,取消了"中国大学生中央联盟"的会员籍,并邀请中国华北解放区学联筹委会和平津学联派代表参加这次理事会会议。国民党政府派出的伪学生代表区锡龄没有出席这次会议。

7月29日,已经到达布拉格的在上海成立的中国学生联合会代表钱存学,在中国解放区青年代表团副团长陈家康的陪同下,到国际学联总部拜会国际学联主席格罗曼。钱存学向格罗曼递交了中国学联的证书和入会申请书,通报了中国学生运动的情况和这一届中国学联成立的经过,同时说明中国学联派他来欧洲的目的就是要寻找国际学生组织,并同国际学生组织建立联系。格罗曼代表国际学联向中国学生致敬,欢迎钱存学作为中国学联的代表出席本届理事会会议。同格罗曼会见结束后,钱存学还会见了部分国家的学生代表和新闻记者,向他们介绍了中国学生运动情况。当场就有若干国家的学生代表写信谴责中国国民党政府,声援中国学生②。

7月30日上午,国际学联组织召开特别会议。这次特别会议是国际学联主席格罗曼和秘书长马登安排的,目的是让中国学联代表钱存学,在不受时间限制的情况下详细地介绍中国学生运动的情况。在这次特别会议上,钱存学以中国学联代表的名义,向各国代表详细报告了抗日战争结束后,中国人民要求在和平环境中重建国家的强烈愿望,报告了国民党政府在美国支持下发动内战的情况,还报告了中国学生在1945年年底开展的反内战运动,1946年年底发动的抗议美军暴行运动③,1947年5月20日在国民党政府首都南京开展的"京(南京)沪(上海)苏(苏州)杭(杭州)16个专科以上学校的5000余名学生挽救教育危机联合大游行"和由此引发的遍及全国各地的"反饥饿、反内战运动"。另外,还介绍了中国全国学联代表大会在上海召开和中国学联已恢复工作的情况,揭露了国民党政府用根本不存在的"中国大学生中央联盟"名义,派驻外使馆职员冒充中国学生参加国际学联的事实真相。他呼吁各国学生抗议中国国民党政府的法西

---

① 在历史资料上称这次会议为"第二届理事会",为便于当代人阅读,我们按照现代社团会议的次序排列的办法,改称"一届理事会第二次会议",以免读者在阅读时造成对国际学联理事会届次的误解。

② 这些信件以及本文提到的其他国家学联1949年以前的有关声援中国学生的决议或信件都曾在当时全国学联的机关报,上海《学生报》上发表。

③ 抗暴运动:1946年12月底至1947年1月初,北平、天津、上海、南京等几十个大中城市,50多万学生,相继举行罢课和游行示威,抗议美国士兵强奸北京大学一名女生的暴行,要求美军撤出中国。这一斗争,迅速获得了工人、教员和其他人民的支持。

斯暴行，支持中国学生的正义斗争。会上，钱存学还回答了与会者提出的问题。中国学联代表的报告引起了强烈反响，各国学生代表一致起立向中国学生致敬。

7月，第一届世界青年与学生联欢节在捷克斯洛伐克首都布拉格开幕。联欢节的口号是：青年团结起来，争取持久和平。来自世界五大洲71个国家的1.7万名有着不同肤色、操着不同语言、穿着不同服装、有着不同宗教信仰和政治倾向的青年和学生参加了联欢节。这些青年和学生用音乐、舞蹈、体育比赛进行联欢。据统计，在联欢节期间，有96个文艺团体的3459名青年艺术家举办了279场古典的和民间的音乐、舞蹈专场表演；来自27个国家的1337名青年运动员进行了75个项目的体育比赛。世界青年与学生联欢节的举办，使布拉格变成了一个充满鲜花和友谊的欢乐海洋。

由战斗英雄、劳动模范、表演艺术家、运动员等各界青年代表组成的中国解放区青年和学生代表团在中共中央青委的蒋南翔、陈家康等人率领下参加了这次联欢节。中国解放区学联筹备会代表张凡，华北学联代表李彦，中国学生联合会代表钱存学，中国留英学生会代表曹日昌、裘克安、程镇球、计晋仁，巴黎中国学生代表关肇直，参加了联欢节的活动。

由国际学联和世界青联联合举办的世界青年与学生联欢节，是战后第一次向全世界展示国际青年与学生大团结的文艺和体育盛会，以其空前的气势和规模轰动了世界，受到了全世界青年和学生的热烈拥护和支持，以后联欢节便成为国际学联和世界青联的"保留节目"，每两年举行一次，对战后时期动员世界青年和学生加强友谊与团结，共同保卫世界和平、支持殖民地人民争取民族独立，发挥了积极作用。

7月31日至8月2日，国际学联第一届理事会第二次会议在布拉格召开，来自45个国家学生组织的96名正式代表，世界犹太学生协会联合会（World Federation of Jewish Student Associations）、世界学生救济会（World Student Relief—WSR）、国际学生服务处（International Student Service—ISS）等学生团体的观察员，以及世界工联、世界青联、国际妇联、联合国协会等国际组织的来宾40人，共136人出席了会议。他们分别来自苏联及东欧国家10国、亚洲6国、非洲4国、拉丁美洲6国、西欧和北美及澳洲18国。由中国学联代表钱存学、中国解放区学联筹委会代表张凡、平津学联代表李彦组成的中国学生代表团出席了这次理事会会议。中国留英学生会和巴黎中国学生会的代表也作为观察员列席了会议。

理事会的议程为如下8项：执委会及书记处工作报告、学生和大学民主化、国际学联及学生的真正需要、会员问题、财务问题、选举领导机构、1947年"国际学生日"、国际学联理事会工作及下次理事会。由于国际学联刚刚成立,所以建立国际学联的工作机构以及如何开展活动也是会议的重要议题。

理事会审议并批准了国际学联主席格罗曼代表执行委员会所作的关于国际学联成立一年来的工作报告。对一年来按照国际学生第一次代表大会的团结合作路线所做的建立机构、发展组织、学生救济、体育运动等方面的工作,特别是成功地筹备和举办了世界青年运动历史上的第一次"世界青年与学生联欢节",作了肯定和总结。理事会批准了19个国家的23个学生团体参加国际学联(其中包括中国的3个团体:中国学联、中国解放区学联筹委会、中国平津学联)①。理事会还听取了执行委员、南斯拉夫代表托莫维奇关于访问东南亚国家、建议举行东南亚青年与学生大会和加强殖民地附属国工作的报告。理事会就国际学联1947—1948年的年度计划以及当时各国学生面临的教育民主化问题、殖民地独立问题和保卫世界和平问题通过了下列决议:

1.关于教育民主化的决议。理事会决定国际学联在以下几个方面展开促进教育民主化工作:(1)消灭一切形式的歧视,要求降低学费、建立国家助学金、改善学生学习和生活条件,使广大青年特别是工农青年和其他贫苦青年也能够接受大学教育;(2)从课程和教科书中清除种族歧视、沙文主义和帝国主义的宣传,清除那些曾和法西斯积极合作的学生和教师;(3)在大学里建立民主管理机构;(4)建议各国学联参加研究本国的高等教育改革问题,使学生能够成为适应本国需要的有准备的有用人才;(5)建议各国学联努力向本国有关当局争取表达学生意见的权利,要求在办理事关学生生活和大学职能问题时,要征询学生意见;(6)建议各国学联帮助学生更加积极地参加整个国家生活;(7)建立民主的有充分代表性的学生组织,对教育民主化具有重大意义;(8)为了扩大大学教育和使大学教育民主化,必须扩大并改革中等和初等教育。

2.关于学生的真正需要和利益的决议。理事会通过的决议指出:知识不是富人的特权,工农青年应享有接受大学教育的机会;殖民地半殖民地国家的学生应有根据本国文化传统并用本国语言进行学习的权利。理事会提出了学生在生活、学习、文娱、医疗、就业等方面的要求,指出学生应发挥团结精神,组织自助活动。

① 参阅1959年5月团中央国际联络部编辑的《国际学生联合会(1946—1958)会章、大事记、会员组织情况汇编》。

3.关于殖民地半殖民地和附属国学生的需要的决议。从16世纪起,亚洲、非洲和拉丁美洲的许多国家先后被欧美殖民主义国家霸占,沦为这些国家的殖民地和附属国。在第二次世界大战期间,亚洲的一些原为欧美国家殖民地的越南、老挝、柬埔寨、印度尼西亚、缅甸、马来亚(马来西亚)、菲律宾等国①在战时均被日本占领,这些国家的人民纷纷奋起武装反抗日本侵略者,在1945年8月日本投降时,有些国家宣布了独立,有些国家在抗日斗争中建立了一些地方政权。但是,第二次世界大战后,欧美殖民者又卷土重来,企图恢复对这些国家的殖民统治,这就引起了这些国家的人民又率先高举争取和保卫民族独立的大旗,同手执美国武器的殖民主义者展开斗争,以捍卫民族独立的权利,一股反殖民主义斗争的潮流迅速形成和发展。在这股潮流的冲击下,南亚的印度和巴基斯坦两国在1947年宣告独立,西亚的黎巴嫩、叙利亚、伊拉克和北非的埃及等国人民争取民族独立的斗争胜利发展。这股强大的反殖民主义潮流,持续有力地冲击着世界的殖民体系,殖民地独立问题已经成为战后国际社会的一个非常敏感的问题。在这次理事会会议上,尽管有些西方国家的学联代表用不同的方式对殖民地独立运动表示了不同程度的反对,国际学联第二届理事会会议仍以多数票

---

① 在第二次世界大战前,越南、老挝、柬埔寨是法国殖民地,印度尼西亚是荷兰殖民地,缅甸、马来亚(马来西亚)是英国殖民地,菲律宾先后是荷兰、西班牙和美国的殖民地。日本战败投降后,越南、老挝、柬埔寨、印度尼西亚宣布独立,缅甸、马来亚(马来西亚)、菲律宾等国内部存在一些在抗日斗争中建立的地方政权。第二次世界大战刚刚结束,1945年9月23日,在美、英支持下,法国殖民者卷土重来,派遣远征军入侵越南南部,占领西贡。12月间占领海防、谅山等地区,随后向越南发动全面的军事进攻,并于10月侵占柬埔寨,年底侵入老挝。越南、老挝、柬埔寨人民奋勇抗击法国殖民者,沉重地打击了法国侵略者。为了挽回败局,法国和美国于1950年12月签订《共同防御协定》,又称联合行动。美国派遣军事顾问到印度支那,向法国提供大批武器装备。法国的军费总支出达3万亿法郎(约100亿美元),先后投入兵力约50万人。越南人民在1954年5月取得奠边府战役的决定性胜利,改变了战局。同年5月8日至7月21日召开了有中、苏、美、英、法和越南民主共和国、老挝、柬埔寨、南越参加的日内瓦会议。会议于7月20日达成关于恢复印度支那和平的《日内瓦协议》,保证在尊重越、老、柬3国的主权、独立、统一、领土完整的基础上,恢复印度支那和平,结束了法国对3国的殖民统治。1945年日本投降后,印度尼西亚爆发八月革命,8月17日宣布独立,成立印度尼西亚共和国。1947年后,荷兰与印度尼西亚经过多次战争和协商,于1949年11月签订印荷《圆桌会议协定》。根据此协定,印度尼西亚于同年12月27日成立联邦共和国,参加荷印联邦。1950年8月印度尼西亚联邦议院通过临时宪法,正式宣布成立印度尼西亚共和国。缅甸、马来亚、菲律宾在战后都重新沦为殖民地,经过三国人民的斗争,菲律宾于1946年7月4日独立,缅甸于1948年1月独立,马来亚于1957年8月31日建立马来亚联合邦在英联邦内独立。1963年9月16日,马来亚联合邦和新加坡、沙捞越、沙巴合并组成马来西亚(1965年8月9日新加坡宣布退出)。

通过了关于支持越南、印度、印度尼西亚、缅甸，以及巴勒斯坦、伊朗、埃及、北非、拉美等国家和地区学生争取民族独立和民主自由的斗争的一系列决议，谴责了帝国主义国家进行的殖民主义战争，支持这些殖民地附属国国家的学生和人民反对殖民主义和帝国主义、争取民族独立和民主权利的斗争。同时，还根据形势的需要，决定在秘书处增设一个"殖民地局"(Colonial Bureau)，专门负责对殖民地附属国家学生的工作。

殖民地局成立后，第一批正式工作人员为3人，他们是中国学联代表钱存学、印度学联代表薇姆拉·巴卡雅、印度尼西亚学联代表苏吉约诺，由中国代表负责。英国学联的代表卡梅尔·布里克曼以国际学联组织秘书身份在殖民地局协助工作。在各国进步学联的大力配合和协助下，国际学联同亚洲、非洲、拉丁美洲众多殖民地半殖民地国家的各类学生组织建立了广泛的联系，邀请各国知名学者和学生在国际学联、联合国教科文组织及各国出版物上发表反殖民主义文章，批判种族主义的伪科学和"种族歧视"及"侵略有理"等的帝国主义反动理论，在支持殖民地附属国学生反对帝国主义的殖民统治、争取民族独立的斗争方面，做了许多开创性的工作。

4.开除国民党"影子组织"，恢复中国学生在国际学联的席位和一切权利。在8月5日理事会会议上，按原定议事日程，对"中国学生运动的形势和中国学生代表权问题"进行了讨论。张凡、李彦分别就中国解放区和国民党统治下的平津地区学生的学习和生活情况作了报告。钱存学就中国国民党统治区学生运动的形势和中国学联成立的情况以及国民党政府镇压迫害进步学生等问题再次发言并即席回答了代表们的提问，呼吁国际学联发动世界各国学生抗议中国国民党政府对学生运动的镇压，支持中国学生的正义斗争，并指出中国根本就不存在什么"中国大学生中央联盟"这个组织。中国留英学生会的代表则用确凿的证据向会议报告了发现、调查和揭发中国国民党政府派其驻英大使馆职员冒充中国学生代表参加国际学联事件的经过。理事会讨论了由英国全国学联(National Union of Students of England, Wales and Northern Ireland—NUS)和法国全国学联(Union Nationale des Etudiants Francais—UNEF)联名提出的支持中国学生运动和开除国民党伪造的"中国大学生中央联盟"的提案。提案文本要点①如下：(1)国际学联理事会抗议国民党政府支持并非民主选举的中国学生代表团参加去年8月在布拉格召开的世界学生大会。对中国国民党政府破坏

---

① 提案全文见1980年2月《中国青运》刊载的史继陶著：《回忆解放战争时期的中国学生联合会》。

学生团结、滥用军警武力压迫民主学生团体、非法逮捕学生并压制中国学生的示威运动表示愤慨;(2) 要求美国学生组织促使其会员注意因美国对中国国民党政府的军事援助而更加恶化的中国学生的情况, 并采取措施改善这种情况, 特别是要求美国政府实施它业已宣布的不干涉中国内政的政策;(3) 国际学联号召全世界学生以行动反对中国法西斯独裁好战分子;(4) 国际学联号召所有会员团体, 尽一切力量和中国学生团体建立联系, 并帮助中国学生与各国学生联系;(5) 国际学联对国民党政府之暴行向联合国安全理事会提出控告;(6)在当年冬天在印度尼西亚举行东南亚青年与学生大会(注:东南亚青年与学生大会后因故改于1948年2月在印度加尔各达举行)时, 派代表团到中国考察;(7)开除国民党政府伪造之"中国大学生中央联盟"的会籍, 并取消中国国民党政府所派代表的资格;(8)国际学联致函向中国学生致敬慰问。

在讨论过程中, 美国代表曾表示不同意提案第二条(原文为"由美国学联号召美国学生, 以行动制止杜鲁门总统援华内战政策"), 理由是"美国全国学联尚未成立", 还说, "美国对华政策业已改变, 美军正在从中国撤出中", 要求不对此条进行表决。后根据主席建议, 由中国代表和美国代表协商修改了第二条的条文, 上述提案文本中的第二条即修改后通过的条文。

随后, 国际学联以理事会名义向中国国民党政府提出了抗议书, 并向各国学生组织发出了《注意中国之特殊情况, 否认国民党代表的合法资格的通告》。《通告》一经发表, 立即成为当时国际社会的一件大事, 引起了世界各国媒体的广泛注意, 受到了国际报刊的广泛报道。

5.选举新一届国际学联执委会。理事会的最后一项议程是选举新一届执委会。钱存学按照中国代表团的决定, 以中国学联的名义在会上发言提名张凡以中国解放区学联筹委会主席的身份参选国际学联副主席。但是, 由于执行委员古巴代表瓦兹克斯和印度代表萨德尔提出这个提名不符合国际学联《章程》中关于国际学联领导成员必须是"全国性学生组织"的代表的规定, 使得这个提名未能付诸表决。根据主席格罗曼的建议, 经过会外协商, 理事会通过了苏联代表谢列平的提议, 选举中国学联为国际学联的副主席, 具体人选由中国解放区学联和建立在国民党统治区的中国学联协商决定[①]。

---

① 刘宁一著:《历史回忆》, 人民日报出版社1996年7月版。刘宁一在该书对那个时期苏联对中国解放区的态度有如下的记载:"由于那时苏联政策颇注意和蒋方的外交合法关系, 他们对这一活动顾虑甚多", "纵然苏联人民对我解放区有无限同情, 可能(担心)在技术上明显地帮助解放区的人会有碍于当前的外交……尽管我带去了恩来同志的介绍信……都不能起到应有的作用。"

选举结果,除中国学联取代国民党的"中国大学生中央联盟"为国际学联副主席,意大利学联代表乔凡尼·贝林格(Giovanni Berlinguer)接替比利时代表路易士·米尔特担任司库外,主席、秘书长以及其他专职执委均由上届执委连任。

由于中国学联成立时,出于安全上的考虑,决定不设"主席",只设"秘书处",关于国际学联副主席的职务,经中国代表团领导研究决定,先以中国学联秘书处对外联系时所用的代名"陈光耀"为国际学联副主席,由钱存学任常驻代表,代理副主席;到1948年,改由钱存学任国际学联副主席①。钱存学在国外时期的业务工作由中国学联对外联络处党团书记周寿昌、秘书长史继陶领导,党的组织关系由常驻世界工联代表刘宁一(1948年任新成立的中共中央欧洲委员会书记)领导。因考虑国内有关同志和家庭的安全,钱存学按照组织的决定,他的共产党员身份在国外工作期间没有向外公开。

这次理事会是国际学联成立后举行的第一次重要会议。理事会除了继续强调国际学联成立大会所提出的反对法西斯、保卫和平、要求民主、争取美好的世界外,因当时东南亚的民族解放运动高涨,"冷战"开始表面化,便又特别强调了反对殖民主义、反对帝国主义侵略和支援民族独立运动,同时还决定和世界民主青年联盟共同举办东南亚青年与学生大会。国际学联理事会经过与会各国代表的合作和努力,本着求大同存小异的原则,最终以多数票通过了争取教育民主化、维护学生权益、支持殖民地独立和保卫世界和平以及中国学生代表权等一系列有关国际学联发展方向的重要决议,完成了既定任务。

这时,西方国家学联对国际学联总的还是采取合作的态度,但是由于苏格兰等一批西方国家学联加入国际学联是为了从内部改变国际学联的政策,所以国际学联的上述立场还是引起了西方国家学联的不满,在会上东西方两种力量的根本矛盾和分歧已经显现。例如瑞士、苏格兰、荷兰、比利时、澳大利亚、加拿大等国学联代表纷纷提出学生组织不应该"政治化"、不应该"受党派影响",而应该只管纯粹与学生有关的事。瑞士学联代表则明确说:"我们到布拉格不是来协助进行政治思想意识的斗争的",因此"对殖民地附属国学生为独立自由而进行的斗争不能给予支援",并提出了反对极权主义的问题,对国际学联参加政治性活动表示大大失望,因此决定不参加国际学联。苏格兰学联表示参加国际学联,但声明"不受国际学联的约束"。

8月31日,由主席格罗曼和秘书长马登联合署名的国际学联致中国学联函

---

① 史继陶:《回忆解放战争时期的中国学生联合会》,《中国青运》1989年第二期。

说："向正在为改进学生的生活及反对国民党政府的压迫而奋斗的全体中国学生致敬"；"谴责国民党政府在去年的国际学生代表大会上，用自称代表所谓"中国大学生中央联盟"的代表团来蒙混我们的行为"；"抗议国民党政府派军警用武器来对付你们，杀伤及囚禁了许多学生"；"宣布从你们的正式代表参加我们的会议开始，就尽一切办法增加和中国学生的联系"；并特别表示"希望你们全国的学生团结在一个组织中统一你们的战斗，并请你们在国际学联组织中取得在世界民主学生运动中的地位"①。

夏，美国全国学生协会(National Students Association—简称NSA，即"美国学联")成立后，国际学联的美国籍副主席比尔·艾利斯便称病常住日内瓦休养，他的副主席职务由新成立的美国学联派驻国际学联的代表吉姆·史密斯(Jim Smith)代理。这时，他们开始考虑和策划在国际学联内部成立反对派的事宜。在他们之间的一封信中写道："美国学联和比利时、挪威、荷兰、加拿大、澳大利亚等许多西方国家的学联一样，谁都不愿承担破坏战后国际学生团结的责任"，因此，"需要在国际学联的内部建立一个以西欧和北欧国家的全国学联为主体的、包括拉丁美洲学联在内的非共产党的'右翼反对派'"②。

9月25日，苏联、波兰、南斯拉夫、罗马尼亚、匈牙利、保加利亚、捷克斯洛伐克、法国和意大利等9个欧洲国家的共产党，在波兰开会，成立了九国"共产党情报局"，以统一思想，巩固阵地，保卫战争的胜利果实。出席会议的苏共代表日丹诺夫在九国"共产党情报局"的成立会议上，代表苏共中央指出："战后世界力量出现了新配置，形成了两个对立的阵营：一方面是美国为首的帝国主义的反民主阵营，另一方面是反帝国主义的民主阵营"，明确提出："对帝国主义阵营要像对希特勒那样毫不妥协。"他强烈谴责了马歇尔计划，并要求法、意等国共产党"在欧洲各国开展斗争，抵制马歇尔计划在欧洲的实施"③。会议发表《关于国际形势的宣言》，明确宣布世界已经分裂成两个阵营：一个是帝国主义反民主阵营；另一个是反帝国主义民主阵营。

12月30日，苏联《共青团真理报》发表了一篇由苏联青年反法西斯委员会秘书长莉迪娅·沃伊沃娜(Лидия Войвона)署名的文章《全世界民主青年的紧急

---

① 信件全文载于《中国共产党历史资料丛书》之《解放战争时期第二条战线学生运动卷》(中册)，中共党史出版社1997年版，第163页。

② 参阅《Students and the Cold War》，第126页。

③ 孙耀文著：《共产党情报局：一个特殊的国际机构》，社会科学文献出版社2000年版。

任务》,向国际青年和学生运动传达了日丹诺夫关于国际形势的分析,强调指出"'二战'结束以来东西方分歧尖锐,世界已经分裂为两个阵营,这一变化,对国际青年和学生运动产生了严重的影响。"她批评了世界民主青年联盟对形势判断有严重错误,告诫世青说:"必须对那些企图破坏世界青年与学生团结合作的'叛徒和分裂分子敌人'采取紧急行动。"①

1948 年

1月18日至23日,国际学联在布拉格召开执委会会议,主要议程为讨论国际学联1948年工作计划。主席格罗曼在他的题为"国际学生运动情况"的报告中,向全世界学生第一次指出"世界已形成了两大阵营"的国际形势新特点,要求世界学生和各国学联提高警惕,防止国际学生运动分裂,保卫世界和平。

2月初,捷克斯洛伐克发生二月事件,捷克斯洛伐克全国学联被改组,捷"学生行动委员会"负责人伊日·贝利康(Jiri Pelikan)当选为主席。

2月,东南亚青年与学生争取民族独立与自由大会(简称东南亚青年与学生大会)在印度加尔各答举行。这个大会原定于1947年12月在刚独立的印度尼西亚举行,后由于荷兰殖民主义者再次武装入侵印度尼西亚,印度尼西亚人民被迫进行维护民族独立的武装斗争,国际学联和世界青联决定将大会会期推迟,并改在印度加尔各答召开。筹备委员会由世青的印度代表薇迪亚·康努加及国际学联的英国代表卡梅尔·布里克曼负责。

大会召开时,国际学联主席格罗曼代表国际学联出席了大会开幕式。中国、缅甸、锡兰、印度、印度尼西亚、马来亚、巴基斯坦、越南共8个国家的代表和朝鲜、蒙古、尼泊尔、菲律宾和苏联5个国家的观察员参加了大会。此外,澳大利亚、英国、加拿大、南斯拉夫等国的代表以贵宾身份出席了大会。中国代表团由团长、全国学联代表黄振声及南京学联代表田振邦、帅能应,上海学联代表张毓芬、车懋奇,北京学联代表许士谦共6人组成。另有丁仰炎和丁永康两名代表因赴会途经暹罗(现泰国)时,适逢銮披文发动军事政变,被其拘留,未能继续前往加尔各答出席这次会议(为安全计,当时中国代表用的都是化名)。中国代表在大会上介绍中国学生运动的近况和历史经验。

在第二次世界大战刚刚结束时,英、法、荷等殖民主义国家在美国支持下,便派兵武装入侵印度尼西亚、马来亚、越南等国,并对这些国家实施殖民统治。

---

① 参阅《Students and the Cold War》,第126页。

其中的一些国家都是在日本投降时宣布了独立的国家。因此,在大会发言中,各国代表都强烈谴责美、英、法、荷等殖民主义国家的侵略罪行,热烈赞扬中国、印度、巴基斯坦、锡兰和缅甸的"强大的民族解放运动"。

受九国共产党情报局路线的影响,许多国家的共产党不仅对欧洲各国的社会党和社会民主党内的不同派别不加区别,而且对有些才摆脱了殖民统治的新独立国家的买办资产阶级与民族资产阶级也不加区别,看不到这些国家的民族资产阶级和帝国主义国家之间存在着的利益矛盾,把他们全部看成是西方帝国主义国家的代理人,把以原殖民地的民族资产阶级为代表的一大批中间力量推到西方帝国主义一边①。另外,随着冷战的加剧,确有些独立不久的前殖民地国家的统治集团对共产党和民主力量进行了限制和打压,并因此导致这些国家的进步学生组织认为统治集团的这些措施是在为新的世界大战准备战略后方。这类"左"的倾向和情绪影响了这次大会,并且在会上也有程度不同的反映。

例如,在《给世界民主青联和国际学联的总建议》中要求国际学联对那些主张青年和学生运动"非政治化"的人士不要继续采取团结教育和争取的态度,而要对他们进行"更坚定的斗争"。

在《关于救济工作的建议》中,要求"国际学联的救济活动不应独立于各有关国家为民族解放、民主、和平与进步的总的斗争之外,而应将这方面的活动与这些国家总的民主运动相结合"。

由于在印度执政的国大党和尼赫鲁总理支持的"全印学生大会"(All India Student Congress)未能获得大会筹委会批准参加大会,会议期间发生了一些不满群众的抗议,并导致暴徒企图趁机袭击与会的中国代表,造成一名当地保安人员被打死的严重事件。

这次大会最重要的成果是促使国际学联进一步感到了殖民地半殖民地民族解放运动不可阻挡的气势,并认识到学生运动在反对帝国主义、争取民族解放运动中的重要作用,从而意识到国际学联在其初期工作中存在的问题。这就是由于过多迁就西方国家学生组织的狭隘民族主义情绪,而削弱了对殖民地半殖民地学生争取民族独立运动的支持力度。这样一来,促使国际学联对其后来的工作方针和政策进行重要的调整,并将"中性"的"殖民地局"改名为"学生反对殖民制度斗争局"(Bureau of Students Fighting Against Colonialism),进一步加强了对殖民地半殖民地国家争取民族独立学生运动支持的力度。

---

① 孙耀文著:《共产党情报局:一个特殊的国际机构》,社会科学文献出版社2000年版。

1948 年 5 月布加勒斯特执委会会议部分与会者留影

　　卡梅尔·布里克曼在会议期间，向国际学联秘书处和殖民地局报告会议情况的信件能够部分地反映这一情况。在她的第10封信①（未注明日期）中这样写道：

　　"在这次会上提出的许多问题，对于国际学联的未来，具有真正的根本性重要意义。反对帝国主义的斗争在这里是如此的具体，我深信，我们的这次大会必然会按照这条路线作出决定，而这些决定又必将成为国际学联在殖民地半殖民地国家的工作方向。

　　"我还必须十分坦率地告诉你们，在这里的各国学生领袖们在国际学联对殖民地问题的态度上存在着不满情绪。他们有这样一种印象，就是我们更加关心和迁就我们的欧洲会员，而不那么积极支持殖民地国家学生的斗争。"

　　在会议结束后，卡梅尔·布里克曼向国际学联提交了关于这次大会的正式报告。在这份正式报告里，她对这次会议的情况和调整国际学联对殖民地国家学生运动政策的必要性作了更为准确的陈述：

　　"……有些国家的代表对国际学联提出了强烈的批评，他们感到，国际学联

_____

　　① 参阅《Students and the Cold War》。

内某些人倾向于反对通过明确的反帝政策,他们害怕疏远美国、北欧等一些国家的某些所谓'非政治性'的学生团体","他们坚持认为国际学联应该坚定地坚持其原则立场,拒绝那些分子的威胁"。

东南亚青年与学生大会闭幕后,鉴于会议批评国际学联对世界学生救济会①的浓厚西方色彩过于迁就,要求"国际学联的一切救济工作必须直接与殖民地学生争取完全独立的反帝斗争相结合",国际学联派主席格罗曼、秘书长马登和学生反对殖民制度斗争局负责人钱存学三人到日内瓦去和世界学生救济会会谈,但世界学生救济会坚持"本会自1943年成立以来,学生救济工作从不过问政治"的传统,双方根本无法达成一致。于是,国际学联便运用自己在世界学生救济会执委会里的否决权,阻止世界学生救济会向其执行机构国际学生服务处提供召开1948年代表大会和举行研讨会等活动的经费,向世界学生救济会施加压力,使其陷入了瘫痪状态。事后,国际学联退出了世界学生救济会。

2月29日,美国学联常驻国际学联代表、代理副主席吉姆·史密斯,在美国驻捷大使的策划下,就在布拉格发生的二月事件,向国际学联提交了一份备忘录,要求

國際學生聯合會會歌

F短調(F=6) 4/4

列席·阿沙宵 持 采子苓 澤同
王席·穆拉搖闊 曲 任 虹 配歌

（本會歌在一九五〇年八月世界學生第二次代表大會上正式通過,譯詞經中華全國學生聯合會宣傳部審定,各地委唱時應以此為準）

中華全國學生聯合會印

国际学联会歌照片

---

① 世界学生救济会(World Student Relief—WSR)的前身是第一次世界大战后世界基督教学生同盟(World Student Christian Federation)于1920年成立的欧洲学生救济会,是第二次世界大战时期由美国、加拿大等西方国家主导的世界基督教学生同盟、世界天主教学生联合会(Pax Romana)和国际学生服务处(International Student Service—ISS)三个国际学生组织于1943年联合成立的一个国际组织,总部设在日内瓦,拥有联合国教科文组织和联合国经社理事会的咨询团体资格,它以国际学生服务处为执行机构,对许多国家的因战祸失去家庭支援、濒于辍学的流亡学生,包括抗日战争时期流亡到大后方的中国学生,给予过救助。1947年国际学联作为第四个国际学生团体会员参加了这个国际学生救济机构,并被选为拥有否决权的执行委员之一。

国际学联谴责布拉格警察的"暴行",不承认伊日·贝利康为主席的捷克斯洛伐克全国学联。出席东南亚大会开幕仪式的格罗曼在从加尔各答赶回布拉格后,立刻召开秘书处特别会议,并邀请时在布拉格的执行委员参加,讨论史密斯的备忘录。讨论时,多数人主张先由秘书处调查了解具体情况后再考虑是否采取行动。两星期后,秘书处提出了一份长达20多页的调查报告,指出:(1)2月25日的学生游行是捷克斯洛伐克亲美的国家社会党党魁克拉季纳煽动起来的,其目的是在捷克斯洛伐克建立一个反共政府;(2)游行未依法向内政部申请,因而是非法的;(3)游行的领导人伦斯多尔夫是一个偷了5.5万克朗的盗窃犯,另一名领导人F.乌赫(F.Ulh)是一名西方间谍;(4)警察的行动稍有偏颇,但属于次要性质,且被捕学生已经释放;(5)学生行动委员会驱逐的教授是法西斯分子,符合国际学联提出的争取教育民主化和清除叛徒的任务。因此,"秘书处看不出需要提出抗议的任何理由"。对此,史密斯表示坚决反对。在会议作出将这个秘书处的报告提交执行委员会审议的决定后,史密斯立即宣布辞去代理副主席的职务。其后,丹麦、瑞典两国学联宣布退出国际学联,美国、古巴、加拿大、奥地利、比利时等国学联也先后宣布暂停会籍。

3月,美国国会通过了《经济合作法》,即马歇尔计划。同年4月,马歇尔计划开始正式实施。

4月至5月,国际学联与世界青联联合在墨西哥城召开了第一次"拉丁美洲青年与学生大会"。有10个拉美国家的代表出席了这次会议。会议的主题是拉美国家青年和学生争取世界和平和民族独立,争取青年一代的权利和美好生活;加强拉美各国青年与学生的团结。会议谴责美帝国主义威胁世界和平的罪行,反对"杜鲁门计划";谴责种族歧视;支持巴西、智利青年和学生的反对独裁统治的斗争。当年夏天,国际学联还向北非和西亚地区派出了考察组,访问了阿尔及利亚、突尼斯、摩洛哥、埃及、叙利亚、黎巴嫩和塞浦路斯。通过这两个活动,国际学联同拉丁美洲及西亚、北非地区国家学生团体建立起了广泛的联系。

5月上旬,在东南亚青年与学生大会结束后,卡梅尔·布里克曼以国际学联代表的身份在走访了缅甸、马来亚(马来西亚)、暹罗、香港后,用了约两周时间重点访问了中国。在中国期间,她住在上海交通大学、南京中央大学和北平北京大学的女生宿舍,和学生同吃同住,同近百名中国学生和教授谈了话,了解和体验中国学生的生活和斗争,与上海、南京、北平学联的有关负责人就中国学生运动的历史、现状和基本经验进行了多次深入的交谈和讨论。她在上海学联为欢迎她在交大举行的"五四营火晚会"上发表了热情洋溢的演讲,代表国际学联向中国学生致敬。

卡梅尔·布里克曼回到布拉格后，向学生反对殖民制度斗争局、秘书处报告了这次访问的情况，接着又在5月份召开的布加勒斯特执委会上、9月份在巴黎召开的国际学联第一届理事会第三次会议①上作了报告。在报告中，她表示对中国学生运动十分敬佩。她认为中国学生运动在中国的民族民主革命中坚持了与工农相结合的方向，还认为中国学生运动的斗争策略灵活机动，对广大中间群众采取的是团结教育方针，而不是排斥打击，工作作风深入细致，这样就能够最广泛地团结绝大多数学生，就能够得到包括学校校长、院系主任、教授在内的教职员工和全社会（包括上层社会和宗教团体）的支持，即使在强大敌人的高压统治下，也能够顶住残酷的镇压。她评价说，在中国人民的解放斗争中，中国学生运动发挥了唤醒民众的"号角"、站在人民运动前列的"先锋"和学生与工农大众间的"桥梁"的三大作用，为中国人民的解放斗争做出了巨大贡献。卡梅尔·布里克曼还曾向国际学联建议，国际学生运动、特别是殖民地半殖民地的学生运动应认真研究和学习中国学生运动的经验。由她代学生反对殖民制度斗争局起草的关于东南亚青年与学生大会的报告和她本人访问东南亚和中国学生运动的报告，对于促使国际学联加强支持殖民地和"保护国"学生争取民族独立斗争的工作，起了重要的作用，因为这个报告进一步加深了国际学联领导层对殖民地半殖民地学生运动的性质、作用和应采取的正确的政策和策略的认识。

5月，国际学联召开布加勒斯特执委会会议，会后派钱存学访问希腊，参加希腊学联代表大会，表示国际学联对正在抵抗英帝国主义武装入侵的希腊人民和学生的支持。

6月23日，九国共产党情报局第二次会议通过了《关于南斯拉夫共产党状况》的决议，公开号召南共党员起来造反，推翻以铁托为首的南共领导，实际上把南共"开除"出了情报局。

8月中旬，在波兰古都弗罗兹拉夫（Wroclaw）举行的"知识界保卫和平大会"（Congress of Intellectuals For Peace），号召各个国家都成立和平委员会，并决定在巴黎设立一个常设机构"国际联络委员会"，协调各国保卫和平的工作。世界工联主席路易·赛扬（Louis Saillant）、国际妇联主席克劳德·瓦扬-古久里（Claude Vailant-Couturier）、世界青联主席居伊·德·博埃逊（Guyde Boysson）、国际学联主席格罗曼等主要国际组织负责人当选为这个联络委员会的领导成

---

① 即历史资料记载的第三次理事会。

员。格罗曼宣布:"国际学联和全世界民主学生一起,积极支持一切为和平而努力的各国政府和各社会团体,全力贯彻大会的各项决定。"

会后,国际学联秘书处向各国学联发了一个备忘录,建议"为和平运动建立广泛的群众基础",并开展了一系列活动项目。为了扩大宣传,国际学联的机关刊物《世界学生新闻》(World Student News)除了用英文、法文出版外,增加了西班牙文和阿拉伯文版,还新出版了每月三四次的单张小报《国际学联简讯》(IUS News Bulletin)。

8月,国际学联单方面终止执行与南斯拉夫学联的一切双边协议,内容涉及文化、教育、体育、旅游、青年突击队以及财务等诸多方面。国际学联还强制性地宣布,所有书记处人员不得与南斯拉夫劳动青年联盟与南斯拉夫学联的任何人保持来往、接触。这表明,国际学联继世界民主青年联盟等国际群众团体之后,也终止了南斯拉夫学联的会籍。

南斯拉夫学联是国际学联的创始成员之一,并长期担任国际学联执委会委员。南学联一贯积极参与国际学联的各项活动,例如:筹备东南亚青年和学生大会,筹备第二届青年学生联欢节;参加国际学联的宣传、旅游、学生福利以及教育活动……南学联所缴的国际学联会费,仅次于苏联和捷克斯洛伐克而名列第三位。终止南斯拉夫学联的会籍,是国际学联在苏联的压力下作出的一项决定。在1948年和1949年,南斯拉夫学联一再邀请国际学联派合适人员前去访问,了解南斯拉夫的状况以及南人民、学生的诉求。他们的邀请表达了在"纯学生事务"的领域中谋求合作的期望,也是南斯拉夫学联不愿断绝与国际学生运动的联系而做出的最后努力。但是,所有这些"努力"都没有得到苏联的认可,因此国际学联也没有做出任何回答。

在这种情况下,南斯拉夫学联向西方学联发出邀请,英国学联即刻做出反应,派出学联的领导人访问南斯拉夫,接着黑非洲留法学联(FEANF)代表团和法国学联领导成员也应邀访南。络绎不绝的访问者回国后都写了文章,叙述访问的感想,称赞南斯拉夫的情况一切正常,并由此引发了东西方学联就南斯拉夫问题相互间指责和旷日持久的"宣传战"。在此期间,南斯拉夫学联还以观察员的名义,应邀参加了西方学联召开的"国际学生会议",加强了与西方学联及学生的交往与合作,并在不同场合向他们介绍了九国共产党情报局、国际学联、南学联三方互相争论的内容。

由于出现上述情况,从1948年秋季以后,在国际学联的执委会、理事会、代表大会,甚至"团结会议"上,"南斯拉夫学联会籍问题"都成了一个"热门话题"。

西方学联在上述会议上,一直以"维护"南斯拉夫学联的名义,不断批评国际学联的"宗派主义"、"政治歧视"政策,同时在会外加紧实施分裂国际学联的活动。

于这一年夏天从华北解放区平山县西柏坡起程,受中共中央青年工作委员会委派的中华全国学生联合会代表梁畔抵达布拉格国际学联总部,准备接替中国学联驻国际学联首任代表、国际学联副主席钱存学的工作。梁畔在国际学联工作到1950年年底。

9月8日至19日,国际学联第一届理事会第三次会议在巴黎举行。会议中心议题是讨论对马歇尔计划的态度、捷克学联夺权事件和保卫和平问题。会议提出"在战争与和平的斗争中,你站在哪一边"的问题,号召各国学联和全世界学生"反对战争贩子,保卫世界和平"。

37个国家54个学生组织的代表出席了会议,其中代表82人、观察员62人,另外还有其他国际组织代表和来宾13人,出席会议总人数157人。出席会议的代表除苏联和东欧国家学生组织代表外,还有亚非拉学生组织的代表,其中相对重要的有北非学生总会、叙利亚—黎巴嫩民主青年运动学生部、伊朗德黑兰大学学生会、伊拉克全国学联、委内瑞拉大学生联合会和厄瓜多尔大学生联合会等。以代表身份出席会议的西方学联有英国、法国、丹麦、芬兰、意大利、澳大利亚、新西兰、苏格兰、西班牙等。美国、荷兰、挪威、瑞典、瑞士、奥地利、加拿大、以色列等国学联虽然或宣布退出国际学联或宣布暂停国际学联会籍,但还是以观察员身份参加了会议。出席会议的中国代表团由解放区学联代表区棠亮、中国学联代表钱存学组成,中国留英学生会代表程镇球和段为、中国留法的巴黎中国学生代表关肇直列席了会议。

在这次会议前夕,由荷兰、比利时、加拿大学联出面向17个西方国家的学联发出了邀请,于9月4日至6日在布鲁塞尔召开会议,讨论成立一个"新的非共产党国际学生组织"的问题,美国、奥地利、苏格兰、瑞典、瑞士、加拿大、荷兰、比利时等8个西方国家的学联出席了会议。英国、法国等9个西方国家的学联没有参加。在布鲁塞尔会议上,曾任国际学联副主席的美国代表比尔·艾力斯认为成立新组织的时机尚不成熟,还需要为此做许多准备工作。他建议先在国际学联内部成立一个以西欧和北欧的全国学联为主、包括拉丁美洲国家学联在内的"建设性的右翼反对派"。他的意见获得了其他与会代表的同意。这次会议商定西方国家学联要对国际学联采取"一致的态度",以改变国际学联的政策。这些情况表明,即将召开的国际学联第一届理事会第三次会议必然会出现意见分歧和激烈的争论。

1948 年 9 月巴黎理事会的中国代表团，区棠亮、钱存学、程镇球、段为、关肇直

　　国际学联第一届理事会第三次会议召开时，首先由国际学联主席格罗曼作题为"为和平、民族独立和教育民主化而奋斗"的工作报告。格罗曼在报告中指出马歇尔计划是美国全球扩张政策总计划中的一个重要组成部分，严重威胁了世界和平，还指出殖民地半殖民地国家的学生生活日益恶化，教育事业停滞不前，并号召世界学生在保卫世界和平，争取民族独立，争取教育民主化光荣传统的基础上加强团结，为维护世界学生运动和国际学联的团结而奋斗。格罗曼在报告中还揭露了美国等西方学联代表所进行的分裂活动，反驳了他们关于"国际学联只关注集团利益，只搞政治而不为学生做实际工作"和"国际学联干涉各国学联内部事务"等言论。格罗曼在报告最后提出：国际学联今后应扩大同各国为民主与持久和平而斗争的学生组织的联系，争取吸收它们加入国际学联，建议进一步贯彻代表大会关于教育民主化的决议，给各国学联以实际帮助，同时加强对殖民地半殖民地学生运动的支持和物质援助。接着，理事会又听取了执委会"关于东南亚青年和学生大会"、"关于拉丁美洲学生的情况和问题"、"关于会员的会籍"和"关于国际学生周"等问题的报告。

　　这些报告结束后，开始了大会发言。发言主要围绕下列问题展开：

　　1.关于格罗曼的报告和马歇尔计划。西方学联代表极力反对格罗曼报告阐述的关于马歇尔计划的观点。英国学联代表比尔·拉斯特（Bill Rust）首先发言反对格罗曼报告中关于马歇尔计划的提法，认为这只会导致分裂。法国代表特鲁瓦则认为："格罗曼的报告根本不应谈论马歇尔计划，因为这类题目只能带来分裂而不会导致团结。"

中国代表区棠亮发言支持格罗曼的报告和一些国家的代表对马歇尔计划所表明的立场，并用事实揭露了美国用它的战时剩余物资支持蒋介石政府打内战，从政治上和经济上控制中国的帝国主义本质，强调要保卫和平就必须反对美帝国主义，强调学生的切身问题与政治社会问题不可分割。

关于格罗曼的报告，理事会通过的决议对国际学联的工作进行了积极的评价，指出各国学联今后主要的任务是加强国际学生运动的团结，制止分裂国际学联的企图，维护持久和平，争取教育民主化，支持殖民地学生争取独立的斗争。

关于马歇尔计划，理事会通过的《告世界学生书》要求各国学生研究马歇尔计划及其对各国青年学生的影响，然后决定他们对这一计划的态度。

2.关于捷学联夺权事件。丹麦学联代表最先发言说，"捷克斯洛伐克二月事件时期，'学生行动委员会'夺了捷全国学联的权和进行的'政治驱逐'是违反民主原则的，国际学联对此采取的'不抗议'态度，是一种'党派性'的立场"。他要求理事会通过决议，说明"'捷克斯洛伐克二月事件'直接违反了民主原则，国际学联秘书处的态度是错误的"。否则，已经暂停会籍的丹麦学联就要退出国际学联。英国学联代表发言提出："根据他们从各方面收集到的情况看，国际学联应该扩大搜集材料的来源，以避免不公正，并应抗议某些属于纯粹政治考虑的放逐。"捷克斯洛伐克学联代表对捷学联的夺权事件作了正面解释，并反驳了丹麦学联代表对捷政府的攻击和污蔑。波兰和一些殖民地国家的代表发言，支持捷代表的解释，对丹麦代表进行了驳斥。

最后，理事会以9票赞成、51票反对、11票弃权否决了丹麦代表的提议；以51票赞成、6票反对、8票弃权通过了由苏联和英国代表共同提出的决议："理事会虽然获知某些理事会成员认为行政秘书处在有关捷克斯洛伐克最近发生的事件上所采取的行动有误和不公正，并认为应该对此事件进行抗议，而理事会的多数理事则认为行政秘书处所采取的行动是正确的。"

3.关于支持殖民地及附属国学生争取民族独立斗争的方针政策。英国、法国、比利时、澳大利亚等国代表先后在发言中提出："国际学联的一切工作方针必须建立在改善学生生活条件、维护学生需要的基础之上"；"国际学联的全部活动必须以争取教育民主化为基础";"国际学联的任务不是进行政治分析,而是帮助学生争取更好的条件,因此执委会所作的政治分析以及相应的结论和建议是不能接受的";"国际学联批评其他学联的做法是干涉别国学联的内部事务的越权行为"。针对这些言论,苏联、中国、波兰、捷克斯洛伐克、印度、意大利等国代表都在发言中进行了批驳,并表示支持国际学联的基本方针。

理事会通过的决议指出:"动员全世界学生支持殖民地附属国反对殖民主义、争取民族独立的斗争,是国际学联的重要任务,应该向他们提供一切可能的帮助;同时,要积极支持他们争取民主教育和帮助他们改善经济和物质条件。"

4.关于东南亚青年与学生大会的报告。布里克曼向理事会作了关于东南亚青年与学生大会的报告,建议加强支持殖民地半殖民地学生运动的力度。但是,由于西方学联代表的激烈反对和秘密操作,国际学联执委会没能将关于东南亚青年与学生大会的报告提交给第三次理事会会议表决。

理事会会议最后通过选举选出了新的执委会,成员如下:主席格罗曼,副主席苏联、中国、法国和美国(人选未定),总书记托马斯·马登,其他执委由意大利、共和西班牙、乌克兰、埃及、印度、波兰、丹麦、厄瓜多尔、古巴、澳大利亚、南斯拉夫分别担任。

11月初,英国全国学联在曼彻斯特召开理事会。在这次理事会上,于1947年7月当选的英全国学联主席比尔·拉斯特策动了英国学联领导机构改组,使得自20世纪30年代以来由英共控制英全国学联领导的局面被打破,并由此导致英国学联领导层内的英共党员陆续退出英国学联。在这次理事会上,英国学生团体(含英全国学联)关于国际学联事务委员会的某些成员还说,国际学联不得干涉英国学生团体的内部事务,应该尊重英国学联的自主性、独立性;还说国际学联的文件必须克服政治性和宗派倾向,应该重视"少数派"的观点。还说,国际学联与殖民地学生的合作,不得引起殖民地学生与宗主国学生之间的矛盾。曼彻斯特理事会结束8个月后,即1949年的七八月间,英国学联又在埃克塞德(Exeter)举行理事会。在这次会上,经已卸任主席拉斯特的大力推荐,威尔士名城加第夫工程学院学士生史坦利·詹金斯(Stanley Jenkins)成为新一届英国学联主席。詹金斯和拉斯特等人都常标榜自己是战后新起的非共产党人的年轻一代,是"新生代"的学运"领头人",都对国际学联持排斥和反对的立场,但是他们也都认为,在当时反对国际学联策略的最佳选择,不是立即退出国际学联,而是联合法国学联等西方国家学联,在国际学联内部组成一个"建设性的反对集团",从内部改造国际学联,在东西方矛盾中充当"最后一座桥梁",进而重新塑造国际学联。

1949 年

3月5日，鉴于世界保卫和平大会[①]即将在当年4月20日于法国巴黎召开，国际学联书记处召开会议，决定发表《宣言》，以300万会员——学生的名义支持

1949 年 4 月 20 日至 25 日，世界保卫和平大会在布拉格举行。
图为中国驻国际学联代表梁畊(中)作为国际学联副主席出席大会的留影

---

① 世界保卫和平大会：第二次世界大战后，经历过战争的人们，更懂得和平的可贵。为了制止帝国主义新的战争阴谋，各国人民纷纷行动起来通过各种方式呼吁和平，反对战争，一个规模空前的拥护和平、保卫和平的人民运动，席卷了整个世界。为了反思这次战争带给人类的灾难，17个国家的75位著名人士联合发起举办"世界保卫和平大会"。后经各国和平团体共同商定于1949年4月20日在巴黎召开世界保卫和平大会。提议发出，各国人民热烈响应，很快就都组成了各自的代表团或筹备机构。1949年3月18日，中共中央决定响应倡议，组成代表团参加世界保卫和平大会。3月24日，中国代表团正式组成，团长郭沫若，副团长刘宁一、马寅初，秘书长钱俊瑞。团员包括中华全国总工会、中华民主妇女联合会、中国青年联合会筹备会等10个团体的代表和各界知名人士代表共40人。3月29日，中国代表团踏上了去巴黎的旅途。到欧洲以后，由于法国政府以限制人数为借口拒发入境签证，中国代表团只好停在布拉格，继续交涉。因为会期已到，还有一些国家的代表团也被拦阻在布拉格，所以大会筹委会决定分两处开会，即巴黎——布拉格大会。1949年4月20日上午10时50分，世界保卫和平大会在巴黎文化厅和布拉格国民议会会场同时开幕。经过5天的会议，大会通过了《世界保卫和平大会宣言》、《告世界人民书》等10多项文件，并选出常设委员会，4月25日大会闭幕。

"世界保卫和平大会",并表示尽可能提供赞助。

4月20日至25日,在巴黎和布拉格两地同时举行"世界保卫和平大会"。出席两地大会的代表总数达2005人,代表着72个国家的8亿多人民。

巴黎"世界保卫和平大会"议程为:

1.谴责军备竞赛。

2.揭露战争宣传。

3.阐明《联合国宪章》与和平之关系。

4.尊重各国主权、独立。

5.反对一切奴役别国的计划,主张建立各国之间的正常贸易关系。

6.鼓励妇女积极参加和平运动。

7.建立永久性的维护和平的机构。

巴黎大会主席是著名物理学家约里奥·居里。他在开幕词中特别向中国、希腊和西班牙代表致敬。

布拉格"世界保卫和平大会"在捷克斯洛伐克国民议会大厅举行。出席大会的代表约1000人。他们分别来自苏联、东欧国家、中国、朝鲜、越南民主共和国,以及印度、印度尼西亚和拉美国家。另外,还有国际民主群众团体代表团。国际学联代表团三人,由格罗曼主席任团长,团员有副主席梁畔及总书记马登。作为国际学联会员团体的中国学联也派出柯在铄(中国学联秘书长)和屈元(女,上海法学院学生)作为中国代表团的成员出席了大会。

苏联的法捷耶夫、中国的郭沫若以及东欧各国和亚洲、拉美的代表相继发言。郭沫若强调要努力争取广大人民和中间分子团结起来,携手构筑一条广泛的国际统一战线,为反对战争挑拨者,反对北大西洋公约集团,为保卫世界和平而不懈奋斗。

格罗曼以国际学联300万会员学生和会议筹备组织的名义,登台发言。他表示,国际学联全力支持和平大会,并保证将无保留地贯彻和平大会的一切决议;这一果敢表态赢得了各国代表的赞赏和阵阵掌声。4月24日,出席世界和平大会的中国代表团团长郭沫若满怀激情地向大会报告了中国人民解放军于23日解放南京的喜讯。他说,南京的解放标志着美帝国主义及其扶持的"蒋介石王朝"即将彻底失败。"中国人民的胜利就是和平阵营的胜利"。这时,中国代表和各国代表相互拥抱、亲吻;许多外国代表还以花束相赠,以示祝贺;《国际歌》的雄壮乐曲在会场回荡;欢乐、兴奋的气氛长时间感染着到会代表。

和平大会经过充分讨论,于4月25日发表了《宣言》,强调指出:全世界又一次面临战争的威胁；"我们是72国人民的代表，我们反对军事同盟，反对殖民主义，谴责武装西德和日本……我们为争取民族独立、和平合作与民族自决而斗争"。《宣言》还号召各国人民要勇敢，加倍勇敢以争取和平的胜利！

在选举筹备下一次世界保卫和平大会的工作机构时，格罗曼再次当选为筹备组织的领导成员之一。

4月，由于特鲁瓦参加了1949年2月21日的国际学联"反殖民主义日"的游行活动，曾是国际学联主要发起国之一的法国的学联组织宣布免除他的法国学联主席职务，选举勒贝特(Lebert)担任法国学联主席，并宣布退出国际学联。

8月14日至9月8日，第二届世界青年与学生和平友谊联欢节在匈牙利首都布达佩斯举行。来自82个国家的1.04万名青年和学生参加了联欢节。联欢节的口号是：青年团结起来，争取持久和平、民主、民族独立和全人类更加美好的未来。中国人民解放军青年将领肖华率中国民主青年代表团参加了联欢节活动。在联欢节上，联欢节筹委会中的南斯拉夫代表遭匈牙利警方拘捕并被驱逐出境。

9月15日至25日，国际学联第一届理事会第四次会议①在保加利亚首都索非亚举行。56个国家71个组织的代表79人出席，另有观察员及来宾73人列席。在亚、非、拉美国家的学生组织中，马达加斯加、突尼斯、摩洛哥、土耳其、智利、哥伦比亚、委内瑞拉、巴基斯坦等国学生组织第一次出席了国际学联会议。以代表身份出席会议的西方学联有苏格兰、英国、芬兰、奥地利、意大利等国的学生组织，以观察员身份出席会议的西方学联有瑞典、挪威、冰岛、荷兰、法国、丹麦、美国等国学生组织。中国学生代表团6人出席会议，代表团团长是中国驻世界民主青年联盟代表吴学谦，团员是中国学联驻国际学联代表梁畊、中国学联秘书长柯在铄；另有中国留英、留法学生组织的3人以代表兼译员身份与会。

会议的议程是：

1.国际学联的活动以及国际学联为和平、民族独立、民主教育和美好的将来而斗争的任务。

2.关于将在1950年召开的第二次世界学生代表大会。

3.吸收新会员。

4.选举。

会议的中心议题是第一项议程，即国际学联的活动方针和任务问题。

会议首先由格罗曼在大会上就会议第一个议程作了主题报告。报告先叙述

---

① 即有关历史资料记载的第四次理事会。

1949年9月15日至25日，国际学联一届理事会第四次会议在索非亚举行。
图为出席会议的中国代表，左起第一人为柯在铄，第三人为吴学谦

了国际学联一年来工作的情况，接着揭露英、美帝国主义扩军备战，危害世界和平、削减教育经费、阻碍教育民主化等事实。在报告中，他还就国际学生的团结问题指出，一年来许多组织要求参加国际学联，这说明国际学联同各国学生的团结得到了加强，但是英国、法国、比利时、加拿大、澳大利亚、新西兰等国学联却对国际学联采取了抵制和歧视态度，宣传"学生组织的非政治性"，策划分裂国际学联，另外成立对抗性组织，破坏全世界学生的广泛合作。报告在最后提出，国际学联下一年度的任务是：进一步领导世界学生保卫和平；同那些正在进行争取民族独立、反对殖民主义斗争的学生增进团结；加强争取教育民主化的活动；加强团结一切民主学生的活动。

接着会议就第一项议程进行讨论，有66人发言。

苏联代表指出，为和平而斗争不是共产党人的特权，而是全世界民主学生运动的愿望，有必要争取和平、揭露战争贩子。马来亚（马来西亚）代表指出，国际学联在战争与和平、殖民主义问题上，采取所谓"党派性"即"站在某一方"的立场，不仅是重要的，而且是必要的，国际学联得到愈来愈多的支持，正是因为它坚持了这种立场。

中国代表吴学谦发言，对国际学联一年来的工作及成就作了积极的评价，支持国际学联关于和平运动的方针，肯定了国际学联在增进国际学生团结方面所做的努力及获得的成就。他还主要介绍了中国学联开展团结工作的情况和具体做法。他说，要注意开展交友和谈心活动，要根据学生的政治要求、情趣爱好、生活习惯、民族和宗教信仰等特点，组织"读书会"、"壁报社"、"话剧团"、"体育队"、"歌咏队"、"圣诗吟唱班"、"食堂管委会"等学生组织，从改善学生们的学习和生活条件方面开展工作，从而最大限度地把广大的中间分子团结起来。他还特别介绍了中国学生运动反帝反封建的传统，与工农相结合的基本经验，以及中国学生在中国新民主主义革命已经取得决定性胜利的新形势下加紧学习准备参加国家建设的情况。

1949 年 9 月 15 日至 25 日，国际学联一届理事会第四次会议在索非亚举行。
图为中国代表步出会议大厅后在索非亚广场观看保加利亚民间舞蹈

国际学联学生反对殖民制度斗争局负责人、印度尼西亚学联代表苏吉亚诺发言，阐明国际学联对民族解放运动大力支持的立场。

另一方面，英国、法国学联代表在会上极力反对国际学联支持国际和平运动，还对国际学联终止南斯拉夫学联会籍表示不满和批评。英国、苏格兰、加拿大学联代表先后提出国际学联积极响应世界和平大会号召是"政治上一面倒的表现"，"国际学联以宣传和平为唯一的目的，把一切非共产主义者都看成反共分子或法西斯分子是不公平的"，"那种把实行国际社会主义作为争取和平的唯一道路的思想是令人不能接受的"。加拿大代表提出，总报告强调，只有共产党人或共产党人的朋友才是真正要求和平的，这不仅无助于吸引更多的非共产党学生参加国际学联，也无助于国际学联成为一个更有代表性的组织。法国学联代表还发表了一项声明，要求国际学联在它的"党派性"、代表性和活动效率等三个基本问题上进行"改革"。英国学联代表建议把国际学联总部迁到西方国家。

继第一项议程讨论之后，会议讨论了关于召开第二次世界学生代表大会问题，并接受了日本、马来亚（马来西亚）、叙利亚、摩洛哥、塞浦路斯、土耳其、留尼旺、马达加斯加、阿根廷（中学生组织）、玻利维亚等15个学生组织为国际学联会员。

这次理事会会议最后通过了如下四个决议：

1.关于第一项议程的决议。决议指出：一年来的工作加强了国际学联在广大学生运动中的影响，使国际学联的队伍更为壮大，一年来的事实证明，国际学联过去是，今后也将是唯一的有代表性的国际学生团体。会后，国际学联和各会员团体主要任务是继续为争取和平、自由、民族独立、教育民主化、学生的社会权益以及民主学生的团结而斗争。

2.《关于在1950年召开第二次世界学生代表大会的决议》。决议提出召开大会的目的是回顾国际学联成立以来的活动，总结经验，并向民主学生提出新的任务。决议还指出，在会议筹备期间，要在学生群众中加强宣传国际学联的宗旨、任务和活动，争取新的学生群众加入国际学联的队伍。

3.《告世界学生书》。号召全世界爱好和平的学生在国际学联争取和平、民族独立和民主教育的口号下团结起来，并要求所有民主学生组织、会员和非会员，努力宣传国际学联的宗旨、活动和任务，以便带动更多的学生加入国际学联。

4.《关于与世界大学生救济处和国际学生服务处的关系的决议》。

会议选出了新的执委会：格罗曼（捷克斯洛伐克）任主席，苏联、中国、英国的拉斯特、美国的霍尔曼任副主席，贝林格（意大利）任总书记，共和西班牙、古巴、厄瓜多尔、印度、印度尼西亚、伊朗、波兰、乌克兰、保加利亚、澳大利亚等任执行委员。

在这次理事会会议召开期间，还发生了出席会议的南斯拉夫学联代表团被驱逐的事件。事情的经过是,以南学联主席托莫维奇为团长的南学联代表团5人,应国际学联主席格罗曼的邀请到保加利亚出席这次理事会会议,当他们抵达会议驻地索非亚旅馆并在大厅办理入住及出席会议手续时,突然被保加利亚警察查明身份后加以拘捕,后来又把他们驱逐出境。

拘捕南学联代表事件被在场的苏格兰代表及丹麦代表看见,很令他们不满。于是,这两位代表便向格罗曼提出抗议。格罗曼回答,南学联未将抵达时间告诉我,其他情况请保加利亚学联代表作出说明。保学联驻国际学联代表扎察里耶瓦(Zacharieva)则答复说,南学联5人是一伙"间谍",是铁托法西斯的工具,他们非法入境是为了进行反保加利亚、反苏联的活动,扰乱治安,民主的保加利亚当然不会为他们提供方便。这个说法无法说服英国、苏格兰和丹麦代表,却更引起他们的不满。

年内美国、加拿大、澳大利亚、新西兰、挪威、瑞典、法国、丹麦等国的学生组织先后从国际学联退出。国际学联开始吸收美国、法国等西方国家的另外一些学生组织为会员。

1950 年

2月,国际学联执委会会议在伦敦英国学联办公处举行。由于第二次世界学生代表大会即将于秋季召开,而且这次执委会会议将涉及苏联和南斯拉夫的争端、西方学联的分裂活动以及各国学生的团结合作等方面的问题,所以苏联反法西斯青年联合会学生部与英国学联都比较重视此次会议。英国学联出席这次会议的共有4名代表,他们是詹金斯(英国学联主席)、拉斯特(国际学联执委)、布鲁门瑙(Ralph Blumenau)和克鲁斯(John Crews)(后2人应邀以来宾身份列席会议)。苏联方面出席会议的代表是谢列平、佩斯利雅克、叶尔绍娃(女),另外还有助手兼译员伏多文(Вдовин),一共也是4人。国际学联主席格罗曼、国际学联总书记贝林格和中国学联驻国际学联代表梁畊作为国际学联书记处代表出席了会议,另外出席会议的还有来自共和西班牙、印度、波兰的本届国际学联执行委员。此外,罗马尼亚、保加利亚学联的代表也列席了会议。

在这次执委会会议上,苏联学联代表的预定目标是通过会议开除南斯拉夫学联,而英国学联代表则坚决反对。当讨论这个问题时,主持会议的格罗曼首先提出一项动议,说由于国际学联终止了南斯拉夫学联的会籍,故需要与民主的南斯拉夫学生团体建立合作关系,并在同时提出要对此项动议进行表决。英国驻国际学联代表詹金斯则要求对此项动议暂缓表决,说必须让正等候在会场外的南斯拉夫学联代表布切维奇入场陈述情况后再行表决,否则英国学联代表团将退出会议,以示抗议。在苏代表谢列平点头示意后,格罗曼表示同意让布切维奇到会上作陈述。然后会议在南斯拉夫问题上进行了大约2小时的激烈争论,双方立场对立,各持己见,互不让步,根本无法达成共识。最后,格罗曼断然宣布进行表决。结果尽管詹金斯投了反对票,但是格罗曼提出的动议还是获多数赞成票而得到通过。这样,南斯拉夫学联的会籍终于被国际学联开除。

会议讨论关于第二次世界学生代表大会召开地点问题时,詹金斯建议第二次世界学生代表大会在意大利的某一个城市召开,但因多数与会者反对而没有通过。最后会议决定,第二次世界学生代表大会在捷克斯洛伐克首都布拉格召开。

3月中旬,世界保卫和平大会的常设委员会在瑞典的斯德哥尔摩开会,通过了禁止原子武器的《宣言》,要求无条件地禁止原子武器,也禁止把原子武器当做侵略、屠杀人民大众的血腥武器。还要求把此后使用原子武器的政府宣布为"战争罪犯"。《宣言》呼吁全世界善良的人们都行动起来,踊跃在《宣言》上签名。这是和平运动在1950年的新发展,影响遍及世界各大洲。截至1950年11月,全世界有5亿多人在《宣言》上签了名。

《宣言》一发表,国际学联书记处全体人员迅速都签了名。同时书记处发表声明,支持斯德哥尔摩禁止原子武器的《宣言》,要求国际学联各会员团体把签名运动当做一项紧迫的任务。对此,西方学联纷纷宣称,签名运动是一项政治活动,他们拒绝参加。

6月25日,朝鲜战争爆发。美国政府立即宣布出兵朝鲜实行武装干涉,并派遣第七舰队驶入台湾基隆、高雄港口,在台湾海峡巡航,公然炫耀武力干涉中国内政。随后,美国又操纵联合国安理会通过决议,使其入侵朝鲜"合法化"。侵朝美军不顾中国政府的多次警告,越过"三八线"把战火烧到中朝边境,并轰炸中国东北边境城市和乡村。面对美国侵略军的大举进犯,朝鲜方面向中国党和政府提出了出兵援助的请求。苏联政府也希望中国能够出兵援助朝鲜。为了援助朝鲜,保卫中国安全,捍卫世界和平,中共中央经过慎重考虑和反复研究,作出了抗美援朝、保家卫国的重大决策。10月19日,中国人民志愿军跨过鸭绿江,与朝鲜人民并肩抗击侵略者。

8月14日至23日,第二次世界学生代表大会(国际学联第二次代表大会)在捷克斯洛伐克首都布拉格的展览会大厅举行。与会者来自78个国家的146个学生组织,共计1084名,其中代表458人,观察员和来宾608人,另外还有世界民主青年联盟等国际民主群众团体的代表18人。与会者的大部分是来自人民民主国家和社会主义国家的学生组织、殖民地半殖民地和新独立国家的学生组织、资本主义国家倾向东方国家的青年组织和中间派学生组织。英国学联、苏格兰学联、芬兰学联等还是国际学联会员团体的西方国家学生组织也派出代表团与会。已经退出国际学联的美国、法国、瑞典、挪威、丹麦、加拿大、澳大利亚、新西兰等全国学联,则应邀以观察员或来宾身份列席大会,他们只有发言机会,而无表决权。英国当局对此次会议格外关注,由政府相关部门及社会名流向学生提供了活动经费,英国学联向会议派出了多达70人的庞大代表团,英国当局为便于英国学联代表团在会上参加辩论,还特地向英国学联提供了关于东欧国家政治、经济的资料。中国派出了以杨诚为团长的28人的代表团,另外还有由18人组成的中国学生篮球队和排球队。

大会议程为:

1.第一次世界学生代表大会以来的工作情况,以及今后为争取和平、民族独立、民主化教育和美好未来的斗争任务。

2.选举国际学联理事会。

8月14日,捷克斯洛伐克副总理费林格出席大会开幕式,致祝词表示对与会各国代表的热烈欢迎,并宣布代表大会开幕。开幕式后,格罗曼宣读了长达45页的主旨总报告。总报告对美国发动侵略朝鲜战争表示严正谴责,对英勇的朝鲜军民和青年学生表示全力的支持和道义上的声援。格罗曼在报告中明确指出,反对美国发动的侵朝战争是当前维护世界和平的首要任务。格罗曼还着力阐述了和平运动的发展情况,再次呼吁各国学生积极投身斯德哥尔摩禁止原子武器宣言的签名运动。在报告中,格罗曼向三大洲殖民地、附属国的学生表示深切的关怀,呼吁他们更积极地为争取民族独立而斗争。格罗曼还在报告中呼吁,各国学生要尽心竭力为国际学运的团结做出努力。格罗曼在报告中还明确表示,国际学联应接受"日丹诺夫主义"①,重申二月伦敦执委会会议关于中止南斯拉夫学联会籍的决议,并且说"南斯拉夫已转变成一个法西斯国家,那里的恐怖、压迫和血腥屠杀,使人回忆起法西斯德国和意大利"。

在代表大会上,朝鲜代表作了两次发言,除了向格罗曼的报告和他所表示

---

① 日丹诺夫主义:指1947年9月9日共产党情报局成立会上,苏共代表日丹诺夫在所作报告中指出世界已分裂为"帝国主义反民主阵营"和"反帝国主义民主阵营"两大营垒,号召世界反帝民主阵营团结起来,制定共同的纲领和策略,反对帝国主义及其同盟者。这一论断后来被称为"日丹诺夫主义"。

的国际主义精神表示敬意和感激外,还向与会者介绍了朝鲜人民和青年学生抗击美国侵略的斗争情况。朝鲜代表团在会上作第二次发言的是位身着军装、来自斗争前线的女代表,她英姿飒爽,慷慨激昂,详细叙述了朝鲜战士在枪林弹雨中的许多感人事迹,并且揭露了美军亵渎朝鲜妇女的桩桩罪行。与会者听了发言后,义愤填膺,抗议之声此起彼伏。当出席会议的绝大多数代表起立为在朝鲜战争中牺牲的战士和青年学生默哀时,英国学联代表端坐不动,拒绝表示人道主义的同情,在场的法国学生见状立刻对英国代表予以斥责,迫使英国学联代表不得不起立默哀。

中国学生代表团团长杨诚也在会上作了发言。他高度赞赏国际学联对和平运动所做的贡献,同时对美帝国主义支持蒋介石集团在中国发动内战以及美帝国主义侵略朝鲜、同时侵犯中国领土台湾的罪行表示愤怒谴责。他还介绍了新中国进行教育改革和取得的成就,中国学生积极参加和平运动和热爱苏联、热爱斯大林的情况,还建议在中国设立亚洲学生疗养院。中国代表团团长发言结束后,全场起立,高呼"中国万岁"、"毛泽东万岁"等口号。

朝鲜和中国代表的发言在许多与会代表中引起强烈的反响,他们手牵手、结队在会场的过道上举行示威游行,并抬起朝鲜和中国代表以示支持和慰问。一时间,大会变成了一个大规模群众示威的广场集会。

在会上,英国学联代表詹金斯用富有煽动性的语言,借维护南斯拉夫学联正当权益的名义,反复批评国际学联的"政治性"、"宗派性"、"战斗性";还说,"日丹诺夫主义是针对杜鲁门主义提出来的。格罗曼从反美兵器库中捡起一块新的盾牌,似乎要发动一场反对美国的政治斗争……"

詹金斯的言论,受到马来亚代表林(H.G.Lin)等的驳斥。林指出,詹金斯是大英帝国的工具,是反动的南斯拉夫学联的保护人,却不是英国正直学生的代表……林还直言,我们重视日丹诺夫主义,因为日丹诺夫主义主张人类持久和平、人民民主和美好未来。

苏联代表谢列平也发言说:"亲爱的詹金斯先生,你不可肆意歪曲国际学联的正确性、正义性……苏联人民也一贯为保卫世界和平而斗争,苏联军队蒙受巨大牺牲,把全世界从法西斯奴役下解放出来,其中也包括英国。詹金斯先生,你不是英国富有正义感的学生的代表。"谢列平还引用俄罗斯谚语进行讽刺说:"我们不会因为讨厌你鼾声大作,就向你下跪求饶……詹金斯,你是广大的英国学生的叛徒。"

大会最后以422票赞成、28票弃权(主要是西方国家学联的代表)通过关于国际学联在争取和平、民族独立和民主教育的斗争中的工作和任务的主要决议。决议指出,世界学生的主要任务是继续进行要求禁止原子武器的运动,并为裁减军备而斗争。决议要求立即争取朝鲜问题的和平解决。决议还指出要大力增进国际学运的团结,并强调在争取和平、反对战争,禁止原子武器、争取普遍裁军的基础上团结各国学生的必要性;指出国际学联应加强吸收新会员的工作,同时呼吁法国、丹麦、澳大利亚等全国学联摒弃前嫌,重返国际学联。

大会以430票赞成、20票弃权通过《告世界学生书》。大会还通过了《教育与文化权利宣言》。

大会决定建立新的国际学生救济组织,以便继续进行原"世界学生救济会"的工作;大会决议委托中国学联在北京建立"国际学联亚洲学生疗养院"。

大会批准了关于执委会终止南斯拉夫学联会籍的决议,并责成书记处与南斯拉夫其他学生团体扩大合作。

大会通过选举产生了第二届理事会。随后由第二届理事会第一次会议选出执行委员会成员。格罗曼连任主席,副主席为苏联、中国、美国、英国、古巴学联的代表,并特为法国保留了一个副主席席位,以备将来接纳法国全国性学生团体。总书记是意大利的贝林格,书记为澳大利亚、罗马尼亚、印度和乌克兰学生组织的驻会代表;司库为波兰学联的驻会代表;执行委员是法国(由法国高等科技学院与法国科技学院协商出任执委)、荷兰、朝鲜、厄瓜多尔、匈牙利、保加利亚、留尼旺、巴西、共和西班牙、伊朗的学联。

这次代表大会是国际学联发展过程中的一个转折点。国际学联从成立到此次代表大会经历了大约5年的兴旺发达时期,在支持民族独立斗争、支持和平运动、维护国际学生团结,以及谋求学生切身权益、民主化教育和美好学习条件等方面均有建树和成就。国际学联在这一时期还为亚、非、拉美一些国家培育建国、治国人才方面发挥了独特作用,例如阿尔及利亚学联主席布特弗利卡、巴勒斯坦学联主席阿拉法特、古巴学联主席卡斯特罗、黑非洲留法学联、西非学联(WASU)的某些领导成员都曾与国际学联接触或参加它的活动,并从中受到影响和启迪,后来他们都走上了各自国家的高层领导岗位。但是不能否认,国际学联在这个时期的工作中也存在一定的问题,其中最突出的问题表现在这次会议上:出现了一些明显的把苏联在国际共运和对外关系中的一套做法强行推广到国际群众团体中来的现象,像会议进行中不断起立欢呼"斯大林万岁",高举斯大林画像,大会上还出现了一些代表在会场过道游行,喊出了"热爱斯大林"的口号的事情；还有大会总报告明确提出接受"日丹诺夫主义"，并认为南斯拉夫已转变成"法西斯国家"；还有印度代表在发言中说独立后的印度政府是"帝国主义在东南亚最奴颜婢膝的工具之一"，印度总理尼赫鲁是"帝国主义的宪兵"等。这些行为和言论都与国际群众团体应有的统一战线性质相抵触，不利于孤立和打击帝国主义、殖民主义力量和广泛团结世界学生，特别是广大处于中间状态的学生。

8月，国际学联第二次代表大会后，中国学联委派柯在铄作为国际学联副主席杨诚的代表到布拉格接替梁畊担任中国学联驻国际学联代表。柯在铄在国际学联工作到1952年8月。

11月16日至22日，第二次世界保卫和平大会在波兰首都华沙举行。这次世界保卫和平大会召开时面临的是一个严峻的国际局势。从第一次保卫世界和平大会召开后的一年半时间，在世界75个国家里陆续建立了许多不同层次的"和平委员会"，在斯德哥尔摩和平宣言上签名的人数已超过5亿人。这充分显示了世界各国人民追求和平反对战争的强烈愿望。与这种愿望相反，美帝国主义在此期间正加紧侵朝战争，用武力干涉中国内政，还不时以原子武器相威胁，把全世界善良的人民置于新战争的威胁之下。为了表示新中国人民保卫世界和平的强烈愿望，新中国派出了以郭沫若为团长，由各行、各业、各界代表组成的60多人的代表团与会，其中有钱三强、龚澎、袁雪芬、梁畊等各界青年代表。国际学联主席格罗曼和中国学联秘书长、驻国际学联代表柯在铄也以国际学联代表的名义出席了华沙和平大会。

保卫世界和平大会的议程是：

1.大会主席约里奥·居里作报告——和平运动的现状及面临的问题。

2.副主席南尼作报告——开展和平运动及相关的各种问题，如：禁止原子武器、普遍裁军、以和平谈判方式解决朝鲜问题，禁止战争宣传等。南尼还指出，拥护和平的人们已经是世界上的"第六强国"，并为和平服务，代表人类之希望。

3.选举新的常设委员会。

在会议进行大会发言时，首先在会上发言的是两位苏联代表，著名作家法捷耶夫和爱伦堡。他们阐述苏联对"二战"胜利所起的重要作用，表达了苏联人民对和平的渴望。他们提出了裁减军备、制止战争宣传以及联合国应发挥正常作用，不应成为某一大国的工具等项建议。

中国代表团团长郭沫若作了长篇发言。他代表中国人民向波兰人民致敬，向各国代表致敬。他以幽默的口吻说：中国代表团本来要到设菲尔德去和英国人民握手,但是此时此刻却受到华沙的欢迎。我们在东方曾听说有某种"铁幕"存在。但从西伯利亚直到东欧的旅途中却畅行无阻;只是在不列颠海峡那边终于发现了"铁幕"。话音一落,会场响起了阵阵掌声。郭沫若继续发言强烈谴责美帝国主义的侵略、战争政策,矛头直指杜鲁门、艾奇逊和麦克阿瑟。他向大会报告中国已有2.37亿人在斯德哥尔摩禁止原子武器宣言上签了名时,全场爆发了长时间的掌声。最后,郭沫若提出了五项建议,强调和平解决朝鲜问题是当前保卫世界和平的关键;要求美帝国主义立即停止对中国内政的干涉;要求宣布麦克阿瑟是战争的挑拨者,是要把朝鲜战争扩大为世界战争的挑拨者等。

经过长达7天的大会、小组会发言,大会以民主表决方式通过了《告世界人民书》、《致联合国呼吁书》及一系列专题决议。大会还决定设立"世界和平理事会",以取代"常设委员会"。"世界和平理事会"是协调和统筹各国和平运动的常设机构;它机动灵活,便于在和平大会闭会期间推动和平运动的发展,因此受到国际社会的广泛关注。

大会结束后,柯在铄返回布拉格,以密切关注西方国家学联即将召开对抗国际学联的"第一次国际学生会议"的动向。

12月,西方国家学联在斯德哥尔摩召开了第一次"国际学生会议"(The 1st International Student Conference,ISC)。与会者来自21个国家的全国学联,共有68位代表。这些国家包括:澳大利亚、奥地利、比利时、加拿大、丹麦、英国、芬兰、法国、荷兰、冰岛、意大利、挪威、新西兰、苏格兰、瑞典、瑞士、土耳其、美国;南斯拉夫与南非作为观察员与会。另外,存在于捷克斯洛伐克境外的捷克学生总会也作为观察员与会。这次会议除南非外,排除了所有亚、非、南美地区殖民地、附属国的学生组织,甚至也不允许他们作为观察员与会。这是西方国家学联敌视亚、非、南美为争取民族独立而斗争的学生大众的一次暴露。

由于许多西方国家的学生组织退出了国际学联,西方国家政府都对"国际学生会议"表示高度关切并给予了政治支持。瑞典教育部为这次会议提供了财务方面的帮助。

从与会者的发言看,西方国家学联虽然采取一致立场批评国际学联,但不同国家的学生组织及其领导人在如何对待国际学联的问题上仍有较大的差异。英国和法国学联的发言表明其领导层对于继续留在国际学联内部充当"反对派"的方针,已经产生了分歧意见。美国学联主席在发言中主张马上与国际学联分道扬镳,但美国学联副主席却反对这样做。瑞典学联的代表帕尔梅(Ol of Palme)在会上作了谨慎务实的发言。他说,这次会议权且建立"一个松散的合作体系"(A loose system of cooperation),而没有提及与国际学联对抗的问题。这次会议最终达成了一项妥协的方案。这个方案是由新西兰学联代表提出的。该方案的主要内容是：筹建"一个不设常设中央执行机构的很松散的组织——联络秘书处"(A very loose organization without a permanent central executive),并规定"国际学生会议"每年召开一次,制定具体的工作日程,工作日程的贯彻执行则由"国际学生会议"授权某一国的学联负责实施。

美国学联副主席建议设立一项"学生互助计划"(Student Mutual Aid Programme,SMAP),以统筹和协调经济发展落后国家学生的援助事宜,其目的是安抚殖民地、附属国学生。

1951 年

4月26日至30日,国际学联执委会会议在中国首都北京召开。这次会议是在受到西方国家学联抵制的情况下召开的,国际学联主席格罗曼,副主席杨诚(中国)、圭瓦拉(Guevara,古巴)、总书记贝林格、书记贝里安诺(Bernard Bereanu)出席了会议。国际学联副主席谢列平(苏联)派其代表叶尔绍娃出席,英国的国

1951年4月,国际学联执委会在北京召开。图为会议闭幕后,与会者参加
北京群众庆祝五一劳动节活动,在观礼台上留影。右1为柯在铄

际学联副主席派其代表克鲁斯出席,国际学联书记处的澳大利亚、印度、苏联的书记均派代表出席。另外还有执行委员11人出席了会议,特邀代表及来宾30人列席了会议。这次会议的与会者共计51人,他们分别来自34个国家。东道主中国代表团由5人组成:首席代表蒋南翔(团中央书记),代表廖承志(团中央书记、中国青联主席)、区棠亮(女,团中央国际联络部部长)、吴学谦(团中央国际联络部副部长)以及杨诚。另外还有谢邦定(中国学联主席)、柯在铄(中国学联秘书长、驻国际学联代表)、卢粹持(女,上海市学联副主席)以及中国学联驻国际学联的前任代表梁畔列席了会议。

这次执委会会议的议程是:

1.殖民地、附属国学生运动和国际学联的任务。

2. 第三届世界青年与学生联欢节的准备工作（将在民主德国首都柏林举行）。

3.其他事项。

中共中央对于这次会议非常重视和关怀,团中央领导认真贯彻执行中央的有关指示,要求中国代表团和会议承办部门通过举办这次会议努力实现以下目标:

1.对东方①及殖民地、附属国学生运动,从方针上提出一些意见。

2.扩大国际学联在东方学生中的影响。

3.扩大中国革命胜利的影响,向代表们宣传新中国。

4.在中国青年学生中进行国际主义教育。

4月26日上午,国际学联执委会会议正式开幕,首先在北京中山公园"中山堂"举行了简短、隆重的开幕式。中国人民抗美援朝保卫和平总会会长、中国科学院院长郭沫若,教育部部长马叙伦,团中央代表蒋南翔,中国学联主席谢邦定相继致词,热烈欢迎各国代表,并祝会议圆满成功。开幕式后,格罗曼首先作了工作报告,接着杨诚向大会作了题为"中国学生抗美援朝爱国运动"的长篇报告。这份由蒋南翔主持起草的报告,用大量数据和生动事例揭露了进入20世纪以来美国用隐蔽的方式对中国进行经济、文化和军事侵略的罪行,特别是在新中国诞生以后美国不仅对中国实行封锁政策,操控联合国拒不恢复新中国的合法席位,还与蒋介石集团相勾结,派飞机轰炸上海,不断派遣特务、间谍潜入北京、天津、广州等大城市实施破坏活动等一系列新罪行,同时强烈谴责了1950年

---

① 本段文中所提"东方"主要指东亚、南亚及部分西亚。

6月美国利用朝鲜战争爆发之机,派军队侵略朝鲜的战争罪行。然后明确指出,美国采取的这一系列做法的唯一目的就是扼杀新中国,进而控制全亚洲,最后独霸全世界。因此,中国人民和青年学生奋然掀起了抗美援朝、保家卫国的伟大斗争,这是保卫和平运动的一个重要组成部分,意义极大。报告在结尾部分表示:中国学生坚信,以苏联为首的和平民主阵营一定会胜利,以美国为首的侵略集团一定归于失败。未来属于青年学生一代,争取和平、民族独立,教育民主化以及美好未来的斗争必将从胜利走向新的胜利。这个报告赢得了许多与会代表的赞赏,特别是殖民地、附属国代表反应强烈,他们当场索要报告文本,表示特别重视中国学运的经验,尤其希望中国能举办有关殖民地学运的"研讨会"(Seminar),以谋求殖民地学生问题的解决。

在进行会议发言议程时,英国学联代表发言感谢东道主的热忱款待,愿为亚洲学生疗养院捐赠书籍和30英镑,并邀请中国学生代表团访问英国。但他又转变话题,针对格罗曼的报告,批评国际学联的"政治性"、"党派性"。法国学联代表特鲁瓦也声称尽管他对格罗曼的报告有异议,但因未获法国学联授权,故不予置评。

4月30日是执委会会议的最后一天,会议通过了以下决议:

1. 国际学联第二届理事会第二次会议[1]定于1951年8月在民主德国的柏林或其他国家举行。

2.要求苏联、中国、美国、英国、法国五大国缔结和平公约。

3.关于学生旅游、交换的建议。

4.第三届世界青年与学生联欢节上有关各国学生的动员、图片展览、各国学生研讨会的安排。

5.关于亚洲学生疗养院的重要性及施工进度问题。

6.其他有关学生福利、救济、宣传出版等专题决议。

这次国际学联执委会会议取得了圆满成功。

在执委会会议闭幕后,5月1日,团中央书记冯文彬会见了各国代表,并和各国代表一起在北京天安门观看了庆祝五一国际劳动节的盛大游行。5月4日,团中央、中国学联、教育部等单位联合举行了庆祝"五四青年节"群众大会。在设在劳动人民文化宫的会场上,冯文彬、蒋南翔、谢邦定等再次会见了各国代表。冯文彬向各国代表致以节日的祝贺,并再次祝贺执委会会议的成功召开。午后,代

---

① 即有关历史资料记载的国际学联第六次理事会。

表们参加了群众性的游园活动。晚上,代表们参加了在北京大学民主广场上举行的营火晚会,并与北京大学生们一起唱歌跳舞、谈心。这种无拘无束的亲密接触,使代表们深受感动！在此后大约一个月的时间里,各国代表(除一部分西方代表因故已回国外)在北京、广州、杭州、上海、南京5座城市进行了比较深入的参观访问。他们参观了这些城市的一些著名的高等院校和一些知名的中学;也参观了一些大型工厂企业,如上海的国棉一厂、南京的机械厂等;还参观了中山陵、中山纪念堂、中山故居、鲁迅纪念馆;游览了故宫、颐和园、天坛、西湖等名胜。通过这些活动,这些代表既感受到了悠久的中国文化传统,也感知了新中国建设的初步成就和人民生活获得初步改善的状况,了解了中国追求世界和平,大力支持民族解放事业的真诚愿望。多数代表认为,中国幅员辽阔,人力资源丰富,人民和青年学生朝气蓬勃,充满信心,新中国生机勃勃,前程光明。

夏,第三届世界青年与学生联欢节和第十一届世界大学生运动会在民主德国首都柏林举行。

8月31日至9月6日,国际学联第二届理事会第二次会议在波兰首都华沙举行。出席这次会议的代表、观察员有290人,他们来自82个国家的136个学生组织。还有42人作为来宾也出席了会议。这样,出席会议的总人数为332人,分别来自86个国家,而有直接来自拉丁美洲15个国家的代表或观察员出席会议则是这次会议的突出特点。这次会议不仅与会者的分布比较广泛,而且政治情况比较复杂。既有社会党、自由党、共产党及无党派学生,还有天主教、基督教的信徒。西方国家学联普遍对这次会议持敌视态度,美国、法国、丹麦、瑞典、挪威等国学联拒绝出席理事会,英国、苏格兰、加拿大等国学联以及倾向西方学联的南非学联代表是作为"反对派"出席会议的。中国派出了以杨诚为团长的代表团出席了这次会议。

这次会议的议程为:

1.国际学联在满足学生需求、维护学生切身利益斗争中的任务。

2.对第三届世界青年与学生联欢节以及第十一届世界大学生夏季运动会结果的评价。

3.资格审查委员会报告和财务委员会报告。

4.执委会选举。

会上,格罗曼作了关于国际学联在满足学生需求、维护学生切身利益斗争中的任务的报告。报告揭露了英、美等西方国家由于执行扩军备战政策而猛增军费开支,导致教育经费锐减,危及学生的学习、生活条件的问题,指出殖民地、附属国学生的处境日益恶化,许多国家的教材包含战争宣传和种族歧视的卑劣内容,殖民地学校没有开设科学技术的课程,这是殖民主义教育制度遗留下来的一大公害。格罗曼还在报告中批评了西方国家学联破坏国际学运团结的活动。格罗曼在报告中着重指出,国际学联的紧迫任务是保卫世界和平,大力改善各国学生的学习、生活条件,争取教育的民主化,增进学生的福利和权益,反对西方国家学联的分裂行动,维护国际学运的团结和合作。

在会议发言过程中,苏联和东欧人民民主国家学生组织代表发言,介绍了改善学生学习以及生活条件的具体情况。中国学联代表发言,介绍了中国学生参加抗美援朝爱国运动的具体情况。殖民地国家学联代表控诉殖民主义者的迫害和学生生活困苦的情况。英国学联代表汤姆逊在发言中,极力为英国的殖民主义政策做辩护,大力宣传英国的自由民主,同时批评格罗曼的报告有"党派性"、"片面性",另外还要求国际学联对捷克斯洛伐克国内发生的涉及教育工作的事件进行全面调查。巴西全国学联代表在发言时,宣读了巴西全国学联代表大会决议。这个决议要求国际学联改变"党派性"政策,尊重联合国组织的决定,停止对地区问题的干涉,抗议国际学联允许巴西倾向东方国家的学生代表在国际学联总部工作,还要求国际学联把总部搬到美国,并威胁说,如果这些要求不予满足,巴西学联将退出国际学联。

这次理事会原来的意图是通过对学生的需要和利益问题的讨论,推动各国学生保卫和平的运动,以响应世界和平理事会号召,实现通过和平谈判解决国际争端,特别是解决朝鲜战争问题的设想,推动落实缔结苏、中、美、英、法五国和平公约等维护世界和平的措施。但实际上会议集中讨论的却是国际学联与西方国家学联的关系问题。很多国家代表发言时都谈到了西方国家学联的分裂活动,呼吁加强国际学生合作。为了解决英国学联与国际学联的紧张关系,本次理事会会议还专门通过了一项《关于国际学联与英国学联建立新关系的决议》。决议主要内容是:"英国学联仅仅在其章程和政策所允许范围内,参加国际学联的具体活动,并支持国际学联的政策……"决议呼吁所有不是国际学联会员团体的各国学生组织都可根据上述"新关系决议"的原则,参加到国际学联的行列中来,并参加国际学联的各项活动与工作。这项决议是国际学联与英国学联在会议前夕专门协商的产物,国际学联试图通过执行这样一个决议,实现改善与西方国家学联关系的愿望。会后的大量事实表明,尽管国际学联在这次理事会会议上把大部分精力和时间都用来同西方学联打交道,力图增进国际学生团结、合作,但均收效不佳。

当然，此次理事会会议还是就主要议题通过了满足学生需要和利益的决议，同时还通过了关于第三届世界青年与学生联欢节和世界大学生夏季运动会取得积极成果的决议，关于支持西班牙学生争取和平、民族独立、反法西斯斗争的决议。各专门小组委员会也通过了关于文化、科学、旅游、体育、宣传等方面的专题决议。从总体上看，国际学联当时的工作重心仍然是欧洲，会议没能对亚、非、拉美地区民族独立斗争给予更大的重视和声援。

会议通过选举产生了新的执委会，捷克斯洛伐克的格罗曼连任主席，苏联、中国、美国、英国、法国、厄瓜多尔为副主席，意大利的贝林格连任总书记，澳大利亚、印度、罗马尼亚、苏联为书记，民主德国、朝鲜、古巴、匈牙利、保加利亚、留尼旺、共和西班牙、伊朗、南非、巴西为执行委员。

1952 年

1月，西方学联的第二次"国际学生会议"(The 2nd International Student Conference)在英国的爱丁堡举行。23个北美及西欧、北欧学生组织的代表出席会议。以色列和印度尼西亚全国学联以兄弟组织的观察员身份与会，享有正式代表的一切权利，但不参加投票。香港、伊拉克、巴西、马来亚（马来西亚）、南非是一般的观察员。会议通过了所谓"学生互助计划"(SMAP)，意在拉拢殖民地学生。

第二次国际学生会议的首要任务是筹建一个经常性的工作机构——常设联络秘书处(COSEC)。秘书处的重要职责是贯彻落实"国际学生会议"所制定的活动日程和编制的工作计划。工作程序是由秘书处的主要负责人——常设秘书把工作计划、活动日程传达给各会员团体。常设秘书只有传达秘书处工作项目和工作安排的职责，没有向会员团体发布命令或指示的行政权力。为了对秘书处工作进行全面监督，"国际学生会议"设立了"监察委员会"，由5个会员团体各派一名代表组成。总之，秘书处是权力色彩不鲜明的办事机构，这种架构的意图是在使"国际学生会议"会员团体能够有较强的自主性。因此，越来越多的西方学联愿与秘书处联系，并出席"国际学生会议"。

鉴于秘书处常设秘书人选的重要，美国国务卿艾奇逊首先竭力推荐瑞典学联的帕尔梅（此人后来曾出任瑞典交通部长）担任此职，可是帕尔梅却以瑞典学联工作繁忙，自己无法分身而婉拒。帕尔梅之所以婉拒，是因为想促使美国学联出面担任此职，以便于争取美国中央情报局的外围组织"青年学生事务基金会"(Foundation of Youth & Student Affairs, FYSA)立即拨款，资助秘书处和"国际学生会议"，使之正常运转起来。由于帕尔梅的婉拒，瑞典学联只好改派贾尔·安特纽斯担任常设秘书。当年秋,又由英国学联的汤姆逊接替了安特纽斯,同时美国学联领导成员比尔·邓策尔(Bill Dentzer)以常设秘书助理的名义,参加秘书处工作。这样美国学联就可以了解秘书处的工作情况、经费的运作情况,并可以参与处理日常出现的问题。

关于常设联络秘书处设在哪个国家的问题,"国际学生会议"是从多方面考虑才确定的。当时有人建议设在瑞典、挪威或丹麦的一个城市,还有人提出设在巴黎,但这些提议均未能达成共识。后来,在荷兰洛汶镇(Louvain)某校进修的印度尼西亚全国学联代表穆·达努塞普特鲁(Munadjat Danusceputro)建议秘书处设在莱顿。他提出的理由之一是莱顿处于荷兰的中心地带,交通四通八达,电讯设施比较完善,有助于国际学生会议的会员团体与秘书处保持经常联系与交流;理由之二是莱顿的生活费用低廉,可节省秘书处的经费开支。就这样,这个提议获得了通过,并且"国际学生

1952年12月下旬,团中央学校工作部负责人袁永熙(前左1)率团访问英国,图为代表团成员。前左2为管平,后左1为程镇球、左2为程极明、左3为柯在铄、左4为郭琨

会议"的常设联络秘书处通常也因此被简称为"莱顿联络秘书处"。就这样,一个号称拥有200万会员,主要由西方资本主义国家学联组成的国际学生团体的办事机构正式建立起来,从此在国际学生运动中就出现了两个中心。这种状况一直延续到20世纪60年代的中期。

5月,南斯拉夫学联中央委员会发表了题为"国际学联与情报局"的小册子,记述了九国情报局、国际学联、南学联三者的关系与纠葛,也披露了一些鲜为人

知的材料。

8月,中国学联派谢邦定去布拉格接替柯在铄担任驻国际学联代表。谢邦定在国际学联工作到1955年12月,与他同去的有工作人员吕乃君。1954年11月,中国学联又增派潘世强作为工作人员到国际学联工作。潘世强在国际学联工作至1955年7月。

9月1日至3日,国际学联在罗马尼亚首都布加勒斯特召开国际学联会员和非会员团体的"团结会议"。这次"团结会议"是在西方国家学联举行了第二次"国际学生会议",并建立了莱顿联络秘书处的背景下召开的。国际学联邀请的与会者中,既有国际学联的会员团体,也有非国际学联会员的团体。由于国际学联召开这次会议的目的是在澄清是非、消除误会,增进各国国家学联的互信和团结,故把这次会议简称为"团结会议"。中国出席国际学联第二届理事会第三次会议的代表团派田德民、柯在铄二人出席了这个"团结会议"。

这次"团结会议"的召开,缘于南非学联在国际学联第二届理事会第二次会议上提出由他们出面召开一次"团结会议"的建议,国际学联书记处在事后经过考虑,决定由国际学联出面召开这个会议,以求解决西方国家学联的不合作态度问题。

在"团结会议"上,先由国际学联书记处作了题为"关于加强国际学生运动的方法"的报告,然后把与会者分成生活福利、文化交流和体育、团结问题三个小组,准备分组进行专题讨论。这时,南非和加拿大学联的代表出面发言,要求会议限制出席的人数及会议规模,还要求会议讨论下列四个问题:

1.南斯拉夫学联被开除的问题。

2.国际学联的党派性及政治活动问题。

3.国际学联现有会员团体的代表性问题。

4.各国学生不受限制的自由交流问题。

西方国家学联代表还表示,将不出席国际学联提出的前两个专题小组会,集中力量参加第三小组,就团结问题与国际学联进行讨论。国际学联书记处为了保证会议能够继续开下去,采取照顾大局、忍耐和退让方针,对西方国家学联代表的要求采取迁就措施,为会议准备的文件《国际学联会员团体与非会员团体团结会议参加者的声明》,也是一个务实、低调,彰显善意、呼吁团结的文件。然而就是对于这样一个文件,西方国家学联代表也没有投赞成票。尽管会议最后还是通过了这个声明,但是"团结会议"并未取得预期的结果。为此,时任国际学联主席的格罗曼备遭非议。面对这样一种情况,格罗曼主动承担责任,向国际学联第二届理事会第三次会议提出辞职的申请,在"团结会议"结束后,他没有出席国际学联第二届理事会第三次会议,便离开了布加勒斯特,经布达佩斯返回了布拉格。

格罗曼的辞职备受国际社会和传媒的关注。《学生与冷战》一书的作者科特克把"格罗曼的辞职"与"莱顿联络秘书处的成立"并列为1952年东方、西方学运中的两大事件。

9月5日至10日,国际学联第二届理事会第三次会议在布加勒斯特举行。这次理事会是在冷战空前激烈、国际学运面临破裂的关键时刻召开的。出席这次会议的有64个国家的代表和列席代表共177人。其中,西方国家学联出席会议的有会员国英国(英国学联虽声明终止会籍,但尚未得到英国学联具体表决国际事务的权力机构批准)、苏格兰、芬兰,非会员国有加拿大和澳大利亚。另外与西方国家学联持有相同立场的南非学联也以会员国的资格出席了会议。这次会议的中国学联代表团有11人,由中国学联主席田德民任团长。另外还有由12位学生组成的体育队随代表团来到布加勒斯特,他们参加了篮球和游泳项目的友谊比赛,还有两名留学罗马尼亚的中国学生参加了会议期间的夏令营活动。

国际学联第二届理事会第三次会议的议程是:

1. 关于国际学联与各国学生组织1951—1952年在争取满足学生需要与利益方面的活动及1953年的任务的报告。

2.资格审查委员会的报告。

3.财务委员会的报告。

4.关于召开第三次世界学生代表大会问题。

5.选举国际学联执行委员会和财务委员会。

会议除三天大会讨论外,还分成4个小组委员会就生活福利、文化交换、宣传出版、体育活动等问题进行讨论。

这次理事会会议虽然议题繁多,但是实际上讨论是围绕着国际学生运动团结问题展开的,会议始终贯穿着分裂与反分裂的斗争,激烈程度前所未见。西方学联在咬住国际学联开除南斯拉夫学联会籍问题的同时,还就国际学联要求美国侵略军立即撤出朝鲜、立即停止在朝鲜战场上进行细菌战等主张,指责国际学联有"宗派主义立场"、"政策偏差"、"党派性严重",甚至以上述事例为理由批评国际学联搞"分裂主义"。社会主义国家和人民民主国家学联代表以及亚、非、拉美民族主义左派、中派学联代表对此从不同角度给予了有力的批驳。

在这次理事会会议上,田德民介绍了新中国文化教育的发展及学生学习生活的情况,并表达了中国学联支持国际学联、保卫世界和平的决心。在讨论中,针对西方国家学联的指责,中国代表团作了三次发言,其中有两次是关于朝鲜战争和细菌战争问题。中国代表驳斥了南非学联代表关于国际学联过问朝鲜战争与细菌战争是党派性、政治性活动的指责。中国代表的发言得到全场的重视,迫使南非代表不得不表示拥护和平和以协商方式解决国际纷争的原则,并表示愿与中国代表团联合声明呼吁停止朝鲜战争。中国代表团也发表声明,支持国际学联对南斯拉夫学联问题的处理。在小组委员会上,中国代表介绍了亚洲学生疗养院的进展情况,邀请印度、缅甸、印度尼西亚、澳大利亚学生代表团访问中国,表示支持举行亚洲学生运动会。

这次理事会会议通过了下列决议:

1.关于第一项议程的总决议。

2.关于执委会报告的决议。

3.关于召开世界学生参加世界人民和平大会的呼吁书。

4.关于召开第三次世界学生代表大会的决议。

5.关于资格审查报告及会员籍的报告及通过6个学生团体申请入会的决议。

6.关于举行第四次世界青年与学生联欢节的决议。

7.关于国际保卫青年权利大会发起委员会呼吁书的决议。

8.关于"团结会议"结果的决议。

9.关于财务委员会报告的决议。

此外,各小组委员会还通过了一些具体活动问题的决议及1953年的工作方案。对于上述决议,西方国家学联分别投了反对票、弃权票,或者根本不参加投票。

理事会批准了格罗曼的辞职申请。经过选举,产生了由16人组成的执委会,罗马尼亚学联驻会代表、罗马尼亚劳动青年联盟中央书记贝里安诺(他当时还在九国共产党情报局任青年部长)当选为国际学联主席;当选为副主席的是谢列平(苏联),田德民(中国),钱德拉(Chandeler,印度),艾切伐里亚(Echevaria,厄瓜多尔),另外还保留一个副主席席位留给法国学联。会议选举书记4人,分别由苏联、澳大利亚、留尼旺、捷克斯洛伐克4国学联派人出任。

一年后,贝里安诺以同时担任九国情报局与国际学联两边职务,不利于国际学联工作的开展为由,主动辞去了国际学联主席职务,意大利学联的乔·贝林格接任国际学联主席职务,捷克斯洛伐克学联的贝利康出任总书记。

9月12日至13日国际学联召开国际学生救济会扩大行政会议,中国学联驻国际学联代表谢邦定参加了这次会议。

1953 年

8月,第四届世界青年与学生联欢节在罗马尼亚首都布加勒斯特举行。

8月27日至9月2日,第三次世界学生代表大会(国际学联第三次代表大会)在华沙举行。共有106个国家253个组织的1096人参加,其中代表401人,观察员及兄弟组织代表581人,来宾114人。这是国际学联成立以来参加人数最多的一次代表大会。由于出席会议的许多人是在参加布加勒斯特联欢节后参加的,所以与会者具有一定的广泛性。到会的代表和观察员中,人民民主国家、社会主义国家学生组织和殖民地、半殖民地及资本主义国家倾向东方国家的学生组织的代表占多数,其他还有印度尼西亚大学生组织联合会、印度尼西亚青年学生联合会、黄金海岸、苏丹、突尼斯、达喀尔、玻利维亚、智利、墨西哥、哥伦比亚等全国学联,以及英国、苏格兰、加拿大、丹麦、芬兰、南非、以色列等全国学联和法国高等技术学校联合会、比利时布鲁塞尔大学生协会,以及世界大学生服务处、世界基督教学生同盟等西方国际学生组织。国际学联曾邀请南斯拉夫学联派观察员参加大会,但南斯拉夫学联借故没有出席。

这次大会的中心口号是"为了合作和友谊"。提出这样的口号一则是由于朝鲜停战谈判达成协议而使国际形势出现一定程度缓和;二则是自从1950年第二次代表大会以后,英国、苏格兰、南非学联均相继退出国际学联,留在国际学联

1953年秋,团中央学校工作部部长杨诚率团访问苏联。

图为代表团在苏联参观,前左2为柯在铄、左3为杨诚、左4为乐黛云

内的西方学生组织只剩下了芬兰学联,同时西方国家学联从1950年以后,连续三次召开"国际学生会议",还成立了莱顿联络秘书处,已经造成了两个国际学生组织对立的局面。面对这样的国际学运形势,国际学联感到必须大力加强争取西方国家广大学生的工作,所以在政治上提出团结合作、反对分裂的口号,强调各种争端可以通过协商解决,并努力开展各种学术、福利、文化、体育等所谓直接有关学生的实际活动。国际学联领导人对大会的掌握上,也尽量压低政治调子,还用修改会章和更多地讨论学生具体活动等做法来表现国际学联争取团结广大学生群众的愿望。大会还强调要注意与其他国际学生组织,如世界大学生服务处、国际大学生体育联合会、世界基督教学生同盟等组织的合作。这样一来,这次大会的整个气氛已不像第二次代表大会那样带有强烈的政治示威性质了。

这次世界学生代表大会的议程是:

1.目前各国学生面临的问题和国际学联及各国学生组织在满足学生需要和利益的斗争中的任务。

2.改选国际学联理事会。

适应这次大会合作与友谊的口号,会议除了成立决议起草、会章修改、学生社会经济环境与毕业后工作、文化交流、新闻出版、殖民地附属国学生问题、体育活动与教育改革等8个小组委员会外,还为了开展具体交流活动和促进双边交流,专门举行了文学艺术、自然科学、医学、教育、建筑、农业等6个学科会议。

大会由国际学联总书记贝林格作关于第一项议程的报告。报告提出各国学生面临的许多迫切问题,强调指出为了解决这些问题必须加强各国学生及国际学生运动的合作和团结。报告还分别就保卫和平、争取受教育和有保障的未来的权利、文化教育交流、对殖民地附属国及经济发展落后国家学生的国际支援、发展学生体育及举行统一的世界大学生运动会等几个方面详细说明合作的基础和内容。在和平问题上,报告呼吁通过协商来解决国际争端,驳斥战争不可避免的观念,确信不同制度的国家能够和平共处。报告指出在和平问题上各国学生可能达成协议的要点为:

1.无条件地支持一切旨在解决国际分歧,通过协商制止目前正在进行的战争和冷战的一切倡议。

2.最广泛地展开讨论维持和平的方法与途径。

3.通过合作,促进国际间的了解,欢迎每一个旨在满足学生需要、扩大文化、教育和体育等方面交流的倡议。

1953年秋,团中央学校工作部部长杨诚率团访问苏联。
图为代表团在苏联列宁格勒(今圣彼得堡)参观时留影

报告最后详细论述了"国际学生运动的团结"问题。报告指出:"团结的主要困难是来自学生运动之外的强力干涉,是由于冷战政策。这种分裂世界的企图在学生运动中的反映就是成立了莱顿联络秘书处,成立莱顿联络秘书处是完全没有必要的。"报告叙述了在代表大会前的一段时间里国际学联为消除国际学生运动团结的障碍所做的努力,包括向世界基督教学生同盟、世界天主教学生联合会提出合作倡议和在体育及救济活动中争取合作的倡议等。报告指出1946年通过的国际学联章程应该是各国学生合作的共同纲领。那些退出国际学联或从来没有参加过国际学联的组织,没有任何理由不回到或参加到国际学联中来。报告最后呼吁各国学生组织响应国际学联的呼吁,加强国际学生运动的团结,加强国际学联。

在这次世界学生代表大会上,有103个代表、观察员和来宾在会上发言。由于会上有一批西方国家学联代表列席,大会给予观察员同代表一样的发言权和表决权,所以会上东西方的纷争还是很激烈。

西方国家学联的观察员从为西方学联搞分裂活动辩护出发,继续批评国际学联从事党派性政治活动和缺乏代表性。如英国学联观察员雅维斯(英国学联主席)批评国际学联的观点有:

1.国际学联有"党派性"。他说"大会的党派性更加明显了,执委会的报告完全是片面的、具有成见的","我们不相信只是在所谓资本主义国家内学生的条件才需要改善"。他说军备重担是两个阵营"双方面都有的","对朝鲜战争双方都要负责"。他还说"国际学联对东德及北京逮捕和开除教授及学生都没有采取措施"。是出于"党派性",对文化、教育等交流的障碍来自社会主义阵营而不是来自西方。

2."国际学联没有代表性"。他说"许多出席这次大会的组织都是党派性的、少数人的集团","许多国家学联都纷纷退出或不参加国际学联,国际学联代表性不断下降"。

3.国际学联开除南斯拉夫是错误的,他说"我们一直不承认国际学联开除南斯拉夫",他问大会"是否废除这一可耻的决定,是否会撤销说南斯拉夫有法西斯倾向的无理控告,是否将向南学联做完满的道歉?"

4.莱顿联络秘书处为国际学生合作提供了机会。他说:"我们的学联及其他许多全国性学联完全支持'联络秘书处'和'国际学生会议',因为它们提供了按实际计划进行广泛合作的机会,而国际学联则不是这样。"法国高等技术学校联合会的观察员虽然表示支持国际学联的团结合作方针,认为"全世界学生是可能在国际学联的原则的基础上建立了解和合作","合作的前景是乐观的";但是同时他批评国际学联的一些做法助长了西方世界中某些加速各国学生之间分歧的消极因素,他还说国际学联不应该存在忽视莱顿联络秘书处的观点,而应该更严肃地研究它产生的原因、前途及其所引起的问题。

在会上也有许多国家代表对于这些批评国际学联和社会主义国家的言论进行了反驳,同时也批评西方学联的这些言论是一种搞分裂的行为,不利于国际学生运动的团结合作。

中国学联派出了由田德民、吴学谦等30人组成的中国学生代表团出席这次大会,中国学生代表团在大会期间的主要活动是:

1.作大会发言。发言除介绍中国学生良好的学习和生活条件和表达中国学生保卫和平、加强同世界各国学生合作和友谊的愿望外,还提及亚洲学生疗养院业已在北京动工兴建,此事受到大会广泛的重视和欢迎。

2.参与反驳西方国家学联代表(观察员)发表的一些言论的活动。中国代表团针对西方国家批评国际学联有"党派性"的言论,专门发表声明,讲清事实,据理给予驳斥。

3.参加大会主席团决议等文件的起草和几个主要小组委员会的工作,还分别参加了6个学科会议。

另外,在会议期间,中国代表团还和许多国家代表团举行了联欢会、座谈会,并和一些国家的代表进行个别谈话,其中举办与英国代表团的联欢活动是中国代表团会外活动的重点。

这次世界学生代表大会通过了下列决议和文件:

1.《关于目前各国学生面临的问题和国际学联及各国学生组织在满足学生需要和利益的斗争中的任务的决议》。主要内容是:(1)关于青年应享受的教育权利,指出:"学生团体应努力使全体青年获得享受初等、中等以及高等教育的权利";"必须努力做到用祖国语言教育,反对种族歧视,全体毕业生应按照他们所具备的专业才能就业";"学生组织应推动教育民主化,反对对学术自由和组织自由的侵犯"。(2)关于支援殖民地附属国学生,指出:"学生组织应支援这些地区学生的扫除文盲、改善学习条件、发扬祖国文化和争取国家主权的运动。"(3)关于各国之间的文化交流,指出:"在文化、教育交流和学科工作中应安排更大规模的双边交流,支持全国性的和国际性的联欢节以及访问旅行、野营等活动。国际学联应加强这方面的工作,并应组织系列的学科会议,制订同一系科学生合作的方式。"(4)关于改进国际学联出版物的内容和形式,指出:"国际大学生新闻的论坛专栏应同时向国际学联会员和非会员开放。"(5)关于发展国际体育合作。(6)决议的最后部分着重提出了关于学生在促进友谊和合作以争取世界和平中的贡献问题。决议指出:"大会呼吁一切学生组织为进一步缓和国际局势而努力,支持一切旨在制止冷战、立即停止目前正在进行的战争的倡议。大会号召学生们努力争取世界学生在保卫民主权利和满足学生的紧迫需要中的团结。为了有助于达到这个目的,大会对国际学联会章作了修改,增加了联系会员条款,这一措施将使更多的学生组织有可能参加国际学联的活动。"

2.《告全世界学生书》。此文件指出:"世界各国学生可以在关于学生生活与教育的许多重要问题上,在学生运动问题上取得一致意见与相互谅解。"文件号召各国学生"在教育、文化与体育运动方面扩大国际合作,并行动起来要求通过协商解决国际争端,保卫世界和平。"

大会还通过了教育改革声明和各小组委员会的具体建议。

大会通过了经过修改的《国际学联会章》,这个《会章》增加了关于联系会员的条款。这项条款规定参加国际学联为联系会员的"各全国性学联在其本身会章规定的限度内承担一定的义务,并享有一定的权利。这些义务和权利应由国际学联执委会和有关组织之间协议决定"①。

大会通过了下列7个学生组织加入国际学联为会员：锡兰学生联合会、卡拉奇民主学生联合会、黄金海岸全国学联、墨西哥(城)高等师范学校联合会、古巴学生与国际学联关系联络委员会、苏丹留埃及学生联合总会和高棉留法学生协会。

大会选出国际学联第三届理事会。在第三届理事会第一次会议上选出了新的执委会。意大利的乔·贝林格当选为国际学联主席，中国、厄瓜多尔、印度、苏联当选为副主席，另保留三个副主席的席位给法国、英国、美国的全国学联。捷克斯洛伐克的伊日·贝利康当选为总书记。

这次世界学生代表大会由于国际学联在方针政策上作了某些调整，强调了国际学生的广泛合作，所以多数与会者对这次大会比较满意。西方国家一些观察员认为大会对今后合作提供了一些条件。例如法国高等技术学校学生联合会观察员表示，大会显示了国际学联寻求谅解和合作的诚意，参加大会是很值得的。突尼斯全国学联代表认为大会充满了谅解和寻求协议的气氛，对国际学联和许多非会员组织间可能达成协议"感到欣慰"。加拿大基督教学生运动主张加拿大全国学联参加国际学联为联系会员。挪威观察员建议挪威全国学联向国际学联进一步了解关于联系会员的条款，他说，"我们相信现在存在着实际合作的基础"，并认为在大会上国际学联的路线有了真正的改变。但是也要看到，尽管国际学联在这次大会上抓住了团结、合作这面旗帜，表达了国际学联要求团结合作的愿望，但是对团结问题的认识和把握还缺乏明确的方针，例如像团结对象的重点应该放在殖民地和民族主义国家学生还是放在西方国家学生方面，如何向西方国家学生进行工作，国际学生组织上的统一是否可能达到与是否能在国际学联的基础上达到等一类问题，认识都不是十分明确。关于团结合作问题，只是着重正面说理和提出许多具体倡议，而对于西方国家学联的领导人提出的指责没有进行必要的回应和批驳。还有贝林格的总报告以及各人民民主国家和社会主义国家代表的发言中都很少提到反对帝国主义，反对殖民主义的观点也

① 这项规定的内容，在1951年华沙理事会通过的与英国学联建立新关系的决定中首次出现，但未用联系会员这个名称；英国学联又于1953年在国际学联柏林执委会上提出在《会章》中增加联系会员条款的建议，是因为当时的英国学联领导人想使英国学联退出国际学联，但受到国内一部分学生的反对，英国学联领导人为了缓和这部分的舆论和压力，便提出把英国学联在国际学联的正式会员籍改为联系会员籍，进而达到逐步完全退出国际学联的目的。国际学联同意这样修改《会章》是为了更广泛地团结西方国家的学生。

不够鲜明。当时中国学联在内部就认为,这些问题的存在不利于团结广大亚非拉国家的学生,也有损国际学联的正面形象。

1954 年

8月20日至28日,国际学联第三届理事会第二次会议①在苏联莫斯科举行,有74个国家121个组织229人出席会议,其中代表85人,观察员116人,列席代表22人,来宾6人。出席理事会的46个会员组织中,除人民民主国家和社会主义国家外,有亚洲10国,非洲12国,拉丁美洲6国,西欧北美7国。非会员组织的英国、加拿大、澳大利亚、苏格兰、瑞典、瑞士、冰岛等国的学联,以及印度尼西亚大学生组织联合会的代表以观察员身份参加了会议。

这次理事会的主要议程是:

1.国际学联和进一步加强国际学生合作的任务。

2.讨论以下各小组委员会的报告:学生的学习和经济问题;学生间学术和文化交流及教育旅行问题;国际学生体育活动问题;殖民地附属国和落后国家学生问题;学生出版工作问题。

3.吸收新会员问题。

4.通过国际学联预算。

5.选举国际学联执委会和财务委员会。

在1953年第三次世界学生代表大会后的一年中,国际学联执行了大会确定的友谊与合作政策,为扩大国际学联的影响,派遣代表团访问东南亚、西欧各国,同时加强了国际学生运动中的团结与合作,努力改善与西方国家学联的关系,大力开展学术、体育、文化等方面的"实际活动",如组织各种学科会议、体育比赛、讨论会、夏令营等,以争取广大学生群众,消除西方学联关于"国际学联只搞政治活动、不做有关学生切身福利工作"宣传的影响。而西方国家学联在这一年中却依旧在进行分裂活动,莱顿联络秘书处专门就国际学联的会员组织、财务和其他问题进行调查,并利用调查到的资料对国际学联进行批评,想以此达到挤垮国际学联的目的。一年中东西方国家学联对待国际学运团结问题的不同态度和做法,表明东西方国家的学联在国际学生团结合作问题上依旧存在巨大的分歧,在这个问题上出现纷争是不可避免的。在这种情况下,国际学联书记处领导和举办这次理事会会议的方针是强调和解,要求会上除一般性地要求以协

---

① 即有关历史资料记载的国际学联第九届理事会。

商方式解决国际争端和提出各国学生必须积极参加和平运动外,在其他方面都避免讨论政治问题,使讨论更多地集中在有关学生团结合作和学习、体育、生活福利等问题上,并围绕这些非政治性问题制定有关的工作和活动计划;对于各国具体情况,则着重就议程讨论具体倡议,强调以此来争取中间和落后力量,孤立敌对力量,加强团结合作气氛;对于西方学联的敌对立场,采取忍耐和讲道理

1954年冬,中国学生代表团访问捷克斯洛伐克。
图为代表团团员参观捷克斯洛伐克的大学图书馆

的做法,把争取西方学联看做是团结合作的首要问题。这个方针与大多数国家学联代表的愿望和主张相一致,所以会议有一个团结合作的气氛。这样一来,尽管西方国家学联特别是英国、挪威和芬兰学联的代表仍然对国际学联的方针、政策和日常工作等进行指责,反复重弹"国际学联是共产党进行冷战的工具"、"国际学联有党派性"的老调,指责国际学联"破坏学生团结",并要挟国际学联参加他们的"国际学生会议",声称是否参加是对国际学联的一个考验,但是迫于整个会议的气氛,他们也不得不摆出某些要求合作的姿态。

　　会议开始后,国际学联总书记贝利康首先就第一项议程作了报告。报告叙述了过去一年国际学生运动、国际学联和各国学生组织的工作情况,认为"国际学联与各国学联的关系比一年前已有改善,而扩大接触和合作的前景

是极端有利的"。报告强调说:"国际学联以及'国际学生会议'的所有会员组织可以通过国际学联来解决学生所关心的问题并组织学生感兴趣的活动";"今后,我们必须大力消除那些妨碍我们同一些全国性学联发展关系的成见和陈腐的见解,必须继续开展实际活动,改进宣传出版工作,这一切都是为了一个目的,即达到一种团结在国际学联以内的世界范围内的学生团结"。报告还提出,在下一年度的工作中,国际学联将同各国学生组织合作召开一系列的学科会议,进行各种形式的交换活动,加强国际学生的体育活动;继续同国际大学生体育联合会及北欧、法国、意大利的学生体育组织进行实际合作;加强学生救济活动以及同世界大学生服务处的合作,扩大与联合国教育科学文化组织的合作等。

有60多个代表和观察员就贝利康的报告作了发言,发言人中除英国、加拿大、澳大利亚、比利时、挪威表示反对,法国、芬兰表示不完全同意外,其他代表都表示支持这个报告。然而在会议发言过程中,由于国际学联书记处在掌握讨论时,过分迁就西方国家学联的代表,使得他们得以三番五次地发言,并因此造成16个国家(其中大部分为殖民地附属国)的代表失去了发言机会,结果引起没有发言机会代表的不满。

会议在讨论第四项议程时,西方学联在国际学联的经费问题上大做文章,由于国际学联事先未做好准备,以致在财务预算报告中不能就西方学联代表提出有关经费来源、用途等问题作出妥善的回答,最后不得不用硬性的"表决"方式结束对这一议程的讨论。这件事造成了不良后果,甚至还引起了与会的中间分子的怀疑。

第三次世界学生代表大会通过的《会章》增加了联系会员的条款后,国际学联很重视这项新的规定,认为可以通过接收联系会员方式争取西方学联和其他中间性学生组织与国际学联合作,所以在这次理事会会议上通过表决,接受英国、南非、以色列全国学联为国际学联的联系会员。事后,澳大利亚、加拿大等国代表在会上发言,表示要考虑作为联系会员参加国际学联的问题。

这次理事会会议通过了以下决议:

1.《关于国际学联和进一步加强国际学生合作的决议》。《决议》首先指出,一年来学生运动的特点是学生活动有了新的高涨,学生群众为争取普遍的民主教育、改善生活和学习条件展开了斗争,殖民地、半殖民地国家学生争取完全民族独立、民族教育、民族文化的活动更加活跃了。另一个重要的特点是各国学生的联系和合作的扩大,这为一个世界性学生团体的发展开辟了希望。

《决议》接着指出，学科性活动、学生交流旅行活动等大大加强了学生合作的趋向。随着这种趋向的发展，随着人们对于联系会员籍的兴趣的增加，我们也面临这样一种形势，即如果各国全国学联和国际性学生组织继续有善意的话，一个世界性学生组织的发展将是实际的和必要的。《决议》最后还指出，国际学联活动进一步发展以及正式会员和联系会员这两种会员籍制度将为这一发展提供基础。

2.通过了关于加强学科活动、国际体育合作、救济活动、宣传出版工作、区域性活动等的决议以及关于第五届联欢节的建议。在这些文件中涉及关于与其他国际组织合作问题时，特别提出要与世界天主教学生运动、世界犹太学生协会联合会、世界基督教学生同盟的合作，并强调"要和联合国教育科学文化组织发展合作，进行商谈，以恢复国际学联在这个组织中的咨询地位"。

中国学联派出了以全国学联主席田德民为团长的9人代表团出席这次理事

1954年冬，中国学生代表团访问捷克斯洛伐克。
图为代表团抵达布拉格后，在机场贵宾室前广场合影

1954年冬,中国学生代表团访问捷克斯洛伐克。图为代表团与捷克斯洛伐克学生合影

会会议。在会上,田德民在发言中着重讲了殖民地附属国和落后国家学生运动的问题,表示中国学生深切关怀和同情许多被压迫国家、殖民地、附属国学生的惨痛境遇,坚决支持他们争取民族独立、民主自由和民主权利的斗争。他在发言中指出,国际学联在这方面还有许多事情要做,应该加强了解这些国家学生学习生活的具体情况,进行分析和研究,根据不同国家的特点和要求,拟出切实可行的建议和办法,给予具体的帮助。另外,他还以中国学生一年来开展的体育和文化交流国际活动以及建立亚洲学生疗养院的实际活动,说明了中国学生在加强国际学生团结合作方面是积极的参加者。他在会上宣布,中国学联所承建的亚洲学生疗养院将在年内的11月正式开始工作。他还指出,国际学联应该进一步巩固和发展各国学生之间的合作,中国学联认为国际学联已日益证明它在增进各国学生团结与合作、满足学生需要和利益上具有重大的责任和作用,认为应该提倡互相协商、实事求是的态度。对于印度尼西亚大学生组织联合会(PPMI)提出并得到国际学联支持的关于召开亚洲学生会议的倡议,中国学联没有立即表明态度,准备回国后研究。

　　会外,中国代表团曾与苏联、日本、印度、锡兰、印度尼西亚、朝鲜、越南、蒙古、缅甸以及拉丁美洲国家代表联欢。另外,在会议期间还和其他许多国家代表接触和洽谈。

1955 年

8月26日至31日,国际学联第三届理事会第三次会议[①]在保加利亚首都索非亚举行。有来自76个国家16个组织的229人出席了会议,其中代表102人,国际组织(世界青年联盟)代表4人,观察员108人,来宾15人。代表和观察员中,除了人民民主国家、社会主义国家和其他倾向东方国家的学生组织代表外,亚非国家中较重要的有印度尼西亚大学生组织联合会、日本青年会学生部、印度全国学联海德拉巴分会和加尔各答大学生联合会,埃及、突尼斯、东非(玛卡利尔学院)、西非达喀尔等国家和地区的学生组织的代表。西方国家的代表或观察员参加会议的有英国、加拿大、意大利、瑞士、冰岛、芬兰、苏格兰等全国学联。另有法国高等学校学生联合会和比利时布鲁塞尔大学学生协会等。

理事会会议的议程是:

1.国际学生运动和国际学联的任务。

2.第四次世界学生代表大会。

3.各小组委员会就殖民地附属国学生问题与活动、学生的学术、经济福利问题、学生的文化学科合作与学习旅行、学生体育以及学生报纸及其国际合作等问题向会议提出报告。

4.财务报告和国际学联1955—1956年度预算。

5.选举国际学联执委会和财务委员会。

这次理事会会议主要是讨论国际学生合作和团结的问题。自1953年举行第三次世界学生代表大会以后,国际学联开始重视国际学生运动的团结合作工作,大力争取西方国家学联,注意改进和开展同中间广泛的学生组织的关系。在这段时间里,莱顿联络秘书处在组织上有了相当的发展,因此国际学联对它的政策由开始时不承认和揭露它,调整为争取和它合作。尽管国际学联在这方面做了很多努力,在美英敌对势力操控下的莱顿联络秘书处始终拒绝同国际学联合作。

在理事会会议上,国际学联总书记贝利康首先就第一项议程作了报告。报告认为,在世界各国学生都要求合作与团结的情况下,国际学生运动却还处于分裂状态,这是国际学生运动需要解决的最急迫的问题。报告说,既然苏、美、英、法四国首脑可以举行会议,那么各国学生就更有可能和更有必要进行合作。

---

① 即有关历史资料记载的国际学联第十次理事会。

报告指出，国际学联考虑到有些学生组织参加"国际学生会议"，所以曾表示愿意与莱顿联络秘书处联合召开合作会议，以讨论学生的经济问题、学科活动问题、国际学运对殖民地学生的责任问题、学生交流等问题，还曾表示愿意与莱顿联络秘书处合作讨论召开会议的方式、议程及其他建议。令人遗憾的是，于1955年7月在伯明翰举行的第五次"国际学生会议"拒绝讨论这一建议。报告对一些国家学生组织在伯明翰会上和会后提出的一些倡议，例如印度学联与意大利学联联合倡议召开各主要学联的会议以谋求合作，瑞士学联建议由它出面召开学生合作会议，比利时布鲁塞尔大学生协会建议由它召开有国际学联、世界大学生服务处和莱顿联络秘书处三方面成员参加的会议讨论世界学生生活福利问题等，均表示欢迎。报告提出，开展国际学生合作可以在关于教育民主化、满足学生经济要求、民族独立、支援殖民地附属国学生、民族文化、学术自由、丰富的文化学科体育活动等方面进行。报告也表示支持全日学联及各国际组织要求和平、反对大规模毁灭性武器的斗争，同时表示支持地区合作，如召开亚非学生会议和拉丁美洲学代会等。报告强调，具体项目上的合作同团结统一并不矛盾，应该是相互联系的，具体项目的合作可以成为某种团结的基础。报告还对国际学联在1950年通过决议，断绝与南斯拉夫学生组织关系的做法表示要"尽一切努力弥补这一错误及其后果，并开辟南斯拉夫学生与国际学联之间谈判与合作的途径"。在反殖民主义问题上，报告提出要加强对殖民地附属国学生的支持，还说明执委会建议成立一个专门处理殖民地学生问题的工作部门。报告还提到英国全国学联已退出国际学联联系会员籍，意大利民主大学生联合会（本书编者注：意大利共产党领导的）已宣布解散。

在进行会议发言时，英国学联代表用批评国际学联和社会主义国家的言论来回应国际学联所提出的合作建议。这个代表在发言时说"国际学生会议"是最好的合作基础，国际学联的会员组织应该参加，同时批评国际学联没有代表性，没有根本改变其党派性性质。还说国际学联在南斯拉夫问题上态度的转变是遵循苏共的外交政策，说国际学联在这个问题上承认错误，就等于承认它对国际学运的分裂负责。还批评苏联和人民民主国家没有个人旅行自由，并指责国际学联对非会员组织领导人进行人身攻击。但是英国代表的发言并不是所有西方国家学联与会者对于合作问题的一致态度，法国、瑞士等国学联的观察员均主张学生合作，意大利学联观察员还批评英国学联观察员的发言没有合作的诚意。

在会上，不少殖民地学生组织代表纷纷批评和揭露莱顿联络秘书处关于支持殖民地学生要求民族独立的欺骗性，并认为国际学联是他们的真正支持者。

如黑非洲留法学生联合会的代表,以他们参加"国际学生会议"的切身经历谴责莱顿联络秘书处,表示决定支持并参加国际学联,而不参加"国际学生会议"。还有突尼斯学联(民族主义组织),经过该组织代表大会决议,决定参加国际学联而不参加"国际学生会议"。这些殖民地国家学生组织的代表在会上表达了要求民族独立、民主权利、保证生活和学习条件的愿望,同时也批评了国际学联对在这些地区的工作重视不够的问题。

会议最后通过了下列决议:

1.《关于国际学生运动和国际学联任务的决议》。《决议》的主要内容指出,在目前国际学生运动中,最重要的任务是消灭现存分裂,重新建立团结。为达到这一目的, 国际学联和莱顿联络秘书处及其成员之间可以进行具体的项目合作,联合组织或参加对方组织的活动。会议责成执委会鼓励国际学联会员组织同非会员组织进行双边或多边接触,讨论扩大国际学生合作的方式和方法,如举行学科会议、习明纳尔①进行交流等。决议责成执委会和书记处根据合作的精神组织第四次世界学生代表大会。决议指出,《国际学联会章》的基本原则今天仍然有效,但鉴于国际学生运动的发展,责成执委会将各国学生组织可能提出的意见和建议加以综合归纳,向代表大会提出《会章》修改建议,提供大会考虑。

2.《关于第四次世界学生代表大会的决议》。《决议》主要强调大会要成为世界性"讲坛",要让各国学生组织就合作问题充分发表意见。《决议》还号召会员组织广泛发动宣传国际学联及其10周年的活动。为此《决议》提出,为广泛纪念国际学联成立10周年和宣传第四次世界学生代表大会,号召各国进行文化体育节日的准备,要求《世界大学生新闻》举行征文竞赛等。《决议》表示,在开展筹备世界学生代表大会时,赞同各会员组织与非会员组织进行双边商讨合作和团结问题的主张, 并认为执委会也应与一切适当的全国性和国际性组织进行讨论。《决议》责成执委会确定第四次世界学生代表大会的时间、地点、议程等问题,然后提交下次理事会会议讨论。

3.各小组委员会就殖民地附属国学生问题,以及学生的经济和社会问题、学术问题、学科文化合作及学习旅行交流问题、学生体育和出版问题等提出了各项具体建议。其中较重要的是专门设立学生反对殖民制度斗争局(Bureau of Students Fighting Against Colonialism)的建议。建议指出,这个局是国际学联与殖民地学生组织联系的机构,具体负责了解和研究殖民地学生的情况,并给

---

① 习明纳尔:俄语семинар和英语seminar的音译,为研究班、讲习班、进修班的意思。

予殖民地学生一切可能的帮助①。

会议通过决议,接受喀麦隆留法学生协会和圭亚那留法学生协会为国际学联正式会员,并接受乌干达玛卡利尔学院学生会、冰岛全国学联、芬兰全国学联(原为国际学联正式会员)和突尼斯全国学联为联系会员。

会议最后选举来自以下国家的学生组织代表分别担任国际学联的各种职务:玻利维亚、冰岛、伊朗、墨西哥、北非、波兰、罗马尼亚、共和西班牙、叙利亚和突尼斯为新的执行委员会委员,选举捷克斯洛伐克贝利康为国际学联主席,厄瓜多尔、印度、日本、苏联为副主席,中国为总书记,保加利亚、缅甸、古巴、匈牙利、西非留英学联为书记,民主德国为司库。

中国学联派出以何锡全为团长的9人代表团出席这次理事会会议。中国学生代表团的发言主要是谈加强学生合作问题,说明合作的可能与必要,并介绍中国学生与各国学生合作的实例。发言中特别强调要关心全世界深受殖民主义祸害的学生,并表示中国学生一贯关心、同情和支持他们为争取民族独立、民主权利和幸福生活而进行的斗争。中国学生代表团在发言中表示,中国学联已经收到印度尼西亚筹委会关于筹备召开亚洲学生会议的通知,中国学联积极支持召开这次会议。中国学生代表团向理事会报告,在北京的亚洲学生疗养院已经开始工作。在会外,中国学生代表团先后和各国代表团100余人举行了联欢,并和印度尼西亚大学生组织联合会(PPMI)、印度、意大利、日本等国学联代表进行个别交谈。

在这次会议期间,发生了关于选举中国学联担任总书记一事。在事先,国际学联从未与中国酝酿和商量,只是在会议最后一天,即8月31日上午,突然召开书记处会议酝酿选举名单,会上说是原考虑由印度或日本学联担任总书记一职,但未得到他们的同意,所以建议由中国学联担任。中国学生代表团团长何锡全向苏联代表团团长说明,主席和总书记均由社会主义和人民民主国家代表担任不合适,而且中国方面事先一无所知,没有经过组织的授权,不能同意这个建议。会上要求中国代表团立即向国内请示,但因为长途电话始终接不通,中国代

① 国际学联在1947年设有"殖民地局",1948年该局改名为"反殖民主义学生局",进入20世纪50年代上半期后因亚非拉新独立国家学生组织参加国际学联的日益增多,此时国际学联为了在组织形式上更广泛地团结世界各国学生,所以加强了联络局,由联络局负责与亚非拉国家学联的联系,"反殖民主义学运局"的实际工作就归入联络局,该局本身也就逐渐停止活动而淡出。在索非亚理事会会议后,根据与会代表提出的建议,国际学联又恢复了"反殖民主义学运局"的设置。

表团没能请示成功。下午4时半,苏联出面召开出席会议的社会主义国家学生代表内部会议,专门讨论此事,苏联在会上表示支持中国学联担任总书记,在这种情况下,何锡全只好勉强同意。当天下午6时,理事会会议进行了选举,中国当选为总书记。中国学生代表团回国后,把此事前后经过情况向组织上作了汇报,中国学联经慎重考虑,始终没有派人到国际学联担任总书记一职。

9月中国学联派程极明去布拉格接替谢邦定担任驻国际学联代表,同时派去2名工作人员,他们是孙稚如和潘世强。程极明在国际学联工作至1958年9月,潘世强在1957年莫斯科联欢节时先行奉调回国,孙稚如因病在1958年4月回国。

1956 年

1月24日至27日,国际学联执委会会议在罗马尼亚首都布加勒斯特举行,有15位执行委员出席了会议。另外,还有其他代表5人列席了会议,其中重要的是乌干达玛卡利尔学院学联及突尼斯学联的代表。中国代表是中国学联的驻会代表程极明。世界民主青年联盟派来参加会议的来宾是中国青联驻世青代表钱李仁。会议讨论第四次世界学生大会的议程、国际学联今后工作方向、议事规则问题,讨论国际学联支持亚非学生会议召开的声明草案。在讨论支持亚非会议声明过程中,有些人希望亚非学生会议对国际学生加强团结问题提出建议,并提出要邀请参加亚非学生会议的全体代表来参加第四次世界学生代表大会。但经解释后,仍维持原来的声明草案的内容,通过了只一般性表示支持亚非学生会议的声明,没有增加这些内容。

2月14日至25日,苏共二十大召开。2月24日夜11时至25日晨,苏共二十大召开内部会议。除波兰、匈牙利代表团长外,其他外国代表团没有被邀请参加。赫鲁晓夫以苏共中央第一书记身份,用长达4个多小时的时间作了《关于个人崇拜及其后果》的报告。这个报告着重揭露了斯大林的个人崇拜及其严重后果,而没有对斯大林进行全面评价。西方通讯社陆续披露出这份报告的内容后,在世界范围内出现了反苏、反共高潮。这些事在社会主义阵营和国际共产主义运动内部引起极大震动。

5月30日至6月7日,亚非学生会议在印度尼西亚的万隆举行。出席会议代表来自下列国家或组织:中国、朝鲜、越南、缅甸、叙利亚、印度尼西亚、日本、马来亚(马来西亚)、老挝、锡兰、尼泊尔、印度、巴基斯坦、黎巴嫩、约旦、伊朗、阿富汗、菲律宾、西非留法学生联合会、埃及、苏丹、阿尔及利亚、摩洛哥、突尼斯、马达加斯加、多哥、喀麦隆,共27个代表团、110人。中国代表团共15人,钱李仁为团长。

　　早在1952年，印度尼西亚大学生组织联合会(PPMI)就曾发起召开亚洲学生会议。当时，国际学联为了取得对这个会议的领导权，通过一些驻国际学联的代表(中国代表不在内)，同不是国际学联会员的印度尼西亚大学生组织联合会取得联系，并于1953年在布拉格与印度尼西亚大学生组织联合会发表联合声明，支持召开亚洲学生会议。声明中提到"亚洲学生会议的召开应有助于国际学联在亚洲的活动"。随着1955年在印度尼西亚万隆召开的亚非会议的成功，印度尼西亚大学生组织联合会在印度尼西亚政府的支持下，把拟议中的亚洲学生会议扩大为亚非学生会议，并于1955年9月在雅加达召开第一次国际筹委会。国际筹委会成员为印度尼西亚、日本、中国、菲律宾、埃及、印度、缅甸、黎巴嫩、伊朗9国的学生组织，但出席第一次国际筹委会会议的只有印度尼西亚、日本、中国、菲律宾、印度、黎巴嫩6国学联的代表。中国学联派钱大卫出席了这次筹委会会议。这次会议拟定于1956年5月在印度尼西亚万隆召开亚非学生会议，没有通过中国代表团提出的邀请苏联学生组织代表与会的建议。

　　在亚非学生会议筹备期间，国际学联书记处对会议的筹备工作非常关注，并就一些问题展开了讨论。国际学联认为亚非学生会议应该在国际学联领导下进行，苏联代表认为会议应该邀请苏联学生组织的代表参加，也应该邀请国际学联代表参加。中国代表向国际学联书记处说明，中国学联已经向亚非学生会议筹委会建议邀请苏联学生组织参加，但是未获通过。关于亚非学生会议是否要在国际学联领导下进行，因为亚非学联的代表都同意以万隆会议模式召开亚非学生会议，所以不一定要邀请国际学联参加。苏联代表对此表示异议。另外，国际学联提出亚非学生会议应该讨论国际学生的合作问题，以便对莱顿秘书处施加压力，同时还希望亚非学生会议能讨论第四次世界学生代表大会的问题。国际学联的有些人还认为会议成员过于广泛，所以对亚非学生会议能否像亚非会议那样取得一致的协议表示怀疑。

　　对于召开亚非学生会议，一些亚非国家的首脑纷纷表示支持。印度尼西亚总统苏加诺和印度尼西亚政府积极支持会议的筹备工作。苏加诺总统捐款10万印度尼西亚盾给国际筹委会。印度总理尼赫鲁、尼泊尔首相阿查利亚、伊朗首相都复信筹委会表示支持。中国国务院总理周恩来于5月6日致电筹委会，祝贺会议召开。

　　西方国家学联的莱顿联络秘书处也想插手亚非学生会议，使得会议筹备工作出现了波折。1956年5月上旬，在会议正式召开的前夕，中国、菲律宾、日本出席会议的代表已经抵达雅加达，会议筹委会举行了第二次会议。出席这次会议的菲律宾代表已经不是出席第一次筹备会议的菲律宾大学生理事会协会前主席、外事顾问莱昂纳多（Leonado），而是一个叫德维加（Devega）的人。莱昂纳多对召开亚非学生会议持一种合作的态度，所以在1955年召开的第一次筹备会议上，同意了会议的决议和宣言。德维加则不是这样，一到国际筹委会会议就提出一连串的问题，否认1955年9月第一次国际筹委会的全部决议和宣言。德维加还抓住1953年国际学联与印度尼西亚大学生组织联合会在布拉格发表的联合声明中的"亚洲学生会议应有助于国际学联在亚洲的活动"这句话大做文章，硬说现在的国际筹委会的组成是参照该声明中的建议而定的，指责会议已被"共产党、国际学联所操纵"，说许多亚非学生代表因此不愿来开会。他还在会上提出要改组筹委会，成员由9国改为5国，并要求改组后的筹委会发表抨击国际学联的声明，同时重发会议邀请书。菲律宾代表的这些发言立刻使得第二次国际筹委会陷入争论状态。而这时，在会场周围，经常出现一些美、英记者，他们不断无中生有地报道筹委会内部发生所谓"亲共分子和反共分子之间的争吵"，说会议将无限期地推迟。在这些记者中，有一个自称是"美国合众社记者"叫哈里隆的人，其实是美国一个学生组织的前主席。他是莱顿联络秘书处派来万隆活动的4人代表团团长，不断与德维加进行接触、密谈，有时还从会场外向在会场内的德维加递条子。突然出现的这样一种情况，使得第二次筹委会会议僵持了一个星期。

5月21日，在国际筹委会非正式会议上，中国代表钱大卫在与有关的各方代表商量后，提出了一个折中方案：在承认国际筹委会第一次会议是个事实的前提下，改组国际筹委会，由印度尼西亚（两名代表），埃及、中国、日本、菲律宾（各一名代表）组成；不重新讨论邀请国家的名单，尊重筹委会第一次会议宣言的精神。这方案得到了与会者的同意。但是，在当晚举行的正式会议上，德维加又出尔反尔，想推翻非正式会议达成的一致意见，并提出重新讨论出席会议的邀请名单。结果他的意见被会议否决，但是会议依然没有摆脱僵持状态。到了5月25日，已经有来自亚非国家的20多个学生组织代表团陆续抵达万隆，筹备会议如果不马上摆脱这种僵持状态，局面将难以收拾。在这种情况下，经过埃及代表团和其他已到会代表团的共同努力，筹委会冲破了受莱顿联络秘书处控制的德维加的重重阻挠，在5月26日再次召开了会议。这个会一直开了19个小时，终于通过了筹委会的声明，支持万隆精神和1955年国际筹委会第一次会议通过的宣言，声明这次会议与任何国际学生组织无关。

在众多国家代表团的一致努力下，亚非学生会议冲破重重阻力，终于在5月

30日举行了开幕式。中国学生代表团团长钱李仁本着周恩来总理在万隆会议上的发言中的求同存异的精神在会上发言，着重谈了反对殖民主义、发展民族文化教育、加强团结和友好合作等问题，也就台湾、国际学联以及所谓中国没有自由三个问题，阐明了中国学生的立场，讲清了道理，赢得会议的一致好评。

会议在6月7日下午顺利通过了《最后公报》。《最后公报》强烈谴责和反对殖民主义，承认各国人民和民族的自决权利并对正在为自己的自由和民族独立而斗争的亚非国家表示同情和给予道义上的支持。当会议宣布闭幕时，整个会场的欢呼声和掌声持续了10分钟。

6月19日下午，中共中央副主席刘少奇在中南海会见由苏联共青团中央书记拉波欣（Рапохин）率领的苏共青团代表团，参加会见的还有中共中央及相关部门领导人邓小平、王稼祥、刘澜涛和廖承志。中国青年团中央的胡耀邦、荣高棠、胡克实、刘西元、吴学谦等也参加了会见。刘少奇与苏联共青团代表团进行了近2个小时的谈话，在谈话中称赞了亚非学生会议。

6月23日至24日，国际学联第一次内部会议在捷克斯洛伐克首都布拉格召开。苏联、中国、捷克斯洛伐克、意大利、英国、法国的青年组织的代表及世界民主青年联盟主席柏尼尼和国际学联主席贝利康出席了会议。中国的代表是吴学谦、钱李仁、程极明3人。

召开这次内部会议是因为在筹备召开第四次世界学生代表大会期间，国际学联书记处内部对国际学联前途问题议论纷纷。当时意大利代表提出国际学联应该解散以便成立新的国际学生组织；日本代表认为应该在国际学联的基础上建立全世界学生的团结，主张根本不提组织上的统一和寻求建立一个新组织问题；保加利亚代表则认为由于国际形势的缓和和变化，亚非拉学生运动的强大，对国际学联工作有利，应该加强和改进国际学联的工作，逐渐促使团结的实现。1956年3月，意大利共产主义青年联盟也提出了一个题为"关于国际学联工作和统一国际学生运动"的文件，并建议召开一次内部会议来讨论有关问题。为了讨论这一问题并确定第四届世界学生代表大会的方针，国际学联主席贝利康接受了意大利的建议，并以他个人名义邀请苏联、中国、捷克斯洛伐克、意大利、英国、法国等国青年组织及世青主席柏尼尼举行内部会议，并且在事先已经将意大利共青联的文件发给有关组织进行酝酿。

这次内部会议的议题是：关于国际学联的前途问题，建立新的、统一的世界学生组织问题和对莱顿联络秘书处的策略问题。

会议主要讨论了国际学联的前途问题。会上有几种不同的意见。意大利代表认为各国学生普遍希望迅速建立一个新的、统一的世界学生组织,因此主张国际学联应采取主动,宣布准备解散国际学联,然后在一个全新的观念上统一世界学生运动和建立统一的世界学生组织。苏联、捷克斯洛伐克、法国、英国等学联代表在原则上同意应该寻求全世界学生组织统一的新道路,但认为这项建议只能由国际学联作为远景提出,不能立即实现。他们主张要继续加强国际学联,但要对国际学联原来的一套做法做些必要的改变,如《会章》在原有基础上稍加修改,如增加民主性质的内容,书记处可以吸收若干非共产党人士参加等。

中国代表根据中央指示精神在会上发言,说明学生不是一个阶级,而是包括了各种不同阶级出身的子弟,除社会主义阵营国家外,各国学生的绝大部分是地主、资产阶级和小资产阶级的子弟。在资本主义教育发达的国家里,进步学生是少数,在殖民地半殖民地国家中,大多数学生民族主义情绪很强烈,但随着其民族独立地位的取得,学生内部也起着变化,因此想用一个进步性的国际学生组织来团结全世界学生和统一国际学生运动是不可能的。关于国际学联今后的做法问题,中国主张国际学联的政治色彩不宜过浓,过去搞得太"红",以后应该注意逐步"褪色",可以在"和平、友好、民族独立、文化交流、共同福利"的口号下争取中间、右派学生逐渐靠拢;在组织上,应当贯彻大小国一律平等,不干涉各国学生的内部事务,《会章》应改变民主集中制的原则,使之尽量松散些;工作方式应注意民主协商,应注意调动中间力量的积极性,有些活动可以多让中间力量出面发起,不一定事事都由国际学联出面。中国代表还指出国际学联在非社会主义国家的学生中有相当的影响,草率收起这面旗子对国际学联不利,因此不同意解散国际学联,主张逐步改造。

中国代表就国际学生运动和国际学联今后的工作问题发表的意见,引起了参加会议各国代表的注意。世青主席柏尼尼表示完全同意中国代表的观点。苏联代表对中国代表从阶级观点来分析世界学生运动统一问题很感兴趣,并认为很重要。

内部会议在实现世界学生运动组织上统一的步骤问题上有较大的争论。意大利代表认为在第四次世界学生代表大会上应该明确提出建立世界学生统一组织的问题,并说应该相信世界学生是成熟的,有了人的意志,团结就是可以实现的。苏联等国代表认为会上只可能把建立统一的学生组织问题作为远景来提出,实现团结的具体计划还需要时间,需要克服互相不信任,并强调要加强国际学联而不是解散国际学联。

在会议讨论修改《会章》问题时,贝利康提出以下几点意见:(1)会员籍增加

"咨询会员";(2)取消民主集中制与比例代表制,实行平等原则,投票表决以国家为计票单位;(3)书记处增加一些非共产党人的成员;(4)退出世青。大家基本同意贝利康的意见,没有进行讨论。

关于国际学联会员组织是否参加莱顿联络秘书处召开的"国际学生会议"问题,贝利康建议,国际学联可派广泛的代表团去参加"国际学生会议",但是国际学联会员组织应拒绝参加"国际学生会议",对此执委会不能作硬性规定。苏联、捷克斯洛伐克表示不去参加。中国代表表示,大家对莱顿联络秘书处的立场是一致的,应采取什么策略,还要进一步研究。只有英国代表认为可以有一些国际学联的会员组织去参加。

会上,英国、意大利代表和其他国家代表在国际学联出版物是否能发表反共、反对社会主义国家文章的问题上,争论了很久。

关于国际学联要不要解散的问题,各国代表发表了自己的意见,没有公开交锋。对于国际学联应否继续存在,国际学联的做法应否有所改变,与会者基本上持肯定的态度。

这次会议只开了一天半,问题讨论得虽还不深,但大家较为坦率地交换了意见。

6月至10月,波、匈事件发生。苏共二十大以后,在东欧国家内部对苏联的不满情绪开始高涨,开始产生一些摆脱苏联控制,要求独立自主的呼声。6月下旬,在波兰波兹南市举办国际博览会期间,该市斯大林机车车辆制造厂的16000名工人上街游行,受到武装镇压,酿成国际普遍关注的"波兹南事件"。围绕这一事件,波兰党内产生了分歧,苏联和波兰之间也产生了矛盾,经过一系列的协商和谈判,直到10月局势才得到控制。但是波兰事件却在匈牙利产生了更为强烈的反响。10月23日,匈牙利首都布达佩斯发生10万人的游行活动。当夜,匈党中央召开紧急会议,邀请苏军帮助维持秩序。10月24日,在苏军坦克出现在街头时,游行的工人、学生与苏军发生流血冲突。此后,经过苏共领导人直接干预,通过改组匈劳动人民党中央,苏军到27日才暂时控制了局势。10月30日,在苏军撤出布达佩斯后,武装分子袭击了布达佩斯市委大楼,杀死市委书记和守卫大楼的警卫战士。此后三天内,一些武装分子打开监狱,释放了大批刑事犯和前党卫军分子,并在首都杀害共产党人。11月4日,苏军再次开进布达佩斯,最后平息了这个事件。

8月26日至9月3日,世界学生第四次代表大会在捷克斯洛伐克首都布拉格召开。有69个国家的82个组织的代表、观察员和来宾出席会议。非会员组织参加会议的有加拿大、英国、法国、比利时、瑞典、荷兰等西方国家的全国学联和智利、古巴、乌拉圭等拉丁美洲国家的学生组织。世界民主青联、世界大学生服务处、世界和平理事会、世界犹太学生协会联合会等四个国际组织的代表列席了大会。中国派出以胡启立、曾德林为首的29人学生代表团。中国代表还参加了大会期间举办的国际学生美术作品展览会,并派出一个15人的大学生篮球队参加各国学生体育比赛。

这次世界学生代表大会的议程是:

1.世界学生的问题及其远景。解决国际学联与某些国家学联的分歧、促进国际学生合作以及实现世界学生团结和满足学生需要方面的任务。

2.修改《国际学联会章》。

3.小组委员会:(1)学生反殖民主义和争取完全民族独立的活动,以及全国性和国际性学生组织的责任;(2)学生的经济和社会需要及救济活动;(3)教学改革、学术自由及学生的民主权利;(4)发展学科及文化合作、学生旅行和交流;(5)学生的体育活动以及在这方面的国际合作问题;(6)学生的出版物,以及关于发展国际学生间的出版物和出版中心的交换和合作的问题。

4.通过第一、第二项议程小组委员会的建议。

5.批准新会员入会。

6.选举领导机构。

这次大会的中心议题是讨论加强国际学生合作与团结。大会召开之前,国际学联为此做了以下几方面的准备工作:

1.在国际学联执委会、书记处讨论的基础上,拟出了一个题为"在学生运动中有什么新的东西、怎样才能达到团结"的讨论提纲,普遍发给各国学生组织讨论。提纲回顾了10年来国际学运的发展及成绩,分析了国际学运分裂的原因,认为这些原因是:"冷战的影响,某些国家学运的变化,违背了在国际学联成立时他们所同意的立场,对一个国际学生组织的任务和活动范围的不同意见的误解和夸大,以及国际学联过去工作上的错误,如没有根据各国学运不同的特点来进行工作,对待某些采取不同立场学生组织缺乏容忍和了解,对学生兴趣注意不够"等。提纲指出团结是必要的和可能的,因为学生要求团结并积极地想办法来达到团结,但莱顿联络秘书处却拒绝接受国际学联提出的共同召开合作会议的建议和拒绝考虑具体合作方案。提纲最后说明修改《国际学联会章》的几个原则,即强调会员的自治性,增加"咨询会员籍",减少会员义务等。这个提纲为各国学生组织和大会讨论合作团结问题提供了一个基础。

2. 从1955年9月的国际学联理事会索非亚会议以后，国际学联领导人陆续访问了越南、印度、缅甸、锡兰、尼泊尔、阿富汗的学生组织，还访问了埃及、苏丹及西亚各国的学生组织。国际学联主席贝利康还曾访问加拿大全国学联，与他们交换意见，并向世界大学生服务处、世界基督教学生同盟、莱顿联络秘书处等国际学生组织提出了合作建议。贝利康在有关访问加拿大的报告中提到："国际学联要加强亚洲、中近东、非洲和拉丁美洲的工作，只有把自己的力量加强了，才可能对西方学联建立起更好的合作。"为了加强对亚非拉学联的工作，国际学联恢复了"反对殖民制度斗争局"，国际学联书记处内部还曾就国际学联不重视殖民地学生的问题展开了讨论。国际学联倡议召开"合作会议"的建议遭到莱顿联络秘书处的拒绝后，国际学联并没有放弃争取合作的努力，依旧对意大利学联、瑞士学联、法国学联在这方面的努力寄予厚望。

3. 召开了苏联、中国、捷克斯洛伐克、意大利、英国、法国等国共青团的内部会议，讨论国际学联的前途问题，为开代表大会做准备。

国际学联第四次代表大会召开时，首先由国际学联主席贝利康就第一项议程作报告。他在报告中指出，加强国际学生合作与团结是必要的和可能的，但是必须事先通过各种实际合作建立信任，然后才能达到团结。为此，他在报告中提出了合作的多种方式，并特别强调地区性和双边活动的重要性。他在报告中还明确指出无论国际学联或莱顿联络秘书处均不能作为团结的唯一基础，并表示支持法国学联提出的召开合作会议的建议。大会经过讨论后，通过根据贝利康报告的精神产生的关于合作团结的决议。

大会讨论并通过了新的《会章》。修改后的《会章》从扩大国际学联基础，使之适应各种类型的学生组织进行不同程度合作的要求出发，基本上取消了原来民主集中制的组织原则，增加了"咨询会员籍"，减少了关于会员义务的规定。在国际学联的机构设置方面，取消了理事会，并将世界学生代表大会改为国际学联代表大会，每两年召开一次。

此外，这次大会还制定了1957年国际学联学科、文化、体育等方面的活动计划。6个小组委员会也分别提出了各种决议案。大会一共通过了关于国际学生合作、反殖民主义等25个决议，其中有9个是关于反殖民主义的，如支持苏伊士运河国有化、支持阿尔及利亚争取民族独立的斗争、支持塞浦路斯学生的决议等。

在大会进行过程中，与会者的发言反映出各方面对合作团结包括对合作团结与保卫和平、反帝反殖的关系等问题的不同认识。一种是以日本为代表的观点。全日学联代表对国际学联关于合作团结提法持根本反对的态度。全日学联代表认为今天各国学生的基本要求是和平、民族独立、教育民主化和改善生活，而不是合作、团结，国际学联忽略前者，而强调后者是放弃原则。认为过去国际学联从事和平运动等政治斗争是完全正确的，今天仍应集中力量动员各国学生进行反对武装西德、反对原子武器、要求裁减军备等政治斗争。认为国际学联应继续充当国际进步学生的一个先锋组织，不同意修改《会章》，认为莱顿联络秘书处既然是帝国主义的工具，就不应与之谈合作。还认为国际学联（实际上指苏联甚至包括中国）现在采取的立场是"右倾机会主义"。另一种是以国际学联某些领导人为代表的观点。这些人为了争取与西方国家学联的合作而不敢提反殖民主义，不敢提和平问题，对国际学联过去工作中的缺点和错误做了不少自我批评，却不敢批评和揭露莱顿联络秘书处的本质，在社会主义国家代表内部开会时，持这种观点的代表甚至还担心大会对阿尔及利亚学生的支持会吓跑法国。由于会上亚非国家代表的反殖民主义的坚决态度，才使这后一种迁就西方学联的观点有所减弱。在20世纪50年代，北非三国——阿尔及利亚、突尼斯、摩洛哥反对法国殖民统治、争取民族独立的斗争高潮迭起。这三个国家分别被法国殖民者划为法国"海外省"，三国人民不甘心做"法国人"奋起反抗殖民统治，其中阿尔及利亚人民在1954年就开始了武装反抗殖民统治的斗争，特别是阿尔及利亚学生在民族解放战争中表现得更为突出。在1956年5月，阿尔及尔大学的学生举行总罢课抗议法国政府的殖民政策，要求民族独立。法国殖民者悍然关闭该大学。该校全体大学生离开了校园，绝大部分学生参加了民族解放军，小部分留下来做地下工作。为支持北非学生的争取民族独立的斗争，在大会开幕的第一天，摩洛哥、突尼斯代表建议大会为反殖民主义斗争中牺牲了的学生默哀一分钟。法国观察员立即声明："如果摩洛哥的动议被通过，我们也要纪念牺牲了的法国学生。"英国学联观察员也说："这个动议有政治气味，如果通过，我们将退出会场。"瑞士观察员主张把原提案改成"为所有为自己的信仰而牺牲的学生默哀"。大会主席团（主要由国际学联书记处掌握）在这种情况下表现出很大的动摇和犹豫。使得这个问题从中午一直争论到深夜，最后主席把两个提案付表决，才以最大多数通过了摩洛哥的提案。

在这次大会上，西方国际学联中一些人依旧坚持分裂国际学生运动的观点，英国学联观察员在发言中指责国际学联说："已经有了莱顿联络秘书处，今天的真理是，只要国际学联的会员都去参加'国际学生会议'，就能立刻获得团结。"荷兰、加拿大等国观察员支持英国观察员的说法。法国学联在团结合作问题上，则采取了与其他西方国家学联略有不同的态度。他们同突尼斯学联一起提出了召开由世界各国所有学生组织参加的国际学生合作会议的联合提案。这个提案得到了大会的欢迎并获得通过。

在阿拉伯国家和以色列关系问题上，西方国家学联支持以色列攻击阿拉伯国家，并想通过扩大纠纷引起退出会场来破坏大会的进行。

在会上某些西方国家的代表还借机指责社会主义国家，如抓住1956年春天捷克斯洛伐克学生闹事的事件大做文章，指责东欧各国大学没有自由。加拿大观察员还在大会上污蔑中国"侵略"西藏，他说："我们支持反殖民主义。我们也同样支持西藏和阿尔及利亚学生的斗争。"中国代表当即予以驳斥，使他在会上很孤立。

大会通过了吸收新会员的决定，苏丹喀土穆大学学生会、留法黑非洲学生联合会、越南大学生联合会（越南民主共和国）、尼泊尔全国学生联合会、叙利亚共和国学生联合会、巴勒斯坦阿拉伯学生联合会被接受为会员组织。

大会选举捷克斯洛伐克的贝利康为国际学联主席，来自以下国家的学生组织代表分别当选为国际学联的其他职务：日本、苏联、苏丹、厄瓜多尔为副主席，印度、保加利亚、中国、伊朗为书记，民主德国为司库，匈牙利、波兰、罗马尼亚、缅甸、尼泊尔、伊拉克、叙利亚、黑非、突尼斯、西非、北非、马达加斯加、玻利维亚、墨西哥、冰岛为执行委员。从这次代表大会后，国际学联取消了每年举行一次理事会会议的做法，保留了执行委员会，日常工作主要由书记处进行。

中国学生代表团积极参加了大会的工作。中国代表团根据中央指示的精神（即对第一次内部会议的指示）在大会上发言，提出应支持亚非国家学生的反殖民主义情绪，不同意过分迁就西方国家观察员的意见。中国代表团和印度、日本、缅甸、越南、朝鲜等国代表均有较密切的接触，此外还跟其他国家的代表进行了广泛友好接触。

9月12日至21日，莱顿联络秘书处在锡兰（今斯里兰卡）的帕瑞堂尼亚大学召开第六届"国际学生会议"。国际学联应邀派出了主席贝利康、全印学联主席纳尔辛·劳（Narsing Rao）及中国学联驻国际学联代表程极明列席了会议。

此次"国际学生会议"有56个国家的学联代表参加，数量比过去有所增长。这次会议基本上包括了西欧、南北美洲和部分亚非国家的学联。社会主义国家的学生组织都没有派代表参加。

会议的开法是：会前散发大批会议文件，包括工作报告和对若干国家学生情况的调查报告。然后讨论资格审查问题，接着进入小组委员会讨论。讨论时，以上届通过的决议为基础，大部分重新通过，小部分加以修改和补充，完全是一种形式主义的开会方法而且很烦琐。主要内容是"合作基础小组委员会"讨论了合作原则,"研究和情报委员会"讨论了反对殖民主义、极权主义问题。其余的小组委员会均讨论具体的合作问题。小组委员会结束后,由大会逐项通过决议。

这次会议中出现的一个突出问题,是关于反殖民主义问题的争论。会议经过反复争论后,通过了关于阿尔及利亚、塞浦路斯及果阿问题的决议,而在关于阿尔及利亚的决议里只一般提到民族独立的问题。在争论过程中,大部分亚非国家和全体拉丁美洲国家学联加上美国学联成为一方,全体西欧国家加上部分北美、亚非国家的学联成为另一方。以西欧国家学联为主的一方主要以不应过问政治为由,反对支持反殖民主义斗争,而美国学联表示"全力支持反殖民主义的斗争",以讨好亚非国家学联,因而显示出在反殖民主义问题上和西欧国家学联有很大矛盾。这次会议也决定加强殖民地学生的工作,建立殖民地问题研究小组。会议期间,美国学联特别注意争取亚非拉学生,此前美国学联也曾多次派代表团去拉丁美洲做那里的学生工作。

在这次会议上,莱顿联络秘书处紧紧抓住"反极权主义"的口号,把这个口号与反殖民主义口号并列。对此,南斯拉夫学联代表团持反对态度,反对提出"反极权主义"的口号,并且还在会上散发一份备忘录,批评莱顿联络秘书处的经费中72%来自受控于美国中央情报局的"纽约青年与学生事务基金"。另外,在这次会议上,莱顿联络秘书处还使用表决机器否决一切主张用含有与国际学联合作字样的决议,强调"国际学生会议"是唯一的合作基础。

出席会议的国际学联代表团在会上努力说明寻求合作的诚意。贝利康在发言时解释了国际学联对待国际学生团结与合作的主张,但是遭到西方国家学联的拒绝。

会上,一些国家的代表集中批评苏联和东欧社会主义国家,但是不触及中国。

在参加这次国际学生会议的前后,国际学联主席贝利康访问了印度、缅甸和中国。他第一次亲眼目睹了亚洲学生运动的情况和学生们高涨的反帝、反殖、建设祖国的热情。他在经仰光到中国昆明、重庆、北京、上海的访问过程中,给几所大学的学生作了关于国际学生运动和国际学联的报告,得到中国大学生的热情欢迎。特别对他起重要作用和影响的是,中国团中央书记胡耀邦会见了他,并和他长谈。胡耀邦和他共同分析了国际形势,分析了保卫世界和平和反对帝国主义、殖民主义斗争的相互关系后,指出国际学联应该积极支持亚非拉学生运动,并且要以此为工作的中心,不要对与莱顿联络秘书处重新建立新的统一的

1957 年 3 月，出席国际学联执委会会议的中国代表
程极明（中）和翻译潘世强（左）与非洲代表交谈

国际学生组织抱有幻想。贝利康对于这次重要的谈话留下了深刻的印象，觉得深受启发。他在回到布拉格国际学联总部后，向书记处作了长篇的汇报，主张要把国际学联的工作重点转移到亚非拉学生运动这方面来，认为只有如此，才能更好地对西方国家学联进行工作。参加书记处工作的亚非拉学联的成员得知这个信息后，都感到十分兴奋。

1957 年

1月，周恩来总理访问苏、波、匈三国。访问期间，周恩来与赫鲁晓夫举行了会谈，针对苏波之间的紧张关系，周恩来严肃地批评了赫鲁晓夫的大国沙文主义，指出："调动苏军，兵临华沙，对当时的波兰施加军事压力，这是行不通的，不符合兄弟国家之间的关系准则……"[①]1月19日，中苏发表了联合声明，强调社会主义各国都是独立的主权国家，各国之间的相互关系是以民族平等的原则为基础的。

3月，国际学联在捷克斯洛伐克首都布拉格召开执委会会议。匈牙利事件成为执委会会议上争论的一个问题。会前，国际学联在得知发生匈牙利事件后，曾

---

① 中国外交部外交史编辑室编：《新中国外交风云》，北京1990年版，第93页。

提出派代表团去匈牙利,但当时匈方表示因形势没有稳定,不能接待。后来在匈方表示能够接待时,国际学联派出了贝利康和印度乔德里(Chauduli)、日本小野一郎三人的代表团。匈牙利事件发生后,在国际学联书记处内部,还曾对国际学联的出版物是否要发表各国学联有关匈牙利事件的来信和声明曾展开争论,结果是多数成员反对发表这些材料,一些西方学生组织的代表则要求发表这些材料。在布拉格执委会会议讨论匈牙利事件问题时,国际学联访问匈牙利。代表团对匈牙利国内的情况作了客观的介绍,主张要关心匈牙利的学生,而回避了对事件的政治判断。所以会议只通过了一个表示关心匈牙利学生,要对匈牙利学生提供物质援助的一般性决议。该决议没有对匈牙利事件定性。在会上,西方国家学联唯一参加会议的冰岛学联代表曾提出谴责苏联出兵匈牙利的决议草案,结果被会议否决。会后,西方学联就抓住这些事情批评国际学联有"党派性"。

7月,世界青联和国际学联在莫斯科举办第六届世界青年与学生联欢节。

11月14日至19日,社会主义国家共产党和工人党代表会议及各国共产党和工人党代表会议在莫斯科举行,分别通过了《社会主义国家共产党和工人党代表会议宣言》(即《莫斯科宣言》)和《和平宣言》。会议就国际形势、战争与和平问题,对各国共产党在处理相互关系中应该遵守的原则等问题达成了共同的提法。

1958 年

1月,国际学联在民主德国的莱比锡召开执委会会议。

5月31日至6月2日,国际学联主席贝利康在捷克斯洛伐克首都布拉格召开社会主义国家代表的内部会议。苏联、中国、波兰、民主德国、捷克斯洛伐克、匈牙利、罗马尼亚、保加利亚、朝鲜、越南等10个国家的代表参加,阿尔巴尼亚未派人出席,但提出了书面意见。与会的中国代表是朱良和程极明。会议由国际学联主席贝利康主持。召开这次内部会议是因为国际学联五大将于9月4日在中国北京举行,需要在会前为国际学联五大做一些必要的准备。

在这次内部会议前,国际学联向被邀与会各国分发了《关于当前国际学生运动的情况和国际学联今后工作》的书面意见。在这个意见书中,贝利康提出要建立和巩固同"具有民族主义倾向的学生组织的合作",国际学联的主要工作"就是在国际学生运动中发展中间力量"。他还提出,国际学联现阶段工作的主要目标是:(1)争取和平斗争;(2)巩固学生在反殖民主义斗争中的团结;(3)争取教育民主化和学生权利的斗争;(4)全面开展文化、学术、体育等活动。贝利康书面意见中的中心议题仍是"国际学生运动的合作和统一问题"。他从"大多数国家的学生运动联合在统一的组织中"的估计出发，以争取合作与统一为目的，提出了一连串建议。其中有支持召开亚非拉学生代表会议，并在这个基础上成立一个新的国际学生组织来改变现在两大国际学生组织对立的局面的想法；有争取同莱顿联络秘书处合作，允许社会主义国家不去参加莱顿联络秘书处召开的"国际学生会议"的想法；还有在第五次代表大会期间，在北京召开由两个对立的国际学生组织的会员团体代表参加的圆桌协商会议的想法。贝利康在书面意见中还提出了以后两年的工作计划，还就国际学联体育工作、财务等10个具体问题提出了意见。

在这次内部会议上，中国代表根据中央指示精神发了言，主要内容是：

1.从对三种不同类型国家学生运动的基本估计出发，提出国际学联应该以大力争取，团结亚、非、拉丁美洲学生为工作重点，为此应该抓住反殖民主义与和平的旗帜，不要为了幻想争取西方学联而动摇反殖民主义立场；对西方国家学联应该又合作又斗争，对其反动领导人不要抱不切实际的幻想，对他们不要过分迁就，而应该把着眼点放在争取其下层群众。

1958年9月，国际学联第五次代表大会在北京举行。
图为中国国务院总理周恩来在招待会上同与会代表亲切交谈

2.说明目前国际学生运动并不具备组织上统一的政治思想基础,国际学联应该抓住"统一"、"合作"的旗帜,但是不要把争取"统一"作为我们一切工作的出发点。

3.指出莱顿联络秘书处内部矛盾重重,亚非拉学生反帝斗争将继续发展,这些地区青年学生所组织的区域性活动将有利于削弱帝国主义力量,国际学联应当利用这种形势,正确地支持这种活动,而不要企图把一切活动都纳入国际学联的轨道,对于根据亚非人民团结大会的决定,将于1959年召开的亚非青年会议,国际学联也以不直接插手为宜。

参加大会发言的各国代表在发言中,差不多都提到了国际形势对国际学联有利,不要过高估计莱顿联络秘书处,不同意去参加它所召开的会议,大家都认为国际学生运动不具备在组织上统一的可能性,提出要更多地对亚非学生做工作,保卫和平与反殖民主义旗帜要鲜明一些,也要对西方国家的地方组织与学生群众做工作等。

苏联代表布格洛夫在会上发言时认为不应该"迁就"亚非民族主义力量,并担心拉丁美洲学生的反苏情绪。他说:"不应该使他们完全满意,不要使我们处于他们的领导下面,而要使他们处于我们的领导下面,不要让我们去接近他们,而要使他们来接近我们","要把这堆烂泥团弄干"。他还表示国际学联应该直接插手到亚非青年会议里去。他说:"召开这个会议绝不是什么悲剧,国际学联应该参加到里面去。"他不同意贝利康提出的召开亚非拉学生会议的意见,认为"拉丁美洲反对两种帝国主义的倾向比亚非学生强烈得多"。他还强调对西方国家工作的重要性。他说:"应该更多注意亚、非、拉丁美洲,但不应该忽视欧洲。"并且认为国际学生运动在组织上统一没有可能,但是应该争取"行动上的统一"。他还表示担心国际学联过分政治化,多次强调不能丢掉体育、学术、文化活动,却一点也没有提要加强反殖民主义的斗争。

9月4日至15日,国际学联第五次代表大会在北京举行。这次代表大会不再使用"世界学生代表大会"的名称,而改称国际学联代表大会,按次序排列为第五次代表大会。70个国家的代表或观察员共229人出席会议。其中12个社会主义国家的代表68人,48个亚非拉国家的代表144人,来自西方国家的都是观察员,共9个国家15人,还有两名来自南斯拉夫的观察员。中华全国学生联合会主席胡启立率由5名代表和11名观察员组成的中国学生代表团出席了大会。

这次代表大会的议程是:

1. 国际学联执委会向国际学联代表大会的报告:"国际学生运动的发展和

国际学联及各学生组织对保卫学生利益、促进国际学生合作的贡献"。贝利康按1958年6月底执委会通过的报告在大会上发表了讲话，实际上是作为对执委会报告的一个补充。

2. 5个小组委员会分组讨论，各小组的议题是：(1)学生在维护和平中的作用；(2)学生反对殖民主义的活动，新独立国家学生参加国家建设和消除殖民主义残余的问题；(3)学生争取教育改革，保卫学生权利和改进生活和学习条件的活动；(4)学生的文化、科学、旅行和体育活动；(5)有关出版宣传活动。

3. 通过关于第一项议程小组委员会和第二项议程各小组委员会所提出的各项建议。

4. 批准新会员入会。

5. 财务委员会报告。

6. 选举执行委员会和财务委员会。

7. 其他事项。

大会闭幕后，应多数亚非拉国家学联代表的要求，与会的全体亚非拉国家包括苏联的学生代表还举行了一次友好会见。

9月4日上午，举行大会开幕式。出席开幕式的中方来宾有教育部副部长刘凯风、北京市副市长吴晗、清华大学校长蒋南翔、北京大学副校长陆平、中国共青团中央第一书记胡耀邦、中华全国青联主席刘西元和中华全国学联主席胡启立等。在开幕式上，北京大学学生庞春兰代表北京学生向大会致贺词，刘西元向大会致欢迎词，几百名中国少先队员向国际学联主席贝利康和书记处成员献了花束，并向各国学生代表抛撒了花瓣。

4日下午，贝利康就第一项议程发表讲话。在讲话的第一部分他谴责了帝国主义对中东的侵略，表示支持阿拉伯学生的斗争，并为伊拉克共和国的成立向为之英勇奋斗的伊拉克学生表示祝贺。他在讲话中指出，中东发生的事情完全符合执委会报告的主要论点，这就是学生是社会的一部分，因此不能置身于任何具有决定意义的事件之外。由于学生和整个时局之间的紧密联系，所以学生运动才有了空前的发展。在讲话的第二部分他说明了为什么要把保卫和平、反对殖民主义和争取民主教育作为国际学生合作的主要原则。在第三部分中他说明了进一步发展和改进国际学联的工作对于增进国际学生的团结与合作的必要性。

贝利康结束讲话后，从4日下午到7日午夜共4天，有61个国家和地区的68名学生代表和观察员在大会上发了言。中华全国学联主席胡启立代表中国学生代表团向大会作了题为"中国学生对人类和平正义的事业充满着信心"的发言。他在发言中指出帝国主义是和平和民族独立的最凶恶的敌人,学生的命运和前途与民族的命运和前途不可分,中国学生决心同全国人民一道以双倍的打击来回答美帝国主义最近在台湾地区的挑衅。他在发言中表示,中国学生支持亚非拉各国学生反对帝国主义侵略、维护世界和平和争取民族独立的斗争,支持要美英立即停止核试验的要求,支持加强国际学生合作和团结的要求。鉴于7日下午北京市将举办有百万群众参加的反美示威大会,在7日上午的大会上,与会代表一致通过当天下午休会的决定,以便与会者去参加北京市百万群众的反美示威大会。去天安门广场观礼台出席示威大会的大部分代表在大会后还参加了群众游行。

大会发言后,会议按照议程分6个小组委员会进行分组讨论。

这次代表大会最后共通过了44个决议。除了关于第一项议程的决议、关于和平的决议、关于支持反殖民主义的决议外,还通过了27个支持各国争取民族独立斗争的决议,大会决议中对中国解放台湾的斗争表示支持。

在5日举行的大会上,通过了接受8个新会员的决定,阿尔及利亚、多哥、匈牙利、委内瑞拉和约旦的学生组织被接受为正式会员,摩洛哥和锡兰的学生组织被接受为联系会员,伊拉克在阿拉伯联合共和国的学生组织被接受为咨询资格会员。

最后,大会选举了国际学联的领导机构,当选的有主席1人(由贝利康连任)、副主席5人(日本、苏丹、苏联、厄瓜多尔及黑非洲留法学联)、书记7人(印度、保加利亚、中国、委内瑞拉、伊拉克、波兰、伊朗)和执委14人。

在这次大会上,保卫和平,反对帝国主义和殖民主义成为大会讨论的中心问题,大会反帝、反殖民主义的旗子是鲜明的,与会的大多数代表和观察员对大会的结果表示满意。国际学联书记处和各国学生组织普遍认为这次大会是开得成功的,也是国际学联历史上与会人员最广泛的一次,特别是亚非拉学联的代表与会人数之多为历次代表大会之最。

当然,这次大会也并非不存在分歧和争论。在会议期间,西方国家学联的观察员依旧不断地指责国际学联,并力图降低大会在反帝反殖民主义问题上的调子;在国际学联内部,受苏共二十大影响,有些人片面强调和平、强调原子弹的可怕,害怕国际局势的紧张,不敢坚决支持反殖民主义的斗争,导致在社会主义国家之间,主要是在中苏之间,也在一些重要政治问题上存在较大的分歧。因此,在大会上也发生了以下一些争论。

1. 在和平问题上的分歧。大会在和平问题上出现了三种不同的态度：一是以英国观察员莫尔(英国共产党员)为代表的和平主义思想。他主张"国际学联不要把和平运动和反殖民主义、反帝国主义运动联系起来"，说"英国有许多人包括一些宗教人士和和平主义者都反对战争，但是他们连帝国主义这个字也没听说过"。印度学联驻国际学联代表乔杜里说："没有必要把和平运动和反殖民主义运动联系起来。"二是以苏联代表团为代表的宣传核恐怖、畏惧战争的思想。苏联代表团在大会发言中用将近一半的篇幅描写核战争的可怕，又在小组会上用联合国的材料加以渲染。在社会主义国家代表的会议上，苏联代表更一再强调禁止核武器试验是大会的主要政治问题。三是亚非拉国家的绝大多数代表的态度，他们的发言都以反帝、反殖民主义为中心。中国代表团在发言中提出，美帝国主义是和平的头号敌人，必须坚决反帝以制止战争。亚非拉国家的大多数代表都支持中国代表的发言。在会上，苏联代表团对于强调反帝不以为然，很怕伤害西方。当中国代表在小组会上批判英国观察员莫尔的和平主义观点时，莫尔说中国代表在和平问题上是教条主义，苏联及其他一些社会主义国家代表对这样的争论默不作声。苏联代表团曾将和平问题决议中已取得协议的"帝国主义是战争的根源"这句话自行修改为"帝国主义是战争的永久的和主要的根源"。这项修改案在会上引起了长时间的激烈辩论，由于多数代表的坚持，最后删去了"主要的"三字，改为"帝国主义是战争的永久的根源"，最后得到大会一致通过。

2. 在反殖民主义问题上的分歧。苏联代表团怕大会反殖民主义的调子太高，主张大会只通过一个支持反殖民主义和反帝国主义斗争的总决议，不满意中国对各国正在进行的反帝国主义和反殖民主义斗争作比较具体的支持的意见，说通过很多决议是社会民主党的作风。苏联代表几次反对非洲国家代表所提的决议案中使用的"戴高乐和法国的法西斯"的提法，也不同意阿尔及利亚代表提出的关于阿尔及利亚的决议，以致在反殖民主义小组委员会的一次会议上形成了苏联代表同非洲殖民地国家代表对立争吵的局面。大会后来还是通过了一些针对西方国家的反对殖民主义的决议，但这时苏联代表又指使国际学联主席贝利康在闭幕大会上不断启发西方国家学联代表发言，以表示国际学联是民主的，愿意同西方国家学联合作的，而西方国家学联也就利用这个机会纷纷发言，力图冲淡大会决议的反帝面貌，并贬低国际学联在世界学生运动中的作用。由于西方国家代表在贝利康的鼓动下接连发言，闭幕会竟连续开了14个小时。

3. 与法、意等国观察员在"匈牙利问题"上的争论。在大会上，法国、意大利和乌拉圭的观察员提到了"匈牙利问题",其中意大利观察员的意见最为激烈,他把匈牙利事件与拉丁美洲殖民政府镇压民族解放运动相提并论,还说"匈牙利学生目前的处境是国际学生合作的障碍"。对于这类发言,匈牙利代表进行了反驳。但在会上只有中国代表发言正面支持了匈牙利,苏联和其他一些社会主义国家的代表都默不作声。贝利康还在会议程序问题上有意帮西方国家观察员的忙,给他们提供发言的机会,并因此博得了西方国家观察员的掌声。其实,他们的这些做法都违反了在会前社会主义国家代表内部会议上达成的协议。

4.在是否邀请南斯拉夫学联派观察员出席大会问题的分歧。在1953年斯大林逝世后,苏联逐步调整了对南斯拉夫的政策,在1953年7月恢复了苏南两国的外交关系,在1955年5月赫鲁晓夫还率苏联党政代表团访问了南斯拉夫,从而实现了苏南两国和两党关系的正常化。这时,国际学联与世界青联也跟着改变了对南斯拉夫的态度,开始邀请南斯拉夫参加活动。1956年5月,以南人民青年联盟主席米里扬为首的南青联代表团应中华全国青联邀请来中国进行了友好访问,此后中国也派了以团中央书记处书记刘西元为团长的青年代表团对南进行了回访,随之中国青年组织也与南斯拉夫青联建立了联系。但在1957年发生了匈牙利事件后,中国党对南共联盟在匈牙利事件上的态度有意见,曾在《再论无产阶级专政的历史经验》一文中对铁托和南共联盟其他领导人发表的有关匈牙利事件的言论进行了公开批评。1958年4月南共联盟在召开第七次代表大会前发表了《南共纲领》,以苏联为首的社会主义国家的共产党都对之进行了批评,中国党也采取了公开批评的做法。这样一来,中南两国的关系再度出现紧张,并因此导致双方失去了彼此间的信任。

在《南共纲领》发表前的1958年2月,正在为北京国际学联第五次代表大会做筹备工作的国际学联和会议东道主中国学联都曾向南斯拉夫学联发函,邀请南斯拉夫学联派观察员参加这次代表大会。这年6月,南斯拉夫人民青年联盟的国际部长与国际学联主席贝利康在维也纳会见时,他问贝利康到中国参加国际学联代表大会的南观察员"有无安全保证"。7月,贝利康向中国驻国际学联代表转告了这一谈话内容。中国国内得知此事后,认为南斯拉夫方面这样提出问题是对中国的侮蔑和挑衅,所以要求贝利康出面,转告南斯拉夫方面要用书面保证的形式表明不利用参加大会的机会对中国进行任何攻击,否则就不欢迎他们到会。后来中国共青团中央又根据中共中央当时对南斯拉夫总的看法,认为以不让南斯拉夫观察员出席国际学联这次代表大会为宜。

1958年8月,中国共青团中央书记处书记刘西元、团中央国际联络部部长吴学谦及翻译徐葵专门到莫斯科和布拉格与苏联共青团中央和国际学联书记处会谈此事。在莫斯科,苏方出席会谈的有苏团中央书记、苏青联主席罗曼诺夫斯基(Романовский)和苏联前驻国际学联代表布格洛夫(Бугров)等。在与苏方会谈中,中方向苏方指出,南斯拉夫提出要中国保证安全是对中国的侮蔑和挑衅,在目前形势下让南斯拉夫观察员前来参加国际学联大会对国际学联不利。苏方在会谈中表面上表示同意中方的意见,实际上却始终采取既不同意中方意见又不正面回应中方的态度。罗曼诺夫斯基在私下曾说,让南斯拉夫观察员来参加大会是有好处的,不参加则不利,还曾通知德国青年团中央说,在此问题上国际学联在任何情况下都不要牵涉进去,要支持贝利康主张维持对南邀请的意见。在布拉格,国际学联主席贝利康和书记处成员参加了会谈。国际学联书记处多数人不接受中国的意见,因此在布拉格的会谈也未能达成协议。

当时在是否邀请南斯拉夫出席会议这个问题上,社会主义国家中意见和中国完全一致的只有阿尔巴尼亚,基本上和中国一致的有朝鲜、越南、蒙古和保加利亚,实际上不同意中国意见的有苏联、波兰、捷克、民主德国和罗马尼亚。国际学联书记处的非社会主义国家成员中有印度、日本、苏丹、伊朗和厄瓜多尔(厄学联代表为非共产党员)等国的代表也都不同意中国的看法。

在代表大会即将召开的时候,国际学联的贝利康等人于8月底抵达北京,在商谈出席会议人员时他们依旧坚持邀请南斯拉夫派观察员出席会议的立场和看法。此时,中国学联出于维护团结的考虑,没有再坚持中方原来的意见,同意邀请南斯拉夫派两名观察员来北京列席大会。

经过这一番周折,南学联副主席佩罗·伊瓦契奇(P.Ivacic)和南学联主席团委员米洛什·贝里奇(M.Belic)作为观察员来到北京参会。他们抵京后,中方接待人员对他们采取了冷淡和不欢迎的态度,在机场接他们去会议驻地使用的是公共汽车而没有使用轿车,抵达驻地后得到的也是冷淡待遇。苏联和东欧一些社会主义国家的代表以及国际学联书记处中的一些亚非拉代表对中国方面这样对待来京参加会议的南斯拉夫观察员是不赞成的。但是,当时中国方面坚持认为这次在对待南斯拉夫观察员参加国际学联大会问题上的分歧不止是策略上的分歧,而是属于对待南斯拉夫修正主义的基本态度上的分歧。

大会结束的当天9月15日,共青团中央书记胡耀邦、刘西元及国际部长吴学谦等亲自出面与苏联代表团团长、苏共青团中央书记巴利雅斯娜娅(Балясная)和代表团团员布格洛夫进行了一次严肃的谈话。要不要邀请南斯拉夫参加这次大会的问题,就是这次谈话时谈到的两个主要问题之一。胡耀邦和刘西元在谈话中指出,苏方在南斯拉夫与会问题上不支持中国,没有积极进行工作,不同意中方的意见,但又不坦诚地讲出来。并且认为,如苏联态度坚决的话,本可以共同说服大家同意不让南斯拉夫与会,如果南斯拉夫不来,会议可以开得更好。胡耀邦明确说,"我们团中央和党中央的同志认为苏联未支持我们,没有积极进行工作,没有把真相告诉社会主义国家和国际学联。我们都有这个印象。现在事情已过去了,我们要把这个问题说清楚,把这个印象保留下来。"

5. 中苏在亚非拉国家代表在大会之外举行友好会见问题上的分歧。代表大会期间,有不少亚非拉国家代表在会外酝酿举行一次友好会见,中国学联也从旁推动,结果亚非拉各国代表都表示赞成举办这次会外的友好会见。在酝酿过程中有智利、乌拉圭和印度尼西亚等少数代表反对邀请苏联参加这次会见,印度代表对是否邀请苏联参加亦有怀疑,中国代表则表示苏联应当参加。苏联代表本来从一开始就不赞成举办这种会见活动,但是得悉有人反对他们参加后,情绪非常不正常,当天深夜就找中国代表谈话,大发脾气,认为这是对苏联的侮辱和挑衅,中国不能旁观,言下之意似乎中国应对这个结果负责,还说苏联代表团只有提早回国,不参加亚非拉的友好会见,才能"堵塞反苏的借口"。在中国代表向会见发起人表示苏联应当参加会见的意见后,又经过印度代表在友好会见发起委员会中的坚持,原来不赞成邀请苏联的拉丁美洲代表做了让步,中国代表又进行了个别说服,最后他们都同意苏联参加。

由于中苏对这次亚非拉学生的会见的看法存在很大分歧,所以在大会结束当天(9月15日)胡耀邦和刘西元等与苏联代表团团长巴利雅斯娜娅等会谈时,谈到的另一个重要问题就是关于苏联参加即将于次日举行的亚非拉代表友好会见的问题。会谈中,巴利雅斯娜娅指责中方说,这次发起委员会没有一个社会主义国家的人参加,进行会见的准备和研究会见内容的发起人是大会的某几个代表,这些人对苏联、对社会主义国家并不抱友好态度。还说发起委员会建议的会见的搞法,使苏联处于非常复杂的处境,苏联如不参加,就可能造成这样一种印象,好像苏联对在北京举行的这一国际会见没有兴趣,而主人又是中国朋友,这对三大洲学生的友谊也不利;苏联如去参加,有的人可能在会见时公开宣布不希望苏联出席,或者就此问题进行讨论,使苏联面临侮辱和挑衅。苏方原来期待的是把参加者的名单弄好后再搞会见,在名单未弄好前不能搞会见,而且社会主义国家不能跟在别人的尾巴后面走。这实际上就是指责中国把"准备工作的主动权交给了别人,而使苏联代表团处于困境"。面对苏方的指责,胡耀邦、刘西元和吴学谦等在会谈中做了针锋相对的回答,向苏方指出:(1)会议由中立国家发起,没有社会主义国家参加发起,这不是原则问题。他们发起,社会主义国家参加进去也是可以的,这也很好。不要误解,好像中国同志有计划开这个会,不是的。这是友好会见,要阻止他们开是不行的,他们利用这个机会开这个会,要我们提供条件,我们怎能拒绝。三大洲友好会见我们应该支持,不支持就脱离了他们,我们坚决参加。(2)有个别人有反苏情绪,中国要做工作,明天(9月16日)开会前,中国要积极去说服那些不欢迎苏联参加的人。中方积极支持苏联参加。如有些人想利用这个机会来进行挑衅,中国将首先起来反对。不要把某些人的反对看得太严重了,如他们进攻,中方坚决反击。(3)明天的会苏联是否参加由你们自己决定。胡耀邦还强调说,维护苏联在世界上的伟大作用,说服一切民族主义分子,这是中方在任何场合下的庄严的责任,今天下午你们向莫斯科打电话时,请把中方的上述观点告诉他们一下。有人对苏联的攻击,也是对中国的伤害。

这次亚非拉学生代表的会见活动于9月16日如期举办,有53个国家包括苏联的代表参加。这一天上午进行了一般性发言,下午讨论并通过了会见公报。公报重申反对帝国主义、反对殖民主义和加强亚非拉学生团结合作的愿望,并发出召开亚非拉学生会议的倡议。在签署这个公报时,除菲律宾代表弃权外,其他国家代表都在公报上签了字。应该说这次会见活动是搞得顺利和成功的,并没有人在会上提出苏联所担心的所谓反苏问题。

在举办这次国际学联代表大会期间,中国政府和中国青年学生组织作为大会的东道主,为表示对国际学联和这次代表大会的热情支持和重视,还安排了其他一些重要活动。大会前夕,北京市市长彭真于9月3日下午7时在北京饭店大宴会厅举行宴会,招待各国学生代表和大会外国工作人员。在宴会上,他还发表了热情洋溢的讲话,全国学联主席胡启立也致了欢迎词,国际学联主席贝利康也发表了讲话。大会期间,北京、上海、天津、沈阳、武汉、广州、昆明、乌鲁木齐、南京等市学联向大会发来贺信和贺电。大会最后一次会议自9月14日通宵开到15日上午10时结束后,当晚5时至7时半,中国教育部部长杨秀峰在北京饭店大宴会厅,举行盛大酒会招待全体与会人员,庆祝国际学联第五次代表大会胜利闭幕。国务院总理周恩来、副总理聂荣臻、国务院外事办公室主任廖承志、共青团中央第一书记胡耀邦及社会各界著名人士出席了酒会。酒会开始后郭沫若致词,代表中国科学院和中国人民保卫世界和平委员会和中国人民热烈欢迎各国代表。酒会进行时,一群热情洋溢的各国学生代表聚拢在周恩来总理周围,周恩来对他们说,很高兴能在北京看到各国青年的代表,并代表中国政府和人民向大家表示欢迎,还说青年是世界的未来和希望,我们很高兴能从你们身上看到世界的未来和希望。酒会结束后,出席国际学联代表大会的代表和来宾又来到中山公园,参加由北京市青联和学联联合举办的"庆祝国际学联第五次代表大会游园晚会"。会议结束后,62个国家的202名代表又应邀到中国各地参观访问。另外,中国学联受国际学联的委托还在北京组织了各国学生图片展览会,北京市学联同时组织了北京市学生勤工俭学展览会。这些活动的举办,都是很成功的,各国代表对这些安排和招待普遍表示满意。

11月,中国学联派徐葵去布拉格接替程极明作为中国学联驻国际学联代表,徐葵任此职至1962年11月。1959年11月增派周抚方作为工作人员去布拉格,1960年春又增派工作人员时钟本去布拉格工作。1961年8月徐葵与周抚方一起回国,此后徐葵相当多时间留在国内工作,工作需要时则去布拉格。在徐葵回国时,只有时钟本一人留在布拉格工作,直到1962年11月奉召回国。

1959 年

1月21日至25日,国际学联在波兰洛兹召开执委会会议。这次会议的与会者

1959年9月,中国共青团中央学校工作部代表团访问苏联。

图为代表团游览莫斯科市容时,与苏联朋友合影,

前排左起,陈秀云(2)、曾德林(4)、万绍芬(5)、吴仁璋(8)

1959 年 7 月—8 月间,第七届世界青年与学生联欢节在维也纳举行。
图为参加联欢节的部分中国团员合影。左 2 为王露仙、左 6 为潘世强

是各国驻国际学联代表,以及黑非洲留法学联、阿尔及利亚学联、哥伦比亚、巴西等国学联代表。贝利康向执委会会议报告了书记处在北京代表大会后所做的工作和1959年要做的几件工作。执委会主要讨论了以下几个问题:

1. 关于1959年的国际学生周问题以及在学生周期间由捷学联在布拉格举办的、由国际学联赞助的国际学生和平会议问题。

2. 关于殖民地学生团结月问题。

3. 关于在维也纳举办世界青年和学生联欢节问题。

7月底至8月初,世界青联与国际学联在维也纳举办第七届世界青年与学生联欢节。

9月初,赫鲁晓夫在美国杂志上发表了谈和平共处的文章,下旬访问了美国,与美国总统艾森豪威尔在戴维营举行会谈。在访问美国前夕,这一年的6月,苏方通知中国政府,拒绝向中方提供制造核武器的资料和原子弹样品。这一年的8月,由于印度武装入侵我国西藏朗久地区,引发了中印边界第一次武装冲突,苏联政府不顾中国方面的情况通报和劝阻,通过塔斯社发表偏袒印度的声

明,对冲突"表示遗憾"。在赫鲁晓夫访美之后,苏联又极力宣扬"戴维营精神"①,把和平共处作为对外政策的总路线,还提出"全面彻底裁军"的政策,并把这些主张作为对外政策总路线加紧在国际上推行。

10月,应中国学联邀请,贝利康率国际学联代表团来中国参加国庆10周年庆典。代表团团员中有国际学联副主席马马杜·巴里(Mamadu Bali)、苏联共青团大学工作部部长克里斯尼科夫(Колесников)、西非学生总联合会代表迪亚尼(Diani)、摩洛哥全国学生联合会书记曼苏里·穆哈默德(Mansuri Muhamed)、委内瑞拉全国学联代表——国际学联书记阿尔瓦雷斯(Alvares)。10月1日晚上,贝利康被邀请上天安门城楼上观看焰火,毛泽东主席会见了贝利康。国庆节过

1959年9月,中国共青团中央学校工作部代表团访问苏联。
图为代表团参观时留影,前左2为殷夷勋、左3为曾德林、左4为陈秀云

---

① 戴维营精神:1959年9月15日至28日,赫鲁晓夫访问美国。这是赫鲁晓夫上台以后,苏美两国首脑的第一次会晤。访问期间,赫鲁晓夫同美国总统艾森豪威尔在美国总统别墅戴维营举行了三天会谈,就德国、柏林、裁军、美苏关系等问题进行了一系列讨论,提出苏美和解,放弃两大阵营的斗争和对抗,并发表了会谈公报。苏联此后大力宣传这一"戴维营精神",鼓吹苏美两国领导人坐在一起,人类历史就进入了新的转折点。

后,代表团又赴上海、南京访问。在上海,代表团访问了上海柴油机厂、交通大学、工人新村和工人文化宫等。在南京,晋谒了中山陵,向雨花台人民革命烈士墓献了花圈,参观了雨花台烈士陈列室,访问了南京大学,还出席了南京市学联举行的欢迎晚会,与2000多名中国大学生见了面。10月11日,贝利康和代表团中的苏联团员先离开中国,代表团的其他团员又去了郑州访问。

中苏分歧公开化时期

(1960—1966)

1960 年

1月,国际学联主席贝利康应苏联共青团之邀,到莫斯科与苏联共青团中央第一书记帕甫洛夫(С.П.Павлов)讨论关于国际学生运动的若干问题。这是因为自赫鲁晓夫1959年9月访美后,苏联加紧了同美国改善关系的步伐,为此在国际学生运动问题上,提出了"统一"国际学生运动和取消国际学联的主张。苏联认为,现在国际组织的任务是"动员一切力量缓和紧张局势,利用一切可能促进和平共处,避免战争,孤立反动集团"。所以国际学联应该公开主张"全世界学生运动的统一",并采取措施实现"统一"。其措施的第一步是国际学联的会员组织去参加由莱顿联络秘书处发起的"圆桌会议",第二步是取消国际学联和莱顿联络秘书处,成立新的统一的国际学生组织。至于取消国际学联后产生的某些缺陷可以通过在世界民主青年联盟成立学生部和加强社会主义国家的学生工作来加以弥补。把国际学联主席贝利康召到莫斯科,就是想跟他一起讨论并起草一个题为"关于国际学生运动若干问题"的内部文件,然后把苏联意图贯彻到国际学联的工作中。这个文件起草工作完成后,曾经报送苏共中央书记苏斯洛夫审阅,帕甫洛夫和贝利康还会见了苏斯洛夫。

2月6日至7日,国际学联在捷克斯洛伐克首都布拉格召开第三次内部会议。这个会议在捷共中央的一个招待所开了一天半,到会的有苏联、捷克斯洛伐克、波兰、民主德国、匈牙利、罗马尼亚、保加利亚、蒙古、朝鲜(驻会代表)、阿尔巴尼亚(驻捷使馆人员)和中国等11个国家的代表。中国代表是钱李仁和徐葵。会议由贝利康主持。讨论的中心问题是苏联通过贝利康提出的两项建议:(1)国际学联立即公开提议成立统一的世界学生组织,并明确提出在这个组织成立时,国际学联和莱顿联络秘书处同时取消。(2)只要莱顿联络秘书处接受邀请国际学联全体会员参加和同意由会议自己选出主席团等条件,国际学联及其会员组织就去参加莱顿联络秘书处召集的"圆桌会议"。

苏联通过贝利康阐述的主要观点是:国际形势已进入和平共处时期,莱顿联络秘书处领导集团中也出现了一些明智的人,在国际学运中谁最坚决、最明确、最具体地提出统一的主张,谁就能提高威信并取得胜利;现在形势极为有利,国际学联要勇敢进攻,把"圆桌会议"变成国际学联的讲坛;如果国际学联拒绝参加,莱顿联络秘书处就会说国际学联没有合作诚意。

在这次社会主义国家内部会议上,中国代表作了四次发言,明确表示坚决不同意贝利康等提出的方案,反复阐述中国学联赞成国际学联要更积极主动地抓统一合作的口号,并以此揭露莱顿联络秘书处召开"圆桌会议"的手法和目的。中国代表在发言中指出,勇敢进攻应该是在政治上,即高举和平、反帝、反殖民主义的旗帜,统一合作要坚持在独立自主原则下的对等合作,现在提议建立的世界统一学生组织即使成立,充其量也只是一个双方都可利用的讲坛,丢了自己的旗帜,放弃自己的阵地,而统一于这样一个讲坛,实质上是统一于莱顿联络秘书处。还指出,现在参加莱顿联络秘书处召开的"圆桌会议"就是为其涂脂抹粉,是向其示弱。民主德国代表在发言中表示,实现统一合作必须有三个条件:一是有明确的政治纲领;二是不歧视任何社会主义国家;三是领导权要掌握在我们手中。朝鲜代表认为统一只能通过群众斗争逐步实现。保加利亚、罗马尼亚代表坚决支持苏联的主张,其他几个社会主义国家也基本同意苏联的主张。这次会议未能达成协议。

在内部会议散会时,苏联代表、苏联团中央书记雷日科夫(Рыжков)突然起立讲话,态度激昂,说意见虽有分歧,但在执委会会议上社会主义国家应保持一致。中国学联代表立即表示,中国从来都是坚决维护以苏联为首的社会主义阵营的团结,由于会议的主题涉及国际学运的重要问题,并且在认识上有分歧,中方从共同事业利益的角度认为必须提出意见,为了能在公开会议上保持一致,内部会议就必须充分讨论,但是这次会议的时间很短,意见没有取得一致,需要继续进行讨论。在这种情况下,贝利康提议由中苏两方先进行磋商。

8日,中苏双方进行了4个小时的会谈。在会谈中,苏联代表首先表示双方共同点很多,分歧只是方法问题。苏联也不是要立即成立统一的学生组织,只是作为远景提出,以表示诚意,争取群众。中国代表指出,这不是方法问题上的分歧,而是原则上的分歧,中国学联主张现在根本不应该提统一学生组织的口号。苏方提出的方案有原则性错误,照这个意见办是要失败的,即使在执委会会议上中方也不能同意这个方案。会谈最后双方同意,各方都把对方意见报告自己的组织。

2月23日至28日,国际学联应突尼斯学生联合会的邀请在突尼斯举行执委会会议,这是国际学联第一次在非洲国家举行的会议。中国派了以钱李仁为团长、徐葵和朱善卿为团员的代表团出席。

这次会议的议程是:(1)国际学联和国际学生组织在争取和平、民族独立、教育民主化斗争中促进合作和团结的任务;(2) 加强对正在争取民族独立的阿尔及利亚和其他非洲各国学生的声援;(3) 国际学联1960年的活动计划和召开第六次代表大会的准备工作。

在这次执委会上,苏联还是想通过国际学联领导人推行他们提出的"统一"国际学生运动的主张,搞一个他们称之为"争取统一的行动路线"的文件。

中国代表在执委会前的国际学联书记处会议上和突尼斯执委会会议上继续阐明中方在国际学生运动"统一"问题上的意见和主张,说明莱顿联络秘书处是美帝国主义的工具,如果对它抱不切实际的幻想,一味迁就,只能损害国际学联的地位,造成自己队伍中的思想混乱,不利于争取国际学生运动真正的合作与统一。在邀请南斯拉夫参加国际学联活动的问题上,中国代表在突尼斯执委会上仍持反对的立场。伊朗代表巴巴克(Babak)认为,派人去参加莱顿联络秘书处的"圆桌会议"不是个好办法,中国的意见还是值得考虑的。会议关于"统一"国际学生运动问题没有形成一致的意见,会议无果而终。会后,国际学联就"统一"国际学生运动问题发出了一封公开信,但是没有收到预期的效果。

在突尼斯执委会后,国际学联书记处还召开过书记处会议,研究参加"圆桌会议"问题,但未通知中国代表参加。苏联代表解释说,这"只是几个人的交谈",在"圆桌会议"问题上"不愿意参加的,可不参加"。

3月12日,苏联大学生理事会致信中国全国学联,介绍了3月9日至11日召开的苏联大学生代表会议的情况,说苏联团中央主管学生工作的书记茹拉夫列娃(Журавлева)在会上作了关于突尼斯执委会情况的报告,说国际学联执委会绝大多数执委及观察员都支持国际学联书记处的立场,认为目前有利的国际形势为扩大各国学生组织间的合作和共同行动创造了新的条件,为克服分裂并在学生争取和平、民族独立及教育民主化基础上实现国际学生运动组织上的统一创造了新的条件。还说苏联大学生代表会议通过了一个决议,表示欢迎国际学联执委会所采取的各项重要倡议和步骤。

4月22日,在纪念列宁诞辰90周年时,中国《红旗》杂志编辑部发表《列宁主义万岁》,《人民日报》编辑部发表《沿着伟大列宁的道路前进》,中共中央宣传部部长陆定一发表《在列宁的革命旗帜下团结起来》三篇文章。文章提出了高举列宁的革命旗帜,批判"现代修正主义"的问题。

6月5日至9日,世界工联理事会第十一次会议在北京举行。会议期间,中苏两国的工会代表围绕会议报告和决议发生了激烈争论。会议期间,参加会议的部分国家工会代表中的共产党、工人党代表举行了座谈,出席这次座谈的中共中央领导人批评了苏共的观点。这次会议表明中苏分歧开始在国际群众团体中公开体现。

6月24日至26日，社会主义国家共产党和工人党代表在罗马尼亚首都布加勒斯特举行会谈。会谈前夕，苏共代表团突然散发苏共中央6月21日致中共中央的通知书，对中共进行全面攻击。会议中，赫鲁晓夫又带头对中国党进行围攻。中共代表团遵照中共中央规定的坚持原则、坚持团结的方针，同他们进行了严肃的斗争。7月16日，苏联政府突然照会中国政府，单方面决定撤走全部在华的苏联专家，同时撕毁几百个协定和合同，停止供应重要设备。与此同时，苏联还在苏中边境制造事端，在8月—9月间，两次拒绝中国政府关于举行边界谈判的建议。

8月10日至11日，国际学联在捷克斯洛伐克首都布拉格召开执委会会议。这次执委会会议主要是为国际学联第六次代表大会做准备，讨论执委会向代表大会提交的报告，另外还讨论了国际学联给瑞士"圆桌会议"的信，表示国际学联拒绝参加瑞士"圆桌会议"。中国由团中央书记王伟率钱李仁、徐葵参加这次会议。

在会议开始讨论时，贝利康提出了"突尼斯执委会以来国际学联在统一合作问题上究竟是否正确"的问题，伊朗代表巴巴克发言说，突尼斯会议上国际学联发表的公开信引起了混乱，国际学联应自我检讨。黑非洲留法学联的代表同意巴巴克的意见。

中国代表团最后在会议上表示，中国学生代表团赞成经大家修改过的执委会向代表大会提交的报告，不过有一点保留，即"我们对国际学联在突尼斯执委会以后关于统一、合作方面所做的工作有许多是同意的，但是，我们需要进一步研究这些工作，因此，我们保留以后提意见的权利。"在会议讨论国际学联给瑞士"圆桌会议"的信时，中国代表团表示支持国际学联拒绝参加的主张。

10月9日至19日，国际学联第六次代表大会在伊拉克首都巴格达召开。这时的伊拉克，是一个刚刚推翻亲西方帝国主义的费萨尔王朝才两年多的国家，1958年7月建立的以卡塞姆为总理的伊拉克共和国，退出了帝国主义拼凑的巴格达条约，还实行了一定的社会经济改革，使这个国家发生了变化。这时，伊拉克共产党在伊拉克人民中，尤其是在伊拉克学生和学联中具有较大的影响力，这是国际学联能应伊拉克学联的邀请在巴格达召开这次代表大会的重要条件，而亚非拉人民反帝、反殖民主义情绪高涨的国际形势则是国际学联选择在伊拉克召开这次代表大会的直接原因。

出席这次代表大会的共有71个国家与地区的学生组织的代表和观察员共

216人,其中亚洲、非洲和拉丁美洲国家的代表占了很大比重。中国派出了以团中央书记处书记王伟为团长,杜平、钱大卫、程极明、徐葵、潘丽华为团员的学生代表团与会。

这次大会的议程是:

1. 执委会向代表大会的报告:《国际学联第五次代表大会以来国际学生运动的经验和发展》。

2. 5个小组委员会分组讨论:(1)国际学生运动的合作和统一;(2)争取和平的斗争;(3)反对帝国主义和殖民主义的斗争;(4)学生的教育、文化、救济、旅行、体育、出版;(5)修改《会章》。

在这次会上,苏联和在其影响下的一些东欧国家及国际学联的一部分领导人力图让大会遵循苏联的外交路线,配合苏联在十五届联合国大会上发表的吹捧联合国、极力宣扬和平与裁军压倒一切的主张,尽量压低大会的反帝、尤其是反美帝的调子。苏联及国际学联领导人采取的办法是尽可能压制会议的正常讨论,想方设法通过他们带来的许多决议草案。由于当时中苏两党关系已经很紧张,并且直接影响了两国的关系,所以中国代表团遵照中共中央确定的"坚持原则,后发制人;坚持团结,反对分裂;坚持斗争,留有余地"的24字方针,在会上始终高举团结、反帝、保卫世界和平的旗帜,明确阐明中方对国际学生运动的看法,批驳苏联和国际学联一些领导人的观点和主张,以使大会能够反映出全世界,特别是亚洲、非洲和拉丁美洲广大学生群众的反帝、反殖的要求,鼓舞他们的斗志,从而达到进一步推动世界进步的学生运动的目的。

在大会开幕式上,伊拉克总理卡塞姆到会致词。他在致词中强调反对帝国主义和支持阿尔及利亚、巴勒斯坦、阿曼人民的斗争,并两次提到中国,说中国首先承认和支持阿尔及利亚,并表示支持中国恢复在联合国的合法席位的正当要求。

大会头三天进行第一项议程。首先由国际学联主席贝利康向大会作口头报告。他的报告在讲到世界学生的任务时,只一般性地提到反殖民主义,不提反对帝国主义,更不提反对美帝国主义;在讲到国际学运统一合作问题时,不讲莱顿联络秘书处破坏国际学生运动统一的行为,只讲争取与其合作。另外,他还在报告中夸赞联合国的作用。贝利康报告结束后,会议安排了大会发言。

苏联代表在大会上的发言中,着重宣传当今时代的特点是或者走向和平,或者走向人类毁灭的观点,宣传赫鲁晓夫在联合国大会讲的裁军和消灭殖民主义问题,虽然也用较多篇幅讲到反殖民主义,但主要是强调对殖民地"不发达国家"的援助。亚非拉代表对苏联的发言反应比较冷淡。

中国代表在大会上的发言中指出,国际学联第五次代表大会以来世界学生运动有了巨大的发展,现在世界民主学生运动已经成为全世界人民反对帝国主义和保卫世界和平斗争的一支英勇的突击队。两年来世界学生运动的巨大发展再一次证明国际学联为保卫世界和平、反对帝国主义和殖民主义、争取教育民主化的纲领是正确的,现在的任务就是充分利用当前的大好形势,结成最广泛的世界反对以美国为首的帝国主义的统一战线,继续以团结起来,反对帝国主义和殖民主义,争取世界和平,实现民族独立、民主自由和社会进步的伟大理想的精神教育各国学生,鼓舞他们满怀信心地进行坚决的斗争。他在发言中还列举了美帝国主义侵占别国领土,侵犯别国领空,镇压民族独立运动的大量事实,说美帝国主义用自己的行动招供了它是亚洲和世界和平的最危险的敌人。中国代表说,联合国"实际上仍然是美帝国主义控制的'表决机器'","最近,美帝国主义披着联合国的外衣,对刚果进行专横的干涉和侵略","联合国在美帝国主义的操纵下,一再破坏《联合国宪章》,纵容殖民主义国家对殖民地国家人民独立运动进行干涉,我们对于联合国不应怀有任何不切实际的幻想"。在国际学生运动的合作统一问题上,中国代表在发言中指出,中国学联把促进国际学生运动的团结当做自己的神圣责任,但是国际学生运动的团结却遭到帝国主义及其走狗的破坏,事实说明阻碍国际学生运动统一的一切障碍都来自莱顿联络秘书处的领导集团。中国代表表示,中国学联主张在保卫和平、反对帝国主义和殖民主义、争取教育民主化和保卫学生切身权利的纲领基础上实现世界学生运动的统一,并主张根据对等原则进行谈判和召开圆桌会议。中国学生将不倦地为加强各国学生之间的团结和合作而努力。亚非拉国家的许多代表对中国代表团的发言反应十分热烈,有不少代表在中国代表发言后,主动找中国代表握手拥抱,有些代表表示他们同意中国的发言,伊拉克学联的代表认为中国的发言有战斗性,鼓舞人心。

中国著名和平人士、中国科学院院长郭沫若给代表大会发了贺电,他在贺电中指出,青年是世界的未来和希望,在保卫世界和平和争取人类进步的斗争中,进步的青年学生更是一支突击的力量。

在三天的全体大会上,共有67个代表发了言,绝大多数代表都谈到了反帝、反殖民主义。40多个来自亚非拉地区的代表强烈谴责美帝国主义,指出美帝国主义是亚非拉人民最危险的敌人,指出反帝、反殖民主义斗争与争取和平的斗争不可分。波多黎各代表揭露了美国侵略波多黎各的十二条罪状;古巴代表揭露联合国是美帝进行冷战和干涉别国内政的工具；刚果代表呼吁殖民地国家学生从刚果事件中吸取教训，认清联合国是帝国主义的工具；老挝代表高呼"美国佬滚回去"；伊拉克青联总书记指出，"美帝是人类头号敌人"，"帝国主义是战争根源"，"要广泛团结反对美帝"。大会的实际情况表明，苏联代表和国际学联的一些领导人虽然想压低大会的反帝调子，但是由于这几年亚非拉各国反帝反殖斗争的蓬勃发展，他们的这种努力是无效的。在这次大会上，大多数代表的反帝、反殖民主义情绪比过去任何一次国际学联代表大会都要高。

在这次大会上，各国代表除了就国际形势和国际学生运动的基本问题在大会发言中表述了不同的观点以外，还在讨论决议草案的小组委员会里出现了以下一些情况：

1. 对西方国家观察员作干涉社会主义国家内政发言的批驳，以及对此问题社会主义国家间的不同态度。

在10月12日晚通宵进行的大会上，加拿大学联的观察员在发言中大谈所谓"西藏问题"，还借匈牙利事件等问题指责匈牙利和民主德国，标榜"反帝国主义"和"反极权主义"。英全国学联的观察员大谈所谓"香港问题"和匈牙利难民问题，诬蔑中国和匈牙利，还指责苏联进行原子弹爆炸。联邦德国观察员则集中攻击民主德国。中国代表当即对西方国家观察员的诬蔑和不实之词进行了有力的反驳。民主德国和罗马尼亚等国代表也对不实之词给予了回击。由于中国、民主德国和巴拿马等国代表的发言立论有据、事实确凿，西方观察员在会上的挑衅气焰不得不收敛许多。苏联代表团只对西方观察员对苏联的指责作了软弱无力的回答，避而不谈西方观察员对其他社会主义国家无理指责的问题。在大会发生了上述事件以后，苏联代表团认为会上对西方学生组织观察员的做法"过火"了，于是他们就通过贝利康在第二天（13日）晚上，召开了会议期间的第一次社会主义国家的内部会议。在这次内部会议上，苏联、保加利亚、匈牙利代表和贝利康批评说，在大会上对西方观察员的反驳言词"太强硬"，不讲"策略"，反驳中提出的是"没有论据的口号"，是"错误的"。他们的这类发言虽然没有指名，但很明显是针对中国代表团的。实际上，这是一次有意针对中国代表团的内部会议。朝鲜、越南、蒙古代表在会上未作发言。罗马尼亚只一般性地附和苏联、保加利亚的意见。民主德国只为自己作了辩护。中国代表发言指出，中国学联是为开好大会来的，为了维护社会主义国家团结，当社会主义国家受到攻击时，必须坚决予以回击，不能袖手旁观，这次争论是加拿大和英国观察员先挑起的，中国的做法是完全合理的，中国方面不同意说这次斗争是错误的说法。

2. 在和平小组委员会中,围绕和平总决议曾进行了激烈的辩论。在5个小组委员会中,以和平小组中争论最为激烈。这些争论主要围绕和平和反帝的关系以及要求联合国教育青年等问题展开。大会前,国际学联书记处中的苏联代表等就曾极力反对在和平决议里提反对帝国主义,说这样"会使和平运动狭窄起来"、"其他决议中已有反对帝国主义,和平决议里不必重复"。到会议上,在会议强烈的反帝、反殖民主义气氛下,苏联代表只好一般性地讲几句支持反帝斗争的话,然后便着重宣传全面彻底裁军是保卫世界和平"最重要的任务",阐述实现裁军可"用裁军节省下来的钱援助不发达国家"的论点,并千方百计地阻挠在和平总决议里写上反帝的言词。苏联代表还想把和平小组委员会控制在自己手里,想不建立决议起草小组,就由小组委员会通过他们带来的决议草案,只是由于中国代表在大会主席团里反对这样做,和平小组委员会这才同意建立起草小组。可是,当和平委员会向大会提出起草小组名单时,却把中国排斥在外,这个做法引起了亚非拉代表的不满。黑非洲留法学联代表明确指出,这个起草小组名单不能反映和平运动中的两种倾向,起草小组应该让中国参加。在这种情况下,和平小组委员会才同意中国代表参加起草小组。

在起草小组会讨论和平总决议草案时,中国与北非、古巴代表协同一致,坚持说理斗争,最终使得中国代表的大部分意见获得起草小组的认可,但是这时苏联等国代表坚决不接受"反对以美国为首的帝国主义"及"保卫和平主要依靠各国人民的斗争"这两句提法。为了能把这两句话写入总决议,中国代表又通过伊拉克代表在和平小组全体会议上把这两条重新提了出来,使这两句话一下子就在会上通过了。这时,苏联代表为了能把反映苏联外交政策的观点写入会议文件,把原定在当天晚上召开的会议拖到次日凌晨1时才开,并趁会场上出席的人数极少时,通过印度代表要求把"和平和反帝不可分"的提法改为"和平斗争包括反帝、反殖民主义斗争"。与会代表在会上就此问题又展开了一场激烈辩论。在辩论中,阵线分明,一边是苏联等国代表再加上民族主义右派,另一边是中国加上大部分亚非拉国家的代表。中国代表指出,这是一个原则性的问题,和平的敌人是帝国主义,保卫和平必须反帝,反帝是广大人民和学生的切身要求,强调"和平与反帝不可分"是为了注意团结那些暂时还不了解和平与反帝关系的人,共同为和平而斗争。苏联代表茹拉夫列娃针对中国代表的发言说,保卫和平不仅限于反帝,还包括其他方面的斗争,如裁军、反法西斯、反独裁等,并明确表示支持印度代表提出的修改案。双方的争论由于无法达成共识,只好付诸投票表决。在和平小组会表决时,由于大部分亚非拉国家代表不在场,表决结果是赞成苏联等方意见的有14票,赞成原案的有13票,伊朗投了弃权票。事后,伊朗代表向中国代表表示,希望能谅解他们的困难。在这次凌晨会议之后,亚非拉国家代表情绪激动,奔走相告,纷纷表示要在全体大会上再就这个问题阐述意见。朝鲜代表看到这种情况,找中国代表团商量,希望找到一个能为大家接受的方案。中国代表同意朝鲜代表去寻找一个能共同接受的提法。针对这种情况,苏联又通过贝利康召开第二次社会主义国家内部会议。在这次内部会议上,朝鲜、民主德国、保加利亚同意由朝鲜负责寻找一个能为大家接受的和平与反帝相联系的提法。在朝鲜代表的推动下民主德国和北非代表协商后,提出"维护和平的斗争应当和反帝斗争相联系"的提法,为小组委员会接受。但是到了17日最后的全体大会上,阿根廷代表突然又提出一个新的提案,把这一提法改为"和平斗争是和反帝、反殖民主义斗争紧密联系的",苏联代表在大会上立即支持这一提案。北非代表对苏联代表在和平小组委员会上同意北非的方案,而在大会上又转而支持阿根廷的提案颇为不满,于是在会上发言指出"有些人争取和平,但不把反帝列入活动纲领",他们是"和平运动中的机会主义者"。黑非代表则批评说把和平和反帝分开是"唯心主义者"。一位刚果代表说,"有人争取和平,就只谈裁军,不谈反帝,我们不同意"。

另外,在和平小组委员会里,罗马尼亚代表极力想通过他们提出的"要求联合国以和平、合作、相互谅解和尊重的精神教育青年"的建议。开始时他们只提议在总决议中加上一句"以和平、合作、相互谅解和尊重的精神教育青年"的提法,未提出"要求联合国……"的字样,但是在那次凌晨会议上又突然提出加上"要求联合国"的字样。对此,中国代表表示反对,说明联合国还是美帝国主义的工具,不能让它去教育青年,建议删去联合国字样,并在教育内容中增加"反帝、反殖民主义的思想"。罗马尼亚代表反对把联合国字样删去,同意加上"反帝反殖民主义的思想"。在大会表决和平总决议时,中国代表团在会上发表声明,说明不同意"要求联合国教育青年"的理由,提出对此提法持保留意见,并要求会议把这一点列入记录。

在和平总决议中,会议主导者还利用喀麦隆代表提出加上"把裁军剩下来的钱援助不发达国家"的提法。中国代表建议在此句前加上"要求"二字,以便把这问题变成一项群众斗争,中国的建议在小组委员会上获得通过,但是在文件印出来时,"要求"二字又被去掉。中国代表与北非代表讨论后,也通过喀麦隆代表在全体大会上对文件中去掉"要求"二字表示抗议,并要求重新加上"代表大会要求"几个字,获得通过。

3. 在反帝反殖民主义小组中出现争论。小组中的斗争首先出现在起草小组的组成上，同苏联关系密切的苏丹驻国际学联代表阿布吉达利建议由北非、中国、印度尼西亚、捷克斯洛伐克、巴勒斯坦、厄瓜多尔为起草小组成员，而排斥小组委员会执行主席黑非代表。北非建议加上黑非。中国代表给予支持，得到通过。苏联代表向黑非代表提出要小组专门通过一个决议支持赫鲁晓夫在15届联大上提出的"给予"殖民地以独立的"消除殖民主义问题"的提议。在中国代表的建议下，黑非代表主动在决议草案中加了一段："要求联合国就苏联政府关于立即消除殖民主义的建议进行认真的讨论。根据《联合国宪章》所规定的责任，联合国应该保证各国人民有决定自己命运和自由选择他们的国家组织形式的权利，支持殖民地国家人民要求民族独立的愿望，谴责对殖民地国家的民族解放运动的军事镇压，谴责帝国主义侵略（例如对古巴、刚果）。"这样，使"给予"殖民地人民独立这一"恩赐"观点未能在决议中出现，并使决议在这个问题的表述上更为准确、鲜明。

4. 关于国际学生运动的合作和统一问题的辩论。国际学生运动的合作和统一问题小组是贝利康和苏联东欧的社会主义国家代表团都非常重视的一个小组，这些国家都是由代表团团长亲自出席这个小组的会议。在小组会议上，先由捷克斯洛伐克代表团提出一个决议草案，其中提到国际学生运动"组织上的统一"是"可以实现的现实目标"，对破坏国际学生运动统一的因素不提莱顿联络秘书处的名字，而只是笼统地提"学生运动中的一切消极力量"。北非代表反对"组织上统一是现实目标的"提法，中国代表予以支持，结果此句被删去。在会上，中国代表提出，国际学联一贯"积极推动在保卫和平、反对帝国主义和殖民主义、争取教育民主化的纲领基础上实现国际学生运动的统一"，"国际学生运动统一的一切障碍都来自莱顿联络秘书处领导集团"，国际学联赞成"通过多种途径，如在对等基础上进行谈判和召开圆桌会议，或由一些能代表各方面意见的全国学联组成国际筹委会，筹备召开圆桌会议，为实现国际学生运动的统一与合作而努力"。在辩论中，伊拉克支持中国代表提出的应明确指出统一合作的一切阻挠来自莱顿联络秘书处领导集团的意见。辩论的结果是，决议中只加上了"在对等基础上进行谈判"的字样，中国代表的其他建议，起草小组未采纳。

5. 在教育民主化和教育改革、文化、救济、旅行、体育和新闻小组委员会中发生攻击社会主义国家的事件，苏联等国代表表现软弱。在教育民主化和教育改革、文化、救济、旅行、体育和新闻小组委员会上，英国全国学联的观察员批评苏、匈、朝等社会主义国家没有民主和自由，甚至得寸进尺，责问苏联代表"如苏教育制度民主,为何阿联(指埃及)把所有留苏学生撤回?"可是苏、匈代表态度软弱,委曲退让,只是一再表示愿向英代表提供情况。中国代表则对苏、匈、朝等国表示支持,回击了英国观察员的无理指责。罗马尼亚代表在这一小组中又要求起草小组考虑罗政府向联合国提出的教育青年的建议,中国代表表示反对,结果罗建议未能写进决议。

6. 在会章修改小组委员会中,乌拉圭代表提出在国际学联宗旨中在"反对殖民主义"字样后加上"反对帝国主义",获得通过。

这次代表大会选举出了由29名委员组成的国际学联新的执行委员会,其中21名来自亚非拉国家的学生组织。捷克斯洛伐克代表当选为执委会主席,苏联、古巴、日本、苏丹、委内瑞拉和黑非洲代表为副主席,伊拉克代表为国际学联总书记,书记处书记为中国、印度、保加利亚、波兰、厄瓜多尔和波多黎各代表。

大会于10月19日结束。

11月10日至12月1日,81个国家的共产党和工人党代表会议在莫斯科举行。在会议上,苏共代表团和中共代表团进行了激烈的争论。会议通过了《莫斯科声明》(全称为《各共产党和工人党代表会议声明》)。1961年1月召开的中共八届九中全会肯定了81党会议的成果,并作出了相应的决定。

1961 年

5月23日至6月2日,国际学联在古巴首都哈瓦那召开执委会会议。有43国(其中拉美19国)的学联代表参加会议。参加执委会会议的中国学生代表团由团长钱大卫以及徐葵、陆雨村和时钟本4人组成。这次会议主要讨论国际学联对拉丁美洲学生的工作和关于世界学生运动合作统一的圆桌会议等问题。

在这次会议召开时,古巴人民刚刚在几个月前击败了在吉隆滩登陆的受美国支持的古巴反动分子,因此古巴和拉美国家群众的反美情绪较高,这次会议也比较自然地开成了一次团结反帝、支持古巴革命的会议。会议一共通过了27个(原只准备搞11个)决议和6个声援电文,反帝反美的调子都比较高,完全冲破了国际学联少数领导人预先设定的框框,比较充分地反映了正在高涨中的拉丁美洲学生运动和学生群众的斗争要求,进一步扩大了国际学联在拉丁美洲的影响。在会议期间,阿根廷学联宣布参加国际学联,巴西、秘鲁等国学联也在酝酿参加国际学联。

苏联代表和国际学联少数领导人本来想利用这次会议大做关于世界学生运动统一的圆桌会议的文章,想在会上少讨论反帝问题,尽量压低会议的反帝调子,由于受到《莫斯科声明》的约束,怕在会上引发争论,所以在会上提出会议应多讨论具体问题,少搞关于反对帝国主义的决议,并通过印度、委内瑞拉等国的代表在会外进行活动,尽量挤掉一些反帝、反美的决议。但是,苏联代表和国际学联少数领导人这些活动没有收到预期的效果,会议一开始,反帝反美的声音就占了上风。在会上,苏联及其追随者在发言中虽然也讲了一些反对帝国主义,以至反美帝国主义的话,但是重点还是讲关于裁军一类的苏联的对外政策,罗马尼亚代表则着力宣传罗政府在联合国大会上提出的要联合国以和平、相互尊重的精神教育青年的建议。对于这类发言与会各国代表的反应都很冷淡。

在这次执委会会议上,当讨论国际学生运动的统一合作这个问题时,中国代表一直坚持与苏联代表进行内部协商,前后耗时达7天之久。在进行协商活动时,苏联代表的态度通常不是很好,企图用拒绝协商办法迫使中国代表到大会上去提意见,并在会议上引起公开争论,然后把引起争论的责任加在中国代表的头上。但是,中国代表始终坚持内部协商和耐心说理,并根据国内指示做了有条件的让步,妥善地处理了这个问题。

在这次执委会会议之前,在巴黎曾举行了一个讨论召开世界学生运动合作统一问题圆桌会议的协商会议,东西方学联都有代表参加。在这个会上,由于美、英等西方学联始终采取不合作的态度,结果协商告于失败。但以苏联代表为主的国际学联少数领导人出于贯彻当时苏联对外政策的需要,在这次协商失败后,依旧想方设法同西方学联建立联系,极力想通过一些妥协与西方学联达成"组织统一"的协议,以实现他们的世界学生运动的统一的希望。出于这种考虑,他们一方面准备利用当年11月在国际学联的诞生地布拉格开会纪念国际学联成立15周年的机会,再次提出国际学生运动的统一合作问题。另一方面又想利用这次哈瓦那执委会会议的机会,提出他们的要用新的统一的世界学生组织来代替现存的东西方国际学生组织的主张。为了达到这个目标,他们在会上和会后一步接一步地采取了以下五个措施,但都未成功。

第一个措施是在执委会前的国际学联书记会议上突然拿出一个向执委会的报告草案,其中在讲到统一合作问题时,提出圆桌会议的召开"可能导致国际学生运动以新的组织形式来代替现存的机构"的观点,而在谈到统一的原则时则不讲国际学联自己的主张,只说"准备接受所有学生组织(包括西方美英等学联)共同制定的结论"。到执委会开会时,在中国代表团对此提出意见后,他们收回了这个草案。

这时他们又立刻推出了第二个措施,准备在执委会上印发一篇用国际学联主席贝利康署名的文章,其内容与上述报告草案完全相同。经中国代表团同苏联代表和贝利康反复协商,他们同意在讲统一的原则时应按国际学联六大决议的提法为准,但坚决不同意把用新组织代替旧组织的提法删去,中国代表团则声明对此持保留意见。

接着他们又推出第三个措施,就是在署名贝利康的文章发出后的第二天,又通过法国代表以法国、波兰、巴西、委内瑞拉、北非等学联名义,突然提出一个立即在执委会会外召开一个关于圆桌会议的协商会议的动议。这个动议在会上一经提出后,就受到黑非和西非代表的坚决反对,他们质问提出这个动议的人是否想分裂会议。当时会议上没有人敢起来反对黑非代表的意见,因此搞会外协商动议也未获成功。

他们采取的第四个措施是先由贝利康在关于圆桌会议的决议草案中写上"……国际学生运动统一的组织形式正在形成"等字句,在与中国代表协商时他们表示同意删去这句话,但事后,苏联代表又布置匈、保代表在小组会上两次提出,根据六大决议在决议草案中要写上"国际学生运动组织统一"的字句,其含意还是要通过圆桌会议的召开实现"组织统一"。可是这一做法又在小组会上受到黑非、北非和伊朗代表的反对。这时,苏联代表便亲自出马,坚持要写上这句话。在双方处于僵持状况下,中国代表提出了一个妥协方案,就是既写上"组织统一",又写上中国和亚非拉国家一些代表主张的"统一原则"。黑非代表表示接受这个方案。这个方案提到大会上讨论时,支持苏联原方案的代表与黑非代表进行一番争论,最后执委会还是接受了黑非的方案。

在执委会会议上连续受挫后,以苏联为代表的国际学联部分领导人又推出了第五个措施,就是在执委会后,通过贝利康又在国际学联书记处会上提出召开一次协商会议的建议,由出席拟议中的圆桌会议国际筹委会的各国代表参加,这些国家包括苏联、中国、智利、乌拉圭、法国、北非、西非、伊拉克等。但是这个提议受到了委内瑞拉等拉美代表的反对,因而也没能搞成。

这次哈瓦那执委会会议,由于受整个会议气氛的影响,所以会议文件中没有提到裁军问题,这让苏联代表很失落。最后,在会后举行的国际学生扫盲工作讨论会上,尽管在会上的发言中几乎没有人谈裁军,但是苏联代表还是提议在讨论会的文件中加上"实现全面彻底裁军的原则是制止浪费国家财富而用之于教育文化目的的手段之一"这样一段话。中国代表团没有对此表示明确的反对,但补充了"会议参加者号召全世界学生为反对以美国为首的帝国主义加紧军备竞赛和它们的战争和侵略政策而斗争"这样一段话,在内部协商中,苏联代表和国际学联部分领导人也表示同意。

5月,美国破坏1954年关于越南问题的《日内瓦协议》,扶植西贡吴庭艳傀儡政权,在越南南方发动"特种战争"。特种战争失败后,美国在1964年8月制造"北部湾事件"①,把侵略越南的战火扩大到越南北方。1965年3月,美国又把侵略越南的战争升级为以美军为主的"局部战争"。

10月,苏共第二十二次代表大会召开。在大会上进一步批判斯大林,还公开批评阿尔巴尼亚,并影射地攻击中国。这就使国际共运中又出现了新的情况。另外,苏联在外交政策方面不谈帝国主义本质,只讲谈判、裁军、和平竞赛,强调"和平共处"的原则"始终是苏联外交政策的总方针"。

11月1日至8日,国际学联在布拉格举行纪念国际学联成立15周年纪念活动和国际学联执委会会议。具体日程安排是,1日举行国际学联成立15周年庆祝大会,2日举行国际学联15周年工作经验座谈会,3日至8日举行国际学联执委会会议。参加上述庆祝活动和执委会会议的有37个国家的代表78人,计10个社会主义国家(蒙、越未到)、8个亚洲国家、9个非洲国家、10个拉美国家。另有来宾24人,他们分别是法、意等西欧国家和国际组织的代表。国际学联过去的部分工作人员也作为特邀代表应邀参加。中国派了以钱李仁为团长,徐葵、时钟本为团员的三人代表团出席会议。时钟本在布拉格参加了前两项活动,钱李仁和徐葵在执委会会议开始那天尚未到达,是在执委会会议召开的第二天,即11月4日才到会。

这次执委会会议的议程为:

1. 加强学生保卫和平和争取同两个德国缔结和约的行动的必要性。

2. 哈瓦那执委会会议后国际学联书记处的工作和国际学生运动的发展。

3. 吸收新会员。

4. 其他。

由于这次执委会会议是在苏共二十二大刚刚闭幕的情况下召开的,所以国际学联起草的会议决议草案中有许多地方都反映了苏联的意见,如"现在能够把战争从人类生活中一劳永逸地排除出去"、"现在停止军备竞赛,实现全面彻

① 北部湾事件:北部湾位于越南北部和中国雷州半岛与海南岛之间。1964年8月2日,美国驱逐舰"马多克斯号"侵入越南民主共和国进行挑衅,被驱逐出境。美国政府则声称其海军遭到"挑衅",并于8月3日宣布其舰只将继续在北部湾巡逻和集结。8月4日夜,又制造美国舰只第二次受到越南鱼雷艇袭击事件,即所谓"北部湾事件"。8月5日,美国以8月4日事件为借口,派飞机轰炸越南民主共和国,把侵略越南的战火扩大到越南北方。

底裁军的前景比任何时候还要光明"、"今天和平的主要危险来自在西德所造成的局势"、"西德军国主义是世界和平的最大危险"等。但是受当时国际形势的影响,出席会议的来自亚非拉国家的代表在发言中反帝、反殖的调子仍然比较高。这种情况在中国代表团到会前,就有反映。例如当意大利的特邀代表(前国际学联主席、意共党员)在发言中批评国际学联"口号太高,脱离群众",认为国际学联只能提"和平、民族独立和学生权利"时,委内瑞拉代表立即问他"是否不提反帝?"当保加利亚代表说,国际学联只能提"和平共处和友谊",并说和平共处会使反殖民主义斗争更加有利时,阿尔及利亚代表立即问他"更加有利"表现在何处,使得保加利亚代表十分难堪。事情很明显,出席会议的各国代表在反对帝国主义,特别是反对美帝国主义的观点和立场上是存在分歧的,所以不同观点的交锋也是无法避免的。

中国代表在会上发言时,代表中国学联和全中国学生热烈祝贺国际学联成立15周年,并用大量事实揭露了帝国主义,特别是美帝国主义的战争和侵略的本质,并指出美帝国主义是世界和平和全世界人民最凶恶的敌人,世界和平、民族独立、不同社会制度国家的和平共处、普遍裁军和禁止核武器,这些良好愿望的实现必须依靠各国人民的团结和对帝国主义进行针锋相对的斗争。他还说,苏联和社会主义各国为保卫世界和平、缓和国际紧张局势、反对美帝国主义的侵略和战争政策采取了一系列重大措施,亚非拉民族民主运动不断高涨,各国人民保卫和平的运动日益广泛开展,世界学生运动已经日益成为世界人民反对帝国主义、保卫世界和平的一支英勇积极力量。他指出,国际学联哈瓦那执委会会议后,半年来学生运动的一个重要特点是各国学生日益把保卫世界和平、保卫学生权利的斗争同反对帝国主义的斗争紧密结合起来,并把斗争锋芒明确指向了以美国为首的帝国主义、新老殖民主义及其在各国的代理人。他还揭露了美帝国主义及其代理人——莱顿联络秘书处破坏第四届拉丁美洲学生代表大会的事实。他指出,15年来国际学联战胜前进道路上的一切障碍的主要武器就是团结,只要继续珍视和维护这个团结,国际学联一定能从胜利走向胜利。中国代表团的发言受到了广大亚非拉与会代表的热烈欢迎。

12月,苏联断绝了同阿尔巴尼亚的外交关系,中国发表了阿尔巴尼亚反击苏联的材料,苏联指责中国的这一做法。

1962 年

4月至5月,苏联驻新疆领事馆和苏侨协会在中国新疆的伊犁和塔城地区用

1962年5月,参加国际学联雅加达执委会会议的
中国学生代表在与会代表所住的学生宿舍前
留影,左起:徐葵、时钟本、钱大卫(团长)

挑拨民族关系等手段,策动数万名中国公民携带20多万头牲畜出走苏联。

5月15日至23日,国际学联应印度尼西亚学联的邀请,在雅加达举行了国际学生支援解放西伊里安①大会和国际学联执委会会议。

5月15日至17日,国际学生支援解放西伊里安大会召开,有40多个亚非拉以及社会主义国家的学生代表出席了大会。出席会议的中国代表团团长为钱大卫,团员为徐葵和时钟本。在开幕式上印度尼西亚总统苏加诺到会发表了演说。他说,反帝国主义和反殖民主义的新兴力量在日益强大……我相信未来是属于我们的。中国学生代表团团长钱大卫在大会上发表讲话,代表全体中国青年和学生表示坚决支持印度尼西亚人民解放西伊里安的斗争。他在讲话后还代表中华全国学联向印度尼西亚全国大学生组织联合会赠送了药品和急救包。

5月18日至23日,国际学联执委会会议召开。会议先听取了国际学联书记处关于亚洲学生运动的报告和关于国际学联第七次代表大会报告提纲的报告。其中国际学联书记处关于亚洲问题的报告是由中国驻国际学联代表执笔起草的,在起草过程中曾征求了印度尼西亚驻会代表马尔多约的意见。报告完毕后,会

---

① 西伊里安为印度尼西亚领土的一部分。1949年印度尼西亚与荷兰签订主权移交协议后,荷兰在移交主权时坚持在西伊里安继续维持荷兰的殖民统治。1950—1954年印度尼西亚与荷兰就此问题进行多次谈判,仍未解决。从1954年开始印度尼西亚把此问题提交历届联合国大会讨论。1961年印度尼西亚总统苏加诺发布了解放西伊里安的命令。1962年8月印度尼西亚和荷兰签订关于西伊里安问题的协定,荷兰最终同意把西伊里安行政权交给印度尼西亚。1963年印度尼西亚接管西伊里安。

议讨论了上述两个报告,还就有关第八届世界青年与学生联欢节问题及其他问题进行了讨论,最后通过了一系列决议。

在会议通过的决议中,对美帝国主义武装干涉和侵略老挝和南越的罪行表示强烈谴责和愤怒,要求美国军队立即从这两个地方撤出;对亚非拉学生反对帝国主义侵略,争取民族独立、争取民主权利和改善生活条件的斗争表示坚决支持;对中国学生争取解放台湾的决心表示支持;对美国策划制造"两个中国"的阴谋和剥夺中华人民共和国在联合国的合法权利的行为表示谴责。中国代表在发言时,重申了中国学生坚决支持亚非拉学生和全世界学生正义斗争的坚定立场。

7月底至8月初,世界青联与国际学联在赫尔辛基举办第八届世界青年与学生联欢节。

8月18日至29日,国际学联第七次代表大会在苏联列宁格勒(今圣彼得堡)举行。共有国际学联的87个会员组织的代表,其中也包括受日本国内极左思潮影响的全日学联代表出席了会议,还有15个参加莱顿联络秘书处国家的学生组织派观察员出席了会议。中国学生代表团由李琦涛、钱李仁、钱大卫、程极明、徐葵和梁鸿贵6人组成,代表团团长是团中央书记处书记李琦涛。代表团根据中央领导指示精神制定的参加大会的方针是,高举和平、反帝、团结的旗帜,依靠左派,争取中间派,把斗争锋芒指向以美国为首的帝国主义,对苏联和国际学联一些领导人推行的路线进行有理、有利、有节的斗争,争取把会议开得好一些。同苏联和国际学联的一些领导人要进行协商,争取求同存异。

这次大会的主要议程是:

1. 讨论国际学联执委会关于国际学联第六次代表大会后国际学生运动的经验和发展的报告。

2. 分4个小组讨论下列问题:(1)国际学生运动的统一合作问题;(2)和平问题;(3)民族独立和反帝、反殖民主义问题;(4)教育民主化和改革问题。

3. 选举新的执委会和书记处。

4. 其他。

大会开始后,首先由国际学联主席贝利康就执委会向代表大会提交的报告作了说明,接着大会代表便就第一项议程进行发言。

在这次大会上,共有93个代表和观察员发了言。中国代表在19日的大会上作的发言中说,自国际学联第六次代表大会以来国际学生运动的巨大发展有力地证明了国际学联上届代表大会所确定的保卫世界和平、争取民族独立、反对帝国主义和新老殖民主义、争取教育民主化、维护学生权利的任务是正确的。中国代表指出,通过两年的实践,已经有越来越多的学生认识了以美国为首的帝国主义是世界和平的敌人。保卫世界和平的斗争就是反对以美国为首的帝国主义的侵略政策和战争政策的斗争。保卫世界和平和争取民族独立的斗争是互相联系、互相支持的。中国代表说,亚非拉人民争取民族独立斗争对于保卫世界和平具有极其伟大的意义,支持亚洲、非洲和拉丁美洲的民族独立斗争是各国学生责无旁贷的国际义务,需要继续发扬国际学联反帝和反殖民主义的光荣传统。中国代表说,民族解放运动有力地打击和削弱帝国主义,有助于裁军斗争,争取裁军是揭露和打击帝国主义扩军备战的斗争,也有助于民族解放斗争。

苏联代表茹拉夫列娃在发言中强调,苏联大学生把加强争取和平、争取全面彻底裁军、争取各国实现和平共处原则的斗争看成是自己头等重要的任务。

这次代表大会是在世界和平理事会在莫斯科举行"普遍裁军和和平世界大会"之后不久,又是在列宁格勒召开的,苏方力图在会上推行他们的一整套观点和主张,而参加会议的代表和观察员又很复杂,所以在这次会上中国代表团为贯彻会前确定的方针,完成预定的任务,不得不在几个不同的场合,通过机动灵活的策略,努力争取最好的效果。中国代表团在会上所作的主要事情有以下三个方面:

1. 同全日学联反苏、反华行为作斗争。在大会召开前,受日本国内极左思潮影响的全日学联代表团到莫斯科后,就曾在红场举行示威,抗议苏联的核试验。苏方很紧张,怕他们到会上还要闹事。事情果然如此,会议一开始,全日学联代表团就散发传单,反对苏联搞核试验,还散布"赫鲁晓夫不支持各国人民的斗争"、"只依靠武器来反对美帝国主义是无效的"等一类的言论。他们还利用中苏关系做文章,说"中国虽然反对苏联的路线,但不彻底",还说中国学联不支持美国人民的斗争。面对全日学联代表的挑衅,中国代表在大会开幕的第二天即19日作大会发言时,给了全日学联代表团以有力的驳斥,中国代表说:"日本学生组织'全日学联'代表于18日在会上发表攻击苏联进行核试验的言论,是对爱好和平的苏联人民、苏联学生的恶毒诽谤。我们对全日学联代表团的这种行为表示巨大的愤慨。"中国代表的这个发言既回击了全日学联代表,反了美帝,又表明了中国学联在和平、裁军、核战争等问题上的观点和立场,还用事实表明中国学联维护团结、爱好和平和对苏联人民友好的态度。这个发言收到了很好的效果。

2. 参加和平问题小组委员会关于修改《和平决议》草案的辩论。代表大会前,苏方利用他们控制的国际学联书记处通过了《和平决议》和《呼吁书》两个文件的草案,在这两个文件草案中所大量宣传的关于裁军和莫斯科裁军大会的内容,其主要观点是中国代表团不能接受的。当这两个文件草案被提交到大会上讨论时,苏方为保证草案得到大会的顺利通过,便利用许多与会者害怕国际学联"分裂"的情绪,在代表中散布大会有西方学联代表参加,不能公开争论暴露分歧,否则会被帝国主义加以利用等观点,试图用"团结"的旗子来束缚大家的手脚,从而把草案中苏联政府的"裁军解决一切,一切服从裁军"的路线变成国际学联的工作路线。但是,当《和平决议》草案提交会议以后,苏方写入草案的上述一套观点在小组委员会上受到了亚非拉国家代表的激烈反对。危地马拉代表在会上提出,他不同意只讲和平是"全人类最迫切的需要",要求改为"维护和平与争取民族独立是全人类最迫切的需要"。中国代表立即表示支持。苏方及其支持者纷纷表示反对,说打起核战争来要死很多人,因此和平最迫切。非洲的代表们说,我们那里不打核战争,每天也死很多人,因此民族独立是我们最迫切的需要。经过一场激烈的辩论,最终加上了"民族独立"。接着中国代表对原草案中鼓吹裁军对民族独立的"好处"部分提出修正案,指出原草案中有要等待裁军来实现民族独立的内容,而被压迫民族现在没有等待裁军就已经起来斗争了,并且不断取得胜利。苏方的支持者出来反对中国代表的观点并引发了辩论。在辩论过程中,中国代表对苏方支持者的观点逐一进行反驳,许多代表也都批评了把民族独立从属于裁军的思想,最终改掉了原草案中存在的这一内容。

3. 参加关于修改大会《呼吁书》草案的辩论。在国际学联书记处提供给大会的《呼吁书》草案中,对莫斯科裁军大会的估价是:"裁军大会是对和平、民族独立、防止新战争的卓越贡献。"对此,中国代表在小组会上指出裁军大会的《告人民书》不反帝,不支持民族独立,所以建议大会修改《呼吁书》中对莫斯科裁军大会这一估价。苏方及其支持者趁许多人尚未看到裁军大会的《告人民书》之机,在和平小组委员会中采用表决的方法否决了中国代表的建议。但是中国代表坚持要求修改这一估价,一些与会代表也要求大会印发裁军大会的《告人民书》,准备看了以后再到大会上去讨论这个问题。国际学联书记处这时不得不印发这份《告人民书》。亚非拉国家许多代表看了以后,纷纷向中国代表表示同意中国的意见,认为《告人民书》确实不反帝,也不支持民族独立。在许多代表同意中国观点的强大压力下,苏方只好通过古巴代表出面撤回了原已在小组委员会会议上"通过"的那句高度估价莫斯科裁军大会的话。大会最后一致通过的致全世界学生的《呼吁书》中的反帝调子是鲜明的,完全改变了苏方及其支持者原来起草的以裁军为中心的文件内容。

　　经过与会的中国代表和多数亚非拉国家代表的共同努力,这次大会经讨论后通过了以反帝为主要内容的80余个决议,其中包括一个以反帝、民族独立为主调的《关于学生在争取和平斗争中的活动的决议》和一个反美观点强烈的《关于帝国主义、殖民主义和新殖民主义问题的决议》。

　　代表大会最后选出了由36名委员组成的新的执行委员会。贝利康连任国际学联主席,中国、苏联、古巴、巴西、委内瑞拉、留法黑非洲学生联合会、苏丹、印度的代表为副主席。伊拉克学联的代表努里·阿卜杜勒·拉扎克·侯赛因(N.A.L. Hussein)为国际学联总书记。保加利亚、波兰、罗马尼亚、波多黎各、西非学生联合会、日本、阿根廷的代表为国际学联书记处书记。

　　在接纳新会员问题上,这次大会共吸收了11个学生组织为国际学联会员。

　　10月,因为苏联秘密运进古巴的导弹和轰炸机被美国U-2高空侦察机发现,引发了"加勒比危机"。中国对苏联处理危机的举措有不同意见,引起苏方的不满。从当年11月起,苏联利用欧洲5个国家共产党召开代表大会的机会,发动了对中国的攻击。为回应这些攻击,中国从12月到次年3月在《人民日报》上发表了7篇评论文章,回击欧洲5党和美国共产党的反华文章。这些文章都留有余地,没有公开点苏共和赫鲁晓夫的名字。

　　11月,中国学联派胡启立去布拉格担任驻国际学联代表,胡启立在国际学联工作至1964年6月。与他同去的有工作人员潘世强。

1963 年

　　3月30日,苏共中央在给中国共产党中央的来信中提出了制定国际共产主义运动的总路线的问题。4月4日《人民日报》全文发表了这封来信。6月15日中国驻苏大使把《关于国际共产主义运动总路线的建议》(简称《建议》)一文作为对3月30日苏共中央来信的复信交给苏方,同日在《人民日报》上以"关于国际共产主义总路线的建议"为题发表了给苏共中央的复信和《建议》。此事在全世界引起很大震动。

　　5月13日至21日,国际学联执委会会议在阿尔及利亚首都阿尔及尔举行,有62个全国性和地区性的学生组织的代表参加了会议,其中35个为执委,其余大多是非洲的观察员。在会议召开前曾发生是否邀请南斯拉夫学联派人出席会议的问题,中国驻会代表先在会前的国际学联书记处会议上表示了反对邀请的意见,到阿尔及利亚后,又同苏联、东欧代表和国际学联书记处内一些人就此问题进行了三次辩论,最终,南斯拉夫学生代表没能与会。中国出席这次执委会会议的学生代表团由钱大卫、胡启立、梁畔和梁鸿贵组成,钱大卫担任团长。

这次执委会会议的议程是:

1. 非洲学生运动的作用和世界各国学生对非洲学生运动的支援。

2. 国际学联第七次代表大会以来国际学生运动的发展及国际学联在进一步贯彻大会决议中的任务。

3. 接受新会员。

阿尔及利亚国民教育部长阿卜杜拉·哈米达在13日出席了会议开幕会,并发表了讲话。他说:"反对殖民主义过去和现在仍然是你们的基本原则之一。""只要还有处在外国统治下的人民,你们的共同斗争就没有结束。"国际学联主席贝利康和阿尔及利亚穆斯林学生总会主席迈基德希也在开幕会上讲了话。

会议一开始,中国和印度尼西亚等代表团建议第一项议题中应加上反帝国主义、反殖民主义、反新殖民主义的字样。非洲代表表示支持,苏联和国际学联一些领导人不得不同意这一建议。

会议第一项议程是国际学联书记处关于第一项议程的报告,由苏丹代表在会上作报告。报告一结束,中国代表即发言指出,报告在裁军等问题上的观点是极端错误和有害的,中方保留批判的权利。

第二天,中国代表在发言中列举了报告中的一些反映苏联外交政策的观点,逐点逐段地进行批判。印度尼西亚、马提尼克、波多黎各、瓜德罗普等代表也在发言中对报告进行了批评。中国代表在发言中指出,今天非洲学生面临的主要任务仍然是进行反对帝国主义和新老殖民主义、争取和维护民族独立的斗争,国际学联为促进非洲学生团结反帝的事业,应该高举反对以美国为首的帝国主义和新老殖民主义的斗争旗帜,大力支持非洲学生运动,坚决反对任何损害和破坏非洲学生团结反帝斗争的言行,并采取有效措施来促进国际学生对非洲学生的广泛声援;还应该呼吁世界各国学生在政治上、道义上和物质上积极支援非洲人民和学生反对帝国主义和新老殖民主义,争取和维护民族独立的斗争包括武装斗争;同时应该大力支持新独立的非洲国家的人民和学生为维护民族独立和主权,清除帝国主义残余势力和影响,以及发展民族经济和文化所做的努力,增进世界各国学生同非洲学生在反对帝国主义的战争政策、保卫世界和平斗争中的团结。中国代表发言后,苏丹代表、法国代表、民主德国代表针对中国代表对书记处报告的批判发表了辩驳意见。迫于会上掀起的反帝和反殖的强烈气氛,苏联和一些东欧国家代表在发言中未再谈裁军的种种"好处",而说裁军就是反帝。由于会上出现激烈的公开争论,国际学联的一些领导人见无法提出要会议批准书记处的报告,便召开了书记处会议,试图用书记处名义通过一个谴责中国代表歪曲书记处立场,挑起争论,破坏会议的声明。在书记处会议上,中国驻会代表据理指出,挑起争论和搞分裂的不是中国代表团,而是苏联联合东欧国家反华。由于中国代表争得了拉美代表的支持,使得这个谴责中国代表团的声明没有得到书记处会议的通过。

在会前,苏联等国代表企图在书记处的报告中加入涉及中印边界问题内容,经中国代表坚决抗议,他们被迫同意不在报告中谈这个问题。但是,执委会会议召开后,他们又两次通过尼日利亚代表企图在会上提出这个问题。中国代表得知后,立即提出不讨论这个问题的程序动议,并要求会议进行表决。会议通过了中国的动议。

会议最后通过了一个总决议,号召全世界学生加强对非洲学生争取民族独立和和平,反对殖民主义、新殖民主义、帝国主义和种族歧视、争取民主的斗争的声援。总决议认为,阿尔及利亚人民通过武装斗争所取得的胜利,已经在全世界各国人民,特别是非洲各国人民的心中激起了一股巨大的希望。总决议指出,新殖民主义是帝国主义采用新的手法进行剥削的政策。会议还通过了50多个支持老挝、越南、安哥拉、葡属几内亚、朝鲜、古巴等亚非拉人民和学生的斗争的决议。绝大部分决议是反对帝国主义和反对殖民主义的,其中21个决议点名反对美帝国主义,指出美帝国主义是世界宪兵。对这次会议的结果,出席会议的亚非拉代表均感满意。

在这次国际学联执委会会议后不久,国际学联主席贝利康即调任捷克斯洛伐克电视台台长,捷方派了捷共党刊的主编沃克罗兹基(Z.Vokrouvcky)接替贝利康担任国际学联主席。

7月6日至20日,中苏两党在莫斯科举行会谈。在会谈期间,7月14日,苏共中央发表了给苏联各级党组织和全体共产党员的公开信,就中苏关系和国际共产主义运动问题全面攻击中国共产党。为了回答苏共的攻击,从1963年9月至1964年7月,《人民日报》、《红旗》杂志编辑部联名发表了7篇评论苏共中央公开信的文章。由此,中苏两党关系急剧恶化,以致导致中苏两党关系的破裂和两国关系的敌对化。20多年后,邓小平于1989年5月在北京会见戈尔巴乔夫时,在谈到中苏两党的这场论战时说:"经过二十多年的实践,回过头来看,双方都讲了许多空话",在意识形态争论的那些问题上"这方面现在我们也不认为自己当时说的都是对的"①。

7月25日,苏、美、英三国经过谈判,在莫斯科签订了三国关于部分禁止核试验的条约。中国政府于7月31日发表声明,指出这个条约是一个"愚弄全世界人民的大骗局","这绝不是和平共处政策的胜利。这是向美帝国主义投降。"

8月,国际学联书记处发表了一个支持三国部分核禁试条约的声明。中国驻国际学联书记处代表胡启立在书记处讨论这个声明时表示,坚决反对国际学联书记处发表支持三国部分核禁试条约的声明,并指出这是苏联在国际上搞"苏美勾结主宰世界"的图谋。

1964 年

2月12日至21日,国际学联执委会会议在匈牙利首都布达佩斯举行。会议的前三天举行了支援越南南方人民的群众大会,会议最后一天(2月21日)举行了世界学生反殖民主义斗争日群众大会。出席执委会会议的执委会委员共有35人,其中亚非拉学联的代表约占40%左右。中国派了由钱大卫、胡启立、时钟本、潘世强、吴建民5人组成的代表团出席会议,钱大卫任团长。会前,为参加这次执委会的中国代表团规定的目标和任务是:"强调反对帝国主义,揭露苏联及其追随国代表不反帝、假反帝的实质,同苏联在国际学联中推行的路线划清界限,以最大限度地争取中间分子对中国学联的支持。"

这次执委会会议的议程有两项:

1. 讨论加强反帝国主义、反殖民主义、保卫世界和平中的工作。

2. 讨论国际学联第八次代表大会的准备工作。

在执委会会议之前,国际学联书记处把关于三国部分核禁试条约问题的信件交给中国学联并散发给了全体执委。这个信件中包含许多点名批评中国的内容。在苏联的授意下,国际学联主席沃克罗兹基起草了一个冗长的向国际学联代表大会的总报告初稿。这个初稿在大谈反对帝国主义的同时,突出宣传和平共处、全面彻底裁军、战争恐怖等一套观点,并点名批评中国学联,说"只有中国代表反对国际学联书记处支持三国部分核禁试条约的声明,并攻击了国际学联书记处",说"三国部分核禁试条约对国际关系产生了有利影响"。这个报告的初稿在执委会会议前,提交国际学联书记处讨论时,中国驻国际学联代表一再明确表示不同意总报告初稿中的许多观点,并建议说,为了维护国际学联在反对

---

① 《邓小平文选》第三卷,人民出版社1993年版,第291、294页。

帝国主义和殖民主义、争取民族独立和保卫世界和平的基础上的团结，不要把会引起国际学联代表大会严重分歧的支持莫斯科三国部分核禁试条约的问题写进总报告和总决议中去。苏联代表在书记处会上反对讨论中国代表的主张，还说谁不同意莫斯科条约，就"请走自己的路"。由于其他国家的一些代表也在讨论中对总报告初稿提了不少修改意见，所以提交执委会会议讨论的总报告草案也做了一些修改，例如为了表示接受不同意见，草案用支持民族解放运动和维护世界和平的口气说："裁军能帮助和促进民族独立"，莫斯科三国部分核禁试条约的签订是"向和平前进了一步"等。但是，提交执委会会议的执委会向国际学联代表大会的总报告草案中仍保留了大量的在书记处会议上受到批评的观点。

2月17日下午，国际学联的会员组织——葡属黑非洲学联的代表特地到布达佩斯来，要求参加执委会会议。黑非洲留法学联提出让葡属黑非洲学联代表以观察员身份参加会议的建议，但苏联代表反对和拒绝这一建议，提出只准葡属黑非洲的代表就葡属黑非洲有关的问题发言。在表决黑非洲留法学联代表的建议时，中国、朝鲜、印度尼西亚、瓜德罗普、马尔加什等10个代表团的代表赞成

1964年2月，日本青年学生代表团访华。图为日本青年学生代表团与接待人员
在北京人民大会堂外合影，前左3为柯在铄

1964年2月,日本青年学生代表团访华。图为日本青年学生代表团与接待人员
在天安门广场参观,右2为柯在铄

黑非洲留法学联的建议,苏联、捷克斯洛伐克、保加利亚、民主德国、匈牙利等国的代表反对。表决结果是,微弱多数否决了黑非洲留法学联的建议。

执委会会议从18日到20日对提交国际学联代表大会的总报告草案进行讨论。中国代表在18日的发言中批评了总报告草案中的许多观点,并就这些问题表明了中国代表团的立场。中国代表说,总报告草案只空谈和平,实际上是把保卫和平的斗争同反对以美国为首的帝国主义的斗争割裂开来,甚至对立起来;总报告草案反对揭露美帝国主义的侵略政策和战争政策,鼓吹全面彻底裁军与和平共处高于一切的总路线,这只能有利于美帝国主义,有害于世界和平。中国代表在发言中还批评了把争取民族独立的斗争从属于裁军的论调,指出裁军不可能消灭殖民主义。还指出,维护国际学生运动的团结首先要维护国际学联的传统路线,谁破坏和篡改国际学联的传统路线,谁就是破坏团结,制造分裂。中国代表发言后,苏联代表哈尔拉莫夫接着发言。他说对中国代表的发言表示遗憾,说中国代表团"攻击"和"诬蔑"了苏联。中国代表当即回复说,中国代表团的发言是反对总报告草案中的错误观点,保卫国际学联的传统路线。

在19日的执委会会议上,苏联代表团团长哈尔拉莫夫在发言中大力宣传莫斯科三国部分核禁试条约是对世界和平的"重大贡献",宣传苏联领导人讲的和平共处的总路线,并再次说中国学生代表团的发言是"反苏"和"搞分裂"。紧接着苏联代表发言之后,中国代表向大会作了提供情况的发言,说中国代表团遗憾地看到莫斯科三国部分核禁试条约被美帝国主义及其追随者利用来作为分裂国际学联的工具。在中国代表发言过程中,苏联及其追随者的一批代表用拍桌子和喧闹的办法干扰中国代表的发言。他们的这一做法,引起了很多代表的不满。

在这次执委会会议上,古巴、越南、黑非洲留法学联、巴拿马、瓜德罗普、委内瑞拉、波多黎各的代表在发言中都谴责了美帝国主义的侵略行为。朝鲜代表指出美帝国主义是战争的根源,批评有人要把和平共处和裁军强加于国际学生运动。他谴责莫斯科三国部分核禁试条约,指出它只能巩固核大国的核垄断。印度尼西亚代表强调,民族解放运动是对帝国主义的打击,因此也是对世界和平的贡献。

执委会最后一次会议从22日下午1时开始,持续开到次日上午8时。会议主要讨论了会议的总决议。在讨论中,中国、越南南方和朝鲜呼吁为加强团结,共同对敌,建议从决议草案中删去支持莫斯科三国部分核禁试条约的内容。在对越南南方代表提出的删除支持莫斯科三国部分核禁试条约的内容的动议进行表决时,只有越南南方、朝鲜、瓜德罗普、马尔加什、黑非洲留法学联、中国等几个代表团投了赞成票,印度尼西亚和西非留英学联代表投了弃权票,苏联等17个代表投了反对票,一些国家的代表没有参加投票,建议没有通过。这样,在总决议表决前,中国代表团发表声明,对包含有支持莫斯科三国部分禁止核试验条约等错误观点的总决议表示坚决反对,并提出了新的总决议草案,朝鲜代表附议。但执行主席阻挠对中国代表的提议进行讨论和表决,就这样原来的总决议被会议通过。这时,越南南方代表发表声明对已经通过的总决议表示反对。他强调支持莫斯科三国部分核禁试条约对亚非人民的斗争是有害的。朝鲜、瓜德罗普和黑非洲留法学联的代表也发言,表示反对把支持莫斯科三国部分核禁试条约等内容写入总决议,指出通过这样的总决议是一种制造分裂的做法。

10月16日,中国成功地爆炸了第一颗原子弹和苏联赫鲁晓夫被解除职务的消息公布。在苏共新领导就职时,中国向苏联发出了贺电,并祝贺苏联第一艘宇宙飞船发射和着陆成功。苏联十月革命节47周年前夕,中国领导人又电贺节日。11月5日至13日,应苏共中央和苏联政府的邀请,周恩来率领中国党政代表团,赴莫斯科参加十月革命47周年的庆祝活动。但是,由于苏共新领导坚持没有赫鲁晓夫的赫鲁晓夫路线,在中国党政代表团访苏期间苏联国防部长马林诺夫斯基还说了一些极端无理的挑衅性话语,中国党的这次改善两党两国关系的努力没有成功。

11月14日至16日,国际学联执委会会议在捷克斯洛伐克首都布拉格召开。这次执委会会议讨论即将在保加利亚首都索非亚召开的国际学联第八次代表大会的议程和执委会提交代表大会的报告草案稿。以李淑铮为团长的中国学联代表团参加了这次执委会会议。

11月14日,会议开始讨论书记处建议的第八次代表大会第一项议程的表述文字,即"国际学生运动在争取世界和平、反对帝国主义、反对新老殖民主义、争取民族独立、民主与世界学生统一的斗争中的经验和发展,国际学联自1962年8月第七次代表大会以来所做的工作与今后的任务"。在讨论中,马尔加什学生联合会的代表提议把"争取世界和平"放到"民主"后面去。中国学联、黑非洲留法学联、海地学生联合会支持这一提议。但这项建议被苏联等国的代表用投票表决的手段否决。

接着,中国代表团建议在第一项议程表述中要突出反对以美国为首的帝国主义、新老殖民主义。朝鲜和越南南方附议,海地、印度尼西亚、瓜德罗普和黑非洲留法学联也表示支持。但苏联和印度等国代表又否决了这一提案。

会议的第一项议程完成后,会议开始讨论执委会提交国际学联第八次代表大会的报告草案稿。

在讨论中,中国代表在发言中指出,报告草案在重大原则问题上仍存在根本性的错误,最根本的问题是没有指出当前各国学生的迫切任务是要集中一切力量来反对主要的敌人——美帝国主义。报告草案还错误地把保卫世界和平的道路归结为"和平共处"和"全面彻底裁军",继续散布在帝国主义存在的条件下能够实现"全面彻底裁军"和实现"没有战争的世界"的幻想,麻痹各国学生斗志。中国代表在发言中还批评草案吹捧三国部分禁止核试验条约,指出报告草案中根本没有揭露美帝国主义的头子约翰逊的反动面目,而在当前形势下反对不反对美帝国主义是真反帝还是假反帝的一个分界线。中国代表还指出,报告草案中的另一个重大原则错误是破坏团结,制造分裂,继续坚持分裂主义路线,其表现是继续肯定去年8月国际学联书记处发表的有关三国条约的分裂性声明,坚持吹捧以假反帝、真反华,假团结、真分裂而著称的于去年8月举行的基辅夏令学校和于当年9月举行的莫斯科世界青年和学生论坛等活动。中国代表要求在报告草案中明确指出和分析美帝国主义是全世界人民和学生的共同敌人,是最危险的新殖民主义,揭露美帝国主义和它的头子约翰逊的侵略罪行和两面手法,明确世界学生运动的反帝方向,删去所有美化美帝国主义、模糊反帝界线的错误提法,删去有关吹捧三国条约、莫斯科世界青年与学生论坛、基辅夏令学校、佛罗伦萨国际青年和学生裁军会议等不反帝而搞反对中国和其他反帝学生组织的分裂活动的内容。

苏联代表在发言中还是大力宣传"和平共处""对各国革命斗争有利","全面彻底裁军""可以增加对亚洲、非洲和拉丁美洲国家的援助,发展文化教育",同时大力赞扬莫斯科三国部分禁止核试验条约和莫斯科世界青年与学生论坛。

在会上发言的越南南方、朝鲜、印度尼西亚、多米尼加、瓜德罗普、海地等学联代表也不同意报告草案中散布和平幻想、不反对美帝国主义。罗马尼亚代表呼吁删去草案中有分歧的地方,删去有关莫斯科三国条约和禁止一切核试验等部分,以寻求一致和团结。

11月15日,会议开始逐章讨论报告草案。中国代表团就草案中关于和平和民族独立部分提出了原则性的修改意见,建议在反对以美国为首的帝国主义、新老殖民主义,支持民族解放运动(包括武装斗争)的指导思想下重新改写这一部分,但执行主席以这只是原则意见,不是具体修改案为由不予讨论。这天会上争论最激烈的是关于莫斯科三国部分禁止核试验条约的问题。中国代表团建议删去草案中有关肯定和吹捧这个条约的内容。中国的建议得到了朝鲜和罗马尼亚代表团的附议。当讨论中国代表团提出的修正案时,苏联代表团团长哈尔拉莫夫起来发言,反对中国的建议,印度等国代表也跟着表示反对。罗马尼亚、朝鲜、多米尼加、海地等国代表表示支持中国的修正案。在对中国代表团的建议进行表决前,中国代表针对苏联代表团的发言,列举事实揭露和批评了苏联所推行的对外路线,驳斥了苏联代表提出的"反对一切核试验"的观点。这时苏联代表突然提出程序动议,企图打断中国代表的发言,致使会议一时陷于混乱状态。最后会议对中国代表团提出的删去报告中吹捧三国条约的三个段落分段进行表决。结果多数代表同意删去其中的两段,只保留另一段。表决后中国代表团发表声明,表示拒绝苏联代表对中国的诬蔑和攻击。

接着,会议讨论罗马尼亚代表团提出的修正案,即删去报告中有关反对一切核试验和和平解决领土争端的部分,代之以要求禁止一切核武器,把原子能用于和平目的,支持各国学生防止热核战争的斗争,要求撤退一切外国军队和撤销外国军事基地,取消军事集团和实现普遍裁军。这个修正案受到不少代表的支持。此时巴西代表又提出在"禁止一切核武器"后面加上"禁止一切核试验"。会议主席把罗马尼亚和巴西两个修正案混在一起提交表决。表决结果是,苏联等17票赞成,中国、朝鲜、罗马尼亚等11票反对。

在16日会议上,罗马尼亚代表团建议删去报告中有关共同市场的一段,而代之以"国际学联支持学生为建立各国在相互尊重主权、不干涉内政和互利基础上建立关系的斗争。谴责新殖民主义以经济援助为名附加政治条件的经济援助的做法和政策,并宣布反对利用经济关系企图使一些国家在政治上从属于自己,坚决起来反对破坏每一个国家人民、民族作为本国命运主人的权利,为根据自己利益争取改善本国人民生活而斗争"。在表决这一提案时,中国、朝鲜、罗马尼亚等国多数赞成,只有苏联等国代表5票反对,提案被通过。

随着罗马尼亚建议表决后,中国代表团提出删去报告中有关肯定和赞扬莫斯科青年和学生论坛的部分,罗马尼亚、朝鲜代表团附议。这时,有人提出程序动议,说不必对中国代表团的建议进行讨论,提议把此动议立即提付表决。中国代表团要求发言,指出这是大是大非问题,必须认真讨论,弄清是非,逃避实质性讨论,靠表决是不能解决问题的。波多黎各、海地、黑非洲留法学联等代表发言抗议压制民主,要求讨论中国代表团的修正案。但担任会议执行主席的印度代表坚持立即对这一程序动议进行表决,而不讨论中国代表团提出的建议。表决时明明是投反对票的代表很多,但主席却宣布13票赞成,11票反对,这一程序性动议获得通过。这时会场上群情激愤,朝鲜、越南南方、波多黎各、海地、瓜德罗普、多米尼加、马尔加什、留法黑非洲学联等代表纷纷发表声明谴责这种反民主的做法。中国代表也在表决中国提出的提案前发言,揭露有人在幕后活动,阴谋控制国际学联,压制民主,企图把国际学联变成为一国外交政策服务的工具,同时揭露了莫斯科青年与学生论坛假反帝、真反华,假团结、真分裂,反民主的真相。最后由于有苏联等国16票的多数反对,中国代表团提出的提案未获通过。16日的会议开到17日清晨4时才结束。在会议结束前,把国际学联执委会提交国际学联代表大会的报告草案提交会议投票表决。投票结果是,苏联等22票赞成;海地、印度尼西亚等6票弃权;朝鲜、越南南方未参加投票;中国反对,报告草案获得通过。投票结果宣布后,中国、越南南方、印度尼西亚、瓜德罗普、朝鲜等代表团先后发表了声明,表明态度。中国代表团声明不同意这个报告草案,并保留对报告草案发表意见的权利。

11月28日至12月7日,国际学联第八次代表大会在保加利亚首都索非亚举行。出席这次代表大会的共有75个国家的国际学联会员组织的代表。中国参加这次代表大会的代表团团长为李淑铮,团员有杨振亚、胡述智、梁鸿贵、时钟本、俞纪美、饶都钧和李一,翻译有岑悦芳、于问陶、潘世强、吴建民、林迈珠。

大会议程为:

1. 国际学联执委会关于国际学生运动在争取世界和平,反对帝国主义、殖民主义和新殖民主义,争取民族独立、民主和世界学生团结斗争中的经验和发展的报告,自1962年国际学联第七次代表大会以来国际学联的工作及其今后的任务。

2. 吸收新会员。

3. 四个小组委员会分组讨论:(1)学生在争取世界学生团结和加强国际学生合作中的活动;(2) 学生争取世界和平和民族独立的斗争——学生在争取世界和平、全面彻底裁军和不同社会制度国家之间的和平共处、反对帝国主义战争政策和侵略政策斗争中的活动——学生在反对帝国主义、殖民主义、新殖民主义,争取民族独立和民主斗争中的活动;(3)学生在争取教育改革和教育民主化中的活动;(4)学生的学科、文化、救济、出版、旅行和体育活动。

4. 财务委员会报告。

5. 选举执行委员会、书记处和财务委员会。

这次国际学联代表大会是在赫鲁晓夫下台后在东欧国家召开的一次大型国际会议,苏共新领导力图实现其控制国际学生运动的意图,所以大会围绕反对帝国主义和维护国际学生运动团结这个中心问题展开了激烈辩论。中国代表团根据有关指示在会上采取的方针是抓住有利形势, 高举团结反美帝的旗帜,同苏联代表等进行针锋相对的斗争,充分发动群众,团结群众,展开攻势,揭露苏联代表和国际学联一些领导人所推行的路线的本质, 同他们坚决划清界限。在表决时,对文件不搞混合体,不搞修修补补,对露骨贯彻这一路线的会议决议投反对票,对搞成混合体的决议也投反对票,对经过斗争把错误东西完全打掉,虽调子不高,但方向正确的决议则投赞成票。

10月28日,会议开幕,中国学生代表团向会议提出了一项紧急动议,建议大会通过一个坚决谴责美帝国主义侵略刚果(利)罪行的抗议声明,并当场宣读了中国代表团提出的抗议声明草案,全场热烈鼓掌,表示同意中国代表团的建议。会上,阿尔及利亚、加纳、黑非洲留法学联、印度尼西亚、阿尔巴尼亚、古巴、坦噶尼喀、喀麦隆、锡兰、莫三鼻给(莫桑比克)等代表团纷纷发言支持中国代表团的建议。苏联代表团在发言时,未对中国代表团的建议提出任何意见,却另提一个向美国总统约翰逊表示抗议的电报草案。这时,会议执行主席保加利亚代表便提议把中国代表团的建议交小组委员会去作专门讨论,而在大会上先通过苏联代表团提议的电报草案,然后又以时间已晚为理由,想中止对中国代表团的建议的讨论。这个提议受到波多黎各代表的反对,中国代表团也对有人企图拖延通过中国代表团的建议表示遗憾,呼吁会议执行主席保证每一个代表都有发言权。最后西非留英学联代表建议29日再讨论中国代表团的动议和苏联的抗议电报,开幕会才结束。

在29日的会议上,黑非洲留法学联的代表代表非洲14个组织首先发言,对会议拖延解决中国代表团提出的抗议声明表示遗憾,他还指出抗议声明中的"以约翰逊政府为代表的帝国主义的侵略本性是不能改变的"这句话不能修改。接着,捷、匈、民主德国、保等国代表提出了一些修正案,捷代表建议把声明名称中的"美帝国主义"改为"帝国主义势力"。中国代表当即发言指出,现在的问题是承认不承认美帝国主义是侵略刚果的罪魁,美帝国主义是全世界人民的主要敌人,在当前情况下反对还是不反对美帝国主义是真反帝还是假反帝的分界线,令人遗憾的是,有人说要反帝,但一谈到反美帝时,就极力为美帝打掩护。其后又先后有黑非洲留法学联、罗马尼亚、波多黎各、阿尔巴尼亚、朝鲜等代表发言。大会在就中国代表团提出的抗议声明进行表决时,一致通过了这项抗议声明。随后,中国代表团发表了投票声明,对会上提出的对抗议声明的个别修正表示保留,并指出有人口口声声说反帝,但又千方百计模糊反对美帝国主义的视线,他们是在为美帝国主义打掩护,他们自己不反帝,还不让别人反对美帝国主义。会议也通过了苏联代表团提出的就刚果(利)局势致美国政府的抗议电。苏联代表在通过这项电报前发言说:"不要在文字上竞赛谁是反帝的,这样帝国主义是不能被打倒的。"

在29日下午举行的大会上,国际学联主席沃克罗兹基就大会第一项议程,宣读了在国际学联布拉格执委会会议上就已受到很多代表批评的国际学联执委会向国际学联代表大会的报告稿。他宣读完后,会议开始讨论这个报告稿。

会议讨论一开始,苏联代表团团长茹拉夫列娃就抢先发言,表示对报告的支持。她在发言中,首先阐述了苏联的反对帝国主义的立场,然后大力赞扬苏联的"和平共处"、"全面彻底裁军"政策和"莫斯科三国部分核禁试条约",还介绍了苏联学生组织"同各种学生组织的合作"的情况,同时大力赞扬莫斯科世界青年和学生论坛,并要求国际学联贯彻论坛通过的行动纲领。一些追随苏联主张的代表也在发言中重复了这些内容。

在讨论中,中国代表也发了言。中国代表指出,近几年来有人违背各国学生的共同愿望,在政治上力图把国际学联引向不反帝和反对反帝的途径,在组织上破坏团结,制造分裂,把斗争矛头指向坚持反帝立场的各国学生组织。这种问题首先表现在不敢反对帝国主义的头子——美帝国主义,并且充分地表现在这次大会的报告草案中和几年来国际学联的工作中;这种问题的另一个表现就是把"和平、和平共处和全面彻底裁军"作为国际学联路线的核心。因此,中国代表建议大会确认美帝国主义是全世界人民和学生的共同敌人,是最危险的新殖民主义,并坚决揭露美帝国主义及其头子约翰逊政府的侵略罪行和玩弄的两面手法,积极支持亚非拉各国学生反对帝国主义、新老殖民主义、争取和维护民族独立的正义斗争。中国代表说,国际学联应当在正确的传统路线的基础上维护团结,贯彻民主协商的原则,贯彻互相尊重,大小国家、大小组织一律平等的原则,反对分裂。

中国代表发言后,苏联等国和印度代表发言批评和指责中国。尼日利亚代表、全日学联代表和加拿大代表在会上批评中国搞核试验,全印学联提出解放香港和澳门的问题,并就中印边界问题指责中国。中国、阿尔巴尼亚、波多黎各、越南代表在发言中驳斥了这些代表的发言。

在11月30日的会议上,中国代表团提出紧急动议,建议大会邀请已到索非亚的日本反对"安全条约"维护和平民主全国学生联合会(简称平民学联)参加大会。阿尔巴尼亚、朝鲜、越南、南越等代表团支持中国的建议。但是,会议操纵者利用表决机器一方面拒绝日本平民学联的代表参加大会,另一方面又强行通过决定,让莱顿联络秘书处的代表作为观察员出席大会。莱顿联络秘书处的代表在12月6日的大会上指责中国搞核试验,并鼓吹国际学生运动的"统一合作"。中国和亚非拉国家的代表纷纷发言,控诉和揭露莱顿联络秘书处为美帝国主义效劳,敌视和破坏亚非拉学生的反帝斗争的事实。

12月6日,大会结束了第一项议程的讨论,转入小组委员会工作。小组委员会工作结束后,又召开全体会议,在通过了会议的一系列决议后宣布闭幕。

11月,中国学联派胡述智去布拉格担任驻国际学联代表,与他同去的有工作人员王纪德,他们两人在国际学联工作至1966年9月。

1965 年

3月1日至5日,在美国将侵越战争升级的背景下,莫斯科共产党和工人党代表协商会晤举行。主办方向26个党发出了邀请,但只有19个党到会,中国、阿尔巴尼亚、越南、印度尼西亚、朝鲜、罗马尼亚、日本等7个党拒绝参加。3月23日,《人民日报》发表题为"评莫斯科三月会议"的文章,指出,三月会议"是一个公开分裂国际共产主义运动的极其严重的步骤","国际共产主义运动的两条路线的斗争,已经进入了一个新阶段"。

12月6日至15日,国际学联执委会会议在捷克斯洛伐克温泉疗养地卡洛维瓦里召开。到会的有担任国际学联执委的43国学联的代表(印度尼西亚和喀麦隆2个执委缺席)、10个亚非国家和4个国际组织的观察员,共计110余人。由中国学联主席伍绍祖担任团长,徐葵、胡述智、时钟本为团员的中国代表团参加了这次会议。

会议的议程为:

1. 国际学生运动当前形势和国际学联的任务。

2. 加强对越南人民和学生反对美帝国主义侵略斗争的国际声援。

3. 非洲学生及其组织在反对殖民主义、新殖民主义,争取非洲团结、争取自由和国家建设、建立和发展非洲大学以及恢复非洲文化的斗争中的作用。

4.国际学联成立20周年庆祝活动的筹备工作。

这次会议出现了一个新情况,就是苏联和国际学联领导人不再讲"和平共处"和"全面彻底裁军"一类的话了,也开始讲反对帝国主义和反对美帝国主义了,还大讲国际学联反帝、反殖、争取民族独立和解放、保卫世界和平、维护学生权利的传统原则,并称赞这些原则的正确性,还说在这些原则的基础上大家都可以"一致",呼吁一切反帝力量采取"联合行动",并说"在一个民主的国际组织中发生一些争论是很自然的"。这种情况在国际学联主席沃克罗兹基向会议作了长达77页的总报告和苏联代表在发言中都有所体现。另外在会下,苏联等国的代表做了大量笼络亚非拉代表的工作,并向亚非拉代表许诺提供奖学金和提供物质援助。

这次会议的头两天开得很沉闷,有两次因报名发言者太少而临时宣布休会。在会议一开始,中国代表团就建议在第一项议题中明确指明要反对以美国为首的帝国主义。这个建议得到朝鲜、越南、多米尼加的附议。还有许多代表在讨论中国代表团的建议时,慷慨陈词,揭露了美帝国主义的罪行。苏联代表等则以"避免重复"为理由表示反对。会议经过投票表决,以21票赞成通过了中国代表团的建议。投票时,苏联等8个代表投了弃权票。接着,中国代表团又建议把越南问题单独列出来进行讨论,苏联代表表示反对。

在会议的第三天,苏联代表作了一个长篇发言,大讲"反帝"和"团结",并为莫斯科镇压外国留学生的事件进行辩护。中国代表团在苏联代表发言后,要求作提供情况的发言。中国代表阐述了国际学联中两条路线的分歧,批评了苏联在莫斯科和列宁格勒镇压举行反美示威的外国留学生的行为，并出示了照片。在发言时，中国代表质问苏联代表："是学生反美示威有罪，还是苏联政府镇压学生有罪？"全场为之震动。在中国代表发言后，有9名发言的代表，指责中国代表团把国际共运分歧带进会场。中国代表进行了反驳。朝鲜、多米尼加、波多黎各、刚果（利）、黑非洲留法学联、西非学生总会的代表支持中国代表作情况发言，对会议的反民主做法表示遗憾。会后许多代表围住中国代表团要材料并看照片。

会议第五天，国际学联主席沃克罗兹基就第一项议程的讨论作总结发言。他在发言中说国际学联只有一条路线，中国代表团讲国际学联存在两条路线是强加于人，还说国际学联是最民主的组织。中国代表团当即发表长篇声明，运用了大量事实材料批评苏联学生组织领导人把苏联的"和平共处"、"全面彻底裁军"的外交路线强加给国际学联的行为。朝鲜、越南、罗马尼亚、刚果（利）、多米尼加、厄瓜多尔、黑非洲留法学联等代表团也相继发表声明，从不同角度对国际学联主席的总结表示保留。苏联和另外17个发言的代表轮番出来表态，指责中国代表团"攻击苏联"、"挑起分歧"。

在会议开始讨论会议决议时，以苏联代表等为一方，以中、朝、越以及部分非洲和拉美代表为另一方，在国际学生运动的统一合作问题上又发生一场论战。苏联方面的代表要会议通过一封致"国际学生会议"要求合作的公开信。中国一方的代表则坚决反对。双方争论达数小时。争论中，拉美代表和非洲部分代表要求对公开信的名称和内容作根本修改，提议把信的名称改为"致国际学生会议成员组织的公开信"。但是这个提议最后仅以1票之差被否决。在最后对这封公开信表决时，中、朝、越、多米尼加、巴拿马、波多黎各、海地等9名代表投反对票，古巴、委内瑞拉、哥伦比亚、黑非洲留法学联等6名代表投弃权票，苏联等23个国家代表投赞成票，因此通过了会议关于这封信的决议。

在表决联欢节地点问题的决议时，发生了古巴及其他拉美国家代表与苏联集团的对立。古巴坚持在哈瓦那举行下届联欢节，苏联和东欧国家极力反对，拉美代表寸步不让，要求表决。于是，苏联代表等利用追随他们的非洲代表提出动议，提出把此问题交书记处研究处理。中国代表团支持拉美代表反对此动议。在第一次就此动议进行表决时，表决结果是18票反对，17票赞成，苏方的意见成了少数。这时，会议主办者以票未点清为由再次把此动议提付表决。表决结果是反对和赞成各为18票。第三次表决又各为18票。在这种情况下，苏联等代表要求休会10分钟。在休会时，苏联等国代表与投弃权票的比利时代表进行了交易。复会后进行第四次表决时,支持票多了1票,以19票对18票决定把联欢节地点问题交国际学联书记处研究处理。古巴代表在投票后发表长篇投票声明,影射批评苏联不支持古巴。

会议最后讨论关于国际学联20周年的决议和关于第一项议程的决议。在讨论中,中、朝、越反对在决议上写国际学联20年来的成就和批准书记处一年来的工作。苏联代表和国际学联一些领导人运用表决机器否决了中、朝的修正案。在表决第一项议程决议时,中国代表团投了反对票,朝、越、南越、厄瓜多尔、多米尼加投了弃权票,黑非洲留法学联和西非学生总会没有参加投票。投票后,中国代表团发表了对会议作全面总结性的投票声明,批评苏联代表利用会议反对中国和其他反帝组织,拒绝了说中国代表团"反苏"的批评。

1966 年

3月22日,中共中央回复苏共中央的邀请,拒绝派人出席苏共二十三大,中苏两党断绝了来往。

7月11日至19日,国际学联执委会会议在埃及首都开罗召开。参加这次会议的除任国际学联执委的45人外,还邀请了12个非洲国家的国际学联会员组织和非会员组织。此外还有4个阿拉伯党派组织、世界青联、亚非团结委员会和一些知名人士列席了会议。此时中国国内已开始了"文化大革命",故中国未从国内派代表团而派中国驻世界青联和国际学联的代表组成代表团与会。由中国青联驻世界青联代表贾学谦任团长,中国学联驻国际学联代表胡述智和驻国际学联工作人员王纪德为团员,中国青联驻世界青联工作人员于问陶为代表团翻译。

这次执委会会议的议程为:

1. 越南问题。

2. 国际学生运动过去20年的经验,以及国际学联在发展和加强世界学生的团结一致方面的作用。

3. 关于非洲、中东和阿拉伯国家的人民和学生反对以美国为首的帝国主义和新老殖民主义,以及争取彻底解放和社会进步的斗争。

在会议期间,中国和其他许多国家的代表在关于越南问题的发言中,强烈谴责美帝国主义轰炸河内、海防,把侵越战争升级到一个新的更严重的阶段。中国代表说,美帝国主义已彻底撕毁《日内瓦协议》,打破了战争的界限,并且表示中国学生和人民坚决支持中国政府7月3日的声明,将根据越南人民的利益和要求,不受限制地、用一切可能的方式支援越南人民的斗争。中国和其他国家的代表还揭露了美帝国主义推行"以炸迫和"的阴谋,妄图迫使越南人民停止战斗,永久占领南越,并把南越当做侵略印度支那和整个亚洲的基地。

在会议第一天开始讨论越南问题时,中国代表团就提出了一份关于越南问题的紧急呼吁书,要求会议讨论通过。在越南民主共和国主席胡志明于7月17日发表《告全国同胞书》后,18日上午中国代表团又提出临时动议,要求会议发电报坚决支持胡志明主席的《告全国同胞书》。最后又向会议提出了一个关于越南问题的决议草案。中国代表团在提交这个决议草案时说,"苏联领导集团为了把越南问题纳入'苏美合作主宰世界'的轨道,一直在同美帝国主义狼狈为奸,玩弄对越南人民假支持、真出卖的诡计。"还说,苏联领导集团造谣诬蔑中国阻挠援越物资过境运往越南,是企图挑拨中国和越南之间的关系,是在无耻地攻击中国。苏联代表团及其追随者则极力阻挠在会上讨论和通过中国代表团提出的关于越南问题的三个文件草案。

在讨论关于国际学生运动统一合作议题时,中国代表发言批评苏联控制国际学联奉行投降主义和分裂主义和反华的路线,并列举了苏联学生组织领导人把一条"苏美合作主宰世界"、"和平共处"、"全面彻底裁军"和反华的路线强加给国际学联的一系列事实。中国代表在发言中指出,苏联领导人提出的"联合行动"实际上是联美反华,联蒋反华,联合美帝国主义的工具联合国和一切反动派反对民族解放运动,反对人民革命斗争。中国代表还指出,苏联学生组织在增进国际学生统一合作的幌子下,曾经提出取消国际学联,而与"国际学生会议"合并, 这是极其错误的主张。但是会议没有接受中国和其他国家的一些代表的反对意见,最后还是通过了一项加强同"国际学生会议""团结合作"的决议,要求同一切学生组织"联合行动",并决定派代表团出席"国际学生会议"第十三次大会。

在讨论第三项议程的发言中,中国代表表示坚决支持非洲和阿拉伯各国人民反对以美国为首的帝国主义和新老殖民主义的斗争。

中国代表团最后向会议提出一份总决议草案,内容是严厉谴责苏联推行的路线,提出建立一条反对以美国为首的帝国主义的广泛的、真正的国际统一战线,确立一个支持亚洲、非洲、拉丁美洲民族解放运动,支持各国人民的武装斗争、人民战争的革命路线。苏联代表团及其追随者想阻止会议讨论中国代表团提出的这个总决议草案,但是多米尼加、厄瓜多尔、黑非洲留法学联等代表反对。苏联代表立即指使会议执行主席印度代表压制讨论,并把苏丹代表提出的会议无权讨论路线问题的建议付诸表决。

会议从19日晚上到20日上午通过了为数众多的决议。中国代表团在这个程序结束后，发表了总投票声明，说明中国代表团对声援亚非拉各国人民反帝斗争的决议投了赞成票，但是决议中没有包括反对美帝国主义帮凶的内容，中国代表团对此是有保留的。在会议最后，中国代表团还发表了对这次执委会会议的一个总声明，指出所有要革命的人民，都通过这次会议提高了自己的觉悟，所有革命的学生和人民应当丢掉对美帝国主义及其帮凶的幻想。不同帝国主义的帮凶进行斗争，就不可能把反帝斗争彻底进行到胜利。

在会议进行期间，当中国代表在会上发言时，苏联代表及其追随者曾经采取猛敲桌子、大声叫喊、跺脚起哄、切断电源等手段阻挠发言。

9月，中国驻国际学联代表胡述智奉召回国。中国学联虽未退出国际学联，但从此时起未再与国际学联进行联系和参加国际学联活动。

回 忆 录

为新成立的中国学联建立国际联系
——纪念中国学联参加国际学联 60 周年
钱存学

国际学生联合会,以下简称国际学联,是第二次世界大战结束后的第二年1946年8月在布拉格成立的。它继承了战时世界人民反法西斯大团结的传统,在战后曾团结了114个国家的152个学生团体,在殖民地人民争取民族独立的运动蓬勃发展并最后冲垮世界殖民体系的历史性大革命中和世界人民保卫和平、制止第三次世界大战爆发的人民运动中发挥过独特作用。

光阴荏苒,我有幸受组织的派遣,代表新成立的中国学联前往布拉格于1947年8月参加国际学联以来,时间已经过去60年了!

1947 年中国学联驻国际学联代表钱存学在布拉格查理大桥上留影

中国参加国际学联后,先后向国际学联派出了8任常驻代表到国际学联总部工作,按时间顺序, 他们是钱存学(1947—1948)、梁畊(1948—1950)、柯在铄(1950—1952)、谢邦定(1952—1955)、程极明(1955—1958)、徐葵(1958—1961)、胡启立(1962—1964)、胡述智(1964—1966)。在此期间, 随着东西方冷战和中苏分歧的发生和发展,国际学联的性质和作用也相应发生了变化,从在国际社会代表世界学生利益的国际组织演变为苏联的外交工具。1966年9月以后,中国未再参加国际学联的活动。

1997年8月,梁畊同志和夫人吴青大姐邀请柯在铄、谢邦定、徐葵和我几个老战友偕夫人到他家聚会,纪念中国学联参加国际学联50周年。席间,大家认为，国际学联的成立、发展和衰落，以及它在特定的历史时期所起的作用，蕴藏着许多经验教训值得人们去发掘和探讨。后来，我们把这个意见向团中央国际联络部作了汇报，有些同志随即也开始了收集资料的工作，谢邦定同志还率先写出了自己的回忆录。

2006年2月，团中央国际联络部召开关于国际学联的研讨会，邀请过去参加和领导过这一工作的老部长钱李仁和担任过常驻国际学联代表的老同志共同回顾当年国际学生运动的状况和国际学联所走过的道路，并要求把国际学联不同时期的主要历史事实和他们本人的亲身经历，用"简史"和"回忆录"的形式，尽可能真实、客观地写出来汇编出版。这是我们多年来的愿望，我衷心感谢他们。遗憾的是，柯在铄同志未能等到此书出版便于2007年1月9日和我们永别了。

我在执笔撰写本文时，发现我在国际学联工作的时间虽短，但有些事情比较复杂，而自己当时年轻幼稚，虽然身在其中或者就是主要的当事人，却只知其最后的结果，而对它的背景以及高层的想法和实施过程并不了解。现在，事情已经过去60年了，对许多事情的细节已记不很清，加之我本人当年的日记、笔记、来往信件、讲稿、文稿，以及我所保存的国际学联出版的有关会议记录和出版物等文字资料，都已在"文化大革命"中被造反派当做把我打成"国际间谍"的证据全部抄走而损失殆尽，所以感到要做好这件事并非易事，近些年来，我虽然又从国内外收集到一些参考资料，并对那段历史进行了认真的思考和重新认识，力求对自己和组织都有一个客观和忠实的交代，但遗漏和不准确之处恐仍难以避免，务请知情的同志不吝指正。

一、接受任务，化名突围，出国寻找进步的国际学生组织

1945年8月，抗日战争胜利后，中国人民渴望能够在和平的环境中重建家园，医治战争创伤，把中国逐步建设成一个独立、民主、统一、富强的现代化国家，不再受帝国主义的欺压。但是，国民党反动政府却不顾广大人民的愿望，仗恃有美帝国主义的支持，处心积虑地要在中国发动内战，消灭共产党和共产党领导广大敌后人民从日本侵略者的刺刀下解放出来的解放区，以维系其腐败反动的统治。国民党政府的倒行逆施不能不引起广大人民和学生的严重不安。从1945年8月日本帝国主义投降到1949年10月新中国成立，国民党统治区内反对国民党内战政策的学生运动，一直此起彼伏，从来没有停息过。

中共中央从1945年底昆明爆发的"一二·一"反内战运动和1946年年底北京

爆发的"抗议驻华美军暴行运动"的自发性及其广泛程度中,预见到国民党统治区里正在酝酿着一场更大的人民革命运动的新高潮。为了加强对国民党统治区人民运动的领导,迎接革命新高潮的到来,中共中央于1946年年底恢复了中央城市工作部,由周恩来副主席兼任部长、李维汉同志任副部长,"在中央规定方针下,研讨与经营蒋管区的一切工作(包括农、工、青、妇)",并于1947年1月初发出《关于加强对蒋管区学生运动的组织和领导的指示》,5月6日,又将上海分局改为上海中央局,"管辖长江流域、西南各省及平津(南系)党的组织和工作,并于必要时指导香港分局一部分工作"。

1947年5月20日,在全国师生"抢救教育危机"的斗争中,京沪苏浙豫五省市学联在国民党政府的首都南京联合举行了震惊中外的游行示威。在受到国民党军警血腥镇压后,在短短的两三天时间内,一个"反饥饿、反内战、反迫害"运动,就在全国范围内以更加磅礴的气势和空前的规模,风起云涌般席卷了整个国民党统治区的60多座大中城市,形成了解放战争时期的"第二条战线"。

"五二〇"运动后,国统区的学生运动在党的统一领导下更加深入、更加广泛地发展起来。为了互通情况、交流经验和协调各地的学生斗争,上海中央局成立了蒋管区学生运动小组,由钱瑛同志任组长,参加这个小组的有朱语今(西南)、吴学谦(上海)、王汉斌(平津南系)、赖卫民(云南)、洪德铭(杭州)等同志。在国统区学运小组领导下,6月17日—19日在上海召开了全国学生代表大会,成立了中国学生联合会,推选华北、上海、南京、浙江、昆明、武汉等地区学联为理事单位,上海学联为秘书处单位,先后由吴学谦、钱李仁同志具体领导。

中国学联成立后,因国民党反动政府的新闻封锁,还不知道国际学联已经成立的任何信息,决定派人到国外去了解第二次世界大战后国际学生运动的情况,寻找进步的国际学生组织,为新成立的中国学联建立国际联系,争取国际支援。我有幸被组织选派去执行这项重要的任务①。

当时我24岁,是上海交通大学机械工程系的一名在读的党员学生。我是1939年在上海麦伦中学学习期间,在上海市学生界抗日救亡协会("上海学协")参加革命工作的。抗日战争胜利后,我于1946年初随重庆交通大学回到上海,在

---

① 史继陶著:《回忆解放战争时期的中国学生联合会》,《中国青运》;《中国共产党历史资料丛书——解放战争时期第二条战线》(学生运动卷中册),中共党史出版社1997年版,第528页。

交大地下党的领导下,推动和帮助两地进步同学组织起来,成立进步的学生社团,作为开展学生运动的骨干力量;同时,为了团结在数量上占绝大多数的、在政治上还处于彷徨观望的中间状态的同学,发起成立了交大青年会,为他们提供一个参加课外活动和接受党对他们进行启蒙教育的平台,帮助他们在历史的转折时刻紧紧跟上时代前进的步伐。由这些社团举办的活动,不但受到本校广大同学的欢迎,并且还吸引了许多外校同学前来参加,往往把学校的大礼堂、体育馆、大草坪等大型集会场所挤得水泄不通,连地上都坐满了人。许多同学在参加这类活动后,逐渐提高了思想觉悟,明确了政治方向,积极支持或参加学生运动,不少同学还参加了党或党的外围组织。交大青年会在党领导的爱国民主学生运动中迅速发展壮大,成为当时交大最受欢迎的参加人数最多的学生社团之一,在冲破国民党反动派的白色恐怖,团结和教育广大同学,为进步的学生运动不断输送新生力量,壮大进步势力和孤立反动势力,把交大建成上海进步学生运动的"民主堡垒"的工作方面,成为交大地下党的一个重要助手①。

1947年5月初,交大青年会顾问、上海女青年会学生部干事沈佩容同志到交大来通知我:"世界基督教青年大会将于7月中旬在挪威首都奥斯陆举行,中华基督教青年会全国协会已同意上海男、女青年会的推荐,由你以交大青年会会长的身份参加代表团出席会议。"我对她说:"我不是基督徒,交大青年会也不是基督教青年会,参加世界基督教青年大会是否合适?"她说:"中华基督教青年会帮助全国各地许多大、中学校成立了像交大青年会这样的学校青年会,其会员有基督徒,也有非基督徒,并且非基督徒占绝大多数。因此,是否是基督徒,并不是代表资格的必要条件。选你做上海青年会的学生代表,主要是因为交大青年会在交大学生运动中所做的工作和所起的作用在上海学生运动中具有典型的意义,并且你在抗战初期从1938年开始就参加了上海的学生运动,对中国学生运动的情况比较熟悉,同时你在语言和同外国人打交道方面也没有什么困难,你去参加这个会有很多有利的条件。"当时,我并不知道上海地下党自1937年以来就成立了由江苏省委(后上海局)书记刘晓本人和群众工作委员会负责人(后南京市委书记)陈修良亲自联系的"教会学校工作委员会",领导上海教会学校的学生运动和对在上海青年会工作的党员进行思想政治教育;也不知道1939年

---

① 《战斗在第二条战线上》,上海交通大学出版社1989年版;《水之源——解放战争时期交通大学革命斗争回忆录》,上海交通大学出版社1997年版。

组织上就曾派龚普生等同志去参加过这年在阿姆斯特丹举行的第一次世界基督教青年大会,会后同国际进步学生运动联系,邀请了世界学联的代表柯乐曼、白德尔等人来到抗日战争中的中国,访问了上海、北京和延安①;更不知道解放战争时期这个委员会已作为"教会学校区委"改属上海学委,它的书记就是抗战初期的老同学和老战友蔡文光同志;但是我知道上海青年会里有不少"上海联"的老战友,交大青年会的顾问沈佩容同志就是其中之一。我随即将这个情况向交大地下党组织作了汇报。

第二天,上海学委国立大学区区委书记、原交大地下党总支书记吴增亮同志就找我谈话,说:"中华基督教青年会全国协会选派你以交大青年会会长的身份到奥斯陆去参加世界基督教青年大会的意见,党是同意的。"他同时又通知我:"成立全国学联的筹备工作已经基本就绪,很快就要宣告成立了,组织上研究决定派你代表新成立的中国学联,到国外去了解第二次世界大战胜利后国际学生运动的情况,寻找进步的国际学生组织,把中国学生运动同国际进步学生运动之间的联系建立起来,争取他们对中国学生英勇斗争的了解和同情,把他们动员起来谴责美蒋反动派发动内战、镇压爱国民主学生运动的罪行,声援我们的斗争。"当时,由于国民党政府的严密封锁,中国学联还不知道有关1946年世界学生第一次代表大会在布拉格召开和成立了国际学联的任何消息,只知道巴黎有个世界民主青年联合会,是个进步的国际青年组织。因此,他还说:"你可以随青年会代表团出国,在完成了青年会的任务后,再到巴黎世界民主青年联合会去执行全国学联的任务。"当时,我并不了解这副担子的分量,便接受了这个对我来说过于沉重的任务。此后,我的组织关系便从交大转到了负责全国学联工作的上海学委副书记吴学谦同志那里。

这时,我和在交大学生运动一线工作的同学共18人已被特务机关列上了黑名单。5月30日半夜3点,国民党反动军警进校大搜捕时,组织上已从几个渠道得到了消息,将可能被捕的同学撤离了校园。这时,我已转移到江西路周慕梅同学的哥哥家里隐蔽,同时参加中国学联成立大会和进行出国前的准备。会后,全国学联秘书长史继陶同志向我正式布置了我出国后的工作任务。他说:"五二〇运动后,蒋介石反动政府变本加厉地疯狂逮捕进步学生,妄想把学生运动镇压下去,全国各地已有许多学生被捕,有些已经被杀。你出去后,要设法找到进步的国际学生组织,并代表中国学联和他们建立联系,争取留在他们的总部工作,向

---

① 《中共上海党史资料丛书——抗日战争时期上海学生运动史》,第56—57页。

国际社会揭露蒋介石政府的反动本质,宣传中国的爱国民主学生运动,争取各国学生对中国学生艰苦斗争的同情和支持。"

此后,吴学谦同志多次来到我隐蔽的住所,辅导我学习中国革命及学生运动的历史、现状和主要经验,要我找到进步的国际学生组织后,争取留在它的总部工作,在工作中要主动配合苏联同志,同世界各国进步学生代表紧密团结,共同奋斗。全国学联资料组翁郁文同志,在学委乔石同志的指导和协助下,为我准备了一套十分完整的关于中国学生运动的剪报资料和照片。在我完成了政治上和资料上的必要准备后,老吴同志交给我中国学联用英文写给世界民主青年联合会的介绍信和入会申请书,并通知我说:"全国学联即将派周寿昌、史继陶等同志到香港去建立'全国学联香港办事处'(对外的名称叫'中国学联对外联络处'),负责全国学联的对外联络和宣传工作。你和他们都很熟,你在国外的工作,以后便由他们联系和领导。考虑国内同志的安全,在国外工作期间,你的党员身份对外不要公开。"

1954年秋,我的入党介绍人、原麦伦中学地下党支部书记、同学施宜同志由沪来京出差,他是抗日战争时期上海麦伦中学、之江大学和圣约翰大学地下党支部书记、上海地下党学委委员,解放战争时期学委总交通。他要我陪他去看望正在北京医院住院的刘晓同志。刘晓同志于1937年在延安参加了党的白区工作会议后,受党中央委派来到上海,担任江苏省委书记,负责整顿和恢复在"左"倾路线时期被破坏殆尽的上海和江苏地下党组织,他化名林庚汉,公开职业是麦伦中学教员,恰好是任我那一班级的老师,教我们国文和公民。解放战争时期,他任上海中央局书记,领导党在京沪、平津(南系)、西南、华中等地区和必要时香港的一部分秘密工作。在病房里,他笑着问我:"1938年我在麦伦教书时,你带了另一个同学跑到爱文义路我的家里来做我的工作,动员我参加你们的抗日救亡活动,你还记得吗?""我当然记得!"我指着施宜说:"为了我的这个无组织无纪律的错误,他给了我好一顿批评,推迟了好几年才发展我入党呢!"我正想告诉他我从麦伦毕业后的情况,他又笑着说:"你的情况我全知道。派你到'国际'去工作,还是我批准的呢!"这是我第二次听到老一代革命家对共产国际和青年共产国际这样称谓,第一次是我从国际学联回国后,向冯文彬同志汇报时听他如此说的。

新中国成立后不少同志问我,组织上为什么会派我去执行这个任务,而当时地下党都是单线联系,我和党的高层领导同志没有直接联系,所以并不了解他们的想法。从医院出来后,我曾问施宜同志:"当时组织上为什么要派我这个

既没有在高层领导机关做过工作又没有国际斗争经验的普通一兵代表中国学
联出国工作?"他说:"中国学生运动不断取得胜利的主要经验之一,就是在党的
领导下走和工农结合的道路,贯彻执行党的统一战线政策,不断克服和防止
'左'倾关门主义和盲动主义的错误,团结而不是嫌弃和排斥最广大的中间群
众,争取他们在中国革命斗争中站到革命人民这边来,壮大进步力量,孤立反动
派。你从抗战初期在麦伦中学青年会、学生自治会、'上海联'、'学协',直到解放
战争时期在交大,做的其实都是这个工作,在这个方面有一定的体会和实际工
作的经验。据我了解,选派你出去参加国际学生运动的工作,主要原因可能就在
这里。"

　　1947年6月28日,预定动身出发的前两天,交大地下党总支委员、我的党小
组长朱爱菊同志来通知我说:"根据内线情报,国民党特务已经知道了你出发的
时间,准备在机场对你进行逮捕。因此,组织上决定你提前先去香港乔冠华同志
处,明天就动身。出席奥斯陆基督教青年大会的中国代表团所乘的飞机后天路
过香港时,在那里接你登机,同他们会合。装资料的箱子你不要自己带,由我们
另外托人带到奥斯陆去给你。"她随即把一张到香港的机票和出国护照交给了
我。我打开护照一看,发现护照上除了照片是我本人的以外,名字和生日都已改
掉了,名字改得洋里洋气,年龄小了一岁,生日晚了一天。原来是地下党的同志
为我填表向国民党政府外交部申请护照时,为了防止被特务发觉,把我的名字
和生日都做了改动。结果,在我后来的自传里便多了一个"曾用名",而生日也就
将错就错地沿用至今。

　　按照组织上的安排,我把装学运资料和照片的箱子交给了朱爱菊同志,然
后,我只拿了一个小包,装了两套我哥哥的旧西服和自己的几件衬衫内衣,带着
吴学谦同志和我哥哥给我凑的几百美元,就只身出发了。7月21日,当飞机在奥
斯陆机场降落后,开飞机的美国青年驾驶员拎着那个装资料的箱子交到了我的
手里,握了握手,没有多说话就走了。直到1995年交大百年校庆时我才知道,
朱爱菊把资料箱子交给了上海女青年会学生部主任干事杨寿宁,杨大姐又转请
女青年会全国协会的美籍干事、宋庆龄和史沫特莱的老朋友耿丽淑 (Teresa
Gerlach),将它交给了开飞机的美国驾驶员,请他带到奥斯陆后交给我本人。遗
憾的是耿丽淑女士已经去世多年,而我迄今还不知道这个同情中国革命事业的
美国青年飞机驾驶员的名字!

　　我这次是第一次出国,对中国以外的世界是个什么样子,除了一点书本知
识外,可谓一无所知。感谢参加世界基督教青年大会的中国代表团负责人、进步

的宗教界人士吴耀宗先生和代表团秘书杨寿宁大姐等,他们对从上海到奥斯陆这段旅程进行了煞费苦心的设计,在联合国救济总署驻华代表处的朋友协助下,同沿途有关国家联系后,得以在横跨亚欧大陆途经东南亚、南亚、西亚、北非这一大片地域辽阔的殖民地附属国土地时,在曼谷、加尔各答、孟买、卡拉奇、沙加、巴格达、开罗,进入欧洲后又在雅典、那不勒斯、罗马、佛罗伦萨、威尼斯、巴黎、阿姆斯特丹、哥本哈根等这些具有代表性的城市进行了停留,通过参观他们的学校、工厂、农村、寺庙、教堂、博物馆,同他们的青年代表座谈,使我们对这些不同国家的不同政治制度,民族结构,宗教信仰,所处的经济、社会发展阶段,不同群体的不同价值观念,以及他们对战后和平、民主、独立、进步的共同愿望,有了一些初步的感性了解和具体的体会,从而使我在考虑和观察问题时,减少了一些因耳目闭塞而造成的片面性,增加了一点视野开阔后产生的世界眼光,为以后在国际场所同各国代表交流和在国际学联的工作,做了一些初步的但是十分必要的准备。

当我写到这里时,我觉得有一件事虽然已经过去了60年,但还是想说一下。当时,正是"反饥饿、反内战、反迫害"的"五二〇"学生运动高潮过后不久,中国学联已被国民党政府宣布为"非法组织",正在大肆逮捕和疯狂镇压进步学生和同情学生的各界进步民主人士,我本人又是被列入黑名单被"通缉"追捕的对象,而"世青"在当时有些人心目中就是"青年共产国际"的代名词;我想,如果代表团的负责人事先知道我在会后还要代表全国学联到世青去工作又不做处理,那么他们回国后就可能被追究责任,受到迫害。不让他们知道我所负的中国学联的任务,他们也许更加安全一些。所以,大会结束后,我没有向代表团的负责人辞行,向他们表示我衷心的感谢,只同推荐我参加代表团的杨寿宁大姐简单说了一下,便立刻离开了奥斯陆去了布拉格。1949年9月,我的中学母校——上海麦伦中学校长、中华基督教青年会的元老、20世纪30年代同吴耀宗先生共同发起中国进步的基督教学生运动的沈体兰先生来京参加新中国第一届政协会并担任大会副秘书长时,我曾到他下榻的北京饭店去拜望他,向他汇报了我那时的处境和考虑,承他慨允向吴耀宗等青年会有关诸先生解释我在奥斯陆不辞而别的苦衷。他说:"我相信他们是一定能够谅解的。"

一路上,我一直在琢磨大会结束后如何到巴黎世界民主青年联合会去寻找进步的国际学生组织的事。至于如果我找不到,或者虽然找到了,他们又因故不能留我在那里工作,我怎么生活的问题,却也顾不上为此多想了。一起参加会议的杨寿宁大姐却为我担心起来,怕我孤身一人流落海外,举目无亲,便从她的零用钱里拿了100美元送给我,说:"'一分钱逼死英雄汉',带着它,将来也许有用。"以现在的标准衡量,这点钱不算多,但那时,这些钱能买十几石大米,已不是个小数目了。新中国成立后我才知道,好心的杨大姐回国后,由于她推荐我参加代表团和给过我帮助,被代表团里的坏人告了密,被迫丢掉了她在上海女青年会学生部主任干事的职位,以留学的名义到加拿大避难去了。近几年来,她的爱人郑建业先生去世后,她孑然一身,并因病长期卧床不起,已于2006年去世了。

到奥斯陆后,我随意翻看出席世界基督教青年大会的代表名单,想看看有没有从巴黎来的可供咨询的人。不料,在出席会议的贵宾名单中,世界民主青年联合会秘书长赫伯特·威廉姆斯的名字竟赫然在目!真是"众里寻他千百度,蓦然回首,那人却在灯火阑珊处"!于是我立刻就到他下榻的旅馆去拜访了他。他是澳大利亚人,矿工出身,态度亲切,作风朴实,使我一见就对他产生了信任感。我向他出示了中国学联写给"世青"的介绍信和入会申请书,说明我此次到欧洲来的主要目的就是要找世青,并通过世青寻找进步的国际学生组织,同他们建立联系。他告诉我,第二次世界大战后盟国人民在战时反法西斯大团结基础上成立了世界工会联合会、国际民主妇女联合会、世界民主青年联合会和国际学联四大非政府国际组织(non-govermental international organization—NGO)。国际学联是1946年8月在布拉格举行的第一次世界学生代表大会成立的具有广泛代表性的国际学生组织,总部设在捷克斯洛伐克首都布拉格,它不分地域、种族、政治倾向、宗教信仰、学科的界限,团结全世界学生清除法西斯主义的残余影响、保卫世界和平、支持民族独立、实现民主教育,在国际社会代表全世界学生的利益,是世界民主青年联合会的团体会员,也是联合国教科文组织的B类咨询团体。"因此,国际学联可能就是你要找的那个进步的国际学生组织"。

他还告诉我: "世青和国际学联联合举办的第一届世界青年与学生联欢节即将于8月上旬在布拉格开幕,参加联欢节的中国解放区青年代表团已经到达布拉格",并说,他在开幕式上致贺词后将立刻去布拉格准备主持联欢节的事,我带来的照片可由他帮我带到布拉格去交给中国解放区青年代表团和国际学联,提前准备展出。随即我就通过他同在布拉格的代表团团长蒋南翔、副团长陈家康等中央青委领导同志取得了联系,并根据他们的指示,在奥斯陆会议结束后立刻赶往布拉格同他们会合,与解放区学联代表张凡、华北学联代表李彦组成中国学生代表团，参加了第一届世界青年联欢节和国际学联理事会会议。留英中国学生会会长曹日昌、代表程振球、计晋仁、裘克安和留法的中国学生代表关肇直也列席了理事会。这时，中国解放区总工会常驻世界工会联合会的代表刘宁一同志也在布拉格，1948年起，中央成立了中共中央欧洲委员会，由他担任书记，负责领导我国工会、青联、妇联、学联常驻这四大国际组织代表的工作。我在国际学联工作时期党的组织关系就由他领导。

二、国际学联1947年理事会：开除国民党"影子组织"，恢复了中国学生被窃取的席位和权利

1944年英国学联受设在伦敦的"国际学生理事会"的委托，通过主要盟国政府邀请世界一些国的全国性学生组织代表参加1945年国际学联的国际筹备委员会和1946年8月在布拉格召开的第一届世界学生代表大会成立国际学联时，中国学生还没有成立全国性的学生组织。虽然昆明学生1945年年底反对内战，要求成立民主联合政府的"一二·一"运动和1946年春夏之际北平、上海等地学生的反内战示威游行，已在全国范围内得到广大学生和社会各界人士的响应，并受到了国际学生运动的重视和各国媒体的报道，但是，由于国民党反动政府坚持要走内战的道路，因而它既没有像法国政府那样鼓励和推动法国学生在众多反对德国占领的地下学生抵抗组织的基础上成立全国解放后的第一届法国全国学联；也不敢像美国那样由全国各主要学生团体和主要大学的学生自治会通过民主程序组成全国学生协会筹备委员会代表本国学生去参加；同时，它的全国性青年组织三民主义青年团也因充当国民党反动派镇压爱国民主学生运动的帮凶而臭名远扬，也无法公然代表中国学生出席上述国际学生的代表会议。因此，他们便鬼鬼祟祟地指派其驻英使馆职员区锡龄等人冒充中国学生代表，以根本不存在的"中国大学生中央联盟"（或称"中国学生总会"）的名义，参加了国际学联的国际筹备大会和成立大会，并且还由于中国学生运动在国际学生运动中拥有的巨大声望而被选为国际学联的副主席。对于这两次大会的情况和意外的"成功"，国民党政府不但没有大肆宣传，反而生怕这个冒名顶替的"造假事件"被国内学生知道后引发事端，所以向国内严密封锁了消息，不准国内新闻媒体报道。

留英中国学生会于1946年11月发现并查明了这一情况后，向国民党驻英大使馆提出了抗议，并收到了该大使馆的回信，信中承认曾按照国民党政府的命令派人以"中国大学生中央联盟"代表的名义参加世界学生代表大会的事实。随后，留英学生会致函国际学联检举揭发了国民党政府的这一冒名顶替的严重事件，并附有大使馆的回信作为证据。国际学联受理了中国留英学生会的揭发，开始对中国学生运动情况和中国学生代表权问题进行调查研究，认为造假属实，特别是发现在"代表团"中有一个人竟是为大使看孩子的保姆，更是引起了主要筹备者英国学联的气愤。在1947年理事会召开前夕，7月26日—28日国际学联召开执委会，将这个问题纳入了最后通过的理事会议事日程。这时，不但中国学生反饥饿、反内战、反迫害的"五二〇"运动席卷全国60多座大中城市的新闻已轰动了全世界，并且，中国学联在上海秘密成立以及它的代表已经到达奥斯陆，不久即将到布拉格来参加理事会的消息，也由威廉姆斯带到国际学联在各国代表中广为传播，并在国际学联的领导层内受到了很大的关注。国民党所派的伪代表也被这个消息吓得没有敢在这次执委会上露面。

我到达布拉格后，于7月29日由陈家康同志陪同到国际学联总部拜会了国际学联主席格罗曼，向他简要通报了中国学生运动的情况和中国学联的成立经过，接着向他说明由于国民党政府害怕中国学生同国际学生运动建立联系，向国内严密封锁了去年世界学生代表大会成立了国际学联的一切消息，因此，中国学生至今还不知道有关国际学联的任何信息。中国学联成立后立即派我摆脱国民党特务的监视，突破他们的包围，不远万里来到欧洲的目的，就是要寻找进步的国际学生组织，同国际学生运动建立联系。由于在奥斯陆巧遇威廉姆斯，终于找到了你们，并同来自中国解放区的学联筹委会代表和经解放区来的平津学联代表取得了联系，感到非常高兴。说到这里，我向他递交了中国学联的证书和填写的入会申请表，表示希望能够参加本届理事会会议，同进步的国际学生运动和各国学联建立联系。格罗曼代表国际学联祝贺中国学联胜利成立和我平安到达布拉格，热烈欢迎我参加本届理事会，等等。会见结束后，一出门便被一群等在门口的各国代表和记者们发现，把我拥进了一间会议室。这时我看到我在奥斯陆托先回布拉格的威廉姆斯带交陈家康和国际学联的中国学运照片，已经同解放区学生学习和生活的照片一起，连同国际学联的英、法文剪报资料，在这里展览了出来。这一大群各国代表和记者围着我随便坐下，指着墙上挂的照片七嘴八舌地问这问那，我也只好随问随答，无意之中便开成了一个如同后来有些同志所说的"记者招待会"。

按我的计划，本来是准备在7月31日理事会讨论"代表资格审查报告"时发言的,但是国际学联主席格罗曼、秘书长马登考虑到代表们在理事会上发言的时间严格限制在10分钟之内,所以临时决定在理事会开幕的前一天7月30日上午安排了一次特别会议,事先也没有来得及通知我做准备,便派组织秘书布里克曼把我接到了会场,介绍我同各国代表见面,要我不受时间限制地向他们报告中国学生运动和中国学联的情况。当时我的发言稿还没有写,只有一个提纲和一些重要的事实和数字,也来不及向代表团请示,思想上未免有点紧张,但由于胸中积满了对国民党反动派发动内战,残酷杀害反对内战的爱国学生的法西斯暴行的仇恨,现在终于有了向全世界控诉的机会,加以在昨天的"临时招待会"上已经基本了解到各国代表们希望知道的主要问题,于是便十分兴奋地走上讲坛讲了起来。一讲就讲了一个多小时。

我首先扼要地用事实和数字介绍了当时中国的一些基本情况:抗日战争胜利后,全国人民无不衷心希望能够成立一个民主的联合政府,集中全国一切力量医治好战争创伤,重建家园,使我们的祖国逐步走向繁荣富强。但是,国民党政府为了维持其反动统治,依仗美国政府的支持,于1946年6月悍然发动了以民为敌的全面内战,企图消灭中国共产党和中国的一切进步力量。随着内战的进行,国民党政府的军费开支猛增,1947年竟占财政支出的80%。为了弥补巨大的财政赤字,国民党政府采取了大量印发钞票掠夺人民的办法,1947年7月法币发行量比1945年8月增加了26.6倍。恶性通货膨胀导致了物价飞涨。美联社曾在1947年初的一篇通讯中报道法币100元的购买力:1940年可买一头牛,1943年可买一头猪,1945年可买一只鸡,1946年可买一个鸡蛋,1947年只能买1/3盒火柴了。1947年5月的头三天,上海人每天必吃的大米就从每担13万元涨到30万元。老百姓因买不起米下锅,5月8日一天内上海就发生了20起抢米事件,连中国最富裕的鱼米之乡苏州、无锡都先后发生了抢米风潮。随着经济的崩溃,教育事业陷入了空前的危机。国民党政府1947年拨给我的母校国立交通大学的经费仅为实际需要的20%,不但有些课不能开(如实验课),而且要停办航海和轮机两个专业,不准按计划设立水利、纺织、化工三个系,甚至打算撤销管理学院。1947年5月,公费生每月伙食费750元,只够买两根半油条或一块豆腐,教职员工经常领不到工资,广大劳动人民和靠工资维持生活的人生活在水深火热、饥寒交迫之中。整个国民党统治区民怨沸腾,罢工、罢课、抢米、民变等事件不断发生。

然后,我在简略介绍昆明学生1945年12月发动反内战的"一二·一"运动和北京学生1946年年底发动的"抗议驻华美军暴行运动"之后,扼要介绍了1947年

5月13日我的母校交通大学学生在国民党政府切断铁路交通阻止学生上访的情况下,交大学生自己开火车到南京去请愿的"护校运动",并以此为例,介绍了1947年5月上半月遍及全国的要求"增加教育经费,抢救教育危机"运动。在这个基础上,我重点报告了1947年5月20日,南京、上海、江苏、浙江四省市大专学生在国民党政府的首都南京高喊"反饥饿、反内战"和"抢救教育危机"的口号游行请愿,受到了血腥镇压,发生了当场打伤学生123人、逮捕学生28人的"五二〇"惨案;以及随后全国各地数十万学生高举"反饥饿、反内战、反迫害"的旗帜,以空前的规模和气势,在短短两三天的时间内,便风起云涌般席卷了南京、上海、杭州、苏州、北平、天津、重庆、昆明、武汉、广州、洛阳等60多个大中城市。为了协调全国各地的学生斗争,6月中旬在上海秘密举行全国学生代表大会,成立了中国学生联合会(中国学联)。目前,蒋介石的反动政府正在中国全国疯狂地捕杀爱国民主学生,妄图把学生运动镇压下去。例如,5月30日半夜,在全国性的大逮捕中,3000名反动军警包围了我的母校交大校园,由特务学生领着武装特务到学生宿舍按黑名单逐屋搜捕。幸亏我们事前得到了从国民党上海警察局和交大爱国教授那里传来的消息,学生自治会主席、化学系学生周寿昌在校长吴保丰(国民党中央委员)的掩护下,用他本人的专用座车送出已被严密包围的校园,逃出了虎口,会同担任中国学联秘书长的电机系同学史继陶,转移到香港,成立了"中国学联对外联络处",负责和国际学生运动的联络;我自己则在十几个同学的掩护下冲出了校园,在中华基督教青年会的掩护和帮助下,辗转来到了欧洲,先到奥斯陆参加了世界基督教青年大会,现在又来到了这里,呼吁各国学生主持正义,谴责国民党反动政府的法西斯暴行,声援中国学生的正义斗争。至于已经占据了中国学生在国际学联席位的所谓"中国大学生中央联盟",正如许多代表已经知道的那样,不过是一个由国民党反动派冒名顶替中国学生而炮制的根本不存在的东西而已。

我的英文口语缺少锻炼,加之情绪激动,发言时有些结结巴巴。但是,由于我是直接从斗争第一线上来的"普通一兵",所讲的事实多是我本人和战友们的亲身经历,所以,还是得到了各国代表的普遍同情和共鸣。有些英文词儿我不知道或一时想不起来,就比画着说。在讲到抗议美军暴行运动时,不知道"强奸"这个词儿用英文怎么说,又没法比画,正在着急,忽然台下有个金发碧眼的外国代表替我说了出来:"rape"。接着他又用一口地道的四川话对我说:"鄙人是加拿大全国学联代表文少章,家父是文幼章先生。"我听了十分高兴,对他(也是对大家)说:"抗战胜利后,文幼章教授在成都的燕京大学教书,因支持学生反内战受国民党政府迫害后到了上海,在我的中学母校上海麦伦中学教书,我曾邀请他到我的大学母校上海交通大学演讲,受到广大同学的欢迎。非常感谢你今天对我的帮助!"在我讲到"五二〇"惨案发生后,全国学生义愤填膺,群起抗议,交大同学到上海外滩和平神像下向市民群众宣传,国民党警察开来红色囚车准备逮捕学生,学生向警察要求"再给我们10分钟,讲完了就跟你们走",而警察竟也同意了学生的请求时,代表们热烈鼓掌;在我讲到同学们演讲完毕,挥手向市民告别,昂首挺胸列队走进囚车时,代表们轰然起立,向中国学生致敬。我告诉他们,这些同学在监狱里,创作了一首题目叫"坐牢算什么"的歌。有些代表要我把歌词译出来唱给他们听,在他们听到"天快亮,更黑暗,坐牢是常事情!""坐牢算什么,我们不害怕,放出来还要干"时,一个美国女代表激动地摘下自己的耳环,要我转送给"最勇敢的中国女学生",表示她的敬意。我就这样结合着自己和战友们的亲身经历,不看稿子,带着感情,一口气讲了一个多小时。

在我的发言结束后,代表们又问了好多他们非常关心又弄不懂的问题,主要是:中国学生运动在十分强大的警察和特务的法西斯血腥镇压下,为什么不但没有被压垮,反而把绝大多数本来还在观望的学生争取过来参加斗争?为什么教授、职员、记者、市民,甚至一部分大学校长、政府高级官员、军人、警察,以及工商企业和宗教界等上层社会人士都成了学生运动的同情者,站在学生一边?我根据出国前在吴学谦同志领导下学习的关于中国革命和中国学生运动的历史经验,结合自己在抗日战争和解放战争时期在党的领导下参加学生运动的体会,告诉他们,中国学生是中国各阶层人民的儿女,中国学生运动是中国人民反帝反封建革命运动的一个组成部分,中国学生运动在人民革命运动中是唤醒人民起来斗争的"号角"和跟敌人进行战斗的"先锋"。我们每一次具体斗争的目标和口号,都是最广大的人民和学生自己内心的诉求,譬如我们在抗日战争时期的口号就是"打倒日本帝国主义!"内战开始前,我们的口号是"反对内战"和"反对美国支持国民党打内战",最近一次"五二〇"运动的口号,就是全国人民一直迫切要求的"抢救教育危机"和"反饥饿、反内战、反迫害",所以我们的运动都能够得到广大人民和学生的同情和支持。我们对广大人民和学生的态度,哪怕有些人在运动开始发动时对我们的斗争还不理解,还站在运动外面观察,我们也认为是正常的现象,绝不因他们暂时的"落后"而歧视和打击他们,那样就会把他们赶到敌人那边去了;而是像我们的先辈在我们自己也曾经"落后"过那样,把他们当成自己的兄弟姐妹,帮助他们释疑解惑,把他们一个一个地说服和争取到我们这一边来,和我们团结一致,对付最反动的敌人。这样,我们的力量便一天天壮大了起来。我们的力量壮大了,敌人便一天天被孤立起来,最后变成人人喊打的过街老鼠了。

　　由于我直接来自学生运动的第一线,讲的都是我自己和战友们的亲身经历,所以讲话内容真实、细节生动而具体,各国代表们听后反应十分强烈,当场就有十多个国家的代表给中国学联写信致敬和声援。后来,这些信在全国学联的机关报——上海《学生报》上发表后,使广大的中国学生和人民更加具体地看到了世界学生和人民的同情都在中国学生这一边,从而进一步加强了他们坚决顶住国民党反动派的白色恐怖,把斗争进行到底的决心和勇气。

　　7月31日上午,理事会会议正式开幕,听取和通过了资格审查委员会关于代表资格的审查报告。资格审查委员会主席、印度全国学联代表德昂(S.Dang)报告资格审查的结果时说:"根据调查,'中国大学生中央联盟'是一个只有名字而没有

1948年圣诞节时,钱存学与梁畊、胡国城等
在捷克斯洛伐克的 Olomci 市合影

会员的 shadow organization（'影子组织'），它可耻地骗取了我们的信任，建议予以除名。建议接受中国解放区学联筹委会、中国学生联合会为国际学联会员。"

法国代表特鲁瓦在讨论中国代表权时发言主张开除国民党代表，并说：那位国民党"代表先生"从国际筹备会时开始，在各种大小会上从来没有发过一言，只是不时掏出打火机给抽烟的人点火，他的表现和轰轰烈烈的中国学生运动毫无共同之处，早就引起了别国代表的疑惑，有人按"中国大学生中央联盟"的英文译名 Central Union of Chinese University Students 的简写 CUCUS 的读音，给他取了一个"Mr.Cuckoos"（"杜鹃先生"）的绰号，成为一时笑谈。后来他告诉我：那个起外号的人就是他本人。

8月5日，理事会按会议日程对中国学生运动的形势和中国学生的代表权问题进行专题讨论，张凡同志作了关于解放区学生的学习和生活状况的发言，李彦同志作了关于国民党统治下华北学生的生活和斗争情况的发言①，我因已在7月30日的特别会议上已就中国学生运动和中国学联的情况向理事会代表们作了一个多小时的报告和回答了他们的许多问题，所以在这次会上没有再作系统发言，只是回答了有人提出的几个有关中国学联成立前后国民党反动派对学生进行镇压情况方面的问题。经过讨论，理事会全票通过了由英国学联与法国学联联合提出的8条决议：

1. 国际学联理事会抗议国民党政府支持并非民主选举的中国学生代表团参加去年8月在布拉格召开的国际学生代表大会。对国民党政府破坏学生团结、滥用军警武力压迫民主学生团体、非法逮捕学生并压制中国学生的示威运动表示愤怒。

2. 要求美国学生组织促使其会员注意因美国对蒋介石的军事援助而更加恶化的中国学生的情况，并采取措施改善这种情况，特别是要求美国政府实施它业已宣布的关于不干涉中国内政的政策。

3. 国际学联号召全世界学生以行动反对中国法西斯独裁好战分子。

4. 国际学联号召所有会员团体，尽一切力量和中国学生团体建立联系，并帮助中国学生与各国学生联系。

5. 国际学联对国民党政府的暴行向联合国安全理事会提出控告。

6. 当年冬天在印度尼西亚举行东南亚学生大会（注：东南亚青年与学生大

① 共青团中央国际联络部1959年5月编写：《国际学生联合会（1946—1958）——历年重要活动情况汇编（初稿）》。

会后因故改于1948年2月在印度加尔各达举行)后,派代表团到中国考察。

7. 开除国民党政府伪造之"中国大学生中央联盟"的会籍,并取消国民党政府所派代表的资格。

8. 国际学联致函电向中国学生致敬慰问。

在讨论过程中,美国代表曾不同意提案的第二条原文"由美国学联号召美国学生,以行动制止杜鲁门总统的援蒋内战政策"。理由是"美国全国学联尚未成立",还说:"美国对华政策业已改变,美军正在从中国撤出中。"后由美国代表和中国代表就第二条的条文进行了协商修改。理事会全文通过了中美代表协商修改后的条文如上。

随后,国际学联以理事会名义向国民党政府正式提交了抗议书,并向各国学生组织发出《注意中国之特殊情况,否认国民党代表的合法资格的通告》①。这是中国共产党领导下的中国学生运动在国际舞台上与反动派较量的一次重大胜利。所有上述决议和向国民党政府抗议,都已由中共党史出版社于1997年"五二〇"运动50周年时收集出版,在中国共产党历史资料丛书之《解放战争时期第二条战线学生运动卷》(中册)重新发表。

理事会的最后一项议程是选举新一届执行委员会。会前,蒋南翔同志找我谈话,说:"世界民主青年联合会那边,已有陈家康同志作为解放区青年联合会筹委会代表参加,并当选为'世青'的执行委员;国际学联这边,代表团意见,由张凡同志以解放区学联筹委会主席的身份竞选副主席。如果竞选成功,他因国内工作离不开,不能留在布拉格工作,同时考虑中国学联给你的任务,准备由你担任常驻代表,代理副主席,留在布拉格总部工作。"并问我对此安排有何意见?我说:"我完全同意代表团的意见。张凡同志是政治水平高、斗争经验丰富的老同志,在国际学联担任领导工作最合适;我年轻识浅,出国时组织交代的任务只是寻找进步的国际学生组织,同他们建立联系,争取留在它的总部工作,保持同他们的经常联络。代表团的安排非常妥当。"南翔同志说:"既然如此,明天开会时就由你以中国学联的名义发言,提名张凡以中国解放区学联筹委会主席的身份担任国际学联副主席。"会上,主席和其他三名副主席的提名都以全票顺利通过,我按照南翔同志的安排,以中国学联的名义,"代表团结在中国学联里的12万中国学生,提议解放区学联筹委会主席张凡

---

① 共青团中央国际联络部1959年5月编写:《国际学生联合会(1946—1958)——历年重要活动情况汇编(初稿)》。

为国际学联副主席"。但我的话音刚落，会场上就出现了一些交头接耳的异常情况。国际学联第一届执行委员会委员、古巴大学生联合会代表瓦兹克斯首先发言，认为此项提名不符合《国际学联章程》中关于领导机构成员必须是全国性学生组织代表的规定。另一个也是执行委员的印度学联代表接着发言同意古巴代表意见。还有其他人要求发言。主席为求新一届执行委员都能以全票通过，宣布休会进行会外协商。继续开会后，理事会全票通过了苏联代表谢列平的提议，选举中国学生联合会为国际学联的副主席，具体人选由解放区学联和中国学联协商决定。

1947年8月31日，理事会选举一结束，国际学联立即就由主席约瑟夫·格罗曼和秘书长汤姆·马登联合署名给中国学联写了第一封信①，"向正在为改进学生的生活及反对国民党政府的压迫而奋斗的全体中国学生致敬！""抗议国民党政府动用军警用武器来对付你们，杀伤及囚禁了许多学生"；"谴责国民党政府在去年的世界学生代表大会上，用自称所谓'中国大学生中央联盟'的代表团来蒙混我们的行为！""宣布从你们的正式代表参加我们的会议开始，我们就将不遗余力地设法增加和中国学生的联系"。最后，还特别强调表示："希望你们全国的学生团结在一个组织中来统一你们的战斗，并请你们在国际学联的组织中取得世界进步学生运动中的地位。"

由于中国学联成立时，出于对安全的考虑，决定不设"主席"，只设"秘书处"，组织上决定先以中国学联秘书处对外联系时所用的代名"陈光耀"为国际学联副主席，由我任常驻代表、代理副主席；1947年年底又通知国际学联，1948年起，由我担任国际学联副主席。随后，国际学联又任命我兼任殖民地局局长（Head）。我在国外时期的业务由中国学联香港联络处党团书记周寿昌和秘书长史继陶领导；党的组织关系由中共中央欧洲委员会书记刘宁一同志领导。因考虑国内有关同志的安全，我按照组织决定，在国际学联工作期间，党员身份一直没有向外公开。

对于这次选举的结果，代表团许多同志非常不满，而我本人也感到十分意外，但是，对于造成这一意外结果的深层次原因却并不了解。1973年我在太原重新工作后，听说南翔同志正在大寨学习班"学习"，我特地到那里去看望他，同他促膝长谈时也谈到了这个问题，我说："后来，我常因没有能够完成你

---

① 信件原文载于中共党史出版社中国共产党历史资料丛书：《解放战争时期第二条战线学生运动卷》（中册），第163页。

交给我的为解放区学联张凡同志竞选副主席的任务而感到愧疚,并且也因这件事受到过严厉批评和很大的影响。但是,每当我回顾当年的情况,特别是7月中旬威廉姆斯在奥斯陆见到了我,知道了中国学联已在上海成立和派我来欧洲寻找进步的国际学生组织的任务后,主动提出要帮我把我所带的一大箱中国学运照片带回布拉格交给国际学联提前展出;以及在我到达布拉格后,国际学联在理事会前一天召开特别会议,专门把我介绍给理事会代表,并用了半天时间要我给代表们作关于中国学生运动和中国学联情况的专题报告这样极不寻常的'特殊待遇',好像都是在为最后的选举作铺垫。在理事会选举时,两位来自亚洲和拉美的殖民地附属国的执委带头发言,以'全国性'为由,明确表示不同意中国代表团提名的解放区学联代表张凡当副主席;会外协商时和协商结束后,又都由一直在幕后指挥、难得公开发表意见的苏联代表团团长谢列平亲自发言提名中国学联为副主席。这些情况似乎都在表明国际学联领导层在7月28日理事会前的最后一次执委会上决定开除国民党伪组织的同时,对新一届执委会的人事安排和中国副主席问题可能就已有了考虑。"南翔同志说:"那时我们都还年轻,对国际工作都没有经验嘛!"他还问我:"听说你在国际学联的那一段历史被审查了20多年,最后在'文革'中被打成了'国际间谍'。太原的造反派来找我做过调查,我也为你写过证明,告诉他们国际学联是一个国际组织,你们都是各自国家的代表,这些情况组织上都清楚。现在结论如何?"我说:"他们说谢列平是克格勃头目,怀疑我同谢列平有特殊关系;又说汤姆·马登是假党员,真托派,'蒋南翔也救不了你'。我的这段历史到现在还'事出有因,查无实据',被'挂'着,没有结论呢!"他说:"我现在还没有工作,等将来我工作了再说吧。"不过,对于那次选举究竟为什么会出现那样的结果,我直到读了《安娜·路易斯·斯特朗回忆录》和刘宁一同志写的《历史回忆》后,才有了一些认识。

　　报道过毛主席的"帝国主义和一切反动派都是纸老虎"著名论断的美国记者安娜·路易斯·斯特朗在1947年党中央撤离延安时也离开了延安,在上海安排了她写的《中国解放区见闻》一书在美国出版后到了莫斯科。在那里,她发现当时苏联一位著名的将军在报纸上写文章把我党主动放弃延安的战略撤退,公开说成是"延安失守,标志着中共已经失败"。针对这种错误观点,她又写了好几篇文章,报道中国解放区的见闻,介绍中国解放军的军事战略和毛泽东思想,但是,不仅被苏联各大报拒绝刊登,并且还被苏联当局拒发经西伯利亚到中国东北采访的过境签证。为了能重来中国,她在1948年突然从莫斯科来到布拉格国际学联找我(这件事后来也被人向苏联代表作了汇报),让我带她去找刘宁一同志帮忙。不料,在她拿到刘宁一同志写给她的同意她去东北采访的证明信回到莫斯科后,竟被苏联当局以间谍罪名逮捕并驱逐出境,乘美国飞机回到美国。回美后,又被美国国务卿杜勒斯亲笔签名鉴定为"献身于国际共产主义阴谋一分子",受到美国国务院和美国共产党的双重抵制和打击,出国护照也被没收,直到1958年6月才经美最高法院判决发回;她写的文章也被美共报刊拒绝发表。她的这本回忆录是她生前1967年1月至3月写的一份手稿,回忆录的副标题就是"俄国人为什么逮捕我?可能与我同中国的关系有关"几个大字,她在"前言"中写道:"人们常常问我:'你是否曾听说过为什么俄国人逮捕你,并把你叫做间谍?'""当我被捕的那一瞬间我就开始想,一直想了好多年。我开始以为是某个低级官员的偶然错误,但又很不像。现在回顾过去,我可以看出当时我没有察觉的许多矛盾。"随后,她在第二章"在莫斯科被捕"中写道,她后来发现"逮捕我的原因必定与我同中国的关系以及俄国人对中国的态度有某种联系,苏联那时恪守雅尔塔协议,只承认国民党政府,在东北地区也只同国民党地方官员打交道"①。

刘宁一同志在他的《历史回忆》中对那个时期苏联对他作为中共中央驻欧代表的工作所持态度有如下的记载:"由于那时苏联政策颇注意和蒋方的外交合法关系,他们对(我的)这一活动顾虑甚多","纵然苏联人民对我解放区有无限同情,可能(担心)在技术上明显地帮助解放区的人会有碍于当前的外交……尽管我带去了恩来同志的介绍信……都不能起到应有的作用",不愿在中国的解放战争和解放区问题上同国民党政府发生外交矛盾②。

近几年来,我又陆续看到了一些那个时期中苏关系方面的材料③,对此又有了进一步的认识:苏联在战后初期,为了维护卫国战争的胜利果实,保持雅尔塔会议所划定的势力范围,因而在国际关系上尽量避免和美国发生冲突,在对华政策方面只承认国民党政府,直到淮海战役后,苏联大使馆还跟着国民党政府迁往广州,以免被美国抓住把柄,破坏战后的政治格局。在这种大背景下,由于国民党政府炮制"影子组织",甚至把大使馆的保姆也纳入了他们

① 陈裕年译:《安娜·路易斯·斯特朗回忆录》,三联书店1982年10月版。
② 刘宁一著:《历史回忆》,人民日报出版社1996年7月版,第84页。
③ 刘金质著:《冷战史》,世界知识出版社2003年1月版;沈志华主编:《中苏关系史纲(1917—1991)》,新华出版社2007年1月版。

参加国际学联成立大会"代表团"的做法太过荒唐,以致引起了众怒,不得不下决心同意具有联合国教科文组织咨询团体身份的国际学联开除联合国常任理事国中国政府所派的代表。但要他们再同意由他们蓄意保持距离的解放区代表担任国际学联副主席,自然"顾虑甚多"了。何况就在这时,突然冒出来一个由在国民党统治区举行的全国学生代表大会成立的中国学联,正好可以帮他们解决面临的难题!

三、风云剧变时期的国际学联总部:高处不胜寒

1947年8月中旬,国际学联一届二次理事会结束后,我按照代表团的决定,作为中国学联的常驻代表和代理副主席(1948年1月起担任副主席),继续留在布拉格国际学联总部,参加执行委员会,并负责秘书处新增设的殖民地局的日常工作。

在这段时间内,国际形势发生了并继续发生着十分重要的剧烈变化:一是殖民地争取民族独立的运动正在发展成为一场轰轰烈烈的伟大革命在全世界展开,新独立的国家不断涌现,世界殖民体系开始土崩瓦解;二是反法西斯战争时期的盟国分裂成为以美、苏为首的两个对立的集团,在政治、经济、军事、意识形态等各个领域进行全面对抗的"冷战",直接的武装冲突"热战"也大有一触即发之势。这两个方面的剧烈变化,极大地影响着国际学联这个全球性的国际组织,由成立时以团结合作为目的的"小联合国"式的国际组织,迅速变成了一个进行政治和意识形态斗争的战场。一个又一个的重大而具体的原则问题接踵而来,等着国际学联和各国学联代表们表态和处理,不允许犹疑和拖延。

出国时,组织上给我的任务是同进步的国际学生组织建立联系,向世界宣传中国学生的正义斗争,揭露国民党反动政府残酷镇压的法西斯暴行,争取各国学生运动对中国学生运动的同情和支援。这个任务这时已经完成。经过国际学联理事会上的斗争以及在同国际学联领导人和各国代表的接触中,我也强烈地体会到中国学生运动在国际学生运动中拥有的极高威信和国际学联对中国学联抱有的强烈期望,他们希望中国代表不仅要关心自己国内的问题,停留在争取国际同情和支援的阶段,并且还要作为一个大国的代表和国际学联的副主席兼殖民地局局长,参加国际学联的领导工作,尽到自己的大国责任。但是,这时蒋南翔同志已经回国,陈家康同志已到巴黎担任常驻世界民主青联的代表,统一领导中国工会、青联、妇联、学联常驻四大国际组织代表工作的刘宁一同志

也已回伦敦常驻世界工联代表的岗位,中国学联负责国际联络工作的同志更远在万里之外的香港,一封航空信来回也要十几天,只剩下我孤身一人留在布拉格"单兵作战",遇事连请示、汇报甚至商量一下的人都没有,因此,我十分担心在政治问题上犯错误,造成不好的影响。

我把理事会选举的结果和代表团的决定,连同我本人的上述体会和担心,向领导我工作的中国学联香港联络处的负责人周寿昌和史继陶两同志连续发去了几个报告,请求组织上按照新的工作需要,和"解放区学联筹委会"协商另外选派合适的人来布拉格工作;在正式接替我的工作的人来到之前,希望先派一个人来协助我的工作。但我的请求一直没有得到答复,反而任命我从1948年1月起担任国际学联副主席,国际学联也在这时任命我兼殖民地局负责人。要我这个年轻幼稚、政治水平很低、根本没有国际斗争经验的"普通一兵"单独挑起这副重担,既感力不胜任,又感孤独无助,真正体会到了"高处不胜寒"的滋味!

在国际学联工作期间,我的具体岗位在新成立的殖民地局。国际学联总部设在布拉格市中心瓦茨拉夫广场附近一座小小的旧楼房里。由于殖民地局是新增设的机构,没有多余的办公室给殖民地局专用,所以便把秘书长汤姆·马登那间狭长的办公室一分为二,进门向右的半间是秘书长办公室,向左的半间便成了殖民地局办公室。行政办公室的另一边,是国际学联主席约瑟夫·格罗曼的办公室。殖民地局成立初期,正式工作人员共3人,除我本人外,还有印度代表薇姆拉·巴卡雅和印度尼西亚代表苏基约诺。国际学联组织秘书、英国学联代表卡梅尔·布里克曼也被派在殖民地局帮助并实际负责这一部分工作。我们这几个人由于和汤姆·马登合用一个办公室,低头不见抬头见,每天中午和晚上下班后,都一起到附近的一家小饭馆用餐,所以不但可以随时就工作交换意见,并且在生活上也互相帮助,每逢周日或假期,常结伴参观布拉格的名胜古迹。有材料说法国学联代表雅克·韦尔热(Jacques Verges)也是殖民地局初期的工作人员,但直到1949年年初我回国时,也没有见过他。

在日常工作中,我遇到的最大困难是政治阅历太浅,水平太低,不会办事。譬如,1948年5月中旬,我接到全国学联对外联络处负责人史继陶同志来信并附有1948年5月7日发表的《全国学联为反对美帝扶植日本告全国同学书》,说上海学联在交大举行的欢迎布里克曼的"五四营火晚会"上,代表全国学联号召发动一个"反美扶日"运动,要我争取国际学联表态支持。我随即在国际学联的秘书处会议上报告了有关情况,并提议请国际学联发函给中国学联表示支持。不料苏联代表叶尔绍娃却表示反对,说国际学联正在针对当时的"柏林危机"开展"反对美帝扶助联邦德国"的国际运动,现时再搞"反美扶日",势必冲淡"反美扶德"运动的影响。我解释说,中国学联并不是要求发动"反美扶日"的国际运动,只是希望国际学联向中国学联发函表示支持,因此,不会影响"反美扶德"的国际运动。秘书处会议在秘书长马登主持下没有就此继续讨论。但会后不久,马登便口授了一封致中国学联的信件,由格罗曼主席和马登秘书长联名签署发出,表示国际学联对中国学生"反美扶日"运动的支持①。不料后来苏方竟将此事说成是"公开和苏联代表争论",并向我方有关负责同志通报。

其实,我自知幼稚无知,每当国际学联秘书处和执委会、理事会要开会讨论诸如捷克学联夺权问题、孤立南斯拉夫学联问题、东南亚青年大会等国际学联分裂前后殖民地国家代表、社会主义国家代表与西方国家代表间经常发生矛盾和摩擦等重要问题时,我都要随时向殖民地局的两位同事和在同一个房间办公的布里克曼、马登,有时还要到对门的格罗曼那里去了解情况,交换意见,同苏联和各人民民主国家及各国进步代表紧密配合,团结战斗。有关在国际学联总部工作方面的情况,将在本书"国际学联纪事"有关部分具体叙述,本文不再赘述,但是我要说的是,不管他们后来的遭遇如何,他们当时都是真正的共产党员和国际主义战士,特别是布里克曼、马登和格罗曼,更是从国际学联筹备时期开始就在国际学生运动中担任主要领导职务,情况十分熟悉,人脉非常广泛,何事应找何人磋商都似胸有成竹,我至今不能忘记他们对我这个初出茅庐的普通一兵在"单兵作战"时所给予的巨大支持和帮助。

1949年新年过后,我根据组织的决定,向前来接替我的工作的梁畔同志移交了工作,启程离开布拉格,取道苏联,经莫斯科和西伯利亚回国。动身前向国际学联主席和秘书长辞行时,他们送给我一本《国际学联章程》,扉页上写着由格罗曼和马登签名的一句话:"你的到来,在中国学联与国际学联之间建立了密切的联系,为中国学生运动取得了在世界进步学生运动中应有的地位和权利。"

四、漫忆国际学联成立初期的几位出类拔萃的青年才俊

在国际学联的初期工作中,涌现了不少出类拔萃的杰出青年,在我的印象

---

① 此信在1948年6月4日上海《学生报》上发表。引自中共党史出版社1997年5月出版的中国共产党历史资料丛书之《解放战争时期第二条战线学生运动卷》(下册),第165页。

里,下列6人对国际学联的创建和后来的走向所起的作用最为突出,而他们后半生的个人经历的反差之大,也令人感慨。

1. 约瑟夫·格罗曼,国际学联的第一任主席,捷共党员,曾为反对德军占领,参加组织1939年11月17日布拉格学生的游行示威而被捕入狱。这次示威游行成了战时国际学生反法西斯大团结的一个标志,1941年11月17日,流亡在伦敦的各国学生代表在为这次示威游行3周年举行的纪念大会上成立了"国际学生理事会",并把11月17日这一天定为"国际学生日"。成立国际学联的倡议,就是由这个国际学生理事会在1943年提出来的。格罗曼于1945年苏联红军解放布拉格时恢复自由后,立即参与了恢复捷克斯洛伐克全国学联的工作,并向国际学联筹备委员会建议将国际学联的成立大会改在布拉格召开,被选为新国际筹委会的秘书长,在1946年举行的第一次世界学生代表大会上全票当选为新成立的国际学联主席。他视野开阔,机敏沉稳,老练果断,能熟练运用英、法、俄、德等多国语言文字,深得各国学生代表拥护;而且他那一头金色卷发下两只碧绿的眼睛,虽历经战争和监狱的磨难,在无框眼镜后面仍闪烁着蓬勃的朝气和对未来的信心,正是那一代热爱和平、向往国际团结合作的青年学生形象的代表,同样也受到人们的喜爱。

"南斯拉夫事件"发生后,从1948年起,东欧各国为贯彻九国共产党情报局追查"铁托分子"的决议,掀起了一阵又一阵"怀疑一切"和深挖各色"间谍"、"奸细"之风,制造了一个又一个冤假错案。1952年捷共总书记斯兰斯基和党中央国际部长盖民德也在劫难逃,被打成了"阴谋发动反革命政变集团",格罗曼因曾在他们领导下工作的关系,被迫辞职,不久就被作为"资产阶级民族主义分子"和"铁托分子"被捕。苏共二十大后,九国共产党情报局于1956年4月宣告解散,格罗曼平反出狱,被任命为捷克斯洛伐克教育部副部长,1967年调任常驻联合国教科文组织代表。1975年前国际学联副主席谢列平被勃列日涅夫解除了苏共政治局委员职务后,1976年格罗曼又因和谢列平的关系再次被捕。1981年被释出狱,失业在家,幸得德国占领时期同狱难友柯胡特切克为他在自己负责的一家出版公司找了一份工作,借以糊口。他在国际国内的风云变幻中,先在德国占领军的监狱中被囚5年,后又两次被捕,在捷克自己的监狱中被关了9年。据捷克友人于2002年末告知,格罗曼已逝世,去世情况和具体年月不详。

2. 汤姆·马登,国际学联第一任秘书长,英共党员。1943年年末,国际学生理事会同意秘书长玛格特·盖尔提出的战后需要有一个新的国际学生团体在国际社会代表全世界学生利益的主张后，英国学联派医科学生汤姆·马登和伦敦经济学院的高才生卡梅尔·布里克曼到国际学生理事会工作，协助盖尔筹组这个新的国际组织（即后来的国际学联），负责和各国学生团体进行联络。玛格特·盖尔任满离职后，马登担起了国际筹委会主席的重担，很好地完成了任务，和玛格特·盖尔、卡梅尔·布里克曼一起，被称为创建国际学联的"三杰"。

马登对人亲切，作风朴素，总是穿一身皱巴巴的旧西服，一副普通大学生的派头，但他对国际组织的办事程序和惯例十分熟悉，组织协调能力、口才和文采均极出色，在国际学联的"人脉"也最广，对各国代表都很了解，是国际学生运动的"活字典"，当时国际学联的大管家和解决难题的高手。1948年2月，美国学联已决定要退出国际学联，美国常驻代表、时任代理副主席的吉姆·史密斯正在以捷克"二月事件"为借口找词寻衅，伺机闹事，在一次秘书处会议上，他挑衅地向主持会议的马登提出："你们对蒋介石政府殴打和逮捕游行示威的学生提出抗议，为什么对捷克警察殴打和逮捕学生的暴行拒不表态？"同马登进行了激烈的交锋，一个疾言厉色、蛮横傲慢，令人侧目；一个慢声细语，诙谐幽默，不时引发出一阵阵会心的微笑。最后，史密斯理屈词穷，面红耳赤地从座位上站起来高声吼叫："我是美国牛仔，你是英国绅士，说不过你，不谈了！我宣布辞掉国际学联代理副主席的职务！"6月，马登以国际学联代表的身份出席了英国全国学联在牛津召开的理事会。会上，有些代表指控国际学联对捷克"学生行动委员会"在二月政变中夺了全国学联和布拉格学联的权，解聘教授、开除学生等事件拒不表态抗议，建议英国学联退出国际学联，引起了剧烈的辩论和混乱。马登发言解释说：被解聘的教授是战时与德国占领者合作的法西斯分子，开除的学生是偷了5万克朗的小偷，捷克学联的这些行动符合《国际学联章程》第三章第九款"为根除一切教育设施中残余法西斯思想和压迫而斗争"的精神和文字，我看不出国际学联为什么要抗议？一场退出还是不退出的激烈辩论便结束了。

这两件事使美国学联认定了马登是策动英国学联参与分裂国际学联的最大障碍，通过英国政府迫使英国学联于1949年改组了领导班子，撤销了马登的代表资格。他离开国际学联回英国后以医生为职业，和家人生活在伦敦。我在互联网上看到了一张1976年他们夫妇和父母、兄弟、子侄们合拍的"全家福"照片，一派恬淡宁静的气氛。

3. 卡梅尔·布里克曼，英共党员，伦敦政治经济学院鼓舞人们建设新的世界政治和经济秩序的政治经济学大师，民主社会主义者哈罗德·拉斯基教授的高才生。她学识渊博,口才、文采和组织能力都很强,在国际学联的筹备和成立的工作中,发挥过重大作用。国际学联成立后,任国际学联组织秘书,在国际学联殖民地局协助工作,和南斯拉夫代表拉约克·托姆维奇在殖民地局成立前后,都为国际学联开辟和扩大对殖民地附属国的工作、加强对殖民地附属国学生争取民族解放斗争的支持力度,做出过杰出的贡献。在主持东南亚青年大会和访问中国后,她对中国学生运动在中国人民的民族解放斗争中的作用有了比较深刻的理解和很高的评价,在谴责国民党政府镇压爱国学生的反动行径,动员世界进步学生运动支持中国学生的艰苦斗争方面做了许多工作,有许多重要的文献性文件都出自她的手笔。

她在殖民地局的工作经历,特别是在主持了东南亚青年大会和访问了印度、缅甸、马来亚(马来西亚)、暹罗、香港和中国等殖民地半殖民地国家和地区并亲身体会了殖民地"地狱"般的生活回到布拉格后,在同我谈她在这些殖民地半殖民地的感受时,曾多次提到但丁在他的著作《神曲》中所写下的结论性不朽名言:"我不入地狱,谁入地狱?"和"意大利民族和整个人类必须在信仰的启示下,以理性规范行为,实行道德完善和精神境界的不断超越,才能与最高真理合一,获得光明的前途。"我常常能感觉到她的思想境界发生了并正在发生着变化,似乎正在酝酿着什么重大的决定。她在1949年与马登同时被改组后的英国学联撤销代表资格离开国际学联的岗位后,便同在东南亚青年大会期间结识的印度尼西亚驻世界民主青联的代表布迪亚佐(Budiardjo)结了婚。为了切断自己可能反悔退缩的后路,她主动放弃了英国国籍,加入了印度尼西亚国籍,并参加了印度尼西亚共产党,到印度尼西亚学校向印度尼西亚青年学生讲授政治经济学。1965年苏哈托政变夺得政权后,大肆杀害印度尼西亚共产党员和爱国进步人士,她本人也于1969年被捕入狱,仅仅由于是英国白种人而幸免于难,被囚禁了3年后,于1972年被遣送回到了英国。她的丈夫布迪亚佐则被关了7年后,才在她的营救下脱离虎口,和她一起在伦敦定居。

1973年她偕同几个印度尼西亚朋友到波兰去参观奥斯威辛集中营。回到伦敦后,她成立了一个名叫"Tapol"(意为"印度尼西亚政治犯")的非政府组织,在此后的近30年中,她邀请卡洛斯·西门尼斯·贝罗主教 (Bishop Carlos Ximenes Belo)和著名新闻记者拉莫斯·霍尔塔(Ramos-Horta)等印度尼西亚朋友到世界各国巡回演讲,散发资料,向联合国报告,揭发、控诉并要求国际社会制止苏哈托政权的暴行,卡洛斯和拉莫斯因此获得了诺贝尔奖。1986年她71岁时,瑞典政府向她颁发了为在基层做出杰出贡献的人士专门设立的

"生存权利奖"，弥补诺贝尔奖的不足。1987年她在题为"印度尼西亚集中营幸存记——一个西方妇女讲述的自己的故事"（"Surviving Indonesia's Gulag：A Western Woman Tells Her Story"）的新著中写道："苏哈托和希特勒的行为竟如此惊人地相似。不同的是德国人已经结束了他们的暴行，而在印度尼西亚，有计划的屠杀还在进行。"[①]她用自己的一生为人们树立了一个令人肃然起敬的为信仰奋斗终生的优秀共产党员和国际主义战士的榜样。

4. 当然，在决策方面最有影响力的还是苏联代表团团长、国际学联副主席谢列平，他平时极少公开露面发言，但所有重大问题，往往都是在关键时刻由他决定的。例如，"冷战"爆发后，东西方矛盾日趋尖锐，围绕1948年捷克"二月政变"时"学生行动委员会"夺权问题和开除南斯拉夫学联问题争论不休，美国和大部分西方代表坚决反对国际学联所采取的立场。在1950年8月国际学联第二届世界学生大会上，争吵更加激烈，西方学联甚至以退出国际学联另起炉灶相威胁，苏联东欧国家则寸步不让。国际学联的创始者英国学联根据其1948年11月曼彻斯特理事会上制定的在国际学联内部做"建设性反对派"和发挥"东西方最后一座桥梁"作用的政策，主张美苏各自退后一步进行妥协。国际学联到了何去何从的十字路口。到了1950年第二次世界学生代表大会时，谢列平站出来发言，他引用俄罗斯谚语说："你不可能对每个打喷嚏的人都鞠躬请安"，让所有人都满意，并把英国学联当时的主要发言人、英国学联主席史坦利·詹金斯斥之为"叛徒"。斩钉截铁一锤定音之后，英国学联便彻底放弃了充当东西方"桥梁"的幻想，继美国和大部分西方国家之后，退出了国际学联。英国学联的行为加快了战后国际学生运动的第一次大分裂。

谢列平1918年出生在沃洛涅日的一个铁路工人家庭，中学毕业后到莫斯科就读于车尔尼雪夫斯基学院，并被选为院团委书记，1941年作为志愿人员到苏芬战争前线青年滑雪营服务了几个月，回校后因耽误奖学金考试，难以维持学业，被莫斯科市团委书记尼古拉·克拉萨夫琴科调到莫斯科团市委体育处，参与选拔青年参加游击队的工作。这时，莫斯科第201中学的女学生卓娅·科斯莫杰米扬斯卡娅来找他，要求到敌后去参加游击队，他因卓娅年龄太小，开始没有同意，但最后还是同意了她的请求。不久，卓娅被捕，英勇牺牲，时年18岁，死后被追授苏联英雄的称号。诗人玛加丽塔·阿利格尔对她的英勇牺牲写了一首广为传诵并荣获斯大林奖金的长诗《卓娅》。诗中写道：

---

① http://www.jewishsf.com/87/displaystory.html

　　十月的天空,低沉而阴暗

　　德国人的铁蹄已践踏在莫斯科的周围

　　莫斯科团委的谢列平同志

　　一位满怀着正义之气的共产党员

　　你没有看错

　　——她是一名真正的战士……

　　长诗《卓娅》使亚历山大·谢列平和卓娅一起成为全苏联的光荣,1942年他24岁时被授予红星勋章，并被调到苏联共青团中央工作,1946年至1951年担任国际学联副主席。1952年斯大林去世前一年,谢列平继米哈伊洛夫之后任苏联共青团中央第一书记。1957年他因反对"老近卫军"们废黜赫鲁晓夫,同莫洛托夫等进行了激烈的争论,伏洛希洛夫元帅冲他大吼："就你这个乳臭未干的毛孩子要我们向你解释?你先回去学会穿长裤子吧！"1958年由于保驾有功,赫鲁晓夫任命他为苏联国家安全委员会(克格勃)主席。1964年10月,谢列平和苏共中央书记苏斯洛夫合作把赫鲁晓夫赶下台之后,苏共中央把他推上了政治局委员这个苏联最高领导集体成员的位置。1975年勃列日涅夫怕他故伎重演,逐步解除了他在克格勃和苏共政治局的职务,安排他担任为年轻人开设的生产技术学校的职业技术教育委员会副主席。1994年因心脏病发作去世。

　　5. 伯纳·贝里安诺,罗共党员,罗马尼亚学联主席,性格谦逊内向,讷讷寡言,1948年5月布加勒斯特执委会时,作为东道主初露头角,被任命为国际学联退出世界学生救济会(WSR)后新设的"国际学生救济会"(ISR)会长,1949年九国共产党情报局移驻罗马尼亚后,任该局青年部部长。格罗曼于1952年3月布加勒斯特执委会上辞职后,贝里安诺被推选为代理国际学联主席,一年后,在1953年6月华沙理事会上辞职。离开国际学联后回国,担任布加勒斯特科学院数学统计学中心 (Center of Mathematical Statistics of the Academy of Bucharest)主任,从事数学与和平的学术研究,主要数学著作有20世纪70年代发表的《分配普遍化问题中的随机线性计划综合法》、《随机线性计划的数学方法及其在计算机上的应用》、《多维求积公式的收敛条件》、《准凹面作用的最小化》；在和平问题方面的主要著作有80年代发表的《世界核武器系统的全球性自我活化》、《两个对立的全球性核武系统的军备竞赛》、《内战中的外国军事参与》,等等,在世界著名刊物上发表的论文达百余篇①。

6. 乔凡尼·贝林格，1924年出生于意大利撒萨里的一个革命知识分子家庭，祖父为《撒丁岛新闻报》创始人，父亲曾在世界民主律师协会工作，哥哥恩立科·贝林格(Enrico Berlinguer)在1950年11月的世青理事会上当选为世界民主青年联合会第二任主席，后又被选为意大利共产党总书记。乔凡尼·贝林格本人从撒萨里医学院毕业后，留校当卫生学和寄生虫学助教；1946年代表意大利学联参加了国际学联成立大会，在1947年国际学联理事会上当选为司库(Treasurer)，掌管国际学联的财务；1949年9月第四次理事会改选执委会时，继马登之后当选为第二任秘书长；1953年华沙理事会会议上贝里安诺辞职，贝林格继任国际学联第三任主席。1956年任满离职，1958年回到家乡，在母校撒萨里大学先后任社会医学、卫生学讲师、教授，1982年到罗马萨皮恩察大学动物和人类生物系任生物学、卫生学、生物伦理学教授，1992年获蒙特内斯特大学荣誉博士学位，前后共发表过有关学术论文200余篇。

他1944年参加了意大利共产党。从国际学联回国后，曾任拉齐奥区委书记和省议员，意共中央执委会社会安全部部长和教育、环境和科研委员会主任，并当选为意大利众议员(1972—1983年)、参议员(1983—1992年)，现为欧洲议会意大利议员，被选为欧洲议会"环境与卫生"及"文化、教育、信息"两个委员会的委员；2001年至2007年又担任了联合国教科文组织"国际伦理委员会"委员和"世界生物伦理宣言"项目报告员②。

1999年4月罗马出版的《意大利生物技术学》杂志发表了一篇对他的访问记，并附有他的一张近照，同他青年时期似乎没有太大的改变。

以上6位都是对国际学联的初期和中期历史产生过重要影响的元老级杰出人士。他们都是在第二次世界大战时期本国人民反法西斯斗争中成长的青年一代的代表性人物。第二次世界大战结束后，他们怀着为世界建立持久和平、为人类谋求进步幸福的崇高理想参加了国际学联的工作，并在其高级领导岗位上尽展才华。在随后的国际风云变幻中，他们又都在不同程度上卷入了当时国际斗争的旋涡，并且由于国内环境和自身条件的不同，在离开了国际学联之后，经历了极其不同的传奇性后半生：有三位因时度势，急流勇退，回到了普通人民的中

① 据www.mally.eco.rug.nl/biblio/SPPRIME.PS/Bernard Bereanu
② 据 Media Mente,Dijital Library Biography/Biotechnology in Italy(04-02-99)

174

间：英国的马登行医济世，恬淡名利，安享天伦之乐；意大利的贝林格教书育人，桃李天下；罗马利亚的贝里安诺潜心科学研究，成为著作等身的学者。有两位因"人在江湖，身不由己"，卷入了国内的政治旋涡：格罗曼，两度被投入监牢，出狱后穷困潦倒，英年早逝；谢列平，离开国际学联岗位后忽而参与党和国家最高领导人的废立大事，成为党的政治局委员和国家安全机构的领导人，忽而又被弹劾贬斥，眼看国事日非，自己却无能为力。

同时也有一位一生不求名利的在国际学联筹备时期、成立时期、成立后最辉煌的时期一直担任秘书的卡梅尔·布里克曼，在离开国际学联之后，仍始终如一地坚持为殖民地人民的解放和发展事业奋斗终生的决心，虽历尽艰险而不悔，如今到了耄耋之年仍义无反顾地在全世界为此目的奔走呼号，为自己谱写了一曲可歌可泣的诗篇，成为令人肃然起敬的巾帼英雄，为我们这一代和后人树立了一个为信仰而献身的共产党员和国际主义战士的榜样。

2007年3月于北京

涛 声 依 旧
——1948年秋至1950年末在国际学联
工作的收获与经验教训

梁　畔

1948年初夏,设在华北解放区西柏坡附近农村的中共中央青年工作委员会指派我,以中国学联代表的名义,前往布拉格国际学联总部接替首任驻会代表钱存学同志的工作。

我从西柏坡起程,万里跋涉,飞越西伯利亚原野,经过久已向往的莫斯科,在秋色宜人的美好时刻,到达国际学联总部。从国际学联总部驻地往西走大约10多分钟的路程就是闻名遐迩的伏尔塔瓦河,她是大自然给予捷克人民的一幅色彩斑斓、诗意浓郁的感人画卷。光阴荏苒,60年岁月在弹指间就流逝了。当我伏案书写回顾在国际学联两年半工作的日日夜夜时,伏尔塔瓦河倏然涌上心间。我仿佛看到河面上那座名列欧洲第二、长达520米,在600多年前改建的查理大石桥,以及石桥东岸蜚声整个欧洲,哺育过宗教改革先驱、捷克民族英雄胡斯的查理大学,还看到沿着河岸的垂柳在风中摇曳,伏尔塔瓦河碧波荡漾,涛声依旧。河的西岸是此起彼伏的丘陵,覆盖着橡树密林,在那片开阔的沃土上,"布拉格城堡"巍然挺立,这是布拉格标志性的辉煌建筑群。其中,圣维特大教堂的双座

1950年8月,中国驻国际学联代表梁畔在
国际学联书记处办公室阅读文件

尖塔高耸云端,是俯览全市美丽景色的最高点,一直吸引着人们好奇的目光,还有雄伟的总统府大厦引人入胜……对所有这一切的回忆,连同日益发展的中捷传统友谊都时时浮现在我的脑海,成为我晚年生活中的一部分重要内容。

当年,我到达布拉格的时机并不"凑巧",书记处的同事们都去了巴黎,为开好理事会会议而奔忙。趁此空隙,我去拜访了查理大学东方语文学院汉语系主任、当时就已名扬世界的普鲁谢克教授。他是在旧城区查理大学附近的寓所接待我的。他能说字正腔圆的古汉语,造诣之深令人叹服,也使我颇为汗颜。在一个多小时的交谈中,他从捷克斯洛伐克的历史、现状,一直谈到社会主义建设的光辉前景,还涉及了重建布拉格近郊的利迪采(Lidice)镇,也谈了波兰克拉科夫附近的纳粹维斯康辛集中营旧址。临别时,他说:"国际学联是一个青年施展才华的一个舞台,愿你早日进入角色。"教授循循善诱、诲人不倦的谈话,使我受益匪浅。

由于国际学联领导格罗曼、马登及时任中国学联驻国际学联代表的钱存学同志在巴黎理事会会议结束后,又前往日内瓦出席"世界学生救济会"(World Student Relief,WSR)的会议。会后,钱存学才返回布拉格和我交接工作。这时,

1950 年 2 月,国际学联执委会会议在英国伦敦召开。
出席会议的中国驻国际学联代表梁畊在伦敦大英图书馆门前留影

已经是1948年的冬天了。从1948年9月到达布拉格至年底大约4个月的时间,是我逐步熟悉国际学联情况的阶段,也是我工作非常困难的起步阶段。由于形势复杂,我的理论水平不高,分析能力不够,英语听力也需加强,所以困难可想而知。这时,我几乎是在一个低水平的起点上开始跋涉。我认真阅读了《国际学联手册》,并且总是在下班回到宿舍后,挑灯夜读数十页的文件和资料,从未在午夜前上床睡觉,也从没有在清晨7时以后贪眠。我的这些努力并没有帮我找到进入"角色"的感觉,我深切地感受到要在国际学联的浪潮中充当一名"水手",远不是一蹴而就的。

在西柏坡出发前,中央青委给我的指示是,在国际学联要宣传中国人民解放战争的胜利形势和中国民主学生运动的发展情况,工作中要与苏联、东欧国家代表保持紧密的团结合作关系,在言行方面保持一致,并说明这是纪律,不得违背。中央青委的这些指示,连同在此前后刘宁一[①]、蒋南翔[②]、陈家康[③]等同志的嘱咐,就是我开启"探索之门"的一把钥匙,使我在工作实践中逐步有了一些体会和认识。我的具体做法是,反帝民主阵营要以苏联为首,苏联是"老大哥",我自然扮演一个"助手"角色,同时随时做好应对困难的思想准备,保持冷静,有时甚至要"逆来顺受"、"随遇而安";在具体工作中,要遵照蒋南翔的意见,按照合适的节奏来安排,实事求是,稳扎稳打,"走一步,瞧一步",看准了就要发言,有所作为,否则,硬着头皮顶住,既不表态,也不随波逐流;另外,在国际学联开展宣传工作的条件较为有利,要做好准备,加以实施。

正是有了上述的认识,我参加第一次学生反对殖民制度斗争局会议,并没有了解该局的分工情况。我和苏基约诺(印度尼西亚学联代表)、巴卡雅(全印学联代表)三人到会,布里克曼因公缺席。会上讨论了提高《反殖民主义》刊物的质量等问题,并由我暂时担任总编辑。此后直到1949年1月,我编了三四期刊物。书记处安排我阅读了各种资料,同时搬到马登办公室一块工作。在1月里,缅甸全国学联(National Student Union of Burma)代表柯同森和越南学联代表先后来到学生反对殖民制度斗争局工作。学生反对殖民制度斗争局人员全部到位,工作顺利进行。巴卡雅在1月末被派往布达佩斯,以国际学联代表的名义,参加第

---

① 刘宁一:中华全国工会联合驻世界工联代表、党中央欧洲工作委员会主任,其职责是协调中国工、青、妇、学各团体驻相关国际群众团体代表的日常工作。

② 蒋南翔:中国东北解放区团委书记。

③ 陈家康:原驻世界青联代表。

1950年2月，国际学联执委会会议在英国伦敦召开。
出席会议的中国驻国际学联代表梁畊在英国泰晤士河畔留影

二届世界青年与学生联欢节的筹备工作。

也正是由于上述的认识，我怀着希望进入1949年。元旦长假甫告结束，天寒地冻，积雪残留，我两次去了"布拉格城堡"。第一次，哥特瓦尔德总统会见书记处全体代表，并致新春祝福。格罗曼向总统简要汇报了工作情况，并把在场的代表逐一作了介绍。礼节性会见约半小时，大厅一片喜庆吉祥的气氛，充分展示了总统对莘莘学子的深切关怀和真诚爱护。

第二次，为欣赏白雪皑皑的"布拉格城堡"，在一个周日偕夫人吴青穿过"步行大桥"——查理桥，直奔"城堡"中圣维特大教堂的双座尖塔，把美轮美奂的全市雪景尽收眼底。

1月中旬，新华社伦敦分社每天寄来的《新华通讯》（英文版）登载了毛泽东主席的题为"评战犯求和"的重要评论。我同吴青、吴国城[1]、计晋仁[2]进行了学习、讨论，并决定举行一次介绍中国人民解放战争胜利形势的报告会，讲稿由大家共同起草，由我宣读。学习会后，我与捷共中央国际联络部联系，请他们解决会场、听众等问题。捷方表示同意。很快，捷方告知我们，报告会场设在旧城区近邻的"斯洛汶斯基综合大厦"一个可容200名听众的电影厅，听众包括青年、学生、工人、妇女及市民，日期订在一个周日上午。这个报告会按计划如期举行，我们先用简短的中文说了开场白，接着念英文讲演稿，并配有捷文翻译。报告的内容是，介绍解放战争的进程，双方力量对比，人民解放军由弱转强的迅猛势头，

---

① 吴国城：从美国来布拉格，担任新华社布拉格分社总务主任。

② 计晋仁：留英工程学士，来新华分社暂时协助工作。

还介绍了在广大中国人民心中,蒋介石充当美帝国主义奴仆的可耻面貌已经暴露无遗,因此毛泽东才明确宣布:蒋介石就是祸国殃民的头号战争罪犯。这些情节引起听众的关注,并发出一阵掌声。

2月,欧洲春寒料峭。2月21日是国际学联确定的"反殖民主义斗争日"。丹麦由于没有背上殖民主义扩张的历史包袱,丹麦学联及时响应了国际学联号召,在哥本哈根大学和奥古斯海洋学院举行"反殖民主义斗争日"学生集会;这在西方学联中尚属罕见。

我受国际学联书记处委派,前往上述两校学生集会发表演讲。我以国际学联和中国学联代表的名义,向丹麦学生致以问候和祝福;并介绍民族独立运动的发展情况,"反殖民主义斗争日"的意义,中国人民解放斗争的前景,中国学生运动的动向……两校学生呼喊着:"hear,hear,hear"(说得好,说得好,好哟),同时脚蹬地板,发出巨响。

在奥古斯海洋学院会上,一位学生提问:如何评价罗斯福总统的"四大自由"。我坦率表示:我是一名年轻学生,还没有

1950年2月,国际学联执委会会议在英国伦敦召开。出席会议的中国驻国际学联代表梁畊在莎士比亚故乡的塑像前留影

担任过政治评论员,因此,无法评述罗斯福总统的言论。但我愿意作出回答:原则上,国际学联的会章与"四大自由"、《联合国宪章》都是一脉相承,紧密相互联系的…… 话音一落,又响起"hear,hear,hear"和蹬足声。

离开丹麦后又转道去华沙,参加"反殖民主义斗争日"的学生集会,并作讲演,但是,华沙学生是以鼓掌和口哨来回报我的发言的。次日,阴云密布,朔风凛冽,我同年轻的波兰译员驱车前往吊唁在纳粹集中营蒙难的犹太人公墓。在那里,我低头默哀片刻,并行三鞠躬礼。年轻译员则满面泪痕,哽咽地诉说了"二

战"期间家破人亡的不幸遭遇。他的亲身经历和成百万犹太男女老少在纳粹奥斯威辛集中营惨遭酷刑而牺牲的血泪事迹,给我以巨大震撼!

回到布拉格后,我怀着急切心情,与捷学联商妥去利迪采参观访问。记得是2月下旬的一个午夜,捷学联的译员把我从睡梦中叫醒,穿好衣服,即向西北方向驱车直奔利迪采。18公里的行程迅速结束。但见聚光灯把工地现场照耀得如同白昼一样;铁锹与石块的撞击声清脆入耳;打夯声、吼叫声汇成一曲劳动乐章;成千上万的青年突击队员奋战在第一线,为重建家园而奉献青春!

陪同者向我娓娓介绍了利迪采遭受法西斯凌辱、残害的苦难历程。1942年6月,捷空降部队成功地击毙了德国法西斯驻波西米亚地区最高长官赫得里奇。德国立即采取灭绝人性的报复行动,并随意将利迪采列为目标之一。6月10日,法西斯刽子手把全村的男人斩尽杀绝,把所有妇女和大龄儿童押进集中营,把较小的儿童押进所谓的教养院。全村房舍焚烧殆尽,用推土机将整个村庄夷为废墟,妄图使这一无辜的村庄从地球上彻底消失。据不完全统计,全村有500多名居民,无一幸存者;其中男人192名、妇女60名、儿童88名,其余的为老年人。这一滔天罪行激起全世界正直人们的无比愤慨和谴责。陪同的译员告诉我,在1947年夏秋之交,来自世界各地的2000多名旅游者,大多数为青年(包括美国青年)来到利迪采参观,他们深为感动,并当场举行集会,宣誓将为和平事业而奋斗,决不允许利迪采的悲剧重演。他们还致电杜鲁门总统,呼吁他不要再使用有大规模杀伤力的核武器,不再把广岛和长崎的核爆炸扩散至欧洲,甚至整个世界……

陪同译员还告诉我:按照重建的计划,利迪采将是一个阳光普照的和平村庄;在男人们遭屠杀的土地上建一个农场。与此同时,利迪采将是一座永久性的纪念馆,有图片展览及影片放映等设施,以接待海外来宾,并教育世世代代的捷克人民不要忘记历史。

捷克斯洛伐克的利迪采和波兰的奥斯威辛集中营给我上了"生动的一课",使我对德国法西斯的滔天罪行义愤填膺,也使我回忆起日本法西斯1941年残暴轰炸我的故乡重庆,使半个城市化为一片瓦砾,成千上万的同胞在防空洞窒息而牺牲,还有日本法西斯在华北解放区滹沱河岸边的许多村庄,实行"烧光、杀光、抢光"政策,以致成为"无人区"。日本法西斯的这一滔天罪行与德国法西斯的暴行如出一辙,令人发指!

1949年4月,春暖花开,艳阳高照,和风四起,巴黎的塞纳河波澜不惊。20日,"世界保卫和平大会"在巴黎文化宫大厦隆重举行,由于法国政府秉承北大西洋公约集团"头目"——美国政府的旨意,只发给外国代表团8人的入法签证。于是,滞留在布拉格的许多代表团,也只能在巴黎会议召开的同一时间,在布拉格展览馆大厅召开"世界保卫和平大会"。一个会议,同时在两地举行,开创了"二战"后和平运动的先河,也是一段值得今天的人们深思的一件往事!

出席布拉格和平大会的代表约1000余人。他们是来自苏联、东欧、朝、越等社会主义和人民民主国家的代表团;还有来自亚洲、非洲和拉丁美洲殖民地新独立国家的代表团。

当时,中国人民解放战争正

1950年2月,国际学联执委会会议在英国伦敦召开。出席会议的中国驻国际学联代表梁畔在马克思墓前留影

节节胜利,人民解放军正准备渡江战役,锋芒直指蒋介石集团的"老巢"南京,中国人民也喊出了"打倒蒋介石,解放全中国"的豪迈口号!与此同时,中国应邀派出了由各界精英组成的40人的庞大代表团出席布拉格和平大会。代表团团长为"中国人民保卫和平委员会全国总会"的会长、文艺界领军旗手郭沫若;副团长为刘宁一与知名教授马寅初;秘书长为钱俊瑞、副秘书长为陈家康。青年学生界代表为中国学联秘书长柯在铄以及上海法学院的学生代表屈元(女)。

我作为国际学联3人代表团的成员之一也出席了大会;团长为格罗曼,另一成员为秘书长汤姆·马登。

20日上午9时,各国代表陆续进入会场。相识的各国朋友热情互致问候,有的还拥抱、亲吻。我走近中国代表团的座位,向久别重逢的刘宁一、陈家康鞠躬致意。刘宁一嘱我赶快去见柯在铄和屈元。陈家康则出"高招儿"说:梁畔,你现在收入不菲,应尽快筹办一次招待会,邀请格罗曼出席,并将柯、屈介绍给格罗曼,以加强友谊,建立友好合作关系。

当时,中国代表团住在布拉格繁华街区的"皇宫饭店"(Palace Hotel),离开大会会场仅有10分钟步行的距离。我与捷克学联国际联络部负责同志商量后,认为在"皇宫饭店"附近的"鲁切尔纳饭店"(Lucerna Hotel)举行招待会是适当的。于是,便租了一间可容100多人的小餐厅举行招待会,要求供应各种款式的"三明治"、红茶、矿泉水以及比尔森啤酒。参加者为捷克学生及少数印度尼西亚留学生。招待会由捷克学联一人担任主持,负责捷、英双向翻译;我也担任另一主持人,负责中、英双向翻译。

冷餐招待会订于一个周日的11点至12点半举行,格罗曼首先致词,热烈欢迎中国学联两位代表莅临国际学联做客,并祝中国学生和人民的正义斗争从胜利走向新的胜利……会场不时响起阵阵掌声。

1950年夏,中国驻国际学联代表梁畔在布拉格查理大桥东端留影

柯在铄从容地即席发言,衷心感谢格罗曼百忙中光临招待会和热情洋溢的讲话。柯机智地插入一些英语短词,如IUS……President Grohman。格罗曼微笑着,频频点头,表示赞赏。

柯回顾了北平解放前夕,广大学生为了防止国民党反动派的"焦土计划"和"破坏活动",纷纷响应党的号召,团结起来,展开了一场声势浩大的"保护校园"的群众性斗争,挫败了国民党的阴谋诡计。

柯在铄还说,伴随人民解放军挥戈解放大江南北的广大地区,一批又一批的大专学生投笔从戎,以期早日完成祖国的解放大业,医科学生,不分男女,均随军救治伤病战士,其他学科的学生或担任部队文职秘书,或当宣传队员,随时把行军、作战过程中的好人好事,写成快板评书,并即时演唱,以鼓舞士气。屈元也插话说,女学生几乎成了当代的"花木兰"。柯、屈讲话大约半小时,以后是自由交谈,边谈边吃,气氛相当融洽、兴奋。柯还回答了一些捷克学生提出的问题。

招待会结束前,格罗曼高声说,请柯将国际学联书记处赠送给中国学联的一台电动油印机带回北平,这是各国学生,包括捷克学生对中国学生的拳拳心意和亲密战友的支援,柯上前与格久久握手致谢!

柯在铄和屈元以朝气蓬勃的崭新姿态亮相布拉格,并在招待会上即席挥洒自如,落落大方。他们不仅赢得格罗曼和捷克同学们的衷心赞赏,也令我大为折服。

1949年6月初,夏日气温骤升,阳光耀眼,但布拉格的纬度较高,尚未挥汗淋漓。国际学联书记处肯定了地中海周边国家的舒适的海洋性气候,便决定在意大利文艺复兴时期的历史名城博洛尼亚(Bologna)召开一次执行委员会会议。意大利是欧洲文艺复兴的发祥地,被誉为欧洲文艺复兴的"摇篮"。

执委们和工作人员近30人,在一天上午10点从布拉格国际机场,乘坐两架包机向南翱翔,大约50多分钟后,原来平稳的飞机忽而上下起落、忽而左右绕行;一时间竟把直插苍穹的阿尔卑斯高峰(Alps)抛在身后。紧接着,烟波浩渺,像翡翠般的蓝色地中海展现在眼前,瞬间飞机开始下降,并持续盘旋,我看到亚平宁半岛"靴子一样的面孔"。按照预定计划,我们将先在意大利首都罗马着陆,并进行一天的参观、游览。

古罗马历史悠久,文化传统丰富,名胜古迹多姿多彩,引人入胜。我们的东道主凭着机智和果敢作风,及时制定了一个"浓缩的一日游日程",让我们坐在"大巴士"里,聆听着导游小姐流利的英语介绍(人名、地名仍为意大利语),控制住车速,就可目击文物古迹的形态和外貌,获悉其历史背景、丰富内涵以及对世界文明的贡献。

"一日游日程"包括以下3个著名的重点景观:

1. 古罗马广场。它是罗马城的中心,许多建筑都是用白色大理石建成的。广场及附近山丘的颓垣断壁都是2000年前的遗迹,与现代化的居民住宅、鳞次栉比的公共建筑交相辉映,宛如一幅

1950年秋,中国驻国际学联代表梁畊在
"布拉格城堡"的蓝房子留影

风格独特的画卷。广场是一个四通八达的交通枢纽。无论从远近的其他城市或乡村,只要沿着古罗马的"大道"就能准确地到达罗马;这印证了人们耳熟能详的谚语:"条条大道路通罗马"。

2. "哥罗塞姆斗兽场"。意大利语"哥罗塞姆"意为"巨大",斗兽场于公元22年开始修建,历时8年方告完成,是椭圆形的建筑,外围墙体高48.5米,分为四层楼座;占地2万平方米,可容5万名观众;风雨沧桑,周围四层楼座已有相当一部分倒塌了。"角斗士"是从战俘、罪犯和奴隶中挑选身强力壮者,并经过特别训练后才有参赛资格;他们面对饥饿的狮子或其他猛兽的进攻,肢体被狮子撕裂,筋骨被猛兽折断……最后倒在斗兽场上血流不止,发出呼救的绝望悲声。贵族、王公、奴隶主们则举杯相庆,尽情狂饮。这种白骨累累的娱乐活动,为古罗马文明投上了一道挥之不去的阴影。

3. 威尼斯广场——罗马最大的广场,位于罗马市的中心;广场长130米、宽75米,呈长方形。草坪长年碧绿,花坛中百花怒放。广场南端耸立着特别耀眼的、用白色大理石修建的"祖国祭坛"。它是纪念统一意大利的国王埃马努埃尔二世,于公元1855年至1911年建成的,是意大利独立和统一的象征。祭坛高层的中心位置竖立着埃马努埃尔二世骑着骏马的高大镀金铜像,铜像背后的上部有72米的一道长廊,长廊两端修建了观景亭台,可极目瞭望茫茫云海和全市美景。1921年市政当局在埃马努埃尔铜像的地面,开凿并兴建了"无名烈士陵墓",以缅怀为祖国独立与世界和平而捐躯的英雄。

如同各国的首都一样,每逢国家的重大节日和具有政治意义的欢庆活动,罗马都要在威尼斯广场举行盛大的仪式。外国元首或政府总理前来访问,也在威尼斯广场接受欢迎仪式,向无名烈士墓献花圈。威尼斯广场的作用和重要性,与莫斯科的红场和北京的天安门广场并无不同之处。

威尼斯广场西北角有一座大型建筑,这就是脍炙人口的威尼斯宫,它始建于1455年,是文艺复兴时期的一个建筑珍品。1922年法西斯党的头目墨索里尼在威尼斯宫东墙阳台上,对成千上万的党徒发表煽动性讲演,引起"政变",建立了法西斯专政。"二战"期间,墨索里尼与德、日法西斯结盟,与全世界人民为敌,结果彻底失败。1945年4月,墨索里尼被意大利游击战士捕获,并被处决。威尼斯宫则物归原主。由于墨索里尼曾在威尼斯宫办公、居住,并在这里多次发表宣传法西斯主张的演讲,主人认为这是对威尼斯宫的亵渎,无人愿意进驻使用,于是便将威尼斯宫改为博物馆,陈列古罗马和文艺复兴时期的珍贵文物,让人们和外国来宾参观。

至此,"浓缩的一日游日程"画上了圆满的句号:东道主轻松地宣布,傍晚进晚餐后,是自由活动时间,大家可以在光怪陆离的霓虹灯下,漫步罗马城的大街小巷,一睹饱含罗马风情的所谓"夜生活"。

罗马与博洛尼亚同在意大利中部地区,相距不远。第二天早晨,执委们乘坐"大巴士"及时赶往博洛尼亚开会。执委会全体会议准时于上午10时,在博洛尼亚大学的一间宽敞、宁静、典雅的大厅举行。

开幕式上,格罗曼宣布会议开幕后,博洛尼亚市政当局一位气度不凡的嘉宾首先致词,热烈欢迎执委莅临博洛尼亚做客,并说:"博洛尼亚是文艺复兴时期的一座历史名城,城市建设以红色为基调,象征着朝气蓬勃、胸怀宽广、善待远方来客,其次,城内大街的人行道均修建了遮风挡雨的长廊(总长40公里),尽管市内公交设施齐备,服务良好,但市民们仍乐于在长廊漫步,并仔细察看商店的橱窗,以便买到称心如意的名牌用品。"这位嘉宾还指出:博洛尼亚大学建于公元88年, 是闻名遐迩的最古老大学, 该校资深教授马尔比基(M.Malpighi,1628—1690)是显微解剖学和胚胎学的鼻祖,尤其是在植物学领域中所做的显微研究对多种学科的发展具有重要意义。其次, 电子专家、工程师马可尼(G.Marconi,1874—1937)出生于博洛尼亚附近一个不知名的社区,博洛尼亚却为他施展才华提供了方便条件,他孜孜不倦,长期从事无线电通讯试验,大力推广其实际应用,于1901年成功地在大西洋两岸传送无线电信号,并率先发明、制成了无线电收音机,在1909年,马可尼荣获诺贝尔奖(物理学)。

博洛尼亚学联和青年组织的代表,以全市青年学生的名义向执委们致敬,预祝会议圆满成功。他强调说:"红色博洛尼亚"的特征不仅表现在城市的建设方面,也表现在城市的革命传统方面。"二战"期间,意大利共产党的秘密指挥总部就落脚在博洛尼亚,并出版、发行党的机关报——《团结报》。同时,博洛尼亚人民和青年学生紧密团结,同法西斯势力展开殊死战斗,他们前仆后继,流血牺牲,鲜血染红了博洛尼亚的每一寸土地。"二战"胜利以来,博洛尼亚青年学生仍然积极活跃,为了社会的正义、邻里和睦、消除法西斯残余思想的影响、保卫世界和平而继续奋斗,并全心全意地支持国际学联的斗争。如同市政当局的嘉宾一样,青年学生代表的豪迈祝词受到与会者的衷心赞赏和长时间、雷鸣般的鼓掌。

午后,格罗曼作了内容翔实、观点犀利的主题报告,高度评价和平运动的发展和民族独立斗争的壮大,并表示要大力促进国际学生的团结与合作。

次日,执委会进行一整天的发言,各抒己见,异彩纷呈。苏联驻会代表首先发言(谢列平等核心领导成员均缺席),说苏联人民和青年学生在"二战"中饱受战火煎熬，苏联人民和青年学生珍爱和平，对和平运动的兴起做了巨大贡献……苏联人民和学生也憎恨殖民主义……愿殖民地、附属国学生早日获得自由、独立……

我发言支持格罗曼的主题报告，感谢东道主的盛情款待，强调中国人民和青年学生为挫败美帝及其仆从蒋介石反动集团发动的内战而开展的人民解放战争正节节胜利，并呈现胜利的曙光，这是对欧洲人民争取和平和进步斗争的支持，也是对亚非拉人民争取民族独立斗争的巨大鼓舞。

罗马尼亚执委根据一贯立场表示，国际学联要坚持实事求是的原则，从实际情况出发，排除干扰，走自己的路。

其他执委发言后，格罗曼宣读并通过了一个言简意赅的决议。

执委会落幕后，有一整天的自由活动，可以去市区游览，或在旅馆休息，打点行装。博洛尼亚学联与罗马学联作为东道主，邀请我在意大利度过夏季休假，在6月份剩下的两周里做一次"环岛旅行"，他们还说，这一安排已征得格罗曼的同意。我真诚感谢东道主无微不至的关怀。

在一位能讲英语的精干同志陪伴下，我开始了约两周的意大利"环岛旅行"。意大利是继丹麦之后，我访问的又一个资本主义国家。尽管行色匆匆，走马观花，但是到底是一次接触实际的机会，开阔了眼界，增长了知识，留给我的印象是值得品味的。

在意大利西北部有一个蜚声国内外的"金三角"富饶地带，它由都灵和米兰两大内陆城市和热那亚港口城市组成。都灵市的菲亚特(FIAT)汽车集团是支撑意大利经济的一个大型支柱产业，我被邀参观该集团汽车厂的装配和喷漆车间。车间颇为气派，高大整洁、流水线井然有序。一位工程师娓娓介绍：菲亚特现代化的生产率表现在几分钟内即可完成一辆高档轿车的装配、喷漆、烘干、修饰等项工序，然后在经过严格检测取得产品合格证后，再由火车运往热那亚港，经由海运交付各国销售网点销售。

工程师还陪我乘坐电瓶车，前去参观菲亚特的战斗机装配车间。他边指点边说道，技工们正焊接机尾部分，并认真耐心地打按铆钉，还打趣说，如果中方愿意选购这种战机，将享受特别优惠。我回答，如果中国人民解放战争能早日获胜，我想也许20年后将有成批的中国产战机飞翔在中国的上空。

意大利西南部的那不勒斯(Naples)是一个风光旖旎的海滨城市。我和陪同人在夕阳残照中，住进了一个宁静的旅舍。打开临海的落地门窗，微风轻拂，海浪粼粼，万籁俱寂，一片幽静。

晚餐后,我们信步上街,在人行道边的一个小酒吧畅饮冰镇汽水,邻近座位有6位中老年旅游者正高谈阔论,兴致甚酣,其中一位老者获悉我来自国际学联便来攀谈,问长问短,他还自报家门,曾在共产国际工作过,并听说中共驻共产国际的代表是王明。老者问道,王明现在居住何处,干什么工作。我在到国际学联工作的一年多里,因向刘宁一同志汇报工作或者在与他交谈时,曾提到过王明的一些情况。于是,我坦率告诉老者,在抗击日本法西斯战争胜利前夕,中共在延安召开了第七次代表大会,经过选举,王明成了候补中央委员,后来他因病赴莫斯科疗养。老者表示,他一直关注中国革命斗争的进程,祝愿最后胜利属于中国人民。

次日早餐后,我和陪同人去了那不勒斯的山顶。在山上,我们背靠陡峭的山崖,前方面临茫茫大海,可远眺海天一色的胜景。那里空气清新,海风习习,没有过多游客的打扰,真是一个歇憩、放松的好去处。我们在山顶一个安静的餐厅进午餐。这顿午餐颇有特点,使人叫绝的并非美酒佳肴,而是一个5人小乐队演奏的那不勒斯民谣。在10多首民谣中,《我的太阳》、《重归索连托》、《登山缆车》……旋律轻盈、柔情似水,激发了我对意大利音乐的喜爱和兴趣。

"环岛旅行"的"收尾站"是意大利东南部的巴里市(Bari)。巴里市及其周边地区都是土地贫瘠、干旱频发的落后地区。庄园主、农场主……盲目贪求超额利润,完全不修水利工程,还狠心压缩葡萄和橄榄的生产规模,迫使数以千计的农业工人,一批又一批陷入失业困境。这些失业者终日四处流浪,缺衣少食,投靠无门,嗷嗷待哺……这些情况反映日益扩大的城乡差别,不断加剧的工、农矛盾,北部工业发达地区和南部农业凋敝地区的分化和纷争。

怀着对东道主的真诚祝福,我的"环岛旅行"圆满落下帷幕。从巴里去罗马稍作逗留,等待适宜的捷克航班,返回布拉格。

从意大利回到布拉格,我感到气温在逐步攀升,书记处的同事们都在电扇的冷风中辛勤工作。我也须尽快浏览近期的约100页的文件、资料和来往函电。

这时,书记处决定于秋天在索非亚召开一届理事会,并紧张有序地进行筹备。书记处责成西欧国家学联的驻会代表、宣传部负责人以及专门从事文字翻译、推敲行文和措词的技术人员共五六人组成一个理事会主题报告的"起草小组",并限期完成主题报告的初稿,供书记处讨论,并提出修改的意见及建议。

该初稿的框架、章节布局、措词行文基本上是得体的。但是,在阐述中国人民解放战争节节胜利以及南京重新回到中国人民的怀抱时,出现了一个措词的错误,并且是一个带有政治性的错误,这就是把"南京的解放",写成了"南京的陷落"(the fall of Nanjing)。经过仔细的考量,我准备通过摆事实、讲道理、耐心协商,与"起草小组"共谋纠正的办法。我对"起草小组"负责人说:西欧学生习惯于把德国法西斯隆美尔将军以"闪电战"迅速攻克巴黎,称之为"巴黎的陷落";但是,中国学生大众则习惯于把中国人民自己的子弟兵解放了蒋介石反动集团的"巢穴"南京,称之为"南京的解放","南京的解放"标志着"蒋介石王朝"即将完全覆灭、中国人民即将彻底胜利,其深远的政治意义不容低估。现在,中国学联的会员人数多达100万人,并呈现继续上升的势头,中国学联的会员人数占国际学联会员人数的1/3,这一事实的重要性应当受到尊重,因此,我建议把"南京的陷落"这一错误的提法,改写成"南京的解放",否则我可能引咎辞职,以免中国学联及其广大会员对我质问,甚至将我罢免。"起草小组"负责人表示,做改动需要跟小组成员商量一下。片刻后,负责人回答说:大家同意做出纠正,改写成"南京的解放"。

1949年秋,国际学联理事会在索非亚举行。中国学联代表团以驻世界青联代表吴学谦为团长,中国学联秘书长柯在铄和我为团员,一共3人。另外,还有几名留英、留法学生充任助手及英语翻译。

在会议发言中,吴学谦代表100万中国学生向东道主及与会者表示致意和祝福,对格罗曼的主题报告给予高度评价,对国际学联在诸多领域开展的工作和成就表示赞赏,并对国际学联今后的工作充满希望。在发言时,吴学谦着重介绍了中国学联团结学生大众,尤其是中间分子所做的工作,同时强调指出,务必通过学生们喜闻乐见的各种形式(如读书会、壁报社、歌咏团、篮球队等等),才能事半功倍,取得好的结果。吴学谦这一发自肺腑的经验之谈意味着中国学联将更加积极参与国际学联的工作与活动,同时也试图促使国际学联更为关注中国学联的发展,关注中国人民的解放战争。

1950年2月,国际学联在春寒未尽、浓雾弥漫的伦敦召开执委会。会场选在英国学联办公处的一间不太宽敞的厅堂。与会者共20余人。其中有东道主、英国学联主席詹金斯(S.Jenkins),英国学联成员拉斯特(年龄较大),另外资深的前英国学联领导成员布鲁门瑙以特邀客人的名义列席会议。苏联学联则有"重量级"领导成员亚历山大·谢列平,别斯列亚克(乌克兰),叶尔绍娃(女,白俄罗斯),以及助手兼翻译伏多文出席会议。苏联学联就是苏联青年反法西斯委员会的学生工作部,当参与国际学联的活动时,为了方便就称为苏联学联。国际学联主席格罗曼,副主席梁畊(中国),总书记贝林格,执行委员阿斯卡拉第(共和西班牙)和一个波兰籍的执委出席了会议。另外,还有罗马尼亚驻会代表白雷亚诺、匈牙利驻会人员列席了会议。

我到达伦敦后,即与新华社伦敦分社社长黄作梅见面。黄是通晓英国事务的行家里手,他向我转告了从英共方面得到的最新信息。他说,英国朝野的有关部门都很关注这次国际学联的执委会会议,现任的英国学联主席詹金斯在执掌英国学联大权后,不断排斥英共的势力,削弱英共影响。还说在这次执委会上,詹金斯将首先发难,抨击国际学联的方针政策,关于南斯拉夫学联的会籍问题将成为这次会议争论的焦点之一。黄作梅对我强调说,会上情况复杂到什么程度,尚待临场观察,及时做出反应,要沉着冷静,不必首先发言,"不打头阵",静观其变,才是上策。

果然在会议开始后,以格罗曼、总书记贝林格(意大利)、执委阿斯卡拉第(共和西班牙)为一方,主张中止南斯拉夫学联的会籍,并指责南斯拉夫学联与南斯拉夫当局串通一气,迫害数以千计南斯拉夫正直的青年学生。另一方则为詹金斯、南斯拉夫学联代表(在詹金斯安排下,早已守候在会场外面,伺机随时进入会场,参加争论)以及拉斯特等,他们猛烈抨击国际学联单方面终止南学联的会籍,说这是国际学联党派色彩、宗派倾向的铁证。詹金斯还指责国际学联一贯忽视各国学生的切身权利和生活福祉。双方争论不休,互不让步,持续达两小时,始终无法取得共识。当时,谢列平一言不发,冷眼观虎斗,但不断与格罗曼挤眉弄眼,示意格罗曼进行表决。结果,用举手表决的方式,使终止南学联会籍的决议获多数票而通过。书记处一些成员,包括我在内,均随大流举手赞成,只有詹金斯投了反对票。

会后,我向黄作梅汇报情况。他首先表示,詹金斯的表现是在意料之中。接着,我们二人讨论了詹金斯等人的性格、特征。这样我才知道詹金斯是威尔士首府加第夫工学院的一名学士生,他天资聪明,思维敏捷,条理清晰,擅长演讲,颇能以理服人,在英国学生中,有口皆碑。詹金斯、布鲁门瑙和拉斯特3人自我标榜是英国学生的年轻一代,即"新生代",并且都不是共产党人。我还知道这个所谓的"新生代"主张重视英国学生的切身权利和生活福祉等"纯学生事务"的具体工作,坚决反对任何带有党派色彩、宗派倾向的活动,决不允许政治活动干扰、甚至代替"纯学生事务性"的具体工作。这个"新生代"实质上是要打破20世纪30年代以来,英国共产党主导英国学联执委会的传统局面,并取而代之。由于英国学联领导层有"新生代"这样一些人,所以英国学联对国际学联开展政治性活动心怀不满,有人还提出退出国际学联的主张。在这种情况下,詹金斯表示,他也同样是采取反对国际学联的立场,但在现阶段最佳的策略不是要退出国际学联,而是要在国际学联的内部组建一个"反对派"集团,从而按照英国学联的"模式",重新塑造国际学联。

在交谈中,我和黄认为,今后一个时期直到第二次国际学联代表大会,都要密切关注、观察詹金斯等人的动向,但是还不宜采取简单、生硬的做法,把"反动派"的标签贴在詹金斯的头上,现在不如把他称为"右翼分子",从而赢得主动、回旋余地与活动空间。至于布鲁门瑙,由于经历了国际学联的筹备、成立、发展、分化等各个阶段,以及相关的会议与活动,并且还见证了国际学联与西方学联交往与斗争的全部过程,为谢列平、格罗曼等处理繁杂问题的机智和魄力所折服,所以他是一颗具特性的中间偏右分子,应该把他当成中间分子加以争取。另外,布鲁门瑙曾不间断地把所闻所见以尊重事实的态度和生动的笔调,书写了篇幅或长、或短的《日记》,这应该是"二战"后国际学运中一份少见的"一家之言",也是留给后来者一份可读性较强的"参考资料"。

1950年8月14日至26日,在布拉格一年一度盛夏时节的热烈氛围中,迎来了国际学联第二次代表大会的召开。这次代表大会的会场设在布拉格展览馆一间宽敞、明亮、装饰一新的大厅里。

中国学联派出了有27人的中国学联代表团赴会,团中央学校工作部长杨诚任团长。另外还有一支中国学生篮球队和排球队(18人含教练)参加大会期间的友谊比赛。杨诚在到布拉格后提出,由驻世界青联代表吴学谦、中国学联秘书长柯在铄和驻会代表梁畔组成"智囊小组",随时提出建议,以利于开展会内、外各项活动。为此,杨诚还授意代表团秘书长、上海市学联代表钱大卫主持,由我向代表团和球队介绍国际学联情况和西方学联动向。我向代表团介绍说,这次大会出席、列席者有1100多人,政治面貌左、中、右都有,左派占主导地位,来自苏联、东欧、中国、朝鲜、越南等国学联中的共产党员、青年团员和进步学生以及亚、非、南美及西方国家大专院校的进步学生,中间派占相当大的比重,主要来自西方国家的学生大众,他们重视学习专业知识,不轻易介入政治活动,但有的人具有正义感,愿做共产党的同路人,右派则以英国学联主席詹金斯为首领,一贯抨击国际学联,企图把分裂活动激化到无以复加的程度。此外,我还介绍了国际学联参加和平运动,支持民族独立斗争,以及同西方学联交往、斗争的情况。

在大约20天期间,代表大会经过聆听格罗曼作的主题报告、大会发言、专题小组讨论等各个阶段。在此期间,发生了谢列平和詹金斯在方针政策上的严重分歧和对抗。谢列平怒斥詹金斯是正直英国学生的"叛徒",这引起了国际社会及传媒的深切关注。英国学联的列席观察员布鲁门瑙则黯然神伤,在会外与友人交谈时表示,他已从共产党的同路人转变成为共产党的反对者了。其次,经过苏联代表团、中国代表团,以及格罗曼三者之间的协商,促成大会作出决议,中国学联受国际学联委托在北京筹建一所亚洲学生疗养院,这是大会备受赞誉的一个丰硕成果。

大会期间的一个晚上,中国学生篮球队与捷克学生篮球队进行友谊比赛。格罗曼因处理紧迫的大会事务,不能为球赛致开球的祝词,委托我代表国际学联和他本人致祝词。在不到三分钟的时间,我用英语完成了祝词就离开了。散场后,柯在铄告诉我,同杨诚一起观看球赛的苏联代表团团长质问说,梁畊为什么不讲中国话致祝词,令人难以理解……杨诚未作回答。柯在铄当时表示,梁畊代表国际学联和格罗曼致祝词,而不是代表中国学联表态,讲了英语,是无可厚非的。苏方以"老大哥"自居,动辄指责别人,着实是"大国主义"的表现。

在大会的最后阶段,举行了选举,格罗曼连任主席,杨诚被选为副主席之一;柯在铄将留驻国际学联,参与书记处和反殖民主义局的日常工作。从8月至11月,我向柯在铄移交了工作,12月我作了工作总结,于1950年年底回国。

我的工作总结包括下列几点:

1. 1948年秋到1950年年底的工作概述。

在这两年半中,我除在书记处和反殖民主义局处理日常工作以外,还参加了三次执委会:1950年2月在伦敦、同年5月在莫斯科、同年6月在意大利的博洛尼亚,参加了第二届世界青年与学生联欢节(1949年8月在布达佩斯);出席了一次国际学联理事会(1949年9月在索非亚)和第二次国际学联代表大会(1950年8月在布拉格)。在此期间,受国际学联书记处委派,先后访问了丹麦、波兰、英国和意大利,并作了近10次讲演,在讲演时,还回答了听众提出的问题。

2. 一个收获。

在这两年半中,我从工作起步时候困难重重,逐步学到了在国际学联书记处进行工作必备的基本技能和手段,这就是在技术上必须准确、流利地听、说、书写英文,同时要合理运用"议事规则"。与此同时,我在政治上也受到了锻炼,使我具有一定程度的独立思考能力,以及独立工作的能力。综上所述,这是我的一个收获。

3. 两次工作失误。

其一,在1949年7月盛夏某日上午10时,美国驻捷克首都布拉格大使来电话邀请格罗曼和我出席午餐。我们两人稍事商量,便接受了邀请。席间,该大使询问,书记处成员、包括梁先生是不是共产党人?格罗曼和我相对无言,哈哈大笑,不予置理。该大使又问国际学联经费来源及具体数额。格罗曼列举了许多财源项目,包括捷克当局及社会名流的赞助等,至于具体数额是由总会计师一手掌控,并且是"业务秘密",表示不对外公布。嗣后,我向前来巡视工作的刘宁一同志汇报了上述的活动。刘宁一同志指出,眼下美国出钱、出军火武器,帮助蒋介石反动集团打内战,即使撇开这一背景和宴会情况,在没有请示党组织的情况下,就同美国官方人士接触,这也是一次违反纪律的行动,应引以为戒。

其二,1949年8月,第二届世界青年与学生联欢节在布达佩斯举行。国际学联行政办公处负责人布里克曼(女)策划、编辑一本《国际学生流行歌曲集》。她来向我索取一首中国学生喜爱的歌曲备用。我表示,至今仍未与中国学联建立函、电通讯联系,故无法满足要求。布里克曼又说:《中国共产党,你是灯塔》就是一首中国学生广为传唱的一首好歌曲,只要把歌曲的唱词修改成"中国学生,你是灯塔"就可以选中而列入《歌曲集》。对此,我表示了"默许"。不久,参加联欢节的中国青年代表团到达布达佩斯,陈家康同志任副团长兼秘书长。我向陈家康同志汇报了布里克曼编辑《歌曲集》的前因后果和经过,以及我"默许她改动歌词"的具体情节。陈家康当即指出,没有请示党组织,就默许布里克曼改动歌词,这是一次违反组织纪律的行为,切望认真吸取教训。

上述的两件事例表明,每当身处顺境,我就疏于执行请示汇报制度,以致工作中一再出现错误。

4. 一个探索课题。

1950年12月,朔风渐起,引发漂泊远行者们的缕缕乡愁。12月中旬,是我工作总结进入倒计时的冲刺阶段。我保持平和的心绪,借鉴国内惯用的"务虚"方式,试图就国际学联一般日常工作难以触及的一个深层次的课题,做一次探索和剖析,这就是在全球范围青年学生活动的大潮中,国际学联是否发挥着独特作用。对此,国际社会和传媒,是否表示认同和赞许。我们中国又是何种态度。

我寄居捷克已超过两年,对国内的意图也不够了解,因此,对上述的问题,归根到底,还是说不清、道不明。适逢刘宁一同志在布拉格做短暂逗留,并即将去英国磋商和平大会事宜。我向刘宁一同志汇报情况,期盼他循循善诱,指点迷津。

刘宁一同志娓娓谈了他的看法和观点:

1. 我国一直重视国际学联的作用及其在许多领域的不懈努力和取得的成就。

2. 在可预见的一段时期,我国把国际学联、世界青联、世界工联、国际民主妇联、世界和平理事会等,当做加强国际交流、合作,增进友好,结识朋友的一个重要渠道,也是及时获悉国际重要信息、观察国际风云盛衰的一个重要渠道。

刘宁一同志简洁、精辟的阐述,使我茅塞顿开,也为我的工作总结画上了圆满的句号。

在回顾我在国际学联工作的时候,一个在工作中结识的捷克斯洛伐克朋友——格罗曼让我无法忘怀,特别是他伴随国际风云起伏跌宕的人生让我十分感慨。他由于在人际交往的不经意中引发的碰撞和纠葛,为他后来的平民生活带来了匪夷所思的厄运和灾难。

1949年秋,第二届世界青年与学生联欢节在布达佩斯举行,匈牙利劳动工人党(前身为共产党)总书记拉科西奉苏共指令,强化反对"铁托集团"的斗争,并认定联欢节筹备委员会的南斯拉夫委员就是在青年领域中的一个"打击目标",遂指使匈牙利警方加以逮捕。南斯拉夫青年联盟和南斯拉夫学联立即发表声明,表示遗憾,并呼吁国际学联等团体进行营救。格罗曼亲自与匈警方交涉,使这名南斯拉夫委员获得释放,并在格罗曼安排下顺利离开匈牙利回国。嗣后,拉科西对格罗曼极为不满,怀恨在心,并伺机进行报复。

当格罗曼于1952年9月在布加勒斯特举行的国际学联理事会会议上提出辞去国际学联主席的职务,并取道布达佩斯回国时,已察觉到不能在布达佩斯久留,担心他在匈牙利可能被匈当局指控为"铁托分子"和"美国间谍"而遭不测。此时,他与苏联代表谢列平不期而遇。谢列平匆匆向他走来,对他耳语说:"约夏(格罗曼名约瑟弗,约夏为昵称),你处境危险,要毫不迟疑地离开布达佩斯。"

格罗曼一离开匈牙利,踏上祖国捷克斯洛伐克的沃土时,惆怅满怀。此时,捷共党内按苏共清除"铁托集团"的指示,镇压党内二号人物斯兰斯基的所谓"斯兰斯基反党集团发动反革命政变"案件余波未平,被处决的11名"主犯"中有捷共中央国际联络部部长吉敏达,吉敏达是格罗曼的亲密战友,因此,格罗曼可能被指控为"反党分子"和"美国间谍"而成为"第二个吉敏达"。面对如此险恶政情,格罗曼甘愿做一个失业游民,也不抛头露面去谋职求生,或者探亲访友,寻求救助。使格罗曼聊以自慰的是,捷克学联的领导成员对他表示了衷心关切,并传话说:捷克学联不会检举揭发,也不会奉命把格罗曼驱逐出境。另外,格罗曼"二战"前夕在纳粹集中营结识的"难友"科特恰克也向他伸出了"援助之手",给他安排了提供生计的工作。科特恰克在布拉格近郊偏僻的街区办了一所不起眼儿的小印刷厂,几台机器加上十来个工人就是全部家当。在这家小印刷厂里,格罗曼在名义上是一名被雇佣的工人,看上去像是个"不善言谈"埋头干活儿的老好人,工厂也只发给格罗曼仅够养家糊口的工钱。但是,就是这个小工厂却为格罗曼提供了一个在政治上可靠的"避风港"。有了这份工作,格罗曼每天早出晚归,在工厂里劳作,过着一种与世事不相往来的生活。这样的生活从1952年下半年开始,持续了9年之久。1961年苏共第二十二次代表大会后,格罗曼的生存状况才发生了改变。苏共二十二大继苏共二十大提出了"三和"路线之后,又提出了"两全"路线,即被称为"三和两全"的总路线,并又一次批判了斯大林的"个人崇拜",平反了一批假案、冤案、错案,为受害者恢复名誉,吹起了一缕"调整政策"之风,东欧国家也纷纷效法。这一背景,促使格罗曼重返政坛。由于有格罗曼的至交、捷政府高级官员哈耶克的推荐,格罗曼于1962年至1967年出任捷克斯洛伐克教育部副部长,1967年至1976年出任设在法国巴黎的"联合国教科文组织"的捷代表团团长。1964年赫鲁晓夫下台后,勃列日涅夫在苏联当政,他认为谢列平担任过克格勃首脑,还长期在苏共领导层担任要职,结有一个共青团帮派,野心勃勃,权力过大,为防万一,遂逐步加以贬斥。与此同时,捷警方根据对谢列平与格罗曼关系密切的检举,判定格罗曼接受谢列平指令干过坏事,于是在1976年把格罗曼逮捕并投入了监狱。格罗曼的这次铁窗生涯长达约10年,超过了他在纳粹集中营受苦受难的岁月。

1985年戈尔巴乔夫上台,次年在苏共二十七大上,批评了苏共前任领导人在经济建设中的"停滞、落后"状态,同时宣布进行"变革",苏联的政治氛围日趋宽松。谢列平趁势发表了关于苏联政治局势的回忆录,其中关于谢列平和苏斯洛夫共同策划解除赫鲁晓夫党政领导职务的描述,引起国际社会和传媒的广泛关注。

谢列平回忆录的发行表明,谢列平虽遭贬斥,但是他的政治生活仍是正常的,1967年至1975年谢列平任全苏工会中央理事会主席,从1975年开始任苏联国家职业教育委员会副主席,他还是苏联第四届至第九届最高苏维埃代表,1984年退休,最后于1994年去世。

根据上述情况,捷警方后来纠正了关于格罗曼与谢列平在一起干坏事的指控,格罗曼于1986年获释出狱,但他出狱后的情况不明,据互联网信息称,格罗曼于2002年因病去逝。

在我信笔追忆60年前在国际学联工作、学习的情况以及一些秘闻轶事的"个人回忆录"结束的时刻,我已是一位垂暮之年的老者,我的生活宁静、平和,始终保持着乐观的心态。回顾往事,让我产生了一个心愿,这就是希望在有生之年,把我的一个梦想付诸实现。这梦想就是在有朝一日,我放飞一只可爱的白色信鸽,让它把我最美好的期望和祝福,传送到遥远的伏尔塔瓦的潺潺清流。

　　愿伏尔塔瓦永葆青春和魅力,
　　愿伏尔塔瓦永远绚丽秀美,
　　波光粼粼,
　　百舸争流,
　　涛声依旧!

2007年7月于北京

我与中国学联和国际学联

柯在铄

我从1946年在重庆中央大学因积极参加抵制国民党当局"十万青年、十万军"运动被学校开除,转学到昆明,报考有"民主堡垒"之称的西南联大继续学业,并投身于爱国学生运动;经过"一二·一"运动的洗礼,我们更加看清国民党政权镇压人民的真实嘴脸和假民主真独裁的反动本质。在北京大学复校后,我回到北平,并在北大参加地下党组织,还先后被推举为学生自治会主席、华北学联主席。当时北大地下党组织的领导人是袁永熙和王汉斌,在党的领导下,我们发动进步学生运动,反对内战,反对国民党的独裁统治,直至北平解放。

1949年1月31日,北平解放。在此前后,党中央在1月1日发布了《关于建立中国新民主主义青年团的决议》,1月19日,解放区青年联合会发出通知,在当年5月4日召开全国青年代表大会。2月8日,全国学联和解放区学联向各地发出通知在3月初召开全国学生代表大会。2月18日,中国新民主主义青年团筹委会成立,任弼时、冯文彬、廖承志、蒋南翔同志分别担任正、副主任。至此,建立新中国的全国性青年组织的工作全面展开。

北平解放后,我到正在筹备中的中国新民主主义青年团中央机关报到,我所接受的第一项任务是参加即将召开的全国学生代表大会的准备工作。全国学生代表大会的召开在当时是一件很重要的大事,受到党中央的高度重视。在筹备全国学生代表大会期间,来自上海、天津、中原和解放区学联的同志及全国各大学校的学生运动骨干齐聚北平,整个"第二条战线"实现胜利会师,大家都非常兴奋,立即投入紧张的筹备工作。

1949年3月1日,中华全国学生第十四届代表大会在北平隆重召开,到会代表207人,代表着100多万大中学生。会议通过了《中国学生运动的当前任务》的决议,要求全国学生在新民主主义的教育下加强学习,培养自己成为建设新民主主义国家的有用人才。大会上,学生代表献旗。当叶剑英将军代表毛主席、朱总司令走上台接受两面分别写着"我们永远当你的好学生"和"没有人民的军队便没有人民的一切"的红色锦旗时,全场爆发出雷鸣般的掌声和欢呼。他在讲话中勉励大家,要努力学习;提高自己,提高人民;团结自己,团结人民,集中全国力量,以最大的努力推翻反动统治,争取全国解放战争早日在全国胜利。这次大会总结了30年来中国学生运动的成绩和经验,做出中国学生运动当前任务的决议；制定了《中华全国学生联合会章程》，建立包括解放区和国民党统治区学生们的全国统一组织——中华全国学生联合会。在大会通过的《中华全国学生联合会章程》中规定，学生联合会的宗旨为团结全国同学，谋取同学福利，树立为人民服务的思想，提高文化科学知识，培养自己成为新民主主义国家的有用人才，与全国人民一道，为争取新民主主义革命的彻底胜利而斗争，并联合全世界民主青年，为争取世界持久和平与人民民主而斗争。

这次大会共开了6天，经过6次大会和多次小组讨论，于3月6日上午10时举行闭幕典礼。我是当天的大会执行主席。当我大声宣布"中华全国学生联合会成立"时，全场响起热烈的掌声，乐队奏起雄壮的军乐，新当选的全国学联主席谢邦定和全体执委登台就职。黄振声代表执委会向大会致词，他说："同学们，中国学生今后的任务是很艰巨的，我们被选为大会的执行委员，愿在同学们的督促和推动下，好好地执行大会所规定的一切工作。"这次大会给我留下的印象不可磨灭。

全国学联代表大会闭幕后，我们于3月21日迁入北平东长安街17号的全国学联新址开始办公。

随着国内解放战争的深入，到1949年上半年，长江以北的大部地区已经解放，北平成为新中国政治、军事、文化中心。当时，我党的对外政策一方面向苏联倾斜，另一方面积极投入世界拥护和平、反对战争的运动之中。1949年3月，总部设在巴黎的世界拥护和平大会向各国维护和平的民主团体发出通知：世界拥护和平大会将于4月在巴黎召开。法国著名作家阿拉贡在通知上签字。这一倡议很快得到包括新中国在内的各国维护和平组织的积极响应。不久，中国代表团正式组成，正副团长分别由郭沫若和刘宁一、马寅初担任，钱俊瑞为秘书长。代表团由各界推举的40位代表组成，其中有陈家康、李德全、丁玲、龚普生、陆璀、裴文中、钱三强、郑振铎、田汉、洪深、曹禺、萧三、曹靖华、赵树理、古元、徐悲鸿、戴爱莲、程砚秋、侯外庐、邓初民、翦伯赞、宦乡、戈宝权、许广平、张奚若、许德珩、吴耀宗等，而我和屈元作为全国学联的代表参加代表团。代表团的任务是把中国共产党领导下的中国人民解放战争的伟大胜利和中国人民反对侵略战争，争取民主和平的坚强意志与信念传达给全世界。这是新中国派出的第一个大型代表团，受到社会普遍关注。许多党派和人民团体纷纷发来宣言、贺电。由于当时新中国尚未正式成立，因此我们的护照仍延续使用旧的中华民国的蓝皮护照，所不同的是，护照的签发人署名的是北平人民政府市长叶剑英。叶剑英是有名的将军，但待人却很亲切、和蔼。有一次，我去向叶剑英报告工作，遇上敌人飞机空袭,叶剑英拉着我的手,跑到防空洞里隐蔽,他还拿了一把蒲扇,不时地也给我扇几下。他说,他知道我的名字,还和我聊天、拉家常。那时候的领导人都很平易近人,对于知识分子和青年学生十分关心、爱护。

　　3月27日下午3时,代表团在北京饭店举行茶话会,一致通过代表团的任务和组织章程。周恩来副主席到会作了临别讲话。当晚7时,北平市人民政府在西长安街国民大戏院举行欢送大会。郭沫若、马寅初先生和叶剑英市长先后致欢迎词、欢送词。刚刚北上的黄炎培、陈叔通先生也发表了热情洋溢的讲话。黄炎培先生专门介绍了江南人民渴望解放的心情,他说:"我不是来被欢迎的,是来欢迎解放军过江的。"大会进行得非常热烈,直到入夜11时才尽欢而散。

　　代表团出发前,冯文彬、廖承志、区棠亮等团中央领导专门找我们谈话,嘱咐出国的注意事项。他们都是资历很深的老革命,见识广泛,经验丰富。给我印象最深的是廖承志同志。他是一位老练的革命家,又是出色的青年工作者;他十分风趣、幽默,待人亲切和蔼。他的革命经历人所共知,而他的学养、才华和活泼的性格深得大家敬佩。那时的团中央像一个充满青春的活力和热情的大家庭,许多来自全国各大院校的学生"名人",可谓"精英"齐聚,工作气氛十分热烈。冯文彬和廖承志在大家面前从不摆官架子,冯文彬同志仍保持解放区那种对同志十分亲切、关心的作风,而廖承志同志有时爱开玩笑,大家称他们为老冯、小廖。那时我们都还是单身,有时晚上下班以后,廖承志常常和我们一起到王府井的小吃摊上,有说有笑,每人叫上一碗馄饨,大快朵颐,弄得他的警卫员常常左右为难。

　　3月29日上午,我们代表团一行39人出发,北平各界代表在前门火车站热烈欢送。中国人民革命军事委员会铁道部调派了专列。李维汉、周扬、邓颖超、冯文彬和李济深、沈钧儒、柳亚子等亲往车站欢送。途中,列车先后经天津、沈阳、哈尔滨、满洲里后进入苏联境内。列车行驶在茫茫的西伯利亚平原上,凭着车窗,一望无际的森林和沿途的农庄、城镇尤其使我们这些第一次走出国门的青年人感到十分新鲜和好奇。

　　代表团中,刘宁一、萧三、戈宝权等都是经验丰富的"国际通",对于各国情况,尤其对苏联、东欧社会主义阵营各国更是了若指掌。一路上,他们向大家介绍了许多情况。马寅初先生的铮铮硬骨在中国知识界大名鼎鼎,面对国民党特务的威胁,他大义凛然,深得全国民众的尊敬;许德珩先生是我在北大读书时的师长,又是我负责联系的进步教授,他是五四运动的亲历者,也是北大有名的民主教授,在爱国民主运动中,他一直站在最前头,毫不退缩。一路上,我们谈了很

1954年冬,中国学生代表团访问捷克斯洛伐克。

图为代表团在工厂参观,中为李琦涛,其右是柯在铄

多。钱三强是著名的科学家,听说他还是居里夫人的学生。居里夫人是诺贝尔奖的获得者,也是世界和平运动杰出的倡导者和领导人。李德全和许广平分别是冯玉祥将军和鲁迅先生的夫人,她们德高望重,待人非常和蔼,令我们感觉非常亲切。

4月11日下午,代表团到达莫斯科,在车站上,我们受到热烈欢迎。这时,从巴黎传来法国政府只允许每团8人入境的消息,代表团连夜开会,研究对策。4月18日代表团抵达捷克首都布拉格,受到捷克人民的热烈欢迎。郭沫若团长在致答词时,深信中国代表团在捷克与其他国家的代表团一道完成合作使命;李德全也在集会上讲话。为抗议法国政府限制代表入境,我代表团发表了严正声明,抗议法国政府无理拒绝入境。钱俊瑞秘书长在布拉格举行的记者招待会上,谴责美国帮助国民党蒋介石集团打内战的倒行逆施和法国政府限制各国代表入境的错误决定。苏联作家法捷耶夫、法国诗人阿拉贡、波兰代表波列斯查也发表谈话,他们强调:法国政府这种措施剥夺不了大会的巨大规模,也平息不了6亿人民反对战争的强大声音。此时,国内也掀起声援各国和平代表团的巨大浪潮。

4月20日,世界保卫和平大会在巴黎和布拉格同时开幕。大会的组织者于前一日在捷克首都布拉格发表公告说:被阻发给入境签证的各国代表将参加明日(20日——作者注)在此举行的和平大会。这一大会是巴黎和平大会的一部分。上午10时50分(法国时间),留在布拉格的各国代表在国民议会大厅与在巴黎文化厅举行的世界保卫和平大会同时开幕,来自全世界69个国家的代表团参加大会。大会的主要议题包括:(1)谴责军备竞赛;(2)揭破战争宣传;(3)说明《联合国宪章》与和平的关系;(4)强调尊重各国主权与独立;(5)反对一切奴役计划,国家与国家之间应建立正常的经济关系;(6) 鼓励妇女参加保卫和平的国际运动;(7)建立永久性的和平机构。

4月24日,从中国国内传来南京解放的消息。当布拉格和平大会主席宣布中国人民解放军解放南京的消息后,会场里爆发长达15分钟的欢呼声,我们44位中国代表兴高采烈地唱起歌来,各国代表挽着我们的手一起又唱又跳。大会高唱《自由中国万岁歌》。郭沫若团长激动地说:"中国人民的胜利是整个和平阵营的胜利! "在巴黎,当英国代表团团长克劳瑟教授向大家宣布这一消息时,全体代表起立欢呼。据外国记者报道,"这是大会开幕四天中最热烈的场面"。

4月25日(当地时间)晚,布拉格和平大会举行最后一次大会后与巴黎大会同时闭幕。布拉格工人随即在布拉格工业厅举行1.5万人参加的群众大会,参加和平大会的各国代表也参加了大会。捷克工人阶级的高涨热情至今仍使我难以忘怀。大会闭幕后,代表团经由莫斯科回国。这次我们是乘飞机先到哈尔滨,然后再乘火车回到北京。

大概是1950年8月, 我随中国学生代表团前往布拉格参加国际学联第二次代表大会后,奉命留下接替梁畊同志担任中国学联常驻国际学联代表。在火车上,我遇到也是北大同学的乐黛云,大家相谈甚欢,她作为北京市学生代表参加这次大会。到达莫斯科当晚,我们一起去了红场。几十年后,她在文章里记载了这件事:"我们在红场上边跑,一口气跑到列宁墓前屏住呼吸,说不出一句话,只感到灵魂的飞升。"①

国际学联会员包括53个国家的学生团体,早在1947年7月,全国学联就派出上海交通大学的钱存学和来自解放区的原北平中法大学学生张凡、李彦前往布拉格参加国际学联理事会。会上,中国学联被推举为国际学联副主席和反殖民地局局长。在中国学联的章程中,明确提出:"联合全世界青年,肃清全世界法西

---

① 乐黛云著:《我的理解我的怀念》,载《思忆文丛》。

斯残余,巩固世界的永久和平与民主。"全国学联的成立,一方面使整个国民党统治区的学生运动有了统一的中心和鲜明的旗帜,另一方面,也向世界介绍中国学生在国民党政权黑暗统治下的艰难处境和日益高涨的爱国民主运动。

那时候,新中国尚在襁褓之中,国际交往的渠道很少,因此国际学联就成为当时中国同国际联系很少的几个窗口与桥梁之一。因此,与苏联和其他社会主义国家学联的代表协同作战,保持紧密合作关系就成为我们在国际学联开展工作的重要指导方针。当时,国际学联与中国学联的关系密切,格罗曼主席对中国很友好。此前,国际学联执委会专门通过向中国、希腊及拉丁美洲各国民主青年学生致敬的电报,并决定国际学联所属一切全国性的学生组织于1949年2月21日举行声援各殖民地与附属国民主学生运动日。国际学联在致中华全国学生代表大会的贺电中写道:"在中国人民解放军的胜利中,我们谨向中华全国学生代表大会致敬。敬祝你们在建立一个新民主的中国和为世界和平与民主而奋斗中成功!"

在国际学联的工作机构中,中国学联代表负责反殖民地局。反对战争、保卫

1949年4月20日至25日,世界保卫和平大会在布拉格举行。图为出席会议的部分中国代表在驻地"皇宫饭店"门前留影,前左2为屈元、左3为柯在铄、左4为梁畔,后左2为程砚秋

和平是那一时期国际形势的主流、人心所向。其中,中国问题很受各国关注。当我们还在前往莫斯科的火车上,国内发生南京学生及教工5000多人于1949年4月1日,为争取民主、实现和平,举行请愿游行,遭到国民党反动派残暴屠杀。3日,中华全国学生联合会向全国发出通电,抗议南京反动政府屠杀爱国学生的暴行。向全世界揭露国民党反动政权垂死挣扎、镇压人民和美帝国主义"扶蒋反共"的事实和中国学生为争取民主自由所作的英勇斗争是我们的一项重要任务。国际学联有一句口号十分响亮:"为民族独立而斗争——亦即为和平而斗争!"在我所参加的国际学联工作中,这一主题几乎无时不在。

新中国建立初期,十分强调与苏联等东欧社会主义国家保持一致。在开会前和会议进行中,经常要征求苏联代表的意见,有时还观察苏联代表的脸色。苏联代表也常常摆出"老大哥"的样子,指手画脚。我的前任梁畔碰到过这样的事,有一次他以国际学联副主席的身份为一次国际学生友谊篮球赛开球。当时他讲的是英文,随后苏联代表马上找到中国代表团团长提出指责,说中国人应该讲中文,好像讲了英文就会怎样,真是很奇怪。南斯拉夫问题发生后,苏联坚持要把南斯拉夫开除出国际学联,我们只能举手同意。我记得,那时候《人民日报》发表了这样一则惊人的消息:"曾经伪装成进步面貌的美国间谍女记者安娜·路易斯·斯特朗于二月二十四日被苏联国家保安机关在莫斯科逮捕。她的罪状是进行反苏的间谍和破坏活动。"我们都知道,当年毛泽东关于"一切帝国主义都是纸老虎"的谈话就是对斯特朗说的,很难理解这位昨天的朋友为何成为敌人呢?

我到任前一个多月,朝鲜战争爆发,我们在国际学联的工作主要是呼吁全世界爱好和平的力量,反对侵略战争。1950年8月,世界学生代表大会在决议中强烈谴责美帝国主义的侵略行径,格罗曼主席在报告中指出:"我们代表全世界的民主学生,与一切爱好和平的人们共同宣称:不许干涉朝鲜!"这时,全场一起高呼:"美军滚出朝鲜去!"会场内,各种肤色的青年学生用各种语言喊出的口号风起云涌、震天动地。反对侵略战争、呼吁世界和平。

我在国际学联的工作,主要是负责反殖民地局。期间,经常往来于苏联、匈牙利、民主德国、保加利亚等东欧社会主义国家之间,参加在这些国家举办的国际青年学生会议和世界青年与学生联欢节,我们被称为"学生大使"。当时,中国在总部设在布达佩斯的世界民主青年联盟派有常驻代表。反对战争、保卫和平、争取民主、为世界青年的美好将来而斗争是那一时期我们工作的重点,也是新中国外交的最初起点。

国际学联若干史实回顾

谢邦定

一

国际学生联合会,简称国际学联(IUS),成立于1946年8月。当年,在第二次世界大战后刚刚获得解放的捷克斯洛伐克共和国(CSR)首都布拉格,举行了第一届世界学生代表大会。参加的有39个国家43个学生组织的代表。大会决定建立国际学联。总部半个多世纪以来,一直设在布拉格。办公处所曾数易其址。

国际学联的最高权力机构为代表大会,每三年召开一次。代表大会的工作机构为理事会,每年召开一次。国际学联的执行机构为执行委员会,每年一至两次。书记处,为执行委员会的常设办事机构,由主席、总书记、主要国家常驻代表兼各部门负责人组成,例会每周一次。

负责处理实际事务的工作部门有:秘书处,负责机关日常行政事务,包括财务、文书、生活接待、旅行交通、文电打印、行政人事管理,负责人为捷克常驻代表切克,由捷方选派工作人员;联络局(LIAISON BUREAU),负责与会员及世界各国学生组织交往和联络等工作,负责人为意大利、中国、西班牙常驻代表,一些国家常驻代表为其成员;反殖民主义学运局,此机构经常遭到少数西方国家代表的诬蔑和攻击,随着亚非拉反帝反殖斗争的胜利,新独立国家的学生组织参加国际学联的日益增多,为了在组织形式上更广泛地团结世界各国学生,20世纪50年代初期起加强了联络局,此机构逐渐淡化直至撤销,实际工作归入联络局;宣传、出版部(PID),负责出版有关各种书籍和小册子(PAM PHLET)及公报(BULL ETIN),搜集和了解世界各国学生运动的资料和信息;《世界大学生新闻》编辑部(WSN EDITOR BOARD),负责编辑出版国际学联会刊《世界大学生新闻》(WORLD STUDENTS NEWS),以英文版为主,月刊,向世界各国发行,一定时期出有法、西、德文本,较长时期主持编辑工作的为英格兰弗里曼、苏格兰常驻人员和一定时期的南非霍尔曼;体育部,负责组织世界大学生夏季运动会、冬季运动会及球类、田径、游泳比赛,与国际大学生体育联合会(FISU)合作并竞争,负责人为芬兰、保加利亚常驻代表,民主德国伏果尔;国际学生救济处(INTERNATIONAL STUDENTS RELEIEF,简称ISR),内部为学生生活福利救济机构,对外为独立的受国际学联支持和赞助的世界大学生救济、福利、服务组织,较长时期在ISR工作的为留尼旺的魏吉斯(法籍,律师,曾为一些国际知名人士如为美军捕押的伊拉克前总统萨达姆·侯赛因等做辩护律师)。国际学联的工作语言为英语。代表大会、理事会等的正式语言为英、法、西、俄、中文。

我在国际学联工作时,日常决策机构为由主席、总书记、苏联和中国常驻代表组成的"核心小组"。主席先后为捷克格罗曼、罗马尼亚贝里安诺,捷克贝利康。总书记为意大利贝林格、佩席蒂。苏联常驻代表为伏道文。贝林格等受意大利当局阻挠长期不能驻会,核心小组实际由主席以及苏联、中国常驻代表3人组成。有时吸收秘书处负责人参加。

1953 年 3 月 1 日至 15 日,国际学联执委会在布加勒斯特举行。
图为出席会议的中国代表,左起第五人为谢邦定、第三人为陈念祖、第四人为齐翔燕

国际学联成立时的宗旨是:"为争取和平与安全,反对帝国主义、新老殖民主义,反专制独裁、极权主义、法西斯主义、宗教的原教旨主义以及一切形式的歧视特别是种族歧视。"主张"学生举全球之力争取和平与裁军,防止核战争,消除核武器或其他大规模杀伤力武器,解散军事集团,争取实现国家间合作和睦邻关系的原则,在相互尊重与平等、不干涉他国内政、通过政治手段而不以威胁使用武力或使用武力解决国家之间的一切问题的基础之上构筑一个全球性的国际安全体系。"号召学生应为反帝、反殖,争取民族独立和世界和平,以及为民主和社会正义、社会进步而工作。

国际学联主要工作有:在各国首都和著名城市轮流举行代表大会、理事会、

执委会等大、中、小型国际会议,为国际学联和世界各国学生组织提供讲坛和进行双边、多边接触、交流的场所,结合当时国际和地区形势及各会员国重大斗争实际提供情况、看法和主张,形成相应文件或决定。第三届世界学生代表大会1953年在华沙举行,有130多个国家1000多名代表参加,第五届世界学生代表大会1958年在北京举行;派出代表和代表团到世界重点国家和地区进行访问、考察,出席各重要全国性或地区性学生代表会议和活动;接待会员或非会员国组织代表来访;推动和举行各重大国际纪念日活动,如2月21日世界学生反殖民主义斗争日等;倡导和提供大学生国外留学奖学金和治疗、休养;出版和交流宣传刊物及小册子;推动和举行各种文化、艺术、体育等展览和比赛活动;代表世界各国学生参与其他世界性和地区性组织的重要会议和活动,如世界和平理事会,世界工人联合会等代表大会、理事会等,发表意见和主张。美国、英国等部分西方国家学联的联络机构莱顿联络秘书处(COSEC),是和国际学联对立和对抗的组织。

在中国政府大力支持和会员组织中华全国学联主持下,1951年春在北京创建了国际学联亚非学生疗养院。国际学联先后在苏、德、捷等国为疗养院征集和提供了若干医疗手术专用设备和器具,如救护车、X光机、手术室医疗设备等。疗养院院址先选定在北京小汤山温泉区,1951年2月21日由中华全国学联主席主持在这里举行了奠基典礼,中华人民共和国第一任卫生部部长李德全出席并讲话。国内外进行了宣传报道。后移在北京西郊名胜八大处,整个建设和布局采用了当时先进的现代化的设施和中国特色的传统风格相结合,选派了优秀的医疗专家和领导管理人员。疗养院接待了亚、非和中国许多青年学生住院治疗、休养,取得了良好效果,在世界上特别是亚非拉国家赢得了很好声誉,为国际学联一项重要实绩。

为了更广泛地团结世界各国青年学生,壮大和平和进步力量,实现国际学联的宗旨和主张,国际学联和世界民主青年联盟联合在各国首都轮流举办世界青年与学生和平友谊联欢节。内容包括各种文化、艺术比赛和演出,专题展览,体育活动,各种主题的研讨会,交流会,双边和多边友好会晤和联欢,历史胜地参观、考察。联欢节每两年一次。参加国家和人数逐渐增多。第三届后一般为100多国数千人,历时两周左右。第一届至第八届的时间和地点是:第一届,1947年,布拉格;第二届,1949年,布达佩斯;第三届,1951年,柏林;第四届,1953年,布加勒斯特;第五届,1955年,华沙;第六届,1957年,莫斯科;第七届,1959年,维也纳;第八届,1962年,赫尔辛基。从第一届至第八届,中国都派出了很强的代表团参加。第一届时全国尚未解放,由解放区派出代表辗转赴会。第二届时新中国即将成立,由廖承志同志主持筹备,肖华同志率领,从北京乘火车前往。第三届时正值抗美援朝期间,地点又在欧洲斗争前沿柏林,中国派出了数百人组成的强大代表团,冯文彬同志率领,由北京分乘飞机、火车与会。

二

1919年的五四运动,标志着世界东方雄狮的觉醒,在中国共产党领导下的中国反帝反封建的新民主主义革命开始。"英勇地出现于运动先头的则有数十万的学生"。[①]从那时以来,历经1935年的"一二·九"运动、1945年的"一二·一"运动、1947年的"五二〇"运动,"中国反帝反封建的人民队伍中,有由中国知识青年和学生青年们组成的一支军队"。"这支几百万人的军队,是反帝反封建的一个方面军,而且是一个重要的方面军。"[②]中国知识青年和学生青年,和广大工农群众相结合,发挥了重要的先锋作用和桥梁作用。中国学生运动前仆后继,愈战愈勇,在为新中国建立开路的解放战争中,在待解放的广大城市和地区,形成了生气勃勃、声势浩大的"第二条战线"[③]。"中国学运历史经验证明,学生运动的高潮,不可避免地促进整个人民运动的高潮"[④]。中国学生运动之所以能够获得光辉的业绩和积累的主要经验是:在中国共产党领导下实行了学生和工农群众相结合,学生运动和中国人民革命运动相结合。中国学生运动,在世界学生运动史上,形成了具有悠久历史、光荣传统、丰富内涵、富于创造和带有东方和中国特色的生动活泼的篇章,赢得了国内国际社会的广泛重视、尊重、同情和支持。

中华全国学生联合会,简称全国学联,成立于1919年"五四运动"中。从1919年至1949年的30年中,它把合法、半合法与非法斗争相结合,公开、半公开与秘密斗争相结合,在复杂、困难、严峻的形势下,从第一届到第十三届,召开过十三次全国学生代表大会。1949年3月,在新中国成立刚刚一个多月的"五四运动"发祥地古都北京,在具有反帝爱国传统、中国最高艺术学府中央美术学院召开了第十四届全国学生代表大会。全国各大行政区、各省市、各著名大、中学校选派出了自己的代表,从斗争第一线云集北京,第一次作为新中国的主人,实现了全

---

① 《毛泽东选集》合订本,第545页。

② 《毛泽东选集》合订本,第553页。

③ 《毛泽东选集》合订本,第1123页。

④ 《毛泽东选集》合订本,第1224页。

国学生的大会师。大会总结、交流斗争经验,研究和制定全国解放新形势下的任务、方针,修订了《全国学联章程》,选举了全国学联领导机构,决定了全国学联会址北京。大会号召全国广大青年学生,迎着新中国的曙光,继承和发扬光荣的反帝爱国的革命斗争传统,加强学习,团结进步,迎接和参加社会主义革命和建设新的长征。

中国学生运动受到中国共产党、政府和全国人民的高度重视、关爱和支持。毛主席、周总理等领导人都给予了很高评价、重要教导和热情鼓励。毛主席写了《五四运动》、《青年运动的方向》等著名文章,高屋建瓴,精辟论述。1949年还为全国学联会刊《全国学联通讯》满腔热情地泼墨挥毫,亲笔写了刊名,连写了四个,风趣地说供你们挑选采用。十四大上新选出的中华全国学联,是构成新政协筹备会的23个正式组成单位之一,是建立新中国和成立中央人民政府的第一届中国人民政治协商会议的45个正式组成单位之一。中华全国学联主席受中央人民政府任命为政务院文化教育委员会委员。中国学生代表在中南海怀仁堂举行的全体会议上的发言,是在周总理亲自关心和帮助下拟定的。东长安街17号楼房,确定为全国学联会址。新当选的领导机构成员来自全国各地,朝气蓬勃,团结进取,勤奋学习,努力工作。东南亚泰国、印度尼西亚、马来西亚、菲律宾等,欧洲英、法等,及我国台湾地区等,回归祖国的爱国青年学生,先后达数百人,辗转来京。全国学联受周总理指示成为负责归口接待、交谈单位,安排生活居住,根据志愿和需要,及时介绍入校学习或参加工作,为国家储备人才。

全国学联从1947年起就是国际学联的会员组织,有影响的重要成员之一。历任副主席、理事和执委。世界学生和国际学联在新中国建立前曾派出代表访问过延安、北平、上海、南京,支持中国人民和学生反帝爱国争取民主进步的斗争。新中国建立后,国际学联1951年在北京举行了执行委员会会议,介绍和支持中国人民抗美援朝斗争。1958年在北京正义路3号召开了第五届世界学生代表大会,支持中东人民和学生反帝爱国斗争。彭真同志以北京市市长名义,在中山公园举行了盛大规模的招待会,欢迎各国代表,庆祝大会胜利闭幕。为准备大会,国家拨专款修建了团中央礼堂。北京市政府在正义路御河桥河上修建了街心公园。

全国学联发扬爱国主义和国际主义精神,派出了代表性很强的代表团和代表,参加了国际学联的历次代表大会、理事会和执行委员会会议。全国学联遴选派出了常驻国际学联代表,宣传和代表中国主张,参加领导和实际工作。第一任常驻代表是钱存学同志。第二任常驻代表是梁畊同志。第三任常驻代表是柯在铄同志。他们远离祖国,不辱使命,艰苦奋斗,勤奋工作,做出了卓有成效的开拓性的业绩,为后来者树立了良好声誉和奠定了有利工作基础。

三

作为全国学联代表,我受派参加了国际学联1951年北京执委会会议,1952年布加勒斯特理事会会议,1953年柏林执委会会议,筹备和参加了华沙第三届代表大会,1954年埃尔富特执委会会议、莫斯科理事会会议,1955年索非亚理事会会议,1958年北京第五届代表大会。1954年率中国大学生体育代表团参加了在布达佩斯举行的世界大学生夏季运动会。筹备和参加了从第三届至第八届的各届世界青年与学生和平友谊联欢节。参加了1964年在莫斯科举行的世界青年论坛。作为国际学联代表,先后出席了1953年在万隆举行的印度尼西亚全国学生代表大会,访问了雅加达、茂物、万隆、日惹、泗水等大中学校。1954年出席了在英国利兹举行的英国全国学生代表大会,访问了牛津、剑桥、利兹大学等,接触了各地学生代表。1955年出席了世界工联维也纳理事会会议,发表了讲话,支持国际工运和学运增强团结,捍卫世界和平。1956年率团参加了在印度阿克拉举行的国际地理学大会。中国在大会上发表的《食物来源与人口增长》论文,以新的观点和新中国实际成就和发展前景,阐述了世界各国普遍关心的这一重大理论和现实问题,震动大会,受到了美、英、法和许多发展中国家知名学者和人士的重视和好评。

从1952年8月至1955年12月,我受命任中华全国学联第四任常驻国际学联代表,在布拉格国际学联书记处工作。1953年10月,中国增派吕乃君同志和潘世强同志,驻会人员增至3人。我参加核心小组和书记处会议,分工负责主持联络局日常工作。意大利代表不能来捷,国际学联分工:联络局中国代表主管。副负责人为西班牙常驻代表阿兹加拉第,成员先后有印度代表摩库尔、雷比,缅甸代表柯同森,印度尼西亚代表布苏鲁(兼),古巴代表索托和巴西代表等。短期工作的有西非、日本等国代表。秘书为捷克斯洛伐克的毕可娃。

我们的主要工作是:准备、参加和落实各种代表性和工作性会议。对国际形势和国际学生运动调查、研究,了解情况,观察动向,提出意见。和各国代表接触、交谈,增进了解,交流经验,促进共识。针对不同场合和情况,介绍和宣传中国成就、经验和主张,维护国家和中国学生运动的尊严、荣誉和权益。定期和不定期地向国内提出报告,反映情况和动向,提出看法和建议。每年定期回国述职一次。政治上除执行国内指示外,接受我驻捷大使馆领导。重大问题和决策除向国内报告、请示外,还及时向大使谭希林、曹瑛,参赞李清泉,一秘张世杰报告或请示。我到捷赴任时向谭希林大使面交了中央青委冯文彬同志的亲笔介绍信。党的组织生活在我常驻世界和平理事会代表团,受李一氓同志领导,定期组织学习,过组织生活,得到他的许多及时指导和帮助。

在同苏联和苏联代表关系上,遵照国内指示,主导方面是尊重苏联和苏联代表的意见和主张的。我们的一些重要意见和举措,也常在事先向苏方通报,征求意见。由于中国正确的内外政策和在世界上的地位和影响,中国革命和中国学运的悠久历史和丰富实践,总的来说,苏方对中方是尊重的。双方是相互尊重、团结合作的。这是一种特殊的历史时期的友好合作关系。随着时间推移和接触增多,在一些重要问题上,苏方的大国主义言行,轻视亚非拉民族解放运动,忽视中国正当应有权益,不平等对待一些国家代表,也曾有过正面交锋和实际保留。主要的向国内作了报告,日常个别具体事件遵照总的原则、方针自己独立负责。

四

20世纪50年代后期至60年代初期,全国学联曾向国际学联陆续派出常驻代表。

苏共二十大后,我国同苏联推行的修正主义路线和错误方针政策进行了坚决的斗争。1966年我常驻代表回国,以后与国际学联很少往来,但保持资料交换。

国际学联在1984年4月时,有106个国家和地区的111个会员组织。其中中华全国学联及阿尔及利亚、葡萄牙、西班牙学联,在国际学联保留会员席位。芬兰、突尼斯学联为联系会员。旅日朝鲜学生委员会为享有咨询地位的会员组织。

冷战结束以后,国际学联会员基础、活动内容、国际影响进一步缩小。机构萎缩,处境困难。

五

国际学联和社会历史事物一样,有其发生、发展、消亡的过程,遵循客观规律。

国际学联是第二次世界大战后世界人民群众运动兴起,世界性、国际性群众组织应运而生的产物。它适应当时客观形势的发展需要,得到过广泛支持，起到过有利进步的作用。随着形势和事物的变化，它受过误导，产生过消极影响。

第二次世界大战后，社会主义和民族解放运动两大人类社会进步的历史潮流蓬勃兴起和发展，出现了世界史上前所未有的业绩和高涨。苏联、中国、东欧和东亚13个在共产党领导下的社会主义国家诞生和壮大，地缘上在欧亚两大陆连成一片，客观上形成了重要的战略相互依托和政治优势。亚非拉100多个国家和地区争取国家独立和民族解放的斗争风起云涌，连绵不断，冲击着几个世纪以来的西方资本主义、殖民主义和帝国主义的侵略、掠夺、统治和压迫。第二次世界大战争中获利的美国成为实力强大的后起帝国主义，对外实行侵略扩张，推行强权政治和霸权主义，遏制和封锁社会主义国家，阻挠和削弱民族解放运动，推行迫害和镇压国内进步力量的统治，到处伸手，发动了大规模的侵朝战争、侵越战争，入侵了台湾海峡和台湾。老牌帝国主义如英、法等变换手法，两手并用，发动了进军阿尔及利亚和苏伊士运河的战争。战后世界未得安宁，侵略战争，封锁破坏，阻挠镇压，威胁人类社会生存、进步和发展。反对帝国主义侵略战争，保卫世界和平，声援民族解放运动，争取人类社会进步，成为社会主义国家、亚非拉民族解放运动、资本主义国家广大人民和进步力量，越来越强烈的切身利益和共同要求。

在此客观形势和人民群众实践的呼唤和推动中，20世纪40年代末和50年代初，世界上形成了一个日益广泛、强大、异军突起的人民群众运动，成立了一批世界性和国际性的群众组织。包括：世界和平理事会（WPC，布拉格，后迁维也纳），世界工会联合会（WFTU，巴黎、维也纳，后迁布拉格），世界民主青年联盟（WFDY，巴黎，后改为布达佩斯），国际学生联合会（IUS，布拉格），国际民主妇女联合会（WIDF，柏林），稍后成立的有亚洲及太平洋区域和平联络委员会（PLCAPR，北京），亚非人民团结组织（AAPSO，开罗）等。他们高举保卫世界和平、反对侵略战争、声援民族解放运动、支持人类社会进步、促进国际友好团结的大旗，冲破阻挠、封锁，发出正义呼声。他们受到苏联、中国等社会主义国家的倡导和推动，亚、非、拉广大国家和地区拥护和参与，世界进步人士和群众的同情和参加。历史上起到过有利和平、进步的作用。

苏联大国主义路线，对国际和平、反帝群众运动和组织有过误导、干扰和损害。苏联解体，东欧剧变，世界社会主义运动出现曲折，进入低潮。民族解放运动走向新的历史阶段。世界进入以和平、发展为主题的新的时代。绝大多数国际群众组织未能与时俱进，调整、改革，逐渐衰弱，直至销声匿迹，淡出历史舞台。国际学联和第二次世界大战后产生和发展的许多国际群众组织一样，表现形式和受误导程度虽各有不同,但总的走向、格局和历史命运有许多类似和共同之处。

　　从历史唯物主义观点来看,国际学联,作为"二战"后成立的世界学生群众组织,具有国际青年学生特点的一支活跃力量,在一定历史时期,在正确路线主导下,在人类反帝反殖、冲破封锁、促进交往、增强团结、争取进步和发展中,起过有益的作用。它成立宗旨较为明确,领导构成含有各国代表本国利益的成分,正式议事程序遵循必要民主,对会员约束较为松散,可以各取所需,为己所用,抵制和削弱误导影响。总的来说,有功有过,有得有失。

　　值得提到的是,国际学联为亚非拉一些国家的爱国学生运动和民族解放运动,影响和激励了一批年轻的重要骨干和中坚力量。巴勒斯坦学联主席阿拉法特,阿尔及利亚学运领袖布特弗尼卡,古巴学联主席卡斯特罗,西非学联(WASU)、黑非洲留法学联(FEANF)的一些领导成员,都受过影响和激励,成为各自民族的重要领导骨干。

回忆在国际学联工作的三年

程极明

　　从1955年9月至1958年9月,我作为中华全国学生联合会驻国际学联代表曾在国际学联工作了3年,驻会期间,担任国际学联书记处书记。这个时期正是亚非拉、特别是非洲民族解放运动的高涨时期,亚非拉的学生运动十分活跃,国际学联在支持亚非拉学生开展反帝反殖民主义斗争方面做了许多工作。另外,由于苏联共产党在1956年召开了第二十次代表大会,公开批评斯大林的错误,在国际共产主义运动内部引起极大震荡,在世界范围内也引起不小的震动。当然这件事也导致在国际群众组织内部出现动荡。

　　我原来在上海团市委负责高等学校团委的工作。虽然在1951年至1952年期间,曾参加我国学生代表团出访过,但是对于在国际组织内工作,是十分生疏的,加上自己的外文水平也不高,对于完成组织上交给的这个重担,实在没有把握,到了国外,又要独当一面,更是感到战战兢兢。但我想,只要努力学习,遵守纪律,及时向国内请示汇报,紧紧依靠使馆党委的领导,是会做好新的工作的。

　　1955年年初,我到团中央报到后,在团中央国际联络部里做了半年的准备。在出国赴任以前,当时的团中央国际部部长吴学谦同志和我谈话,谈了应遵守的外事纪律、与使馆领导的关系以及工作中应注意的事项。我记得当时谈了一个最重要的问题,是在国际组织内与苏联同志的关系问题。他说,根据上级最近的指示,我们在国际组织里,要和社会主义国家的代表通力合作,要特别和苏联同志团结合作,尊

1955年程极明在捷克斯洛伐克首都布拉格
国际学联办公楼门前留影

重苏联同志,要保持和苏联同志经常交换意见,相互协商。但是也要采取独立自主的方针,不是对苏联的任何意见都亦步亦趋,而是要从实际出发,坚持真理和原则,在国际学联的书记处会议上,可以表达和苏联同志有不同的意见。当然,任何重大事情,都要请示汇报,不能自作主张。他还指出,这是一个非常重大的变化,一定要认真地执行。

就这样,我在1955年9月到了捷克斯洛伐克首都布拉格,开始了中国学联驻国际学联代表工作。驻会期间,我参与了国际学联的各方面工作,在工作过程中,见到和听到了一些国家与学生运动有关的事情,也结识了一些亚非拉的朋友和欧洲的朋友,所有这一切都给我留下了难忘的记忆。

一、我在国际学联的工作

我参加了国际学联在保加利亚索非亚的理事会会议以后,就去布拉格国际学联总部工作。当时,在索非亚会议上,国际学联领导和苏联代表提出选举我国学联担任国际学联总书记。我们事先对此一无所知,当时我们代表团表示没有得到国内组织的授权,不能同意这个安排。后来,我国学联也从未派人担任国际学联总书记这个职务。我一直以一名书记的名义进行工作。这件事,让我留下了一个印象,就是一些苏联同志的大国主义实在严重,不和别人平等协商,不尊重别人的意见。

到了国际学联工作以后,我感到一个最大的问题,是该组织的工作以欧洲为中心,对亚非拉各国学联的工作缺乏足够的重视。国际学联是在第二次世界大战胜利的基础上,以当时在进步力量领导下的、设在伦敦的国际学生理事会的基础上建立起来的。在20世纪40年代末50年代初,由于东西两大阵营的冷战,导致国际学联的分裂,西方的学联纷纷退出国际学联,建立了另一个国际学生组织莱顿联络秘书处。国际学联的会员主要是社会主义国家及亚非拉各国的学联,也有个别的西方国家的学联成为国际学联的“联系会员”。但是,国际学联的主要工作方向仍然是以欧洲为中心,经常派代表去参加西方各国学联的代表大会。加之,赫鲁晓夫在苏联当政以后,采取对西方的缓和路线,更是助长了国际学联的工作对西方的倾斜,并要求亚非拉各国学联要随着苏联外交路线的转变而转变。这样的要求当然遭到亚非拉各国学联的拒绝。战后的亚非拉民族解放运动正在猛烈发展,特别是阿尔及利亚等非洲国家的武装斗争正在激烈地进行着,拉丁美洲各国学联也为反对美国支持的军事独裁政府而斗争,许多非洲、拉丁美洲的学生运动都为民族解放而斗争。他们认为,各国学联的工作路线不应该随着苏联外交路线的改变而改变。而苏联驻会人员却认为,亚非拉各国学联的工作路线和主要口号是"左"。

因此,在国际学联书记处的会议上,经常为国际学联是否应该坚决支持亚非拉学生运动的问题展开激烈、长时间、反复的争论。实际的争论焦点:是跟着苏联外交路线转,只提保卫世界和平的任务,还是在强调保卫世界和平的同时,要大力加强反对帝国主义、反对殖民主义、争取民族解放,支持亚非拉学生运动。当时,我和亚非拉学联的代表都认为,不应该把保卫世界和平和反对帝国主义、反对殖民主义的斗争对立起来,亚非拉各国的民族解放运动本身就是一支强大的保卫世界和平的力量,它不断地削弱帝国主义的战争力量,亚非拉各国学联的工作中心应该是争取民族解放,反对帝国主义,反对殖民主义。日本、印度、缅甸、伊拉克、朝鲜的全国学联在这个问题上的态度十分明确和坚定。

我在国际学联工作以后,经常和各国学联的代表交换意见,发现亚非拉的代表,特别是亚洲各国学联的代表不满意国际学联的工作,认为它以欧洲为工作中心,以苏联的外交路线为依据,对民族解放运动支持不力。有的亚洲代表对于在书记处里还有一个小核心(由苏联、捷克斯洛伐克等国代表组成)十分不满,主张书记处工作应该透明和民主化。于是,我就这些重大问题和捷克斯洛伐克学联驻会代表、国际学联主席贝利康多次交换了意见,也和苏联、东欧一些国家学联的代表交换了意见。最后,书记处同意加强对亚非拉各国学联的关心和支持。除了继续做西方各国学联的工作外,陆续派出代表团访问日本、印度及拉丁美洲一些国家,参加那里的学联代表大会和接触学生群众。他们带回来的信息,使书记处的成员耳目为之一新,逐渐认识到国际学联应该加强对亚非拉各国学联的工作。

1955年在万隆亚非会议成功召开后,印度尼西亚学联在该国政府的支持下,倡议召开亚非学生会议。这在国际学联内部引起了争论。苏联代表认为,这个会议应该在国际学联领导下进行,不应该"另起炉灶"。他还认为,应该让苏联学联代表参加会议,应该邀请国际学联代表参加会议。我们和亚非学联代表认为,应该按照万隆亚非会议的模式,由亚非各国学联自己召开这个会议。为了减少阻力,苏联代表最好不参加这次会议,因为苏联也没有参加万隆亚非会议。我们通过国际学联内的一些亚非学联的代表积极筹备这次会议,使日本、印度、缅甸、马来亚、朝鲜、越南、伊朗、伊拉克、苏丹、阿尔及利亚、突尼斯、摩洛哥等国学联参加了亚非学生会议。会议的结果使书记处认识到,应该积极支持亚非学生运动反对帝国主义、反对殖民主义的斗争,国际学联的许多亚非国家学联成员

1957年4月,程极明代表中国学联到巴黎参加亚非学生组织举办的
"反殖民主义斗争日"活动时,与亚非学联代表在一起

在亚非学生会议中起了积极的中坚的作用,在客观上也是支持了国际学联。

在亚非学生会议成功召开以后,苏联、中国及法国、意大利和东欧国家的青年组织的代表在布拉格举行了一次内部会议,协商关于国际学联的工作问题。我国派出以吴学谦同志为团长的代表团参加会议。在会上,我国代表阐述了意见,主张国际学联应该加强支持亚非拉的学生运动。这次会议是交换意见的性质,也没有得出共同的结论。

在1956年夏天,国际学联在布拉格召开了第四次代表大会,参加会议的绝大多数代表是亚非拉各国学联的代表。会议通过许多决议,支持亚非拉各国学联反对帝国主义、反对殖民主义的斗争。会议选举了日本全国学联的代表担任国际学联的副主席。

会后,我参加了以国际学联主席贝利康为首的国际学联代表团赴斯里兰卡参加莱顿联络秘书处会议。在这次会议上,国际学联代表团表达了愿意重新建立全球统一的国际学生组织的建议,却受到他们的无理拒绝。他们还大肆诬蔑国际学联,对此我们予以有力驳斥。

在这次会前和会后,国际学联代表团访问了印度和缅甸。后来,又由我陪同贝利康来中国访问。

这次亚洲之行,使他在思想上产生了极大的变化。他曾向我说,国际学联应该正确认识亚非拉学生运动的现状和要求,要大力支持亚非拉各国学联的正义斗争。他还感到中国共产党和共青团领导干部的作风民主、平易近人,和苏联同志的大国主义作风差别很大。回到布拉格以后,贝利康在国际学联书记处会议上发表了长篇讲话,汇报了他的亚洲之行和他的观感体会,主张今后的国际学联除了继续做好对西方学联的工作外,应该把主要精力放在对亚非拉学生运动的支持和帮助上。我回到布拉格以后,听到日本、缅甸、印度、伊拉克等国代表对贝利康报告的积极反应,都感到很大鼓舞。

在苏共二十大批判斯大林的秘密报告在捷共党内高层领导中传达以后,贝利康立刻告诉了我。我立刻向使馆汇报,使馆立刻报告了中央。我和贝利康也商量好,不要再搞书记处小核心组织的做法,一切通过坦诚协商、交换意见,公开在书记处里民主讨论和表决。这得到了书记处的亚非拉代表的拥护和支持。

我在书记处里也和东欧各国代表交换意见。许多东欧的同志也逐渐同意国际学联应该加强对亚非拉学生运动的支持。其中以保加利亚代表的态度最为积极。但是,到了书记处会议上,遇到苏联代表和亚非拉代表激烈争论的时候,这位保加利亚代表却坚定地站在苏联代表一边。会后,我和他理论。他解释说,"我和你中国同志不同。你可以表达自己的态度,而我却有纪律的约束,不问对与不对,我必须在正式会议上支持和维护苏联同志,否则就会被开除党籍。"我看到他那种痛苦的表情,对他十分同情,也对苏联的大国主义非常反感。

后来,国际学联在支持亚非拉学生运动方面的确做了大量的工作,得到亚非拉各国学联的欢迎。在1957年及1958年的4月24日世界青年与学生反对殖民主义斗争日,我曾和贝利康等国际学联书记处的成员去法国参加了由阿尔及利亚、突尼斯、摩洛哥等国学联及黑非洲留法学联举行的会议。在会上代表我国学联对他们反对殖民主义的斗争表示坚决的支持,受到极为热烈的欢迎。

我国支持国际学联的工作,在北京建立了"国际学联亚非学生疗养院",专门接待来自亚非各国生肺病的学生。这体现出我们对亚非学生运动的积极支持,得到许多亚非国家学联的欢迎。

1958年10月,国际学联在我国北京举行了第五次代表大会,到会的亚非拉学联代表人数是历次代表大会最多的一次,而且通过了许多支持他们反对帝国主义、反对殖民主义,争取民族解放的决议。在会议过程中,苏联代表向我说,"我们的老同志认为,这样通过大量决议的做法,是一种社会民主党的作风。"我回答说，"这是亚非拉各国学联的愿望。他们来参加代表大会，就是希望得到国际学联的支持。我们应该予以有力的支持。我觉得，这和社会民主党的作风毫不相干。"

在国际学联第五次代表大会成功举行时，中国科学院院长郭沫若举行招待会，周恩来总理应邀到会，给与会的广大亚非拉各国学联的代表以极大的支持和鼓舞。我国学联还举办了亚非拉学联代表的会见。这次也邀请了与会苏联代表参加。

在加强对亚非拉学生运动支持的同时，国际学联仍然注意做好对西方学联的工作。原来大学生运动会分裂成两个对立的体育组织。国际学联主动倡议联合举行运动会，由此，从1959年开始，形成真正的世界大学生运动会。国际学联还和东西欧各国政府协商，使全欧大学生可以持国际学联发的乘车优待卡在全欧洲乘火车享受对折车票，得到欧洲大学生，特别是西欧大学生的欢迎。

我从实际工作中，体会到我国外交路线的正确，团中央和使馆党委领导的正确。我对此具有一种幸福感。我这名国际工作的新兵在实际工作中学习到许多许多。

二、同非洲学联的友好交往

我在国际学联3年工作期间，及后来在团中央国际联络部工作负责非洲科工作，有机会接触了许多非洲国家学联的朋友。我和他们其中一些人成为好友，通过他们我知道许多非洲学生运动的情况。在几十年后的今天，我的脑海里所留下的印象，始终伴随着我，使我常常怀念这些朋友，常常记起他们给我讲的往事。

20世纪50—60年代，是非洲学生运动高潮迭起的年代。阿尔及利亚争取独立的战争，是在阿尔及利亚民族解放阵线领导下进行的。战争一开始，就得到我国的全力积极支援。法国曾把北非三国——阿尔及利亚、突尼斯、摩洛哥，划成为三个"海外省"，视他们为法国人，企图永远霸占那些地方。因而它们的经济及城市的基本建设有了相当的发展，比法国一般的殖民地有很大的差别。但是，这三个国家的人民并不愿意做"法国人"，要求成为自己国家的主人，并且进行了长期不懈的英勇斗争。在1954年，阿尔及利亚独立战争打响了。战争持续了8年，终于在1962年获得了民族独立。

阿尔及利亚的大学生主要在法国、瑞士、突尼斯、摩洛哥、埃及等国留学。在阿尔及利亚本土，有一所阿尔及尔大学，也有1000名学生。在争取独立战争爆发以后的1957年,以在法国读书的阿尔及利亚学生为核心,把这些大学生组织成为"阿尔及利亚穆斯林学生总会"(UGEMA),总部设在巴黎,它最大的分会也在法国。从一开始,该总会就提出两个原则:一是为学生的切身利益而工作;二是为整个民族利益而斗争。他们明确地提出为阿尔及利亚的民族独立而斗争。这在法国是非法的政治口号,但是他们勇敢地提出这样的战斗口号。它一开始就寻求国际学联对它的支持,并积极和我国及苏联、东欧国家青年学生组织密切联系。它也积极地对法国学联做工作,争取他们的同情。它参加了国际学联,成为积极的成员。

从它成立的第一天起,法国政府就把它视为眼中钉。法国政府从阿尔及利亚独立战争一打响,就取消了阿尔及利亚学生的奖学金。法国政府不断加强对他们的迫害。早在1955年5月,法国政府逮捕了一名叫色多尔的学生。他身体很虚弱,但是还是受了多次的酷刑。最后法国殖民者秘密地把他绑在一只小船上,放上重重的石头,把他沉在海密兹河里。同时宣布说,色多尔已经越狱逃走了。两星期后,这只船被人捞上来了,这才真相大白。坚强不屈的色多尔成了阿尔及利亚学生英勇斗争的象征。

法国政府对在法国读书的阿尔及利亚学生的迫害,在1957年达到了高峰。对爱国的女学生加米拉·布伊海德判处死刑,是举世皆知的事情。阿尔及利亚学联通过国际学联向全世界呼吁,要求法国政府停止迫害。最后,法国政府在全世界学生和人民强大的反对吼声面前,被迫把对她的死刑改为终身监禁。另外一个叫塔列普·阿赫迈德的化学系学生,因为坚持要求民族独立,被判过三次死刑。但是,畏于世界舆论的压力,法国政府迟迟没有下手把他处死。

1958年1月,法国政府逮捕了阿学联在法国的50名学生领袖,封闭了阿学联的办公室,还抢走了在瑞士读书的阿尔及利亚学生的奖学金123万法郎。法国政府把阿尔及利亚学生关在监牢里,不作为政治犯,而作为刑事犯。在被迫害的过程中,一些学生只好偷偷地离开法国到别的国家去,一些学生偷偷回到阿尔及利亚参加民族解放军。

在阿尔及利亚本土,阿尔及尔大学学生于1956年5月举行总罢课,抗议法国政府的殖民政策,要求民族独立。法国殖民者悍然关闭该大学。全体大学生离开了校园,绝大部分学生参加了民族解放军,小部分留下来做地下工作。当时,民族解放运动也很重视城市中的斗争,也进行一定的军事斗争,储备和运送武器,但主要是进行情报工作和对民众的政治思想工作。学生留在城市里面,是以合法的居民身份做地下工作,他们也可以对法国学生和居民做工作。

1960年我遇到一位叫阿里的学生,他已经是游击队支队的政委,原来是在法国留学的学生。他说,经过6年的战斗,民族解放军已经从一支很小的队伍发展成有15万人的强大队伍,解放了2/3的国土。他说,原来他们学联的主席已经参加了民族解放军的领导机构,有一些同学已经成为各个部队的领导人。他向我讲了许多小故事,非常感人。他讲到他的一位女同学,在军队里表现得很勇敢,就像是男青年一样。不幸,她被敌人的机枪扫射中了。由于没有医疗条件,她只好等死。在她奄奄一息的时候,阿里流泪了。她微笑着说,"哭什么呢?这时候需要的是坚强,而不是眼泪!要为民族解放奋斗到底!"他说,他们都认真读毛泽东同志的著作,特别是关于游击战的著作和中国有关的小册子。他说,他们的许多成功,都是从中国的游击战经验中得到启发的。他说:"这是毛泽东主席和中国人民给我们的智慧。"

他说,在阿尔及利亚,人民亲热地把民族解放军战士称呼为"琼地",意思是子弟兵。谁家有一个"琼地",就是全家光荣的喜事。人民想尽办法,把粮食送给民族解放军。阿里说,"人民和我们在一起,就是我们游击队胜利的原因。而敌人在我们的国土上却好像又瞎又聋。这就是毛主席讲的鱼和水的关系呢!"

在亚非学生会议决定把每年4月24日作为亚非学生反殖民主义斗争日以后,在法国的亚非留学生都设法举行活动。我曾于1957年、1958年两次代表我国学联去巴黎参加了他们的活动,在讨论会上强烈地表示了支持他们反殖民主义统治的斗争,特别支持阿尔及利亚的民族解放斗争。他们把我国学生视为真正的兄弟和战友。阿尔及利亚和非洲一些朋友有机会到布拉格国际学联总部来,我们都热情接待,并给予力所能及的援助。

阿尔及利亚朋友每一次和我见面时,都热情地表示,在他们国家获得独立以后,一定热烈欢迎我们去阿尔及尔。他们说,那是一个多么美丽、富饶而又广袤的国度,他们会以自己国家主人的身份接待最尊贵的客人。就在几年以后,我有幸在1963年阿尔及利亚独立一周年纪念的日子里,参加了中国青年代表团,和我国党、政、军、妇代表团一起浩浩荡荡地到了阿尔及尔。我们到达阿尔及尔时,强烈的阳光洒满了大地,大地似乎在热情地演奏着贝多芬的《欢乐颂》。人民的脸上堆满了笑容。在我和阿尔及利亚学联领导人拥抱时,那种喜悦之情是我在迎接上海解放时体会过的。阿尔及利亚终于独立了,人民的梦想实现了!我们都流下了幸福的泪水。他们带我们去参观了展示他们用鲜血凝结成的独立斗争展览会,看了长满又大又绿的葡萄的巨大的种植园,展望了一望无际的萨哈拉大沙漠。他们说,在地底下蕴藏着大量的石油和天然气,现在永远属于阿尔及利亚人民了。我们和他们共享民族独立的欢乐！阿尔及利亚学联原主席阿赫默德当时担任了总统府秘书长，阿学联原领导人布特弗利卡担任了外交部长，另一位领导人哈米德也在外交部工作。他们都为独立后的祖国日夜忙碌着。

后来，在许多国际活动的场合，他们都和我们亲密地往来，交换意见，密切合作。我们永远不会忘记。

和阿尔及利亚学联并肩战斗的是摩洛哥全国学联(UGEM)和突尼斯全国学联(UGET)。它们也都是由在法国的留学生和在国内大学里学习的学生组成的统一的学联。他们和阿尔及利亚学联一样，加入了国际学联。

摩洛哥是一个古老的国家，有1300多年的历史。从19世纪中叶以来，它沦为法国的保护国，达44年之久，直到1956年才获得独立。他们的国王穆罕默德五世一直拒绝法国的殖民统治，被法国殖民者关押了许多年，也不投降。广大学生支持他们的国王。在他们获得独立以后，首都拉巴特的一条最漂亮的大街被命名为穆罕默德五世大街。所以，在独立以后，人民同意保持王国的政体。

摩洛哥虽然没有像阿尔及利亚那样公开进行武装斗争，但是他们也建立了解放军，有5000人，进行一定范围的武装斗争。摩洛哥学生和广大人民站在一起，坚决要求民族独立。他们说，他们非常钦佩中国人民争取民族独立和解放的斗争，他们常常从中国革命成功里汲取精神力量。他们的全国学联，在国内和在巴黎都设有机构，在法国，他们和阿尔及利亚及突尼斯的同学们并肩战斗，互相支援。我两次去巴黎参加亚非学生反殖民主义斗争日活动，都受到他们和突尼斯学联的热情欢迎和接待。我们之间有说不完的话。

摩洛哥在获得独立以后，1957年他们在自己的国土上召开了全国学联的代表大会，邀请我国派代表团去参加，并参观摩洛哥。那时，我国还没有和摩洛哥建立外交关系。他们把我们代表团3人当做是中国人民的使者，表示热烈的欢迎。

摩洛哥学联受进步的政党——人民进步党领导，他们不主张王国制度，主张建立社会主义社会。但是，他们也在殖民地期间，拥护国王和法国殖民者的斗争。摩洛哥国王也允许人民进步党的存在。

我们乘飞机到达卡萨布兰卡上空时，看到这个城市的建筑是一片白色，太阳又那么强烈，更是显得很白很白。绿色的大西洋的波涛在这个城市的身边汹涌流淌着。这是一个多么诱人的城市！这个城市的原名是西班牙语，意思是"白色的房子"。我们从美国好莱坞电影《卡萨布兰卡》中知道这个有名的城市。它是摩洛哥最大的城市和经济首都，好像是摩洛哥的上海。

我们到达摩洛哥的时候，他们刚刚获得独立，一切在等待巨大的改变。像我们上海解放时那样,许多过去以法国命名的街道统统改为摩洛哥的名字。卡萨布兰卡最大的建筑12层高楼殖民军总部交给了摩洛哥全国总工会。工会用一艘巨大的船只送我们到大西洋去游览,以为我们去了一个庞大的学生代表团,后来知道我们代表团只有3个人,使他们颇感失望。他们当时没收了16个卖国贼的财产,建立了自己的军队,包括原来的民族解放军。他们在原来只有法国人可以开店的大街上,开了第一家卖摩洛哥手工业品的商店,领我们去参观。在他们的代表大会上,代表们热烈地讨论如何建立独立的民族经济和支援阿尔及利亚的民族解放斗争,他们也研究中国和其他已经获得民族独立国家的经验。我们和摩洛哥同学们分享了他们获得独立后的幸福和喜悦。

1959年他们召开全国代表大会,又请我国学联派代表团去参加。我和另一位同志去了。当时的王储哈桑,还是个大学生,也参加了代表大会。后来,他继承穆罕默德五世,成为国王哈桑二世。我们和他也交谈了,他非常友好。摩洛哥学联还是在进步力量的领导之下。

会后,摩洛哥学联特地邀请一些外国代表团去南部的海边城市阿加迪尔访问。那是一个非常漂亮的旅游城市。城市就在大西洋边上,阵阵海潮拍打着海岸,棕榈树一片又一片,到处绿树成荫,草地成为地毯。沿海的旅馆更是十分现代化。小小的城市常住人口很少。摩洛哥学联的朋友自豪地对我们说,过去这里是法国人的天下,摩洛哥人只能在这里当服务员。现在我们国家独立了,才有可能请自己的好朋友来游玩儿。我们和他们一起分享民族独立的幸福。

在我们离开阿加迪尔后的几个月,该城在1960年2月29日的夜间,发生了强烈的地震,差不多使整个城市陷入海底,同时又发生了海啸,使4万多居民中有2万人遇难。我简直不敢想象,这么一座美丽的城市沉入大西洋底。在地震发生的第四天,摩洛哥政府号召重建这座城市。经过4年多的努力,又建成了一个占地24平方公里、人口达5万人的城市,显示了新独立国家的精神。

突尼斯全国学联在他们国家争取民族独立斗争中,一直站在斗争的前列。他们受以布尔吉巴为首的新宪政党的领导。突尼斯经过长期艰苦斗争以后,在1956年获得了民族独立。

1959年他们在自己的国土上举行全国学联的代表大会。我国学联派我和另一位同志去参加。先是参加该国学联与丹麦学联联合主办的一个夏令营,参加在突尼斯市郊区盖房子。然后,参加代表大会。我们在会上致词,祝贺突尼斯获得民族独立,表达了我国学生的深情。民族主义的力量在大会上占绝对优势,但是还是有一部分右翼力量,攻击突尼斯全国学联受苏联、中国等"共产主义国家"学联的支持。他们反对突尼斯学联参加国际学联。突尼斯全国学联也不回避他们与社会主义国家的学联站在一起的事实，而且说明他们在争取民族独立斗争中，得到中国、苏联等国学联的积极支持。

1957年我去巴黎时，突尼斯学联主席巴库什约我谈话，他说受他们政府的委托，向我国表示，在联合国表决中国进入联合国问题时，突尼斯政府投了弃权票，请中国方面谅解。我答应把他们的态度报告国内。另外，他郑重地问我，他们学联是受该国新宪政党的领导，而不是受共产党的领导，中国学联采取什么态度？我表示，我们支持一切反对殖民主义、争取民族独立的斗争，我国学联坚决支持突尼斯学联，不论它是否是受共产党领导。他表示非常高兴和满意。此后，他们和我国学联的关系日益密切和团结。巴库什在该国独立以后，长时期担任该国政府的内政部长。

突尼斯学联热情地引导我们参观他们的城市和名胜古迹，以他们的悠久历史和文化而自豪。突尼斯给我们的印象，是一个小巧而美丽的国家，城市的建设很好。他们把法兰西文化和阿拉伯文化很好地糅合在一起，既吸收了法兰西文化的长处，又保留和发扬了阿拉伯的优秀部分。

非洲学生运动在欧洲有两个组织，长时期起着非常重要的作用。一个是在英国的"西非学联"（WASU）；另一个是"黑非洲留法学生联合会"（FEANFU）。学生们大都出身于官员家庭和一些上层家庭，他们在欧洲的生活条件大大优于在非洲各国的生活。但是，他们在帝国主义宗主国里亲身感受到民族压迫和种族歧视，他们又和世界各国的学生接触，了解了世界上的实际情况，有机会接触各种思潮，了解马克思主义，使他们普遍逐步地觉悟起来。在第二次世界大战结束以后，他们参加了国际学联，并且成为它的积极成员。

西非学联长时期向国际学联派出常任代表，担任国际学联书记处书记。来自塞拉利昂的阿的摩拉·汤姆斯在国际学联工作十分活跃。他因为持有英国护照，可以到许多资本主义国家去访问，了解各国学生运动的实际情况。他也经常向国际学联书记处介绍非洲学生运动的情况。他在1956年国际学联第四次代表大会以后离开了国际学联总部。他离别时，很郑重地向国际学联提了意见，认为国际学联太"欧洲化"了，应该转变工作中心，以亚非拉学联为工作中心。

我曾经在1963年去伦敦参加了西非学联的代表大会。我深深感觉到，他们虽然都出身于上层家庭，但是他们都以自己的被压迫民族的利益为重，坚决要求民族独立。他们对于亚非各国学生具有一种自然的感情，共同为被压迫民族的独立和兴起而奋斗。对于中国，更是具有一种深切的兄弟情感，把中国的胜利和忧愁看成是自己切身的事情。

黑非洲留法学联组织了整个黑非洲各国的留学生,在法国是一个具有很大影响的而且带有进步倾向的学生组织。它是国际学联的积极成员,并长时期担任国际学联的副主席或书记职务。因为他们持有法国护照,可以参加国际学联代表团去访问资本主义国家和到某些国家去了解该国学生运动的情况。他们对社会主义国家的青年学生组织关系很友好,而对于中国又特别具有深切的情感。他们身处欧洲,可以了解世界上的政治动态和各种思潮,许多学生接受马克思主义的影响。他们的领导人马马杜,是一个政治上比较成熟的人,很善于思考,分辨是非。他们有的领导人对我坦率地说,他们感到中国朋友最讲道理,平等待人;而欧洲人,不论是西欧还是东欧,多多少少都有点种族歧视的味道。他们在每次国际会议上,总是站在正义的一边,为亚非拉学联的政治要求和学生利益而奋斗。他们的许多领导人后来都担任了他们国家独立后的政府官员。

除了这两个重要的留学生组织以外,东非的苏丹全国学联一直是很团结和强大的,一直在该国共产党的领导之下。在苏丹有一所喀土穆大学。他们学联的领导人多是黑人。他们也是国际学联的积极成员,曾派代表常驻国际学联总部工作。我发觉他们政治上比较成熟,有组织能力。西非的加纳有一所马克累累学院,有学生会组织。他们也支持民族解放运动,但是政治态度比较温和,在东西方对立和激烈斗争中,往往处于中立的地位。但也参加了国际学联,成为它的联系会员。

由于当时的国际政治环境,对有些国家我们无法接触和深入了解,比如对南非学生的情况就很不了解。根据我的回忆,非洲学生运动是相当强大的,有些国家的学生参加了武装斗争,在争取民族独立和解放的斗争中,他们都尽了自己应尽的责任,而且都为自己的国家准备了一批建设的干部。他们和中国学联的关系一直是很好的。由于过去同样受过帝国主义和殖民主义的长期压迫,我们之间有着共同的遭遇和历史经验,我们与他们之间的确存在着兄弟般的互相支援的关系。我们得到他们许多帮助,在许多国际场合,他们都是坚定地站在中国一边。我们也从他们那里学习到许多不知道的知识。我总觉得,由于缺少实际的物质力量和经验,我们对非洲还是了解得太少,做的事情很不够。总觉得欠他们许许多多。

三、回忆贝利康

国际学生联合会的主席伊日·贝利康(Jiri Pelikan)是一个很出色的国际学

生领袖和传奇人物,他是捷克斯洛伐克学联驻国际学联代表,在较长时期内,曾先后担任过国际学联的总书记和主席。

我在1955年至1958年期间,曾作为中国学联代表常驻国际学联,担任该组织的书记处书记,和贝利康同事。

他是捷克斯洛伐克摩拉维亚州阿罗木次人,生于1923年。他父亲是一位捷克斯洛伐克有名的雕刻家。他父亲原来是个普通的石匠,但是经过长年劳动和刻苦地钻研,最后成为一名雕刻家。我到过阿罗木次市,贝利康指给我看,满城的雕塑都是他爸爸的杰作。我曾在他父亲家里住了两天,那时他父亲已是快60岁的人了,每天早晨5点钟进工作室,一直工作到下午3点钟才出来吃中饭和休息。贝利康2岁的时候,他爸爸为他雕塑了一个坐在马桶上的塑像,一直放在他的客厅里。那时圆圆胖胖的贝利康看上去十分可爱。

他有一个哥哥和一个姐姐。哥哥是位老共产党员,曾经被德国法西斯关在奥斯威辛集中营里,九死一生,是被苏联红军解救出来的。他后来进了医学院,学成为一名医生,还担任过抗美援朝时期的捷克斯洛伐克医院的院长。他对于朝鲜和中国很有感情。他在第二次世界大战前,参加共产党的活动,经常带着弟弟伊日·贝利康去参加党内的会议。弟弟伊日·贝利康在15岁(1938年)的时候,参加了共产党。在第二次世界大战期间,他们一起从事地下工作。他们的爸爸妈妈在战争期间被德国法西斯作为人质关了起来,他妈妈被枪杀了。伊日·贝利康也被盖世太保关了3年监牢。他的姐姐是一名家庭妇女。

贝利康后来成为捷克斯洛伐克全国学联主席,又参加了青年团的工作。他会7国语言:捷、俄、法、英、德、西、意,意大利文是他被迫流亡到意大利定居后学的,而且对这些语言都很精通。他真具有语言天才。我发现许多捷克斯洛伐克人都会多种外国语言。他后来担任捷克斯洛伐克中央电视台台长的时候,召开记者招待会,自己主持会议,讲话时自己翻译5种外语,引起会议与会者的轰动。

我和他一起工作了3年,并结成终生好友。他在国际学联里享有很高的威信,主要因为他作风好,平易近人,很民主,善于听取各种不同的意见,也从来不发脾气。他工作非常勤奋,人很正派和廉洁。我们经常在一起坦诚交换意见。

他和全世界各国学联都保持频繁的来往,有许多好朋友。他对苏联同志很尊重,但是也敢于向他们坦诚地提出自己的见解和不同的意见。他对苏联同志的大国主义作风和主观主义的工作作风,也敢展开斗争,但是他的语调还是很客气的。

我到布拉格国际学联工作的时候,正值国际形势发生了巨大变化。不久,苏共召开了第二十次代表大会,批判斯大林,引起国际共产主义运动的巨大动荡和分裂。我1955年8月去上任时,组织上向我传达了我党国际工作的新方针,即在国际组织中,我们要和苏联保持团结,尊重苏联,注意和苏联同志协商,但是不要对苏联亦步亦趋,而是要根据实际情况,坚持原则,发表自己的意见,进行必要的讨论和斗争。

我初到布拉格后,感觉国际学联是以对西方学联的工作为中心,对于亚非拉各国学联反对帝国主义、反对殖民主义的斗争支持不够。亚非拉学联的代表对此普遍表示不满,对于苏联同志的大国主义作风也很不满。在国际学联书记处的会议上,苏联、东欧、西欧的代表经常与亚非拉各国学联的代表为国际学联的工作中心问题展开激烈的争论。苏联等国代表认为,国际学联应该以保卫世界和平、反对核战争为中心,以对西方各国学联的工作为主要方向。亚非拉的代表们则认为,国际学联应该以支持亚非拉各国学联反对帝国主义、反对殖民主义的斗争为中心,这实际上也是保卫世界和平、反对帝国主义发动核战争,应该加强对亚非拉各国学联的支持。

在我和贝利康的交往中,他最重要的变化是在1956年秋天。我们一起去锡兰(现名斯里兰卡)参加莱顿联络秘书处会议,以及去印度和缅甸访问,后来到中国来访问,使他第一次接触了亚洲大地和亚洲学生运动。

在莱顿联络秘书处的会议上,他代表国际学联向他们发出诚恳的呼吁,主张就重新组成一个统一的国际学生组织而努力,但是遭到了对方无理、粗暴的拒绝。这使他对于和莱顿联络秘书处的和解和重新联合的幻想破灭了。

在北京,胡耀邦同志会见了他,和他就国际形势和支持亚非拉学生运动的问题做了一次长谈。耀邦同志向他分析了世界形势,指出当前世界上最尖锐的斗争,是亚非拉各国人民反对帝国主义、反对殖民主义,争取和维护民族独立的斗争。这个斗争,也是维护世界和平、反对帝国主义发动核战争的一支主力军,国际学联应该积极支持亚非拉各国学联的正义斗争。这一次谈话,使他深入思考,得出正确的结论。那一次,可以说使他的认识产生了大飞跃。

他在印度和缅甸的时候,很细心地观察亚洲的实际情况,体察亚洲人民和学生强烈反对帝国主义和殖民主义情绪,开始理解亚洲学生运动的政治热情。到了中国以后,在云南大学、华东师范大学和复旦大学,向中国大学生作了三次报告,亲眼看到中国学生的政治热情,很受感动。他认识到,这并不是"左",而是真正的革命热情和要求。他体会到,亚非拉人民和学生所处的环境和欧洲的确有很大的不同。

　　和胡耀邦同志谈话后,他陷入深思。他和我说,"我想通了,我完全接受胡耀邦同志的分析和意见。国际学联应该把对亚非拉学生运动的支持放在工作的首位。"他说,和中国共青团领导人谈话,大家是同志式的平等交换意见。中国同志真正地关心国际学联的工作,完全是以理服人。这和与苏联同志谈话时的状况完全不一样。苏联同志往往是一种自上而下的姿态和你谈话。陪同去谈话的国际学联的苏联同志在那种场合,又好像是个"小鬼",不敢插一句嘴,和平时那种在布拉格的威风完全不一样了。但是,我发现在和胡耀邦同志谈话的时候,你们团中央的工作人员却很平等地与胡耀邦同志相处。胡还不断地征求吴学谦同志和你的意见,而且你们一点也不拘束。这反映你们团中央的作风是民主的。他还说,"和中国同志谈话,完全充满着民主协商的气氛。你们以理服人,说服了我,帮助了国际学联的工作。我们不要幻想西方学联会和我们实现真正的联合。我们应该扎扎实实地积极支持亚非拉各国学联的斗争,我们只有这样认真去做,才是有利于保卫世界和平。"

　　他1956年秋天到我国来访问的时候,正好是中共"八大"刚刚开过。他仔细阅读了"八大"的文件。他说,"中共'八大'的文件是实事求是地分析自己的经验和问题,不像其他一些兄弟党的文件大量引用马克思、列宁等语录和苏共的文件,缺少自己生动活泼的实际总结和分析。"

　　他看到当时我国进行了社会主义改造以后,仍然保留了许多中小企业和手工业,路上摆了许多小摊子,可以买到水果和各种小商品,认为很好。他说,"我们把什么都国营了。实际上做套西服,还得偷偷地去裁缝家里请他做。你们可要接受我们改造得太'左'太快的教训呀!"但是,我们后来还是走了弯路,过急地进行社会主义改造。

　　1956年秋天,他回到布拉格以后,在书记处会议上,发表了长篇讲话,报告他的亚洲之行,并建议国际学联调整工作方向和着重点。我当时没有和他立即一起回布拉格,是去南京看望了我的孩子们。我回到布拉格以后,听到亚非拉代表们一致好评,我也感到十分高兴。这也说明,他是一个能吸收新鲜事物、善于思考的同志。

　　他后来和我经常推心置腹地谈心。他把捷克斯洛伐克的许多实际情况如实地告诉我,帮助我了解。在苏共二十大以后,他迅速地听到捷共党内最高层的内部传达,便立刻告诉了我,使我们迅速地了解了实情。

　　我们在那样困难的环境里,共同商量如何稳定内部,团结国际学联的同志更好地工作。我建议取消原来有的一种小核心的"小书记处"的做法,使书记处工作民主化。他完全同意，而且说服了苏联代表。亚非拉的代表们都感到满意。

1958年秋天，在北京举行的国际学联第五次代表大会，许多亚非拉学联的代表参加了代表大会，通过许多支持他们反帝、反殖的决议。周恩来总理在招待会上和各国学联代表见面。贝利康和许多代表一样，感到非常高兴和兴奋。

1959年贝利康又一次又率领国际学联代表团来我国访问，这次是应邀来参加我国10周年国庆。我有幸陪同他在国庆的晚上登上天安门城楼，受到毛主席的接见。我向毛主席介绍了国际学联主席贝利康同志。毛主席一边和他握手，一边风趣地说，"哦！贝利康同志，你的大名，如雷贯耳！"说得他脸都红了。

从1956年到1959年，他几次到中国访问，十分关心中国的发展。他亲眼看到中国人民意气风发地建设自己的国家，中国的确在飞速进步。但是，他也很尖锐地感觉到，中国共产党执行着"左"的路线和政策。他非常拥护中共"百花齐放、百家争鸣"的方针，对于中共的整风抱着极高的期盼。但是，他对于后来很快就发生的反右派斗争非常想不通。他曾向我说，"你们这样的做法，会产生严重的后果。这会严重地破坏党内民主和社会主义民主。"他对大跃进也表示非常不理解，他参观了当时用小高炉"大炼钢铁"，认为这是种"左"的脱离实际的政策。他参观了一些人民公社，认为那是一种平均主义的做法，破坏了生产力的正常发展，离共产主义的理想很远。他一直保持着冷静的头脑，为中国的发展前途很担心。他从来不隐瞒自己的观点，很坦率地对我讲了他的意见，并希望我把这些意见告诉国内。

1958年秋天，在北京开完了国际学联第五次代表大会以后，我陪同他及苏联代表访问了广州和上海。我原来计划陪同60多名外国学生代表一起经过莫斯科回布拉格。捷克斯洛伐克团中央邀请我在他们全国旅行参观一个月。我正准备好好深入了解这个美丽的国家，因为在我3年工作期间，由于工作的忙碌，很少出去参观。

在10月的一个星期二，我已买好了机票，准备登机，但是走的前一天就发高烧。到了当天早晨5点钟，该去机场的时候，还发烧到40℃。我原来准备照样前去，我根据以往的经验，只要在飞机上睡一个好觉，烧就会退去了。当时团中央国际联络部部长钱李仁同志来看我，看我烧得满面通红，就劝我把机票改到星期四的一班飞机，在莫斯科机场和其他60名代表会合，同去布拉格。我当时犹豫了一下，终于答应了。谁知，那架飞机在莫斯科上空由于巨大气流的冲击，一下子被打到两万公尺以上，仅2分钟时间就坠毁了，整个飞机粉身碎骨，所有的尸体都找不到了。钱李仁同志的一句话救了我一条命。我和贝利康同志通电话对去世的同志们表示哀悼时,我们俩都泣不成声。

1963年我去伦敦参加西非学联代表大会,路过布拉格。那时,他已调到捷克电视台担任台长。我去看望了他。他和我就我国发表的对苏共的评论展开激烈的辩论。当时,正好是二评关于南斯拉夫的文章出来。他坦率地表示不同意中国的观点,认为南斯拉夫是社会主义国家。他非常了解南斯拉夫,他的母语捷克语和塞尔维亚语很相近,可以互通。他在1961年时,就受到过审查,曾被怀疑是南斯拉夫的"间谍"。

他那时已是捷共中央委员。在1968年捷克斯洛伐克进行经济政治改革的时候,他已经成了拥护杜布切克改革派的重要成员,担任了议会外交委员会的主席。在"布拉格之春"的改革受到苏联的武装镇压以后,他被捷政府派到意大利使馆担任文化参赞,实际上是杜布切克有意识地保护他。他当时是坚决反对苏联侵略,反对苏联干涉内政的。勃列日涅夫向杜布切克施加压力,说是"要贝利康的脑袋!"要捷共把他从意大利调回国。贝利康知道,如果回国肯定是没命了。他在意大利时,已经收到过带有炸药的邮包。

他知道这个消息后,便和他夫人立刻离开使馆,去找意大利共产党总书记贝林格(贝林格曾担任过世界民主青年联盟主席,和贝利康是好朋友)。贝林格不敢收留他,怕得罪苏联,劝他去找社会党。当时社会党的总书记是克拉克西,是意大利全国学联原主席,和贝利康也是好朋友。他后来就取得了意大利国籍,加入了意大利社会党,并在该党的外事委员会担任顾问。当时,这件事成为欧洲的一大新闻。在欧洲出现一幅有名的漫画,画的是装满贝利康墨水的钢笔把墨水(有一种墨水牌子叫贝利康,贝利康原意是一种鸟)喷向当时苏共总书记勃列日涅夫。

他在意大利期间,写了许多著作,主要是揭露原来捷共在苏共压力和指挥下,迫害捷共党员和破坏党内民主的行为。在这些著作中,有一本叫《禁止公布的文件——捷共中央委员会下设小组委员会关于1949年至1968年捷克斯洛伐克审讯和平反工作的报告》,这原本是1968年捷共第十四次特别代表大会决定建立一个小组委员会,专门进行平反工作的结论。他为这本书写了序言和后记,阐明自己的观点。他们当时做的事情,实际上就是像我国在粉碎"四人帮"以后进行大规模平反工作,消除了党的错误和污点,恢复党内的正常生活,又重新取得党员和人民的信任。他说:"在'布拉格之春'期间,他们(指广大党员)看到了如何改正错误并使社会主义具有新的吸引力,以及使社会主义思想具有自己新的生命力,也许这是最后的机会。"他认为,从苏共二十大以后,捷克斯洛伐克完全有可能把过去的冤假错案彻底平反掉。但是,那时的总书记诺伏提尼犹豫不决,实际上是怕牵涉到自己过去的违法行为,怕失去他们已有的特权。贝利康在长达20年的时间里,不知疲倦地为捷克斯洛伐克的社会主义改革事业奔走呼号,让世界各国人民了解"布拉格之春"的真相。

后来,他被意大利人民选为欧洲议会议员,担任了三届。第三届,是克拉克西把议员名额让给他的。他告诉我,担任欧洲议会议员,工资很高,但是他要经常联系群众,开座谈会,一请就是二三十人,要招待他们吃饭。当然,做欧洲议员,在欧洲乘火车是免费的。

在20世纪80年代末,捷克斯洛伐克的政局发生变化以后,贝利康得到了平反,恢复了捷国籍和党籍。他后来就拥有双重国籍。他谢绝了捷人民要求他回国竞选总统,仍然留在意大利。他一直保持着意大利社会党的党籍。

在捷克斯洛伐克1968年发生苏联军队镇压改革运动时,我一直注视着贝利康的动向,我很长时间没有得到有关他的消息,很担心他的安全。后来,我从日本朋友那里知道,他生活在意大利。我开始和他有书信来往。

1991年我有幸得到欧共体的"让·莫勒研究员基金",去设在意大利佛罗伦萨的欧洲大学研究院做为期一年的访问学者,研究的题目是欧洲共同体的共同农业政策。我和贝利康取得了联系,请他到机场接我。

1991年9月,我取道卡拉奇、雅典到达罗马。贝利康在机场等我,很远我就看到一位白发老人在候机大厅里伸颈盼我。我们那时的兴奋心情简直是无法用言语来形容,好像两个人是在劫后余生相逢。两人老泪纵横,紧紧拥抱。他说,"简直不能想象,你到了罗马!"我们两人都有一种隔世之感。

我在罗马停留了一天,边参观罗马,边畅谈。他特别把我领到一个广场的意大利天文学家伽利略雕像前,和我深情地说,"我在被开除党籍和国籍以后,流亡在意大利。我常常到伽利略的像前,寻找力量。伽利略因为坚持地球环绕太阳旋转,否定地心说,被天主教宗教法庭判刑,一直到350年后,才得到平反。我这辈子能够得到平反吗?我什么时候才能再回到我的祖国呢?"我们两人都热泪盈眶了。

他说,在那个困难的岁月里。他得到中国的帮助,在维也纳出版一个刊物,偷运到布拉格,反对苏联的占领。他对于中国共产党坚决反对苏联对捷克斯洛伐克的侵略和占领,表示衷心的感谢!他特别感谢周恩来总理每年8月都呼吁苏联军队从捷克斯洛伐克撤退。他的老共产党员哥哥,因为反对苏联的占领,被开除了党籍,并失去了工作岗位。爸爸去世了,可是他不能回去奔丧。他为此感到非常痛苦。

他没有想到，仅仅过了20年以后，捷克斯洛伐克的政治情况发生了巨大的变化。他得到了平反，并且能够回到自己的祖国和家乡。他没有回去工作，仍然留在意大利。他出版的刊物仍然按期出版。他每个月回布拉格一次，处理稿件，写一篇社论。

我在罗马逗留的第一个晚上，和贝利康畅谈至深夜。

他和我谈到东欧的剧变。他向我详细地描述了捷克斯洛伐克改革的过程以及苏联对他们国家干涉和侵略的情况。他的言语中渗透了一个小民族的苦难和悲痛。他十分痛恨苏联的大国沙文主义对小民族的不平等态度。

我们又谈起欧洲的历史。在19世纪里，西欧的许多民族获得了民族独立，建立了许多小国，实际上有利于各国的经济和政治的发展。而东欧的一些国家，长期被控制在强大的帝国统治之下，没能够有长足的发展。先有哈布斯堡、罗曼诺夫、奥斯曼三个东方帝国的统治，后来在第二次世界大战以后，又是苏联的控制。现在，纷纷独立，挣脱大国的控制，看来是一个历史的必然过程。他说，一些原来的社会主义国家，就用民族主义的旗帜来号召和团结群众。

他在反抗德国法西斯占领和反对苏联侵略和压迫的斗争中，成了民族英雄。我们有一次在罗马参观威尼斯广场的时候，遇到一批从捷克斯洛伐克来的妇女旅游团。她们发现了贝利康，都围上来问好和亲吻他。我和我的夫人也用捷语问她们好。她们听到我们说她们民族语言，高兴极了。贝利康向她们介绍说，他们是我们捷克斯洛伐克的好朋友，曾在布拉格的国际学联工作过3年。她们把我们当做捷克斯洛伐克人一样欢迎我们。我们也分享了贝利康的荣光。

我发现，他的思想倾向实际上是倒向社会民主主义了。他向我解释了欧洲资本主义的变化和一些新特点，以及西欧共产党和社会党的政策。他认为，这也是一条可以探索的走上社会主义的道路。当然，他也很佩服中国和其他一些坚持走社会主义道路的国家，并且对于中国探索的经验给予很高的评价。他说，他发现，凡是经过自己发动广大群众进行武装斗争的社会主义国家，不会轻易垮掉，比如中国、古巴和越南。

他和我探索为什么在苏联和东欧剧变以后，中国还能坚持下去，又发展起来。我回答说，我认为是否有这么4个原因：(1)中国共产党和中国革命是土生土长的，在中国人民中有巨大的影响；(2)长期以来，中国执行了独立自主的内、外政策，没有对苏联亦步亦趋；(3)"文革"以后，中国及时地平反了冤假错案；(4)改革开放给中国人民带来了实惠，也带来希望。他认为这样的解释有道理。

　　我认为,这些原因是综合性的因素,其中特别是平反冤假错案以及及时采取改革开放政策,十分重要。东欧国家发生剧变,往往从要求平反冤假错案开始。他们的改革又被苏联镇压下去,没有可能及时扭转方向,没有可能显示出给人民带来的福利。

　　他说,他对中国充满着深情。他在欧洲议会里,经常为中国辩护,反对那些反华言论。中国在欧洲的一些持不同政见者经常请他去参加他们的反华集会,他从不去参加。他真诚深情地说,他绝对不做不利于中国、伤害中国人民的事情。他的这种态度令人感动。

　　他除了陪我参观了罗马以外,还专门等我夫人去意大利以后,又请我们去罗马住了两天,陪我们参观了一番。他还建议,趁我在意大利之际,约一些可以找到的国际学联老朋友到佛罗伦萨相聚。后来,在1992年5月里,有4位朋友在我做研究工作的欧洲大学研究院聚会了两天。老友重逢,老泪纵横。看世界的如此重大变化,大家不免感慨系之。大家畅所欲言,各抒己见。但是大家都相信,世界是会进步的。他们对于中国的发展,感到非常高兴。

　　我在意大利的时候,也和贝利康谈起国际学联的情况。他说,国际学联仍然在布拉格,不过目前主要是亚非拉学联参加,没有西方,也没有俄罗斯及东欧的学生组织参加。新的捷克政府原来要驱逐它。国际学联找了贝利康。他给捷克总统写了信,建议以民主、宽容的态度处理这件事。后来,国际学联仍然留在布拉格。捷克斯洛伐克原政府赠给了国际学联一座五层楼的房子,坐落在沿着伏尔塔瓦河的那条大街上。他们把底层租给一家银行,就可以有经费维持了。

　　可笑的是,它的对立面——莱顿联络秘书处,因为被揭发出是由美国中央情报局出钱支持的,因此,西方许多国家的学联在一怒之下把它解散了。

　　在整个20世纪90年代,我们之间有书信来往。他十分关注中国的改革开放,他一直主张在进行经济改革的同时,应该进行从中国实际情况出发的政治改革。他对于我们党把社会主义基本制度和市场经济体制结合起来,认为是很正确有效的。他在1997年和1998年,非常关心亚洲金融危机和水灾对中国经济的影响。他常在来信中说,他无时无刻都关心中国的发展。

　　在胡耀邦同志去世以后,他就再也没有到中国来访问过。我一直盼望有机会在我的家乡——南京接待他和他的夫人。1997年他患了直肠癌,开了刀。他来信说,一切都很顺利。我从他那健壮的体魄来估计,他一定会健康地活下去。

　　在1998年的1月,他来信告诉我,他在手术完成以后,立刻动手写回忆录。他告诉我为什么要写。因为他回到布拉格后,经常和青年们接触。青年人常常问他为什么在那么年轻的时候就参加了共产党和地下斗争。他说，有义务在他有生之年，把回忆录写出来，留给后人。他要我帮助他回忆在国际学联的那一段生活经历，并允许他引用我写的材料。我认真地写了一封长信，回忆了一些重要情况，供他参考。

他在1999年的夏天不幸去世了。他给我最后一封信，是在1999年1月22日。他告诉我，他又住院了。他说，等他病好以后，再给我写信。他在1998年10月28日捷克斯洛伐克共和国建国80周年的时候，得到一枚勋章。

在我得知他去世以后，已经有了一段时日。我以传真发出的唁电被退了回来，估计他的住处的房屋已退了。我也没有再找到他的夫人。我后来经过多方打听，也不知道他那份回忆录的未完成手稿在哪里，这是最令人遗憾的。他一生的生活十分简单朴素，身边也没有秘书。在他老年的时候，好像他的夫人也由于什么原因离他而去。后来，意大利社会党由于大选的失败而解体，也没有人关心和整理他的文稿和遗物。他有一个女儿在布拉格工作，但我始终没有能找到她。我原来答应他，把他的回忆录翻译成中文，在我国出版。我真是欲哭无泪！遗憾是无法弥补的。

我和一些曾在国际学联工作过的朋友谈起他，无不怀着对他的崇敬和怀念。德国的朋友说"他是捷克斯洛伐克最优秀的共产主义者"。日本的朋友们都认为他是著名的国际学生运动的领袖。保加利亚的朋友原来对于他离开了共产党，有一定的误解，但是等他了解了事情的全过程后，就十分同情贝利康，称他为好同志、真正的共产党人，并建议出版一本纪念他的文集。他的一生是革命的一生，始终追求真理，为维护民族和人民的利益而斗争。他对中国充满着深情，热爱我国的社会主义事业，关心我国前进的每一步。在他给我的最后一封信中仍然表达了这一思绪。他永远活在我的心里。

能够出使国际学联，对于我是一个难得的机遇，对于我个人的成长有很大益处，所以我对这3年的生活始终难以忘怀。

复杂历史背景下的特殊经历

——回忆在国际学联的四年工作经历

徐 葵

我于1927年出生在上海浦东张江乡(当时属江苏省南汇县,现在属上海浦东新区张江高科技园区),10岁时因日军攻占上海,举家迁到上海租界。1941年太平洋战争爆发,日军占领租界,因不甘做"亡国奴",于1943年离开上海到重庆求学。1944年夏,我考上了由北平迁到四川的朝阳大学法律系。在校期间,开始参加进步学生活动,并于1945年加入了党的一个外围组织。因看《新华日报》和一些进步书籍,知道了苏联,并萌生了学习俄语以更多地了解苏联的想法。抗战胜利后,我于1946年从重庆北上到迁回北平原址的朝阳大学继续读书和参加那时高涨的北平学生运动,同时也通过在校外找人补习和自学的方式开始学习俄语,在一年多时间中打下了一点俄语基础。1948年6月,我在北平朝阳大学毕业后去了冀中解放区;同年8月,国民党当局登报通缉我和其他9名同学,由于我已在解放区,得以幸免。北平解放时,我从解放区被调回北平到东单区(那时东城区分东单和东四两个区)参加了3个月的接管工作。1949年4月,新民主主义青年团第一次代表大会闭幕后,团中央为建立国际联络部,需要调一些懂外语的干部,组织上了解到我会英语,也懂一些俄语,便于当年5月把我从东单区调到国际联络部工作。我是当时调到国际联络部工作的第五名年轻干部。从1949年到1958年被派去国际学联工作前的9年中,我在团中央国际联络部主要从事对苏联的联络工作,通过工作提高了自己的俄语水平和对苏联的了解,也几次参与了我国代表团参加世界青年和学生联欢节和世界青联与国际学联举办的几次国际会议的一些具体工作,逐渐得到了成长。1958年11月,组织上派我去布拉格到国际学联工作,这是我工作和生活中的一大转折,在国际学联工作的那段经历给我留下了难忘的记忆。

一、为刘少奇同志当翻译,了解到我们与苏联在国际学联和其他国际群众组织的政策方针上有分歧意见

1955年在印度尼西亚召开亚非国家会议后,亚非国家的学生组织于1956年4月在印度尼西亚成功地召开了一次亚非学生会议。在这次会议之前,在如何召开这个会议的问题上,我们和苏联在国际学联中曾有过不同意见:苏联主张把亚非学生会议纳入国际学联的框架内,由国际学联领导,怕由亚洲和非洲学生组织自己去发起并召开,国际学联(实际上是苏联)会失去控制和领导权。我国和印度尼西亚则主张亚非学生会议应按1955年亚非国家万隆会议的模式举行,国际学联不宜插手参与。中苏双方在国际学联中的这类意见分歧当时在其他国际群众组织中也有反映。这个问题引起了中央领导同志的重视。正好1956年5月由苏联共青团中央书记处书记拉波兴率领的一个苏联共青团代表团应邀来我国访问,在代表团结束在华访问回国前,刘少奇同志专门接见了这个代表团,花了近两个小时时间,就国际群众组织的政策方针问题向代表团作了一次重要谈话。这个代表团是由我陪同去我国各地访问和担任翻译的,我也担任了少奇同志这次会见的翻译。这是我一生中第一次,也是唯一一次为中央领导同志做翻译,这次谈话给我留下了十分深刻的印象。

少奇同志从询问代表团访华的印象开始这次谈话,随后就把话题转到应如何改进国际群众团体的方针政策问题上。他说我们有了苏联、中国和其他社会主义国家的团结,现在和南斯拉夫的关系也改善了,我们还应该团结其他一切受美国压迫的国家,把亚洲、非洲、拉丁美洲和欧洲的许多国家都争取过来,把美国孤立起来。现在总的形势对我们有利,要达到团结更多国家和广大群众这个目的,需要采取谨慎和正确的政策。应考虑改变世界工人运动、妇女运动、青年运动和和平运动的政策以适应这个目的。我们要争取尽可能多的朋友,这就需要改进我们的政策和工作方法。他说,最近在印度尼西亚召开的亚非学生会议开得很好,它有个特点,就是会议不是中国发起的,也不是世界青联和国际学联发起的,而主要是印度尼西亚发起的。我们如果要团结中派、右派,就要想法推动中间团体出面号召,让他们起来号召,我们参加。只要左派、中派、右派坐在一起能够开会,做到这一点就是胜利。目前国际群众组织是分裂的,对这种分裂右派要负主要责任,我们要采取一些办法和政策克服这种分裂状态。宁可让中间派来号召,就是方法之一。改变活动方式,这不是消极和放弃领导权,实际上是更积极。领导权不表现在形式上,而表现在实际政策上,主要问题是如何打开活动局面,使全世界人民不分信仰、不分宗教,都团结起来。少奇同志还用手势比画说,我们的圈子要从里往外画,要越画越大,而不是由外往里画,越画越小。我们有这样一些看法,不知是否对,请你们考虑。我们中苏两国首先有了一致的看法,事情就好办了。

这次陪同少奇同志会见苏联代表团的还有邓小平、王稼祥、刘澜涛等中央领导同志,可见中央领导同志对这次会见的重视。

我虽然不能记得这次谈话的每一句话,但总的谈话内容我的记忆大概是不会错的。通过这次翻译我第一次较深地了解到了中苏两国在国际学联和其他国际群众组织中的政策方针问题上已存在着一些意见分歧。我体会到,分歧的实质是苏联要把一切国际民间活动都控制在自己手中,而我们则认为这样做不利于团结更多的群众。

二、随刘西元和吴学谦同志去莫斯科和布拉格会谈南斯拉夫参加国际学联代表大会问题,了解到参与国际学联工作的复杂性

在刘少奇会见苏联共青团代表团的两年后,我又一次接触了与国际学联的工作直接有关的一件事。那就是于1958年8月随团中央书记处书记刘西元同志和国际联络部部长吴学谦同志出访莫斯科和布拉格。这次出访的任务是同苏方和国际学联会谈,表明我们不邀请南斯拉夫学联观察员参加将于9月在北京召开的国际学联第五次代表大会的主张。

我起初不太清楚南斯拉夫学联参加国际学联代表大会这个问题的全部情况及其复杂性,通过这次出访才了解到它是涉及国际学联历史上与南斯拉夫学联的关系、波匈事件后国际共运中苏联、中国和南斯拉夫三方的关系的一个相当复杂的问题。

在东欧国家中,南斯拉夫在第二次世界大战中是唯一依靠本国人民自己斗争,通过游击战争驱逐德国法西斯而获得解放的国家,因此南斯拉夫学联在欧洲反法西斯学生运动中曾享有很高声望。在国际学联最早筹建和正式成立之时,南斯拉夫学联曾是国际学联筹建时的主要筹委和成立后的重要成员之一。但1948年九国共产党情报局把南共联盟开除,苏联和南斯拉夫关系恶化后,国际学联当时在苏联指使下也断绝了与南斯拉夫学联的关系,1954年还在保加利亚发生过保加利亚警方把南斯拉夫学联派到索非亚参加国际学联索非亚理事会会议的观察员作为"铁托集团的间谍"加以逮捕并驱逐出境的事件。斯大林去世后,赫鲁晓夫纠正了斯大林对待南斯拉夫问题上的错误做法,于1955年访问南斯拉夫,与铁托举行会谈,恢复了苏南两党与两国的关系。此后国际学联也改变了对南斯拉夫学联的态度,开始邀请南斯拉夫学联参加国际学联的活动,想改善与南斯拉夫学联的关系。就中南关系来说,新中国建立后,南斯拉夫是最早承认中华人民共和国的国家之一(南于1949年10月5日就承认我国,并在联合国一直支持恢复我国的合法地位),但当时我国碍于苏南关系和九国共产党情报局的决定,一直到1955年初才与南斯拉夫建立大使级外交关系,我国青年组织随后也于1956年开始与南斯拉夫青年联盟进行友好交往,这时中南两国关系呈现良好的发展势头。但1956年下半年发生了匈牙利事件。在对匈牙利事件以及在对与之相联系的斯大林和苏联对东欧政策的看法上,我们党与南共出现了分歧。我们党在《再论无产阶级专政的历史经验》一文中公开批评了铁托等南共领导人的有关言论。不过这时中南之间出现的分歧还没有影响到两国关系。在这种情况下,国际学联和作为国际学联第五次代表大会东道主的我国学联于1958年2月向南斯拉夫学联发出了请南学联派观察员出席国际学联代表大会的邀请信。但是1958年4月南共联盟发表了其第七次代表大会的纲领草案,这个纲领不同意苏联提出的和其他社会主义国家接受的世界上存在两个阵营的观点,还主张社会主义和资本主义两种经济制度的合作共处,并批评了斯大林在苏联推行的中央集权制和对外政策中的消极现象。这个纲领草案发表后,苏共和其他一些国家的共产党对之进行了批判,不过这次苏南之间的争论未导致苏南关系的倒退。我们党对南共纲领则进行了更为严厉的批判,认为它是违背马克思列宁主义基本原则的"修正主义纲领",南斯拉夫方面对我们进行了反批判,两国关系因此开始恶化,当年年中,中南双方撤回了大使。正在此时,南斯拉夫青年联盟国际部的一位负责人于1958年7月在维也纳见到国际学联主席贝利康时,问贝利康,南学联派观察员到北京参加国际学联代表大会有无"安全"的问题。贝利康向我们转达了这次谈话的内容。我们认为南青联负责人向贝利康提出这样的问题是对我国的诬蔑和挑衅,是个重大原则问题,据此提出要求国际学联不邀请南学联派观察员参加国际学联代表大会的主张。我随刘西元和吴学谦去莫斯科和布拉格就是专程去会谈这个问题的,我担任了会谈的翻译。

我们到莫斯科后,苏联方面由苏联青年组织委员会主席罗曼诺夫斯基等人出面与我们会谈。刘西元同志向苏方陈述了对南斯拉夫青联负责人谈话的看法,说明如让南学联派观察员参加北京代表大会只会起破坏这次代表大会的作用,所以反对邀请南学联派观察员参加在北京召开的国际学联代表大会,希望苏方支持我们的意见。苏方在会谈中口头上表示支持我们批评南斯拉夫的立场,但实际上并不同意我们不邀请南学联的主张,推说此事要由国际学联书记处来定,要我们去布拉格与国际学联书记处商谈。

接着我们就去布拉格与国际学联书记处会谈,可是国际学联书记处多数人也不同意我们的意见,双方未能达成共识。在此情况下,刘西元和吴学谦两人先飞回国,把我一个人留在布拉格同国际学联书记处保持联络。

为解决这个僵局,国际学联主席贝利康与书记处一部分人在代表大会之前,先飞抵北京与我方继续进行商谈,我也与他们一起回到了北京。我方与贝利康等在北京经过反复磋商,直到代表大会开幕前夕在贝利康写信给我方说明南斯拉夫已否认他们所提的安全问题后,我们同意给南斯拉夫学联的观察员发了入境签证前来北京参加大会。

国际学联第五次代表大会在京召开时,组织上又让我参加中国学生代表团出席了这次代表大会,这是我第一次参加国际学联的会议。

在那次大会结束前一天,我还参加了由胡耀邦、刘西元和吴学谦同志与苏联代表团进行的一次严肃和尖锐的会谈,也由我担任会谈的翻译。我方对苏方在是否邀请南斯拉夫与会问题上没有真正支持我们的立场提出了意见,苏方则对我们同意出席国际学联代表大会的亚非拉代表"自发"地发起在会后举行亚非拉代表友好会见的做法表示不满。我们与苏方在莫斯科和北京进行的这两次会谈使我感到苏共二十大以来中苏两党在南斯拉夫问题和国际政策上的分歧不是在缩小,而是在发展,我们在国际学联中与苏联的关系将会变得紧张起来。不过此时我还没有想到组织上会派我去国际学联工作。我在团中央国际联络部是长期做对苏联的联络工作的,这方面的工作也很多,我认为自己将继续在这方面工作下去。但实际上这一段经历却成了我去国际学联工作的前奏。

三、在国际学联工作近 4 年,经历"中苏十年论战"的"前哨战"

在国际学联第五次代表大会在北京结束后,当时的团中央国际联络部部长吴学谦同志找我谈话时说,组织上决定派我一个人去国际学联工作,要我先下乡到河北安国县南楼底村国际联络部下放点体验一下农村大跃进并劳动一个月,回来后就去布拉格。这样,我先下乡去南楼底村的人民公社体验和劳动了一个月。在11月回京后,先请我的前任程极明同志给我介绍了国际学联情况、各国驻会代表的一些情况和在布拉格的生活情况,随后于11月19日与刘西元、吴学谦和时钟本3人一起飞往布拉格。他们是到布拉格转飞机去开罗参加亚非青年会议的筹备会议的。后来不久,吴学谦同志就调往中联部工作,由钱李仁同志接任国际联络部部长,所以我去布拉格后从国内直接领导我在布拉格那几年工作的是钱李仁同志。

我对组织上派我去国际学联工作虽然没有足够的思想准备,但理解这是组织上对我的一种信任和培养,是给我一个锻炼的机会。不过由于当时中苏两党之间在一些意识形态和国际问题上的分歧和两国学生组织在国际学联工作中的分歧已开始呈现出来,我对于到国际学联工作后会面临什么样的前景心中是没有底的。我在飞经苏联上空看到苏联辽阔的土地时,已没有20世纪50年代初初次看到世界上第一个社会主义国家国土和到达莫斯科时的那种无比激动的心情了,在想到1953年斯大林去世后这几年在苏联和东欧所发生的一些意想不到的事情和中苏两党关系中,包括中苏两国青年组织在国际学联中已出现的一些分歧时,心中不免怀有一定的忧虑和困惑,因此可以说我一路上是带着沉重的心情飞抵布拉格的。

按照我国前外交部长和国务院副总理钱其琛同志的分析,中苏两国自20世纪50年代初建立结盟关系之后,从20世纪50年代末到80年代末的30年间经历了三个"十年":1959年至1969年是十年论战;1969年至1979年是十年对抗;1979年至1989年是十年谈判。这期间,既有冷战又发生过热战①。我在国际学联工作的4年正处在十年论战的前期。事实上,在1956年苏共二十大后,中苏两党在斯大林问题和苏共二十大提出的"和平共处、和平竞赛和和平过渡"等意识形态问题上就已开始产生分歧,后来经过波匈事件等一系列事件,两党的分歧逐步加剧。中苏两国学生组织在国际学联中逐步发展的分歧和争论也就是中苏两党的分歧在国际学联工作中的反映。上面讲到的南斯拉夫问题就是双方分歧在国际学联中较早反映出来的一个明显例子。当时我们在内部已开始把中苏双方在国际群众组织中开始出现的分歧和争论称做是中苏两党论战的"前哨战",所以我在思想上也把去国际学联工作看做是走上一个前哨的岗位,是去国际学联侦察苏联的动向和准备进行前哨斗争的。

(一)相对平静的第一年:1959年

1958年11月下旬,我到国际学联工作后,大约在到1959年年底前的这一年中,国际学联的情况总的来说还算比较平静。原因之一可能是因为一次空难的悲伤气氛尚未完全消散。这次空难发生在1958年国际学联第五次代表大会闭幕之后,当时出席国际学联五大的部分代表和捷克斯洛伐克翻译人员、国际学联捷方工作人员共60人,乘坐苏联的飞机由会议召开地北京返回布拉格,不幸这架飞机在苏联上空失事,机上这60人全部遇难。国际学联总部的捷方人员得知空难消息后,在很长一段时间里都沉浸在悲痛之中,我到布拉格以后,在同国际学联的捷方工作人员的接触中犹能感觉到这种气氛。再一个原因就是那年国际学联的主要工作是准备1959年夏天在维也纳举行的世界青年和学生联欢节,大家都因忙于这项大活动而无暇他顾。这一年中我和我青联驻世界青年联盟代表何锡全同

---

① 钱其琛著:《外交十记》,世界知识出版社2003年10月版,第3页。

1959 年 5 月,徐葵在布拉格伏尔塔瓦河北岸的河畔公园留影,远处为布拉格城堡

志也差不多有4个多月的时间待在维也纳做联欢节的筹备工作。我为我国参加联欢节代表团在布拉格办奥地利签证等事经常在维也纳和布拉格之间来回奔波。这一年中,我在国际学联书记处中与苏联代表等有意见分歧的地方主要还是在南斯拉夫问题上。每当讨论到国际学联与南斯拉夫学联关系问题时,我都根据国内的指示反对邀请南斯拉夫参加国际学联的活动,也反对国际学联派人参加南斯拉夫学联的活动。

不过在这一年中,尤其是在1959年下半年的后期,我已逐渐感觉到苏联和东欧一些驻会代表对我这个来自中国的代表,在态度上和相互交往关系上已与过去有明显的差异,总跟我存在一定的距离。平时只跟我一般性地打打招呼,很少与我过多交谈,彼此一般只是在书记处会议上见面。只有贝利康同我仍有较经常的接触。我不时地同他互通一些信息,他有时也关心地向我询问中国国内的情况。他一直对我抱比较友好的态度,还曾于1959年年初专门邀请我去他家中做客,见到了他当时的夫人和他们的女儿。平时在国际学联书记处,和我关系较密切和来往较多的是印度尼西亚代表,还有朝鲜代表和不久之后就离开国际学联的两名日本代表(两人均系日共党员)。

但第一年的这种情况只不过是风雨来临之前的平静而已。在1959年秋天,国际形势中的苏美关系等已开始显示出一些令人瞩目的变化。这年9月初,赫鲁晓夫在美国杂志上发表了论述和平共处的大块文章,说和平共处是苏联外交政策的总路线。当时,这篇文章在国际学联的各国代表中很受注意。当年9月下旬,赫鲁晓夫又访问了美国,与艾森豪威尔举行了戴维营会谈。此后,苏联就开始在国际上极力宣扬"戴维营精神",说赫鲁晓夫访美成功"打开了苏美关系的转折点"、"开辟了国际形势的新时期"、是"世界和平发展的新阶段",并提出要实现"没有武器、没有军队、没有战争"的"三无世界"等。当年,赫鲁晓夫还在访美后到我国参加国庆10周年庆典时,言有所指地强调说:"不要用武力去试探帝国主义的稳固性。"这些都预示着中苏两党的分歧、中苏双方在国际组织中的分歧,将会在新的一年里明显、发展和尖锐起来。

(二)分歧和争论加剧的第二年:1960年

事情果真就是如此,1960年是我们与苏方在国际学联中的分歧和争论加剧的一年。双方展开争论的实质就是因为苏方采取大国主义态度,要求国际学联在工作中配合和推行苏联的外交路线。在这年的工作中,双方争论的第一个问题是,苏方要让国际学联把工作中心放在宣扬世界局势"缓和"、争取和平共处和实现裁军上,并试图使亚非拉地区反对帝国主义和殖民主义、争取民族独立与解放的斗争也服从于这个中心;而我们则认为只有坚决进行反对帝国主义和殖民主义,尤其是反对美帝国主义的斗争才能保卫世界和平和争取实现裁军。这个争论或分歧在以后几年中始终贯穿,是双方争论的焦点。双方争论的第二个问题是,如何克服国际学生运动的分裂和如何实现国际学生运动的统一问题。

1960年双方的分歧首先在国际学运的统一问题上爆发出来。这年一开始,苏联共青团中央为配合苏联外交政策的需要,制造东西方关系"缓和"的气氛,在国际学联的工作中首先抓住国际学生运动的统一问题做文章。1月初,苏方把国际学联主席贝利康召到莫斯科,与苏联共青团中央第一书记巴甫洛夫一起起草了一个关于国际学生运动"统一"问题的内部文件。这个文件提出,现在国际组织的主要任务就是动员一切力量缓和紧张局势,利用一切可能来促进和平共处和避免战争,国际学联现在就应公开提出取消国际学联和"联络秘书处",建立新的统一的国际学生组织的主张。据说,这个文件经过当时苏共中央第二把手苏斯洛夫的审阅,得到了批准。紧接着,他们就通过贝利康出面于2月上旬在布拉格召开社会主义国家内部会议讨论这个问题,以图统一大家思想,要大家支持苏联的主张。这次内部会议是在布拉格一所幽静的捷共中央招待所举行的。钱李仁同志和我参加了会议。贝利康和苏方提出的方案是国际学联立即公开提议建立统一的世界学生组织,公开主张在这个组织成立时取消国际学联和"联络秘书处",同时要求国际学联的会员组织都去参加"联络秘书处"计划召集的"圆桌会议"。他们的主要论点是国际形势已进入和平共处时期,"联络秘书处"领导集团中也出现了一些明智的人,现在形势极为有利,在国际学运中谁最坚决、明确和具体地提出统一的主张,谁就能提高威信和取得胜利。在这次内部会议上,我们与苏方的争论十分激烈。我们发言时表示坚决不同意这些主张,指出这样做实际上只能起到为西方敌对势力涂脂抹粉的作用,是向敌人示弱,国际学联应积极地抓统一合作的口号来揭露西方分裂国际学运的真面目,只有在政治上高举和平和反帝反殖的旗帜勇敢地向对方进攻才能取得广大学生,特别是亚非拉学生的支持,才能孤立国际学生运动中的反动集团。民主德国等少数几个国家也对苏方提出的意见表示有一定的保留。参加会议的苏联青年组织委员会主席雷日科夫看到会上出现不同意见,气势汹汹地说,在内部会议上虽有不同意见,但社会主义国家应该在即将于突尼斯召开的国际学联执委会上保持一致。我代表立即表示,我们是为了共同事业的利益才提出意见,为了在公开会议上保持一致,需要在内部会议上继续进行更充分的讨论。最后贝利康出来圆场,建议中苏两家进行磋商。在双边磋商中,中方更明确地向苏方说明,我们主张现在根本不要提统一国际学生组织的口号,苏方提出的方案有原则性错误,照这个方案办是要失败的,我们在执委会上也不能同意。在协商中,中苏双方的意见始终没能达成一致,最后只达成了各把对方意见报告自己组织的共同意见。

苏方尽管在国际学联社会主义国家内部会议上未能迫使大家都支持他们的主张,但仍坚持要推行他们在国际学运的统一问题上的主张。为此,在当年2月于突尼斯召开的国际学联执委会会议上,他们搞了个争取统一的行动路线文件。钱李仁、朱善卿同志和我参加了这次突尼斯会议,我们在会上重申了我们的观点。

1960年国际学联最重要的活动是那年10月在伊拉克首都巴格达召开第六次代表大会。

伊拉克原是中东地区的一个王国,由亲英美的费萨尔王朝统治。当时,这个国家虽然石油资源十分丰富(其石油储量占全世界石油总储量的1/10),但是这个国家的人民群众却长期遭受帝国主义和封建主义的残酷剥削和压迫。具有反帝反封建精神的伊拉克人民,从20世纪初叶到50年代的40多年中,曾发动过4次反对帝国主义和封建主义的起义。1956年年底,伊拉克的几个资产阶级政党、共产党和无党派爱国人士结成了民族统一战线,使伊拉克的民族革命出现了新局面。1958年7月14日,伊拉克武装部队在伊拉克人民支持下发动武装政变,一夜间推翻了费萨尔王朝,宣布成立伊拉克共和国,由武装部队的军官卡赛姆出任共和国总理。政变后的伊拉克不久宣布退出《巴格达条约》①。这件事和伊拉克民族革命的胜利是1958年国际上有影响的大事,加之受共产党影响较大的伊拉克学生运动是伊拉克民族独立运动中的一支先锋力量,因此伊拉克学联才能取得伊拉克总理卡赛姆的支持,而邀请国际学联在巴格达召开这次代表大会。

我国派团中央书记王伟同志率领的中国学生代表团参加了这次代表大会。我们代表团乘国际学联租用的捷航包机,从布拉格飞到阿尔巴尼亚首都地拉那机场,稍事停留后飞越碧蓝的东地中海到达巴格达。从机场我们乘大巴士经过底格里斯河上的大桥,进入巴格达市区,入住伊拉克学联为接待各国代表准备的一座大学生宿舍。我在桥上高处遥望远处河岸边一片一片中东国家特有的椰枣树林时,不免想起在中学学地理时学过的巴比伦文明的发源地幼发拉底和底格里斯河流域了。我为有机会看到这块世界古文明之一的发祥地——美索不达米亚平原和踏上当时成为中东高涨的民族独立运动热点的伊拉克共和国的土地而感到十分兴奋。

1958年在北京召开的第五次代表大会后的两年来,伴随亚非拉学生和人民一起反对帝国主义和殖民主义斗争的发展,国际学联通过开展保卫世界和平、反对帝国主义和殖民主义、争取教育民主化和学生权利的工作,扩大了自己在各国学生中,特别是亚非拉学生中的影响,国际学生运动有了新发展。我们认为召开这次大会是好好总结国际学联两年来反帝反殖工作的良好机会,但是苏联却要利用这次代表大会来贯彻赫鲁晓夫在1959年访美后宣扬的和平共处总路线和全面彻底裁军的一套观点,为苏联的外交政策服务。所以我们与参加这次大会的伊拉克、阿尔及利亚、黑非洲留法学联和古巴、波多黎各等要求坚决反帝

---

① 巴格达条约:全称《伊拉克和土耳其间互助合作公约》。伊拉克和土耳其于1955年2月24日,在伊拉克首都巴格达签订的军事同盟条约,同年4月15日生效,有效期5年。英国、巴基斯坦和伊朗于同年4月5日、9月23日和11月3日先后加入该条约。同年11月成立巴格达条约组织。美国虽不是该组织的成员国,却是该组织的军事、经济、反颠覆3个委员会的正式成员。条约的主要内容是:"缔约国为了它们的安全和防御进行合作";缔约国保证"不干涉彼此内政";"阿拉伯联盟的任何盟员国,或积极关心本地区的安全与和平的而为缔约国双方所完全承认的国家得加入本公约";至少有4国成为本公约的缔约国时,设立常设理事会;缔约国的任何一方退出公约时,"本公约对其他缔约国仍继续有效"等。签约后,缔约双方还互致照会,将使"两国在抵抗针对我们任何一方的侵略时进行合作,并且为了保证在中东地区维持和平和安全,我们同意紧密合作以实施联合国关于巴勒斯坦的决议。"1959年3月24日,伊拉克宣布退出《巴格达条约》。不久,该条约组织总部由巴格达迁往土耳其首都安卡拉,并于1959年8月19日改名为"中央条约组织"。1979年3月,伊朗和巴基斯坦宣布退出该组织,接着土耳其也宣布退出。同年4月30日,英、巴、土以及美国代表举行会议,决定于1979年9月28日撤销该组织。

的代表,在这次国际学联代表大会上,与苏联代表及其追随者进行了多次争论。会上争论的焦点除和平、裁军与反帝、反殖的关系等几个根本问题外,如何对待联合国的问题也成了焦点之一。这是因为赫鲁晓夫于当年9月带领东欧国家一批领导人同乘一艘苏联轮船到纽约参加联合国大会,为他宣扬和平共处、全面彻底裁军、国际形势发展进入了新时期等观点和苏联对国际问题的主张造势。在联合国会议上,赫鲁晓夫为了取得亚非拉国家的支持,提出"把裁军节省下来的钱援助不发达国家",并要求联合国通过"消除殖民主义制度"的决议。罗马尼亚政府代表在联合国会议上,提出了要联合国用和平、合作、相互谅解和尊重的精神教育青年的决议案。这样一来,苏联代表在国际学联起草讨论提交代表大会的报告时就要求把赫鲁晓夫在联合国大会上的讲话精神写到国际学联的报告中去,而罗马尼亚代表则要求国际学联支持罗政府提出的要联合国用和平、合作和谅解精神教育青年的决议。我们当时因联合国在美国操纵下不承认我国的合法地位,并多次通过支持美国在国外进行侵略战争的决议,认为联合国是美帝国主义控制的工具,所以认为,如果国际学联在文件中接受苏联提出的上述观点,会增加殖民地人民对联合国的幻想,把反殖民主义的希望寄托在联合国身上,不利于亚非拉人民的反帝国主义和反殖民主义斗争,因此反对在国际学联的文件中写进这些内容。

上述分歧的存在,导致在巴格达召开的这次国际学联代表大会上各种观点的交锋错综复杂。其中既有西方国家学联的观察员对匈牙利、民主德国和中国(在西藏问题上)的攻击和匈牙利与民主德国代表的辩驳与中国的反击;又有中国与亚非拉国家代表与苏联及其追随者之间的争论。由于大多数亚非拉国家代表的坚持和要求,在伊拉克人民和学生高涨的革命热情的影响下,大会还是通过了许多反帝反殖的文件,改掉或降低了苏联等代表在一些决议中要求鼓吹和平与裁军以及吹捧联合国的措辞或调子。

出席大会的代表中亚非拉代表占相当大的比重,会上反帝气氛高涨。因此,苏联原想突出的国际学运统一合作问题在这次大会上只占了次要地位。总的说,这次大会还是取得了我们所希望达到的较好结果,而苏联则未能实现他们想要实现的意图。在这次代表大会上,国际学联扩大了队伍,吸收了9个拉丁美洲和非洲学生组织作为新会员,贝利康继续当选为国际学联主席,伊拉克青联总书记努里当选为国际学联总书记。

伊拉克总理卡赛姆曾出席这次大会的开幕式并发表了讲话,他在讲话中强调反对帝国主义,表示对阿尔及利亚、巴勒斯坦和阿曼人民的斗争的支持,还提到中国首先承认和支持阿尔及利亚,并表示支持中国恢复在联合国合法席位的要求。

在1960年这一年里,国际形势和国际共运状况及中苏两党的关系相继发生了一系列变化。首先是中苏两党的分歧和论战进一步加剧。当年4月,在纪念列宁诞辰90周年时,我国在党刊党报上发表了3篇文章,对时代特征、和平共处、和平过渡、帝国主义本性等重大理论问题阐述了看法,并公开批判了南斯拉夫在这些问题上的"修正主义"观点,对赫鲁晓夫进行了影射。6月,在北京召开的世界工联理事会会议上中苏双方代表在战争与和平问题、裁军问题、战争可否避免等问题上又公开发生了严重争论。其次是在1960年5月1日,发生了美国的U-2间谍飞机在苏联上空被击落和飞行员被俘的突发事件,导致原定于5月下半月在法国举行的英、美、法、苏四国首脑会议只开了一次预备会议就不欢而散。我国对这次美国侵犯苏领空事件进行了强烈谴责,对苏联表示坚决支持。第三是当年7月,赫鲁晓夫下令撤走了在中国的全部苏联专家,并撕毁了大量经济合同,企图以此对中国施加压力,从而使中苏两党的分歧扩大到国家关系中。第四是1960年11月在莫斯科举行了81个共产党、工人党会议,中苏两党代表在会前举行了两党会谈并参加了有26个党参加的会议文件起草委员会的工作,双方在文件起草委员会中就会议文件草案的内容和措辞经过一番争论,最后达成了协议,从而使81个党的莫斯科会议通过了各方都接受的一个共同文件——《莫斯科声明》。在这次81个党莫斯科会议后,我曾奉召回国参加外事工作会议,听取了胡乔木同志传达莫斯科会议的情况和中央的指示。中央指示的精神是我们与苏联在前一阶段的公开争论告一段落,现在政治上要按《莫斯科声明》办事,工作中要采取声明中确定的共同协商的原则,要争取与苏联通过协商取得一致,团结对敌。今后我们在国际组织中的工作任务、要求和工作方法要不同于过去,要运用《莫斯科声明》通过内部协商来约束对方,而不搞公开争论。此时我也听到有的同志说,我们有的领导同志认为赫鲁晓夫还有两面性,我们要争取他转变,有的领导同志还用抗日战争时期我们党对待蒋介石的方针来作比喻,说我们现在就是要采用"支持蒋委员长抗战到底"的方针。

(三)避免进行公开争论的第三年:1961年

莫斯科共产党会议发表《莫斯科声明》后,在1961年这一年内,在国际学联的工作中,我们虽然与苏方在一系列有争论的问题上分歧依旧,但根据中央的注意避免进行公开争论的方针,在对方企图在国际学联文件中宣扬他们所坚持的观点和主张时,我们都是通过内部协商的方式来磨掉或冲淡它。

1961 年 5 月徐葵出席哈瓦那国际学联执委会会议。图为会议组织
参观吉隆滩时的留影,后排左起古巴民兵、陆雨村、古巴民兵、徐葵

　　1961年国际学联的主要活动有两项,第一项是5月在古巴哈瓦那举行的执
委会会议。钱大卫(团长)、陆雨村、时钟本和我4人参加了这次执委会会议。

　　恰巧在这次会议举行之前不久,美国于三四月间派遣雇佣军在古巴几个地
方进行了武装登陆,建立滩头阵地,想用武装推翻古巴革命政权。4月中旬,古巴
起义军部队和民兵部队击溃了这批雇佣军,攻克了雇佣军建立的全部滩头阵
地。4月19日,攻克了美国雇佣军在古巴吉隆滩占领的最后一个滩头阵地,并击
落了一架美国军用飞机。在国际学联执委会召开期间,古方组织与会的各国代
表去吉隆滩参观,我们在吉隆滩看到了被击落的美国军用飞机。

　　这次国际学联执委会会议的议题是国际学联对拉美学生的工作和关于圆
桌会议的问题。这次会议召开的时间,距古巴革命胜利只有两年多一点,距古巴
击败美国雇佣军只有一个月。此时正值古巴和拉美国家群众反美情绪高涨之
时,“要古巴,不要美国佬”的呼声响彻古巴各地。这种情绪对会议产生了积极的
影响,所以这次会议支持古巴革命和反美的调子比较高。但是苏联在这次会上
仍想方设法提出取消国际学联,争取同西方国家学联达成“组织统一”的主张。
一是突然提议在执委会会议外召开关于圆桌会议的协商会议的动议;二是在执
委会会议的决议草案中提出“国际学运统一的组织形式正在产生”和要实现“组
织统一”等提法。我们在会议期间,坚持与贝利康和苏联代表进行内部协商,前

后反复协商达7天之久,终于磨掉了他们企图写入会议文件的上述一些提法。他们在会外召开圆桌会议协商会议的动议也因黑非和西非代表的坚决反对而未成功。

国际学联在古巴的全部活动(除开会外还有参观和参加义务劳动等活动)结束时,古巴革命领袖卡斯特罗出席了执委会会议的闭幕大会,在会上他发表了演说。他在讲话一开头就说,"这个论坛要比联合国好,因为这里有中华人民共和国学生代表团参加……"这句话引起了全场长时间的热烈鼓掌。两年前,我刚在国际学联工作不到两个月,于1959年1月2日,在布拉格从英国BBC的广播中,首次听到卡斯特罗率领古巴起义军攻进哈瓦那,取得古巴革命胜利的消息。这次,我带着在布拉格听到古巴革命胜利消息的记忆,怀着喜悦的心情,在加勒比海的古巴土地上,直接感受到了卡斯特罗在古巴人民中享有的崇高威望,也直接感受到了广大人民和青年学生对他的热烈爱戴。卡斯特罗本人的革命经历是体现亚非拉国家的学生运动在争取民族独立的革命斗争中发挥先锋作用的一个光辉榜样。他是古巴学生运动中涌现出来的一位革命英雄,在学生时代就投身革命,于1953年领导了反对古巴巴蒂斯塔独裁政权的武装起义,遭逮捕后被判处15年徒刑。1955年获大赦后,流亡墨西哥,继续组织革命队伍进行反对古巴独裁统治的斗争。1956年乘"格拉玛号"游艇在古巴登陆,在马埃斯特拉山区建立起义根据地,领导反对独裁统治游击斗争,经过3年的艰苦战斗,终于在1959年年初推翻了巴蒂斯塔独裁政权,取得了革命的胜利。卡斯特罗领导古巴人民在美国的鼻子底下,在美国对古巴推行了近50年之久的封锁政策的困难条件下,排除和克服了种种困难,走上了社会主义发展道路,并坚持到今天,所以他在世界上,尤其是在拉丁美洲各国人民中至今影响不衰。这是值得我们钦佩的。

在此我也想顺便叙述一下那次我们去古巴往返旅途中的一段经历。那时,我们去哈瓦那是乘捷克航空公司的包机从布拉格出发的,途中在大西洋中的一个西班牙岛屿的机场上停留加油后再直飞哈瓦那,这是我一生中第一次飞越浩瀚的大西洋,也是我仅有的一次踏上南美洲大陆的经历。那时在空中,遥望波涛汹涌的大西洋,不禁想起500年前哥伦布发现新大陆的历史以及新大陆的发现对推动世界贸易和工业革命的影响。开完会从哈瓦那回布拉格时,我们乘的是国际学联包租的古巴飞机,我们原以为古巴飞机仍会按捷航飞机的航线直接飞越大西洋去欧洲。但飞机起飞不久,我们从飞机上往下看,发现所见到的不是海洋而是陆地,感到很奇怪。经询问才知道,飞机正经美国上空向加拿大东部的蒙特利尔方向飞行。我们未被告知为什么古巴飞机仍能飞行这条航线。在几个小时的航程中，我们在飞机上往下看到的是美国东部连绵不断的山川、大片森林和蛛网般的公路。这是我第一次从飞机上看到美国的国土。这时心中也不免有些担心，因为不久前发生过我国信使在乘飞机飞经加勒比海时，曾被迫在古拉绍岛降落并遭到美国方面刁难的事件，心想我们的飞机如万一被迫降落在美国本土上，不知我们这几个中华人民共和国的公民会面临什么样的遭遇。幸好我们的担心是多余的，飞机顺利地飞抵蒙特利尔，在加油和更换了起落架上的一个轮胎后，就飞越大西洋把我们送到了布拉格，这可以说是我们在归途中遇到的一个意外插曲。

写到这里，我想插入一段，我从1958年11月到1961年年中这两年半的时间里，在布拉格的工作和生活方面的一些情况和其后的某些变化。

从1958年年底到1959年10月这段时间中，我是一个人独自在国际学联工作。吴学谦和我谈话要我到国际学联工作时，说派我一个人去布拉格工作3年，我当时心里暗下决心做了一个人到布拉格"苦战三年"的准备。在到国际学联工作之前，从1950年年末开始，我曾多次访问过苏联，也曾到过保加利亚、民主德国和罗马尼亚这几个东欧国家，但那都是随代表团应邀去做短期访问或参加联欢节等活动，我一生中还不曾有过独自在国外长期生活和在一个国际组织中工作的经验。我的几届前任，除第一任驻会代表钱存学同志外，其他几位初到布拉格时，都和他们的前任有一段在布拉格一起进行交接的时间。我到布拉格时，我的前任程极明同志因参加国际学联第五次代表大会已在国内，而当时国内正值大跃进时期，各方面工作都很忙，也可能还有节约旅费的考虑，所以组织上没有让他回布拉格同我进行工作交接，只在国内给我口头介绍情况。所以我到布拉格后，对一切都有个摸索、熟悉和适应的过程。好在国际学联的工作语言是英语，我尚能对付。与贝利康及英语水平不怎么高的苏联和保加利亚代表则用俄语交流。捷克语言属斯拉夫语系，用的是拉丁字母，但很多词汇的语音与俄语有相似之处，捷克人多半又都懂一点俄语，捷克老百姓又比较有文化，对人很热情和有礼貌，所以在布拉格生活以及同捷克普通老百姓打交道，对我也还不算太困难。经过一段时间后，我逐渐增加了对捷克这个斯拉夫民族和它的历史的一些了解。

早在九十两个世纪之交，瓦茨拉夫家族成为捷克统治者的时候，就奠定了捷克作为一个民族国家疆域的基础，瓦茨拉夫二世执政时捷克的国力大大上升。迄今竖立在布拉格市中心瓦茨拉夫广场上、手握长矛、身骑高头大马的瓦茨拉夫铜像,就是后人为纪念瓦茨拉夫二世而立的,广场也以他的姓名命名。国际学联的机关所在地就在瓦茨拉夫铜像左侧一条名叫福采洛瓦街的小街上(20世纪60年代后搬到了捷当局拨给的流经布拉格市的伏尔塔瓦河南岸河边的一栋新楼里,现在其办公地点仍在那里)。但这个处在欧洲中部的斯拉夫小民族后来就长期处在罗马教会和身边的日耳曼等大民族的控制或统治下,从中世纪开始则受到奥匈帝国的统治,长达400年之久。但捷克这个民族争取民族独立的斗争从未停息过。早在15世纪就爆发了反对教会专制统治的胡斯革命运动,胡斯成了捷克民族革命斗争精神的象征,竖立在布拉格的老城广场上的胡斯铜像,几个世纪以来一直受着捷克人民的瞻仰。从16世纪到20世纪初,在哈布斯堡王朝统治下的400年中,捷克民族为争取独立和自治曾进行过多次起义,并迫使哈布斯堡王朝给予捷克这个地区以一定的自治权。捷克这个民族也是勤劳和重视文化的民族,早在14世纪在捷克国王查理统治时期,就在布拉格创立了中欧的第一所大学——查理大学。捷克民族还在近代向世界奉献了德沃夏克和斯美塔那等几个享誉全球的音乐家。德沃夏克的《思乡曲》和斯美塔纳的《我的祖国》等乐曲充满着热爱家乡和祖国的民族感情。捷人民素来也以勤劳和工艺精良著名,捷克地区金、银、铜、铀、褐煤等矿藏也较丰富,在奥匈帝国统治后期的近代欧洲资本主义发展时期,捷克的玻璃、啤酒、制鞋、冶炼、机器制造等工业的发展水平就比较高。捷克斯洛伐克在第一次世界大战后,终于在1918年成为一个独立国家。在独立后到第二次世界大战前的1938年,在短短的20年中,捷克斯洛伐克的工业和经济迅速发展,在人均产值上,这个国家成了世界上10个最发达的资本主义国家之一。但好景不长,1938年在英、法政府与希特勒德国签订《慕尼黑协定》后,德国法西斯就开始入侵捷克斯洛伐克。1939年捷克学生在反法西斯斗争中遭到德国法西斯的屠杀和迫害是众所周知的事实。第二次世界大战中,欧洲共有4个村镇及其居民被德国法西斯烧光杀光,其中之一就是捷克的利迪采村镇,这个煤矿村镇的居民于1942年因掩护一名被德国法西斯追捕的捷爱国者,被德国法西斯彻底夷为平地。1945年5月5日,捷人民在布拉格起义,在苏军攻入布拉格之前就驱逐德国占领者解放了布拉格,因而使美丽的布拉格未遭炮火的破坏。

　　"二战"后,捷成为社会主义国家后,其发展道路也是很曲折的。从政治上说,战后在社会主义阵营中长期受苏联的控制和指挥。战后初期,斯大林开始打击南斯拉夫"铁托集团"时,以捷共第二号人物斯兰斯基为首的捷共11名高级领导干部在1952年惨遭牵连而判处死刑,直到1963年才获平反。那时,捷共领导人的更替都需得到苏共中央的首肯。从经济上说,战后初期捷经济的恢复和发展是比较快的,在20世纪50年代,捷克斯洛伐克人民的生活水平在苏联和东欧社会主义国家中可说是最高的。以住房情况为例,我到布拉格时,住的是国际学联提供的捷普通居民居住的单元住房,最初住在程极明夫妇留下的一套两室一厅一厨一卫的套间,后因我是独自一人,国际学联让我搬到别处的一套一室一卫的套间去住。那套住房没有厨房,只在进门处的过道上设一个煤气灶供做饭用,卫生间每周周末集中供应一次洗澡的热水。现在看来那套住房有点像我们现在的廉租房、简易房。但就是这样的条件,比起我1957年在莫斯科看到的苏联普通居民的住房条件要好多了,而我们当年在北京机关里住的筒子楼的条件就更不能与之相比了。但是,由于捷克斯洛伐克照搬了苏联高度集中的计划经济体制,战后经过一段恢复期后,经济效率就逐渐下滑。我1958年到布拉格时,从表面上看,捷克市场商品很丰富,街上看不到在莫斯科到处可看到的那种购物排长队的现象,但实际上,此时捷经济已面临相当大的困难。1959年我到维也纳参加联欢节筹备工作时,看到维也纳的情况,当时就觉得维也纳战后的经济发展和城市建设(1953年我曾随由吴学谦同志率领的中国青年代表团到维也纳参加国际青年权利大会,看到过战后初期维也纳的景象)已超过了布拉格。所以在20世纪50年代末60年代初,捷共党内和经济学界的有识之士就开始研究和酝酿经济改革问题,而到1968年掀起了一场以"布拉格之春"之名著称的改革运动,原国际学联主席、后任捷克电视台台长的贝利康就是这场改革运动的积极参与者之一。但这场改革运动发动起来后,遭到了以苏联为首的华沙条约组织几个东欧成员国的武力镇压。1938年捷克的独立发展道路受到了希特勒法西斯的镇压,30年后的捷克改革道路则受到了来自东方社会主义大家庭的镇压,而布拉格的大学生在1968年的11月17日举行了一次抗议苏军进驻捷克斯洛伐克的示威游行来纪念国际学生日。历史事件的发展有时就以这样惊人的相似的形式出现。贝利康在"布拉格之春"事件中险遭迫害,逃亡到了意大利,后来加入了意大利籍,参加了意大利社会党,并当选为欧洲议会的议员。1984年他作为吴学谦同志的客人来北京访问时,提出要见见曾在国际学联工作过的中国同志,也提到我。当时在北京的只有我一人,我就到他住的前门饭店去拜访他。我们阔别了22年,又经历了许多风云变幻和历史变迁,能在北京重逢,真有许多话要相互诉说,但我去时,他和他的第二任夫人正忙着收拾行李,准备赴机场飞返意大利,所以只能做简单交谈,就拥抱握手含泪而别。"布拉格之春"和我与贝利康在北京的重逢都是我离开国际学联之后的事,写在这里作为我对布拉格和国际学联的回忆的补充,我想这不是多余的。

在国际学联工作期间,我在布拉格生活了一段时间后,逐渐对布拉格这个城市和捷克斯洛伐克这个国家和人民产生了良好的印象,很想更多地去领略布拉格和捷克的风光,了解这个国家的历史和现状,但当时处在斗争的"前哨",在思想和工作上总感觉十分紧张,所以没有这种可能。像有名的布拉格城堡,在那几年中我只能遥望它的身影,却从未进去参观过。现在不能不感到遗憾。

我在国际学联独自工作了一年后,组织上考虑我一个人在国外工作和生活方面的困难,决定把我的爱人周抚方(也考虑她有一定的英语基础,可协助我工作)从北京市调到团中央国际联络部工作。1959年9月底,我陪贝利康率领的国际学联代表团来我国参加国庆10周年庆典。国庆过后,组织上让周抚方随我一起到布拉格工作。到了1960年春夏之交,组织上又增派时钟本同志到国际学联协助我工作。所以从1959年年底开始我们先有两个人,后来就有3个人在国际学联工作。开始,我们都居住在国际学联提供的住房里,与捷居民相邻而居,但在时钟本同志来捷后不久,由于我国与苏联及东欧一些国家关系发生了变化,出于安全上的考虑,在我驻捷使馆的支持下,我们3人就搬到使馆宿舍中去居住。从此以后,我国驻国际学联的代表和工作人员就一直居住在我国使馆宿舍,而不再使用国际学联提供的住房了。

1961年5月,在去古巴开完国际学联哈瓦那执委会会议后,我与时钟本同志又回到布拉格工作。到8月,组织上通知我和周抚方两人一起回国。8月底我们回国后,在布拉格就留下时钟本同志一人。我原以为我的3年任期差不多已满,所以这次是调回国内了,但回国后组织上并未明确对我说明。直到在这次写国际学联材料时,看到了团中央关于参加国际学联第六次代表大会的请示报告,其中有一段讲到,拟在国际学联第六次代表大会后派胡启立同志去国际学联任驻会代表,这我才知道当时团中央已经任命了新的驻国际学联代表。但我至今不知道团中央当时为什么推迟了派胡启立同志去布拉格的时间。因此,直到1962年11月胡启立同志去布拉格之前,我仍然是驻国际学联的代表。不过在我1961年8月回国后的近一年时间里,我基本上是留在国内工作,只是在工作需要时,才去布拉格工作。

1961年国际学联的第二项活动就是那年11月在布拉格召开的另一次执委会会议,这也是庆祝国际学联成立15周年的一次会议。钱李仁同志与我从国内去布拉格与在那里的时钟本同志一起参加了这次执委会会议。这次会议是在苏共刚刚开完二十二大后举行的,这时中苏两党关系又发生了一些变化,苏联和阿尔巴尼亚的矛盾也开始公开化。国际学联在会前起草的会议决议草案中反映苏方的意见,写进了"现在能够把战争从人类生活中一劳永逸地排除出去"、"现在停止军备竞赛,实现全面彻底裁军的前景比任何时候还要光明"等观点,并提出"联邦德国是战争的主要危险"的论点,回避反对美帝国主义。钱李仁同志和我因飞机航班关系耽误了行程,我们到达布拉格时,会议已开了两天。在我们到会前,与会的拉美和非洲代表就已在和平和反帝的关系问题上同支持苏联观点的保加利亚代表和意大利来宾等展开了激烈的争论。我们这次到会上仍执行党中央确定的"坚持原则、后发制人,坚持斗争、留有余地,坚持团结、反对分裂"的24字方针,不过由于苏共二十二大后形势的变化,我们不再与苏方搞内部协商。我们在发言中回顾了国际学联15年来走过的道路,肯定了国际学联在成立大会的决议中指出的"法西斯和帝国主义是和平和进步的主要障碍","世界学生必须为消灭帝国主义和法西斯思想而奋斗"的论点,还肯定了国际学联15年来坚持的和平、反帝反殖和维护学生权利的路线,但在同时用大量事实揭露了帝国主义,特别是美帝国主义扩军备战和推行侵略政策的面目,说明对帝国主义不能抱不切实际的幻想,并阐述了我们愿意与社会主义国家、亚非拉国家和全世界各国主张和平和正义的学生加强团结的真诚愿望。我们的发言受到了大多数与会者的欢迎。经过我们与亚非拉多数代表的团结合作,使苏方未能把他们极力宣扬的一些观点全都保留在会议的文件中。

(四)争论形势再次加剧的第四年:1962年

1962年春,我又回到布拉格去参与国际学联的国际学生支持解放西伊里安大会与国际学联执委会会议的准备工作。这两个会议定于当年5月在印度尼西亚首都雅加达举行。我从1958年年底开始在国际学联工作,在两年多时间里,国际学联书记处没有给我分配过多少具体任务。我是国际学联联络局的成员,但联络局很少开会,我平时的工作主要就是设法了解国际学联内部各方面的动态,尤其是苏联的动向,另外就是准备参加书记处的会议。1962年春回布拉格初,在准备国际学联雅加达执委会会议时,贝利康把起草国际学联书记处关于亚洲学生运动的报告的任务交给了我。我按照我们的观点起草了这份报告,草案得到了印度尼西亚代表的同意和支持,贝利康未作多少改动就接受了这个报告草案。

那次国际学联雅加达执委会会议是钱大卫同志带领我与时钟本同志前去参加的。印度尼西亚总统苏加诺出席了这次会议的开幕式,并发表了关于反对帝国主义和殖民主义的新生力量日益强大的演说。当时印度尼西亚共产党在印度尼西亚学联和学生中有很大影响，印度尼西亚学生显示的高昂的反帝反殖情绪对会议也有较大影响，所以会议开得比较顺利。印度尼西亚人民是能歌善舞、富有热带风情的民族，具有长期反抗荷兰殖民主义和在第二次世界大战中反抗日本侵略军占领，争取民族独立的斗争传统。会议期间，有很多印度尼西亚学生来为会议服务，也有许多印度尼西亚学生来与各国代表会见。他们常热情地为代表们演唱一些优美动听的印度尼西亚民歌，如我们耳熟能详的《星星索》、《索罗河》等，还常一首接着一首地齐声高唱印度尼西亚人民和青年当年在争取民族独立斗争中经常唱的一些慷慨激昂的斗争歌曲，听起来很像我国抗战时青年学生中流行的救亡歌曲，这些情景给我们留下了深刻的印象。

雅加达执委会会议后我又回到布拉格，这次是去参与国际学联书记处对国际学联第七次代表大会（定于1992年8月赫尔辛基联欢节后在列宁格勒召开）的准备工作。这次我在布拉格时，正逢世界和平理事会于7月在莫斯科召开"争取裁军和和平世界大会"，苏联在这个大会上极力宣扬他们的争取裁军和和平的一套主张，并在会后还大力赞扬这次大会的成就。我听到国内来的同志说，我国参加这个大会的代表团在大会发言中讲了"和为贵"的思想，回国后受到了毛主席的批评，说代表团在会上脱离了左派，加强了右派，增加了中间派的动摇。这些情况使我预感到我们到列宁格勒国际学联代表大会上同苏方将会有一场十分激烈的争论。

1962年8月，在参加赫尔辛基联欢节后，我就到列宁格勒参加国际学联第七次代表大会。参加这次代表大会的中国代表团由团中央书记李琦涛同志率领。代表团吸取了我国在莫斯科参加裁军和和平大会代表团的教训，在这次国际学联代表大会上注意依靠和支持来自亚非拉国家的左派代表，高举和平、反帝、团结的旗帜，把斗争锋芒指向以美国为首的帝国主义，对苏联代表在会上宣扬的观点和在国际学联中推行苏方外交路线的企图进行鲜明的但又是有理、有利、有节的斗争。中国代表团在会上，对中间分子采取加强联系，多做解释工作的措施，努力消除他们怕会上发生争论会影响团结的顾虑。这样一来，在我们和许多亚非拉国家左派代表的努力下，经过在大会和小组委员会上的反复辩论，一个反帝调子比较鲜明的致全世界学生的《呼吁书》，在会上被一致通过。这个《呼吁书》改变了原草案中苏方及其支持者放入的突出裁军的内容，也没有出现夸赞和支持世界裁军和和平大会的内容。另外，会议还通过了许多以反帝为主要内容的其他决议。

列宁格勒是一座美丽的城市,有很多与列宁的革命活动和十月革命和苏联的历史相联系的名胜古迹。这次国际学联代表大会的会场就设在有名的塔甫里尔宫,该建筑建于18世纪,从1906年至1917年曾是俄国国家杜马①所在地。在这次国际学联代表大会期间,由于我们只忙于与苏方的争论,根本无心去欣赏这些有名的建筑。会议期间,我们代表团因为担心苏联克格勃的跟踪和监听,在研究会议对策时,常到我国驻列宁格勒总领事馆(当时钱其琛同志是领事馆总领事)或到分布在不同地方的我国留学生宿舍中去开会,真有点像做地下工作的味道。

1962年11月,也就是我参加完国际学联这次代表大会后,组织上委派胡启立同志去布拉格担任我国学联驻会代表,我也就此结束了在国际学联的工作。

在国际学联4年的工作经历,可说是我一生工作中思想上最紧张、感到肩上担子最重的一段时期。我生怕在工作中由于自己的疏忽和警惕性不高而给我们的党和国家造成损失。但这4年也是使我在国际活动中受到很好锻炼的一段时期,它使我在国际知识方面,在对国际共运的一些历史和理论问题的理解上,在处理国际事务和开展国际工作的战略和策略方面,以及运用国际会议程序的技巧方面等学到了很多东西,并且获得了去欧洲、非洲、拉丁美洲和亚洲一些国家访问的机会,大大地开阔了自己的眼界。这是我在团中央得到成长的又一个阶段,对我后来一生的工作也是十分有益的。当然,在这段工作中我也有缺点和错误,总结这方面的一些教训对我也是有益和必要的。

我于1962年离开国际学联后,时间已过了45年,现在世界已进入了和平和发展的新时期,我们今天所处的时代特征和国际形势已发生了深刻的变化。但是作为社会特殊群体的学生依然在各国社会中发挥着他们自己的作用。总结战后国际学生运动和我们参加国际学联工作的经验教训,以史为鉴,对我们今天加强与世界各国青年学生的交往与合作,推动各国学生为解决他们面临的争取和平和发展以及人类面临的许多共同问题而努力,无疑也是有历史价值和现实意义的。另外,经过第二次世界大战后半个多世纪的国际风云变幻,联系我们参与国际学联工作20多年的经过,对战后美苏两国的冷战在前期对国际学联产生的影响和中苏两党在意识形态上的分歧和两党两国的分裂在后期对国际学联产生的影响,现在回顾起来有不少问题也是很值得思考和研究的,有很多历史

---

① 杜马:俄语дума的音译,国会的意思,现在俄罗斯国家议会依旧使用这个名词,汉语译成“俄罗斯国家杜马”。

经验教训是值得总结的。我觉得研究"二战"后在苏联与美国之间进行的冷战及其对苏联和其他方面所产生的不利影响,并吸取其教训,对我们不仅有历史和理论价值,而且也有现实意义;研究中苏两党和两国的分歧、争论和分裂的历史及其对两党、两国以及对国际群众组织所产生的不利影响,并吸取其教训,对我们更有直接的历史、理论和现实意义。

晚期国际学联
胡述智

1964年10月,我以中华全国学生联合会代表的名义,被派往国际学生联合会(以下简称"国际学联")工作,于当月26日乘机离京经莫斯科抵布拉格,工作将近两年奉召回国。

两年时间,在历史长河中只是一瞬间,在人的一生中也只能是一个片段,但由于那段时间正处于世界变革的特殊历史时期,加之当时的特殊环境,从而有一些不同寻常的经历。这些已是40年前的事了,一桩桩一件件都还留在我的记忆中,似乎就像几天前发生的事一样,历历在目。

有不少材料、文章已经详细地谈到了,国际学联是在反法西斯战争胜利之后诞生的,它活动的整个历史并不太长,但它经过了人类历史几个非常重要的阶段:1949年中华人民共和国的诞生是近代世界史上最重大的一件事,后来又出现了一系列新独立的国家;20世纪50年代后期,赫鲁晓夫上台后由于苏联推行大国主义及双方意识形态方面的分歧引发了中苏论战。这些都对世界产生深刻的影响。在国际学联不太长的时间内,受时代和大环境的影响,它自身也不断演变,它的影响和作用在不同阶段是大不相同的。

赫鲁晓夫上台以后,完全背离了国际共产主义的传统,用不平等的态度对待中国,从而引发了双方意识形态方面的分歧,并导致中苏论战,使得中苏关系发生了根本的逆转。他们敌我颠倒,视中国为敌人。他们挥舞指挥棒,把国际学联变成它推行外交政策的一个工具。它胁迫收罗一些追随者,利用国际学联大小会议为舞台,疯狂进行反华。

按理说,中华全国学联是国际学联的执委,它派出的常驻代表是国际学联副主席、书记处的书记。法理上同苏联学联、苏联驻会代表在国际学联的地位是完全一样的,但中国代表在国际学联书记处根本无法行使职权,而苏联代表却在那里专横霸道,指挥一切。1966年7月,国际学联开罗执委会期间,中国代表团按会议议事规则,就一项反美援越议案发言,苏联代表居然指使人切断麦克风的电源,他的一些追随者还跺脚起哄,剥夺我们的发言权利,便可见一斑。

我们不会忘记,1964年在中国的国土上发生了震惊世界的大事:中国的核试验成功了!人世间也真有许多巧合,事隔不久,同年10月14日也从莫斯科传出一条特大新闻:赫鲁晓夫下台了!这时我刚到国际学联不久,波多黎各驻会代表拉贝尔说,这是中国取得的双重胜利。

赫鲁晓夫的下台完全证明赫鲁晓夫推行的路线和政策彻底失败。本来好心的人对苏联有所期待,期待他们改弦更张,回到正确的轨道上来。完全出乎人们的预料,事隔不久,他们公然声称,他们不会有任何改变。

中国核试成功,举国上下一片欢腾,但是善良的中国人不曾想到苏联及其追随者却掀起一股逆流,制造新一轮反华风波——谴责中国的核试验成功,他们利用此事反华,可以说费尽了心机。

1964年11月14日至17日,在布拉格举行国际学联执委会期间,在苏联指挥棒指挥下,提出了所谓的"谴责核试验的决议(草案)",从而引发了斗争。斗争的结果,苏联并未完全达到目的。这项决议表决时他们仅仅获得了17票,与中国一起投反对票的有11票之多。他们是:中国、印度尼西亚、海地、朝鲜、越南南方解放组织(当时越南尚未统一,下同)、波多黎各、罗马尼亚和瓜德罗普等(注:这些国家均是指的这些国家的学生组织,以下相同)。不仅如此,在执委会通过总报告时,投赞成票的也只有22票,投弃权票的有6家,他们是:印度尼西亚、黑非洲留法学联、海地、马达加斯加、巴勒斯坦和日本;还有朝鲜、越南和罗马尼亚3家未参加投票,对这份含有反华内容的总报告,中国理所当然的不能同意,投了反对票。表决以后,中国、越南南方、印度尼西亚、朝鲜和瓜德罗普相继发表投票声明或谈话,说明反对或不同意总报告的理由,这足以证明,中国并不孤立,指挥棒已经不是很灵了!不过在当时,有关核试验决议引起的争论之激烈,局外人是难以想象的。会议原定三天,由于代表争相发言,会议被迫延续到第四天(即17日)凌晨4点半才草草结束。

"核试验"决议通过了,挥舞指挥棒的人应该心满意足了,那些看"棒"起舞的人也可以交差请赏了吧!这件事也应该过去了吧!不,完全不是这样。时间还不到2个星期,也就是同年11月28日至12月4日在保加利亚首都索菲亚举行的国际学联第八次代表大会上,同一个议题又搬了出来,而且还升了一大级。执委会通过反核试验还未敢指名中国,这次却有一个非洲国家的代表跳出来,指名要谴责中国的核试验。是可忍,孰不可忍!出席这次大会的中国代表团团长是共青团中央书记处候补书记李淑铮,当即站出来予以痛斥,她指示代表团向与会者散发中国政府关于中国核试验的声明。声明向全世界宣告,中国核试验,生产制造核武器完全是出于自卫的目的。在任何时候、任何地方,中国庄严承诺决不首先使用核武器。在李淑铮团长发言后,一些国家的代表相继发言。阿尔巴尼亚代表在发言中指出:"中国核试验成功,是世界和平力量的伟大胜利,是帝国主义、修正主义的大失败,它挫败了帝国主义、修正主义的核垄断的阴谋,受到世界人民的欢迎。"一些国家的代表对中国代表团说:"有的人被人收买出来攻击中国这不足为怪。中国的原子弹就是我们爱好和平的人民的原子弹。"尼日尔代表说:"有人利用这个问题一再反华是没有道理的,这些人为什么不谴责美国的核试验。"还有一些代表向我们表示,他们的处境困难,不便公开表态,如果公开讲出自己的观点,已被人答应给的援助可能会被取消,以至他们的回国机票都可能拿不到了,对此希望我们理解。我们当即表示,我们自然明白,中国人民同他们的心是相通的。

在一些人心目中,好像从中国的核试验成功中他们找到了反华的什么武器,一再加以运用。这些还不说,尤其令人愤慨的是,对帝国主义、殖民主义侵略中国时遗留下来的历史问题,如香港、澳门问题,也被他们拾来攻击中国。就在这次代表大会上一位亚洲代表居然提出什么"支持中国解放香港、澳门"提案,要求大会讨论表决。中国代表团指出,提出这样的提案完全是别有用心的,众所周知,港澳问题是历史遗留问题,中国将在适当时间同有关国家通过友好协商妥善解决。如果有人企图以此转移视线,诬蔑我国反帝、反殖一贯立场那是徒劳的。

对于苏联及其追随者在这次代表大会上一再掀起反华行径,引起中国代表团全体成员极大愤慨,决心予以回击。正好会议期间发生了美国武装侵略刚果(利)事件。毛主席就此发表了声明,北京举行了60万人的声援刚果人民反美斗争大会,毛主席亲自出席大会,许多国家的群众和青年学生也纷纷游行示威,声援刚果人民。更令人愤慨的是,非洲留苏学生在莫斯科举行示威游行声援活动时,苏联当局竟然出动军队,动用马队出面镇压,以此驱散游行队伍。中国代表团据此向会议散发了毛主席的声明,同时提供了丰富的资料和照片,要求会议声援刚果(利)人民,并谴责苏联当局出动军警镇压非洲留苏学生的示威游行的行径。这些活生生的事实在会场上引起了很大的震撼。就此许多与会代表纷纷发表谈话。桑给巴尔代表说:"毛主席的声明是对刚果和整个非洲人民反帝斗争的极大鼓舞,表示中国人民支援刚果和非洲人民的斗争是真诚的。"他还说:"毛主席出席北京声援刚果人民斗争的群众大会,是世界上第一个大国领袖参加支援非洲人民斗争的活动,使我们很感动。"几内亚和非洲留欧学联等代表对我们说:"毛主席的声明简明有力,实在好极了!"许多代表看了苏联当局镇压非洲留苏学生游行队伍材料和照片以后说,现在终于弄清楚了事实真相,事实胜于雄辩,谁是非洲人民的真正朋友便清楚了。喀麦隆、阿根廷、伊朗留法学生、黎巴嫩等代表说,原以为赫鲁晓夫下台后苏联会有变化,但从这几天的会上苏联代表的种种表现看,苏联是原封不动,路线丝毫未变。苏里南代表说,像这样下去,再过10年国际学联就会蜕变为反动组织。委内瑞拉代表说:"一份声援刚果人民斗争的决议就讨论了10多个小时,有人以种种理由阻挠通过,这样下去国际学联要完蛋了。"苏联代表气急败坏,被迫出来发言,竭力加以辩解,但也不敢否定莫斯科街头发生的丑剧。

这场斗争报回国内,当时任中央总书记的邓小平同志,看到有关材料后高兴地说,团中央这位年轻女将干得不错(注:指中国代表团团长李淑铮同志。当时她很年轻,仅30多岁)。一场国际会议受到中央领导人这样重视和赞扬,也是不多的。

我这里还要谈到的是,由于苏联的政策和路线不得人心,在国际学联的会议上闹出了一些笑话来。

1964年11月18日,在布拉格执委会上,罗马尼亚代表提出提案,内容是"国际学联支持在国与国之间和平共处五项原则、互相尊重领土主权、互不干涉内政的基础上的经济关系,谴责新殖民主义附有政治条件的所谓经济援助,反对从政治上把别国从属于自己的经济关系。并要求删去原来的报告草案中关于帝国主义共同市场,以突出各国经济关系的原则,这份提案人们一眼便看出其矛头是指向苏联的。反对苏联对"兄弟国家"的控制和经济上的掠夺。当时苏联代表犯了主观主义的错误,他自以为像这样露骨的反"苏"提案轻而易举的会被否决。提案一出来,他即要求付诸表决,结果完全出乎他的预料,表决的结果是6比5获得通过。投赞成票的是:中国、朝鲜、南越、黑非洲留法学联、马达加斯加连同罗马尼亚一共6票,投反对票的是:苏联、波兰、德国(当时的东德,称民主德国)、伊拉克和波多黎各共5票,其余国家投了弃权票或不参加投票,这使苏联代表当众出丑,十分狼狈。当时在场的人心领神会,发出了会心的微笑。听说事后苏联代表对东欧国家没有全部站出来反对罗马尼亚提案大发脾气。这件事确实是国际学联会议上发生的新鲜事,至今想起来都有点好笑!

1966年5月,在我国发生意想不到的事,便是"文化大革命"。当年9月,我奉召回国。此后国内也没有再派人去国际学联工作。众所周知,在二十几年后,苏联发生剧变,随之国际学联也停止了活动。

我是当年参与国际学联晚期工作的人之一,如今也早已是年逾古稀的老人了。在结束这段回忆前,我想说的是:背离时代潮流,脱离广大人民根本利益的任何事物,都是难以持久的。这就是历史,历史是最公正的。

　　我们这些老年人,喜看今天祖国欣欣向荣,和平崛起,我们的朋友真正是遍天下的。目前在华学习、进修的世界各国留学生人数就以十万计,出国留学进修的人员则更多。我们中国人理所当然地感到高兴、自豪!

参加第二次世界学生代表大会记

黄祖民

新中国成立不到一年,1950年7月至8月,杨诚同志(原团中央学生部长)率领中国学生代表团,出席在捷克斯洛伐克首都布拉格举行的第二次世界学生代表大会。

这可能是新中国成立后最早参加大型国际会议的代表团之一。周恩来总理在当时全国学联办公处(王府井南口)附近的中国青年艺术剧院顶楼接见了代表团。此后,出国代表团越来越多,得到这样殊荣的就很少了。

杨诚同志尽管有长期侨居海外的经历,在外事和青年学生工作方面富有经验,但是,毕竟还是新中国成立后第一次率团出席这样大型的国际会议,因此这个任务还是异常重大的。

何况,这次国际会议的国际环境十分特殊。

那时,世界上形成不久的两大阵营正在尖锐地对峙甚至局部交战。新中国

中国代表团在大会上。左起第一人为本文作者,第二人为秘书长

柯在铄,第三人为团长杨诚,第五人为钱大卫

如日东升,光芒高照在世界的东方,世人的目光转向这个新生的共和国。对社会主义咬牙切齿的邪恶势力出动庞大的军队侵入朝鲜,并且进逼我国东北边境,严重地威胁我国的安全。在此次世界学代会结束后不久,中国人民志愿军援朝抗敌,节节胜利,震惊了世界。

国际学生联合会是在苏联影响下成立的几个世界性群众团体之一(此外还有世界保卫和平委员会、世界工会联合会、国际民主妇女联合会、世界民主青年联盟等)。国际学联是1946年在布拉格举行的第一次代表大会上成立的,那时中国还没有解放。4年后,它才第一次迎接来自新中国的庞大的学生代表团,参加第二次世界学生代表大会。

代表团由46人组成,其中代表28人,应邀到捷克斯洛伐克和罗马尼亚参加篮球、排球比赛的学生球队18人[①]。代表着全国各地和各民族160万大、中学生。

代表团的秘书长是柯在铄(已故),他当时是全国学联秘书长,后来担任过驻国际学联代表、外交部港澳事务办公室主任、中英联合联络小组中方首席代表。代表中包括吴学谦,当时他是驻世界青联代表,后来担任过中共中央对外联络部长和外交部长、国务院副总理等职务;人民大学学生会主席李荣春,他是红军长征、抗日战争和解放战争的参加者;人民大学学生金秀玲,入学前是北京被服厂的女工;青海学生工作人员宦爵才郎,笔者在网上看到他曾担任青海省人大常委主任和全国人大代表;北大学生乐黛云,后来她成为著名的比较文学专家;吴祖强,中央音乐学院学生会主席,后来担任过该学院院长,著名音乐家;李天祥,中央美术学院学生会主席,后来是著名油画家;法里达,新疆维族学校学生,20世纪五六十年代,她演过电影,后来没有了消息。笔者以全国学联国际部工作人员的身份参加了代表团。

代表团于7月底乘坐北京——莫斯科列车出国。车上,我们这些20岁上下的年轻人,在高兴之余,有时在一起免不了打闹嬉笑,互相叫叫外号等。在开车不久召开的代表团支委会上,个别支委对这种情况看得很严重,认为是有失国体,应当严厉制止。但团长杨诚不这样想。他很了解青年人的特点,认为只要表现不过分,不必太过责备,适当提醒一下就行了。他很关心少数民族代表的起居饮

---

① 第二次世界学生代表大会举办了多项国际体育比赛:男子篮球、男女排球、男女游泳、男女体操。参加的有苏联、中国、捷克斯洛伐克、罗马尼亚、德意志民主共和国等9个国家300多名运动员。中国学生代表团球队由天津学联秘书长吴功俊领队。大会比赛,篮球队2负1胜;排球队3负,均列第4名。后来篮球队应邀访问捷克斯洛伐克,5胜1负;在罗马尼亚,3胜1负。排球队在捷1胜2负2平(那时男排赛4局,故有平手)。尽管成绩一般,但是球队作为新中国的体育代表,受到了异常隆重热烈的欢迎。

布拉格车站上欢迎与会代表的场面

食。比如藏族代表宦爵才郎习惯于喝酥油茶,杨诚就提请接待方面经常给宦爵供应黄油,让他放在红茶里喝。

新中国成立不久,苏联从领导到群众都以身边出现这样庞大的兄弟邻邦而欢欣鼓舞,给予我们极为热烈而亲切的欢迎接待。苏联青年反法西斯委员会特意派3名代表,乘飞机到苏联境内第一个车站奥德堡迎接我们。列车在辽阔的西伯利亚的一些大站停车时,总有不少人用鲜花、掌声、口号声和闪亮的目光迎接我们。记得在诺伏西比尔斯克站,我们一下车就被几十个当地老百姓团团围住。他们默默地而又深情地把随身带的东西送给我们:一把雨伞、一枝铅笔、一个个共青团徽章、一本马雅可夫斯基的诗集……一个中年男子在笔者的衣肩上一针一线缝上一个降落伞图形的肩章,这很可能是他在打败法西斯的卫国战争中佩带过的伞兵肩章。这个欢迎场面如此亲切动人,是令人忘记不了的。

经过7天漫长的坐火车旅程,8月3日,代表团到达莫斯科。苏联共青团中央和青年反法西斯委员会的领导人以及大批学生、共青团员、少先队员到车站热烈欢迎。代表团下榻的国家大饭店,就在克里姆林宫旁边。我们从窗口仰望克里姆林宫尖顶上光辉灿烂的红星,心情异常激动。

接着,代表团又乘坐火车到达捷克斯洛伐克。在首都布拉格车站,欢迎群众因为迎接第一个来自新中国的代表团而无比高兴。他们不仅送上鲜花歌声和欢呼声,而且把每一个团员抬起来游行。

在后来成为新中国著名音乐家的吴祖强指挥下,代表团在旅途中学会了用捷克语唱捷克民歌《跳舞吧,跳舞吧》。每当我们向捷克听众唱这首歌时,他们都特别惊喜,热烈鼓掌,跟我们一道唱起来。

捷克斯洛伐克是个风光如画的国家。布拉格保留了许多辉煌的古建筑。从8月14日到23日,代表大会在一座巨大的圆拱形屋顶的大厅里举行。

出席大会的有代表和来宾1064人。代表来自78个国家,代表着45个学生团体(成员约591万人)。来宾包括世界著名的和平战士、教授、学者、作家(如苏联著名作家爱伦堡①)和主要国际组织(世界青联、妇联、工联等)的代表。

大会主要讨论国际学联主席格罗曼(捷克人)代表学联执委会所作的报告。他指出世界学生当前的主要任务是保卫世界和平,因为世界和平正受到美国侵

中国代表团在团长杨诚率领下上台向朝鲜代表团献"女民兵雕像"

① 爱伦堡,苏联著名作家、记者,曾任世界保卫和平理事会副主席。他写出大量关于卫国战争的报道、论著和小说以及《战争》、《人、岁月、生活》等书。

略朝鲜的严重威胁。当时朝鲜战争正在如火如荼地进行着。

朝鲜代表团理所当然地受到全场的热切关注。朝鲜代表在讲台上举着美国武器说:"这就是美国侵略者屠杀朝鲜人民的武器!难道是朝鲜的飞机在轰炸旧金山和纽约吗?不是。是美国的飞机在轰炸朝鲜的和平城市!难道是朝鲜的军队在美国作战吗?不是。是美国军队在朝鲜作战!"各国代表站起来振臂高呼:"不许干涉朝鲜!"他们纷纷上台向朝鲜代表献花,跟他们握手拥抱。捷克青年工人把一辆全新的救护车一直开进会场里,作为捷克青年送给朝鲜人民的礼物。中国代表团也抬着一个女民兵雕像,送到主席台上献给朝鲜代表。这座由中央美术学院雕塑的雕像,象征着被压迫被侵略的人民,艰苦卓绝地坚持反抗,终将获得最后胜利。大家还把十几位朝鲜代表抬起来在场内游行。这场保卫和平的示威持续了半小时之久。

杨诚团长在大会上发言,首先指出,当帝国主义更加疯狂地破坏世界和平的时候,国际学联以保卫世界和平为主要任务,具有重大意义。

他说,中国人民革命的胜利沉重地打击了美帝国主义。现在它又大规模侵略朝鲜,但是它总是要失败的。

他列举事实说明新中国成立以来时间虽短,但在发展经济和教育事业等方面已取得巨大成就。人民政府对学生的学习等各方面予以经常的关心协助。中国学生除了努力学习以外,还积极参与保卫世界和平的活动,支持国际学联的工作。

他最后提出了4项建议:号召世界学生抗议美国侵略朝鲜;支援朝鲜人民的斗争;支援殖民地半殖民地学生的反帝斗争;赞扬国际学联在维护学生切身利益和要求方面所做的工作,并且希望在中国建立国际学联的亚洲学生疗养院[①]。

这所疗养院后来定名为亚非学生疗养院,在北京近郊建立。

杨诚讲话以后,全场长时间热烈鼓掌。各国代表,特别是殖民地半殖民地(当时还没有"第三世界"的名称)代表,纷纷涌到讲台前表示敬意和祝贺,还把

① 亚洲学生疗养院:第二次世界学生代表大会结束后不久,中华全国学生联合会即接受国际学联委托,开始筹办亚洲学生疗养院。1951年疗养院的奠基典礼在北京北郊小汤山举行。这院址不太理想。后来,据说是周恩来总理于1953年选定北京近郊西山脚下的天然疗养区,作为建院地点,并改名为亚非学生疗养院。亚非各国患有肺结核病的学生可以在这里免费治疗。这里也为拉丁美洲的患病学生准备了床位。从1954年11月18日开院,到1960年7月,有亚非17个国家的1779名患病学生入院,其中1557人病好出院。后来,由于国际形势发生变化,在亚非学生疗养院原址上改建为中国医学科学院中国协和医科大学整形外科医院至今。

我团代表抬起来游行约20分钟。

大会上也并不是言论一律。英国代表团中的英国全国学联领导人詹金斯在会上说，国际学联不应当进行政治活动；国际学联不尊重少数人的意见。他攻击苏联政府准备战争，教育儿童热爱红军，是"军国主义教育"的表现。为此，苏联代表团团长谢列平在发言中，除了强调苏联保卫世界和平的决心之外，着重驳斥了詹金斯的言论。他指出，苏联儿童是热爱红军的，因为红军保卫了世界和平和苏联儿童的幸福，而且把世界从法西斯奴役中解救出来。他说："詹金斯先生，也包括你们英国。"接着，参加英国保卫和平委员会的英国学生代表说："我们代表了38个学生团体，然而英国学联却不给我们发言的机会。"这是尊重少数人意见吗？最后，代表们看到，英国代表团中一名黑人学生代表走上台去，愤怒斥责殖民主义，然后离开英国代表团，坐到殖民地代表团的座位上去。全场报以异常热烈的欢呼声和掌声。

杨诚发言后被外国代表抬起游行

大会结束前，选出国际学联领导人。格罗曼连任主席，苏联谢列平、中国杨诚和美国、古巴代表当选为副主席；英国的詹金斯也当选为副主席。

关于大会闭幕，笔者还经历了一个小小的插曲。杨诚团长的发言稿，主要内容在代表团出发前已经于北京全国学联准备好，我参与了起草工作。到了布拉格以后，征求了驻当地的同志们的意见，特别是结合这次大会的精神和国际学联的方针，进行补充修改。修改任务由笔者负责，开夜车完成。我因此受凉发烧病倒，被送进布拉格一家医院，一连躺了好几天。等我出院走进会场时，大会已经在举行闭幕式。我只听到会场内一片歌声、掌声、欢呼声；好些代表还站到会议桌上，挥舞着头巾、手帕、帽子；扩音器播放着国际学联的会歌："……忠实的朋友的坚强的意志，比原子弹和大炮更有力量！百倍的信心，巩固的友情，我们青年一心为和平斗争！"

大会结束后，团长杨诚和秘书长柯在铄约见国际学联主席格罗曼，一时没找到翻译，临时把我叫去当翻译。我虽然是外文系科班出身，但因为参加地下学

中国代表团团员在大会会场外

生运动没有好好学习,加以学的课程都是古典英国文学,毫无口译现代英语的训练,因此就大出洋相,翻译得结结巴巴,词不达意。我知道我那次肯定没有完成任务。可是两位领导一点也没有责备我。事后,在回国的火车车厢里,我抱着检讨的态度向杨诚谈起这件事,我以为他会说这次搞砸了以后努力补课之类,但是不然,他只是说:"你的英文基础是不错的。"这给予我这个初出茅庐的小青年以很大的鼓励,起码减轻了我的内疚。

在整个出国访问的过程中,代表团进行了广泛的交流活动。在苏联访问了39天(莫斯科19天,列宁格勒3天)、捷克斯洛伐克29天,篮球队在罗马尼亚访问16天。仅仅群众大会、集会就参加过35次。代表团开招待会4次,其中,在布拉格一家电影院放映中国影片《中华女儿》和一些纪录片,受到热烈欢迎,加深了各国学生代表对中国的了解。

代表团精心安排这些对外活动,并且着重跟我国的邻居、亚洲不发达国家印度和印度尼西亚的代表团交流联欢。我们和这些国家有过共同的遭受殖民主义压迫和奴役的经验,也同样有反抗压迫和奴役的斗争历史,因此,我们和他们有着许多共同的语言。他们很重视中国人民的革命历史以及学生运动的经验(他们提议国际学联出版关于中国学运的书籍),对我们取得胜利感到非常欢欣

中国代表团和外国代表联欢。前排左起第三人是杨诚团长

鼓舞。我们代表团的团员深有所感地说,出国之后才更加体验到中国革命的伟大胜利在世界各国人民当中的巨大影响。

那时,我们都沉醉于中国新加入的"大家庭"的胜利发展之中,"真是烈火烹油,鲜花着锦之盛"。以后三五十年,风云变幻,世界格局发生了难以想象的变化,但是史实总归是史实。不是说"人间正道是沧桑"吗。

我在国际学联工作时的一些记忆
潘世强

从1953年到1983年一直在团中央国际联络部任职，长期从事翻译工作，曾任欧美澳处副处长、综合宣传处处长。在此期间，曾经两度常驻国际学联，所以对这方面的工作情况还保留一些记忆，所以想从一个工作人员的角度提供一些历史资料。

一、关于国际学联的一些情况

1945年第二次世界大战结束后，逐步形成了社会主义和帝国主义两大阵营。国际青年学生方面也形成了两个对立的集团。苏联共青团作为主导力量，会同世界其他国家的进步青年组织、学生组织组织成立了世界青联和国际学联。他们以社会主义国家和其他国家共产党领导的青年学生为主体，团结了各国一些要求民主、世界和平，要求民族独立的青年学生组织参加。主张学生应为反帝、反殖，争取民族独立和世界和平，以及为民主和社会正义、社会进步而工作。美、英等西方资本主义国家及一些亲西方的国家学联则在荷兰莱顿成立了各国学联联络秘书处（简称"莱顿联络秘书处"），处处和国际学联对着干。他们宣扬新老殖民主义那一套，进行反苏反共等冷战宣传。他们也有活动，但比较松散，国际学联则比较集中。两大阵营都在争夺各国青年，特别是亚非拉各国青年。

国际学联成立于1946年8月，总部设在捷克斯洛伐克首都布拉格。世界上派驻国际学联的有社会主义国家全国性学生组织，也有亚非拉各国的学生组织，还有美国、英国、法国、苏格兰、意大利、挪威等国共产党领导下的学生团体。他们有的派驻会代表，有的派技术人员。总的说来，大概有十几个国家派驻，还有一些技术人员。

国际学联总部办公楼是一座四层小楼。总部设有书记处，20世纪50年代由捷克斯洛伐克代表任总书记，苏联、中国、波兰、民主德国、罗马尼亚、保加利亚、朝鲜、越南、越南南方民族解放阵线、波多黎各、玻利维亚、委内瑞拉、印度、伊拉克、约旦、伊朗、日本等国学生组织驻会代表组成书记处。书记处下设联络局、教育部、体育部、学生福利部、行政处。联络局后来叫联络处，负责与会员及世界各国学生组织交往和联络等工作；体育部负责举办体育活动项目，如组织世界大学生夏季运动会、冬季运动会等；学生福利部为各国学联提供生活福利救济。行政处负责各国驻会代表的生活。书记处有几个技术秘书,负责收发工作和文件翻译工作等。大会期间还提供同声传译。还设有一个《世界大学生新闻》编辑部,它是国际学联的机关刊物,是一本正规杂志。国际学联总部还有一个图书馆,里面有许多世界各地的学生运动资料及各国出版的学生报纸和刊物。1963年以后,伊拉克学联驻会代表任国际学联总书记。

苏联是国际学联的主导力量,虽然表面上没有担任主席,和我们一样也担任副主席,可实际在政治、经济上,国际学联都由苏联控制和操纵。他们一度把我们看成是第二把手,要我们多管一些亚洲国家工作,他们多管一些欧洲国家工作。

当时国际学联的主要工作一个是组织多种形式、不同内容和规模不等的各种活动,包括有上万人参加的大型活动,比如在国际上享有较高知名度的世界青年与学生和平友谊联欢节。还有一个就是开会,开国际学生代表大会及理事会、执委会等领导成员会议。后来理事会被精简。至于书记处会议,在总部里更是三天两头地开会。

国际学联实行团体会员制。中华全国学生联合会是它的创始会员之一。中华全国学联在其总部派有常驻代表。中国代表住的地方是由捷克提供的。

在20世纪50年代,我们通过在国际学联担任副主席的身份,扩大和各国青年学生组织的交往,介绍和宣传中国革命和建设的成就,表达对世界形势和重大国际事件和问题的看法、主张和建议。直接和各国人民群众接触交流,增进了解,建立友谊,发展合作,扩大了新中国的影响,打开了对外交往的新局面。

1958年国际学联五大在北京召开。20世纪50年代在北京举行国际会议的机会实属不多,所以这在当时是一件大事。现在北京卫戍区院内有一座六层的楼,还有一个礼堂,为代表大会的召开还又做了一番专门修饰和安排。

在20世纪50年代,我们多次请过世界青联和国际学联代表访华。1959年国庆,团中央接待的世界青联和国际学联两个代表团均享受国宾待遇登上天安门城楼观礼,毛泽东、刘少奇、周恩来、朱德等第一代领导人和他们一一握手。后来又邀请他们在刚刚落成的人民大会堂宴会厅参加国宴,观看演出。这是最高一次规模的接待。天安门城楼上,毛主席等党和国家领导人迎接代表团时,领见人是胡耀邦,翻译是我。

二、我在国际学联工作的情况

1954年11月,组织上派我作为翻译到国际学联协助我驻会代表工作。当时全国学联驻国际学联代表是谢邦定同志,他是全国学联主席,是第四任驻学联代表。第一任是钱存学,第二任是梁畔,第三任是柯在铄。1954年的时候,新中国已经有了一些财力,驻会代表允许带夫人和翻译(前两任都是一个人)。所以,谢邦定的夫人吕乃君也在那里协助工作,她曾任北师大学生会主席,他们夫妇的英文都很好。我的主要任务是协助谢邦定同志做些辅助性工作。谢邦定当时在国际学联负责亚洲局的工作。

我作为翻译曾两度派驻到国际学联,前后跟了四任代表。第一次是在1954年到1957年,派驻代表是谢邦定。1955年他们夫妇回国后,代表是程极明(夫人孙稚如陪同);第二次是1962年到1965年,派驻代表是胡启立。1964年团中央九大召开,胡启立当选为团中央书记处候补书记,接替他的是胡述智。在团中央国际联络部我被派驻的时间算比较长的,前后加起来总共有6年时间。

驻会代表在国外是双重领导。政治上除执行国内指示外,同时也受驻在国大使领导。重大问题和决策除向国内报告、请示外,还要向大使报告或请示。

谢邦定、程极明做驻会代表时,二人的英语不错,都可以单独参加国际学联书记处会议,不用翻译参加。20世纪60年代胡启立、胡述智驻会时,形势发生变化,中苏就一系列原则问题发生分歧,就需要翻译参加了。正是在这种情况下,我在1962年到1965年,又第二次被派驻到国际学联。这次中国代表没有住捷方提供的住所,而是住在中国驻捷大使馆。因为经常在国际学联书记处作斗争,存在一个保密的问题。这次派驻就胡启立和我俩人。胡启立没有带夫人,他很平等待人,对我的工作很放手。他作为全国学联主席经常出差各国,我只得唱独角戏。在此情况下,我经常就是驻会代表的代表,不时在国际学联书记处发言,有时甚至被授权代表全国学联在书记处发表声明,对我锻炼很大。我以个人名义发给国内的内参性电报,一般的要送中联部和外交部等单位,重要的要送周总理。一次我和国际学联主席贝利康和苏联代表就和平裁军问题争论,团中央书记处特向周总理对我作了正式书面表扬。1980年我作为联络部综合宣传处处长奉命就建国后30年团中央的外事工作做书面总结时,在查阅历史文件中发现这份表扬存放在永久档案里,我心中十分激动。

三、关于世界青年与学生和平友谊联欢节的情况

世界青年和学生联欢节在20世纪五六十年代是影响很大的活动,参加的人一次比一次多,规模也越来越大。这为我们国家提供了一个很好的对外交往的机会。因为当时由于帝国主义的封锁,和我国建立外交关系的国家很少。通过参

加联欢节我们可以和世界上很多国家接触。这是我国青学联组织以至全国当时一个规模比较大的多边外事活动。

世界青联和国际学联的活动主要是从战后40年代开始。为了广泛地团结世界各国青年学生，壮大和平和进步的力量，实现国际学联"消灭种族歧视、社会歧视，反对殖民主义、帝国主义，为争取民族独立和世界和平而斗争"的宗旨，国际学联和世界民主青年联盟联合在各国首都轮流举办世界青年与学生和平友谊联欢节。

联欢节每两年举行一次。内容包括各种文化、艺术比赛和演出，专题展览，体育活动，各种主题的研讨会、交流会，双边或多边友好会晤和联欢，历史胜地参观、考察。联欢节通过政治交流、座谈、文艺、体育等青年喜爱的多种活动来宣传和平和友谊。每次都有100多个国家的几百个、上千个青年学生团体来参加。

联欢节的所有组织工作都是由世界青联和国际学联来做的，非常繁重。这一届刚开完马上就要筹备下一届。从1947年开始第一届，以后逢单召开，直到1959年。以后3年举行一次。世界青联和国际学联设有联欢节国际筹委会，许多委员都是共产党领导或影响下的组织担任。

举办这样大的活动需要的经费是很多的。会议经费主要来自会员缴的会费。一般会员团体出一点钱，苏联出的最多，我们也出一点。共产党执政的社会主义国家都要出一点。不掌权的共产党组织也多少要出一点。

我国从1949年新中国成立前夕开始，到1966年因政治分歧等多种原因中断同世界青联和国际学联联系为止，共参加了7次联欢节。几次都由团中央书记处书记带队，1953年和1957年的联欢节是团中央书记处第一书记胡耀邦亲自带队的。

我们每次代表团里有青年代表，主要是各地团干部、工农业劳动模范、学生代表，但大部分是演员和体育运动员。我们当时没有参加奥运会，许多文体金奖都是从联欢节获取的。联欢节为我们培养了许多优秀的文艺界和体育界的人才。如红线女、马玉涛、戴爱莲、郭淑珍等都参加过联欢节的表演或比赛，并且获过奖。

联欢节也是展示新中国力量的舞台。胡耀邦同志率团参加1953年在布加勒斯特举行的世界青年联欢节。开幕的一天，正值《朝鲜停战协定》签订。消息传来，全场沸腾，100多个国家青年和学生代表、各界人士欢呼雀跃，热情拥抱，把耀邦同志高高举起，欢呼胜利场面历时40分钟。

在联欢节上广交朋友，宣传新中国也是当时我们的主要任务。1957年莫斯科联欢节结束后，我们请了一个40人的美国青年代表团访华。代表团中有美国共产党员，他们是从参加莫斯科联欢节的美国青年代表团中挑选来华访问的。邀请这个代表团访华对于反对美国对华实行孤立政策十分重要。周总理亲自接见代表团，组织他们在国内到处参观，这些人中，有一部分人在20年后作为对外友协的客人再次来华，和我们当年的部分陪同人员再次见面。

四、关于 20 世纪 60 年代国际学联中的分歧问题

在20世纪50年代前半叶，国际共产主义运动内部关系比较协调。尽管当时国际斗争很激烈，但是我们同苏联等人民民主国家一道针对西方势力的攻击开展了很多斗争。1956年8月，国际学联四大在布拉格举行。在会上加拿大代表就西藏问题诬蔑我们实行殖民主义。我们的代表当场据理驳斥，我担任主译，马上把我方代表的话翻译过去。后来中方代表又在小组会上详细阐述我方观点，给西方代表以回击。这样的斗争在当时经常发生。

可是1956年苏共二十大以后情况就有所改变，国际共产主义运动中的分歧在国际学联活动中也有所反映。例如，在1957年莫斯科联欢节期间，我从布拉格前往，因为历届联欢节我都被分配参加国际小型讨论会，这次也不例外。可在这次讨论会上，由于国际共产主义运动中出现重大的观点分歧。会上就出现以和平为主还是支持民族解放运动的争论。此后分歧越来越大，越来越公开。

但在一段时间里，国际共产主义运动中的分歧还未公开，外表还看不出来。但分歧已经存在了。进入20世纪60年代以后，情况发生了变化，国际共产主义运动中的分歧逐步公开。因此国际学联内部的矛盾和斗争也逐渐公开和激烈了。例如，1960年我们在参加国际学联执委会途中路过莫斯科，与苏方举行内部谈判。团长是团中央书记处书记王伟，其余成员有联络部部长钱李仁，驻会代表徐葵。当时会谈空气十分紧张，争论的焦点是和平裁军重要还是支持亚非拉民族解放运动重要。苏联影射我们是教条主义，我们则影射苏方是修正主义。但是斗争还是不指名，大会上不与苏方公开直接交锋。

1963年美、英、苏签订三国部分禁止核试验条约，国际共产主义运动中的分歧和斗争进入公开指名阶段。我们发表了九评苏共中央的公开信期间，驻国际学联的中国代表也开展这方面的工作。我以驻国际学联工作人员的名义，在使馆举行了9次电影招待会，邀请亚非拉留捷学生来参加。同时利用这个机会向他们分发我们的九评文章。这一活动很成功，广泛地宣传了我们的主张。

1964年秋，苏联在莫斯科策划和举行了一个世界性的青年学生论坛，团中

央书记处主管外事书记王照华带队参加。在会上,中国青年代表团全体成员连续几天几夜,不顾疲劳,克服各种干扰,大力宣传我们的观点和主张,进行了充分的说理和坚决斗争。

回顾历史,20世纪50年代的时候,中苏关系"牢不可破",共同对付西方反动的"莱顿联络秘书处";20世纪60年代,中苏关系破裂后,双方争执得十分激烈,以致后来出现无法调和的局面。

1965年我作为翻译,驻会时间已满,被调回国内。接替我的是王纪德。1966年因为发生"文化大革命",当时驻国际学联的代表胡述智、翻译王纪德被召回。以后我们就和国际学联断了联系,派驻代表的工作也就停止了。

从亚非学生会议看世界风云①

钱李仁

一、"按辩证法办事"

1955年4月,在印度尼西亚万隆举行的亚非会议,是亚非国家在民族解放运动蓬勃发展形势下第一次没有西方国家参加、自主讨论切身利益问题的国际会议。会议由印度尼西亚、印度、巴基斯坦、缅甸、锡兰(今斯里兰卡)5国联合发起。到会的除发起国外,还有24个亚非国家的国家元首或政府总理。会上各国发言的主流是要求和平友好、反对殖民主义。但也有些国家提出反对共产主义和不同社会制度等分歧问题。率领中国代表团出席会议的周恩来总理强调求同存异、在和平合作的基础上谋求解决办法。会议结果反映了亚非人民反对殖民主义、争取和维护民族独立、争取世界和平、求同存异以增强亚非各国的团结和友好合作的精神,世称"万隆精神"。周恩来总理在会议期间的活动增进了各国对中国的了解,赢得了广泛的同情、尊重和友谊,为新中国树立

1956年5月—6月间,亚非学生会议在印度尼西亚的万隆举行。图为出席会议的中国代表团团长钱李仁(左)和团员程极明步入会场

---

① 本文原载《纵横》2006年第6期,编入本书时,作者于2008年2月对原文有几处修改。

了良好形象。

亚非会议闭幕后约一年零一个月,亚非学生会议于1956年5月30日至6月7日在万隆举行。这是亚非会议后首次举办的亚非年轻一代的隆重集会,会议能否开成,开起来能否沿着他们的长辈不久前在同一地点所开辟的道路前进,实际上成为对万隆精神的生命力的一次检验。对此,亚非各国高度重视自不待言;而站在对立面的势力也对这次会议给予出奇的注意,施展出浑身解数,大有不搞垮会议誓不罢休之势,这更加衬托出这次会议的意义非同寻常,它实际上远远超出了学生的范围,变成了维护、弘扬万隆精神与破坏、扼杀万隆精神之间的一场严重较量。

新中国成立以后至这次会议以前,我国青年、学生组织在对外多边活动方面,主要参加由苏联主导的国际青年、学生组织举办的国际会议和活动。在公开场合基本与苏联保持一致,有不同意见时主要在内部交换,或必要时以正面口气公开表达我对有关问题的观点而以不暴露分歧为度。这次会议的格局却迥然不同:会议的发起者是印度尼西亚大学生组织联合会,该会领导权主要掌握在印度尼西亚社会党和玛斯友美党的成员手中,这两个党的立场比苏加诺总统的国民党右一些,但发起召开这次会议得到印度尼西亚总统和政府的支持;会议的参加者绝大部分是亚非国家民族主义政府、政党或团体影响下的学生组织的代表,他们既与我在反对殖民主义、争取和维护民族独立等问题上有共同点,又对共产主义以及所谓共产党国家不甚了解,存在不同程度的疑虑、防范,有极少数持敌视态度(见附注)。苏联没有被邀请参加这次会议,西方主流媒体把攻击矛头放在挑拨亚非民族主义力量与中国的关系这一点上。例如美国《新闻周刊》1956年4月23日出版的一期中宣称:"美国将在5月5日至10日举行的亚非学生会议上遭到另一次宣传挫折。共产党中国的代表团打算支配这次会议,而美国国务院到现在还没有做出一点事情来告诉友好国家如何应付共产党的战略。"紧接着,西方几大通讯社也弹起共产党控制亚非学生会议的滥调。区区一次两洲学生集会,竟受到如此"重视",预示着会议将面临来自亚非地区之外的严重破坏和干涉。参加这样复杂的国际性学生会议,对于中华全国学生联合会(以下简称"全国学联")来说,是1949年以来的第一次。

在团中央书记处主持下,并报经中央批准,组成了以钱李仁为团长、钱大卫为副团长的中国学生代表团(代表团名单见附注)。

团中央向党中央全面汇报了会议面临的错综复杂的形势,提出看法和建议。党中央对这次会议高度重视,时任中共中央对外联络部部长的王稼祥同志几次同团中央领导同志面谈会议情况和对策。在代表团出发前不久，刘少奇、周恩来同志都听取了情况汇报，王稼祥、廖承志和团中央的胡耀邦、区棠亮、吴学谦等同志出席。刘少奇对代表团的活动方针和策略做了两句话9个字的概括：一句话是："坐第二排"；另一句话是："不要太积极"。我们理解其要点是，充分调动"中间"力量的积极性，以"中间"力量为主来进行会议的筹备和召开，不要追求表面上、形式上的领导权，不要急于打头阵，让那些破坏会议的势力有个暴露的过程，使大多数与会者看清那些人在反共、反华旗号下反对万隆精神的实质，从而使他们同与会的绝大多数相对立而孤立起来。王稼祥同志特别指出，印度尼西亚是会议东道主，也是去年亚非会议的东道主，这次会议能否开成、开好，首先关系印度尼西亚的威信和利益。因此，做好东道主的工作，是一个关键性环节。他还用"按辩证法办事"这6个字，指示代表团根据中央精神，从实际出发，灵活运用策略，善于利用矛盾，让破坏势力走向自己的反面。

二、旅途多险阻

在那个年代，从北京到雅加达必须途经香港。中国学生代表团原定同朝鲜

1956年5月—6月间，亚非学生会议在印度尼西亚的万隆举行。
图为出席会议的中国代表团，右起：钱李仁、时钟本、钱大卫、程极明

和越南学生代表团一起于5月16日乘船由香港启程赴雅加达,并于5月10日离开北京,12日晚到达广州。

5月11日,廖承志电话告团中央:已接获台湾特务企图破坏我们的情报,叮嘱小心。团中央国际联络部考虑,敌人如要破坏,可能在旅途中重演1955年4月台湾国民党特务在中国代表团包租的印度克什米尔公主号飞机上安放定时炸弹致使机毁人亡的惨剧,因此于5月13日电话通知已在广州的代表团人员,除自身提高警惕外,还要代表团向广州外事处汇报并转请香港新华社注意。广州外事处得到汇报,即电话报告外交部,并建议正式向港英当局提出,希望他们注意保护。5月14日上午,团中央从外交部办公厅电话中获悉,外交部已征得中央国际活动指导委员会同意,决定由香港新华社向港英当局口头提出。5月15日晚,团中央接到外交部欧非司电话通知称,港英当局于15日晚发表特别公报说中国遥知有人企图暗害中国出席亚非学生会议代表团,轮船代理商已决定为了公众利益而无定期推迟该船行期。

周总理对未经请示中央就指示香港新华社向港英当局提出此问题进行了严厉批评。他强调,这是一次外交行动,不能未经中央批准贸然行事。团中央国际联络部虽然是在外交部将有关要香港新华社向港英当局提出此事的决定通知了广州外事处以后才得悉的,但还是从中吸取教训,认为自己"接到情报后,未将情况进行周密的分析和估计,只是简单地通知了代表团加以注意和向广州外事处汇报,做得不够细致和周到",向团中央书记处并转中央国际活动指导委员会和外交部写了检讨报告。

根据总理的指示,廖承志亲自安排,我们与朝鲜、越南学生代表团等一起,不经过香港,改乘中国民航包机经昆明先抵仰光,再换乘印度航空公司包机直飞雅加达。

在这一番曲折中,我们对什么叫外交行动及其严肃性有了深刻的理解,对中央领导为保证代表团的安全和及时赴会而亲自干预,受到极其深刻的教育和鼓舞,这也是我们永远不能忘怀的。

三、冲破重重阻挠会议胜利开幕

中国、朝鲜、越南3个学生代表团,乘坐印度航空公司的"超星座"型包机,于5月21日晚从仰光起飞,22日晨抵达雅加达机场。正在这一天凌晨4时,国际筹委会的第二次会议,在经过整整一个星期的艰苦磋商后,刚刚结束了一场长达5个半小时的讨论,取得了一些进展,但还看不出何时才能完成自己的工作从而使大会如期举行。这一天,离预定的会议开幕日——5月26日只有4天了。

为什么这样困难? 这要从会议发起之初的情况讲起。

印度尼西亚大学生组织联合会于1952年发起举行亚洲学生会议。当时由苏联起主导作用的国际学联,为了取得对这次会议的领导权,通过一些亚洲国家驻国际学联的代表(中国不在内),争取了不是国际学联会员的印度尼西亚大学生组织联合会的代表,于1953年在布拉格发表联合声明,支持召开亚洲学生会议,声明中还提到:"亚洲学生会议应有助于国际学联在亚洲的活动。"随着1955年亚非会议的成功,亚洲学生会议扩大为亚非学生会议,非洲国家学生也参加筹备工作,形成了由印度尼西亚、日本、中国、菲律宾、埃及、印度、缅甸、黎巴嫩、伊朗9国学联组成的国际筹委会,于1955年9月在印度尼西亚举行首次会议,到会的有印度尼西亚、日本、中国、菲律宾、印度、黎巴嫩6国学联代表。在此之前,随着苏、美两大集团间冷战的不断加剧,国际学联与以美国等西方国家部分学生组织为主的莱顿联络秘书处之间的斗争越来越尖锐,但这一斗争在当时还没有来得及在筹委会首次会上反映出来,因而比较顺利地通过了1956年5月在印度尼西亚召开亚非学生会议的决定。这次筹委会没有通过中国代表提出的邀请苏联的建议,但这只是间接表明会议开始离开国际学联的影响而进入1955年万隆会议的框架,会上少数服从多数,没有发生争吵。尽管如此,莱顿联络秘书处方面却抓住1953年布拉格声明,大做文章,企图搞垮会议。

按惯例,在亚非学生会议举行之前,要再开一次国际筹委会,落实会议的全部准备工作。国际筹委会9名成员中,印度尼西亚代表本在雅加达,中国、菲律宾、日本代表在5月上旬也已抵达雅加达。中国代表仍然是参加1955年首次会议的钱大卫;菲律宾代表不再是在1955年会上持合作态度的菲律宾大学生理事会协会前主席、外事顾问莱昂纳多,换了一个名叫德维加的代表。他一到就提出一连串问题:他否认去年9月国际筹委会首次会议的全部决议和宣言,尽管那次会议有菲律宾代表参加并一致协议的。他抓住1953年布拉格声明中的那句话:"亚非学生会议应有助于国际学联在亚洲的活动",加上现在的国际筹委会的组成是参照该声明中的建议而定的,就攻击会议已被"共产党、国际学联所操纵",许多亚非国家学生也因此不愿来开会,因而要求重组国际筹委会,由9国改为5国;要求改组后的筹委会发表攻击国际学联的声明,并重发邀请书。这明明是要把已经筹备成熟的亚非学生会议拖垮,理所当然地遭到多数代表的反对。但是,对于某些本来就对国际学联存在疑惧的代表来说,还需要做许多工作。

国际筹委会的第二次会议从5月中旬开始。人们注意到,在会场周围,经常出现一些美、英记者，他们不断无中生有地报道筹委会内部所谓"亲共分子与反共分子之间的争吵"，说会议将无限期地推迟。其中有一个名叫哈里隆的自称"美国合众社记者"的人，是美国一个学生组织的前任主席，也是莱顿联络秘书处派来活动的代表团团长。他不断与德维加进行个人接触、密谈，有时从会场外向在会场内的德维加递条子。每一次密谈、每递一次条子，筹委会就碰到新的问题和困难。就这样僵持了一个星期。

在5月21日下午的非正式会议上，中国代表钱大卫在事先同有关代表商量后，提出如下的一个折中方案：在承认国际筹委会第一次会议是个事实的前提下，改组国际筹委会，由印度尼西亚（两名代表），埃及、中国、日本、菲律宾（各一名代表）组成；不重新讨论邀请国家的名单，尊重筹委会第一次会议宣言的精神。经过协商，包括德维加在内的所有到会的筹委委员都同意了这个方案，并且订立了一个"君子协议"，准备在正式会议上逐条按"协议"通过。

当天晚上10时30分，国际筹委会举行正式会议。在通过了国际筹委会改组的决议后，德维加提出要重新讨论邀请名单，并主张邀请台湾、香港、以色列和新加坡（按：新加坡学生代表实际上已包括在马来亚学生代表团中）。仅仅在10分钟前达成的"君子协议"，他一下子就忘得干干净净。会议的空气顿时紧张起来。经过激烈的辩论和协商，德维加的提议全部被否决。会议向前迈了一步，人们抱着希望离开会场时，已是22日凌晨4点。

为了澄清某些国家学生对1955年国际筹委会第一次会议的误解，国际筹委会同意发表一个声明，并决定由印度尼西亚和日本代表负责起草。但是，每当筹委会开会讨论这个声明稿时，德维加就拿出一个个技术性的或者程序性的问题来纠缠：一会儿说要先讨论前一次会议的记录而记录稿尚未准备好，一会儿说会议没有一个正式的秘书，等等，使筹委会的三次会议都无结果而散。当筹委们耐心摆脱了这些纠缠而开始讨论实质问题时，德维加又说他不同意印度尼西亚和日本代表起草的声明，要求会议讨论他起草的声明。他的声明稿长达4页，主要是攻击国际学联是共产党控制的，它企图支配亚非学生会议等等。事实上，要想控制会议的，恰恰就是德维加的"朋友"哈里隆所代表的莱顿联络秘书处，他们没有经过任何人的邀请，厚着脸皮派了一个4人代表团到了万隆，不断向德维加递条子、发指示，据说还想列席亚非学生会议。

为了谋求公正地解决问题，筹委会还是同意对两个声明稿都进行讨论。轮到要讨论印度尼西亚和日本代表起草的声明稿时，德维加说他已经同某教授有约会。筹委会有的委员问他，是约会重要还是会议重要，他说："每个人都有约会的自由"，还说要在午夜12点后才回来。大家说同意等他12点回来后开会，他又说回来后要睡觉。就这样，国际筹委会的会议拖到5月25日还没有进展。

这时，已经有20多个国家的学生代表团抵达万隆。中国代表团同许多国家的代表团进行会见、联欢和交谈，筹委会所遇到的困难情况也在各代表团之间广泛传开。25日晚上，由日本代表团发起，召开了一次团长会议，大家一致认为亚非学生会议应于28日开幕，决定派一个由缅甸、阿尔及利亚、西非、老挝和苏丹代表组成的代表团，在26日一早赶赴雅加达与还在那里开会的国际筹委会讨论。代表团见到了德维加，他一上来就教训了代表团一番，说"应该尊重我们的学生身份，不应该讨论政治"。随后又大肆攻击国际学联，说筹委会第一次会议是共产党控制的等等。这倒是给代表团上了很好的一课，他们回到万隆时，到处对人说，会议没有理由不开始了，目前主要是不能代表菲律宾学生说话的菲律宾代表在阻碍会议。

5月25日晚，埃及学生代表团到达雅加达，中国代表团立即前去拜访。真是"无巧不成书"，埃及代表团团长哈桑（Hassan Ashmawei）刚在同年3月接待过钱李仁率领的一个世青代表团，该团在从开罗去阿斯旺的火车出轨重大事故中幸免于难，哈桑当时作为东道主，同钱李仁也算得上是患难之交了。双方都没有想到事隔两个月后又在雅加达会面，相见时自然格外亲切。埃及是国际筹委会委员，这次迟到了，急于了解会议情况。我们详细而如实地介绍了会议目前遇到的困难和已经到达的多数代表团的情绪，哈桑听得很仔细，当时就显出要为会议的成功出一番力的意向。

5月26日是会议预定开幕的日子，国际筹委会上午开会，埃及代表哈桑出席会议。他一上来就提议，本次会议不作出决议决不休会。这个提议代表了会内外绝大多数代表的心愿，无疑是给德维加一个下马威。会议从26日上午10时开到第二天早晨5时，共进行了19个小时，终于通过了筹委会的声明，支持万隆精神和去年筹委会第一次会议通过的宣言，声明这次会议与任何国际学生组织无关。表决的时候，德维加宣布弃权。有人问他："你是否接受这个声明的约束呢？"他说："我接受约束。"接着，筹委会决定亚非学生会议于5月30日开幕。德维加提出6月20日开幕的提案，很快被否决了，因为他提不出什么理由来说明自己的提案。

5月30日一清早，在各国代表团下榻的荷曼饭店门口，就有上百的万隆学生等候着。从旅馆到万隆文化大厦会场，街道两旁站满了万隆的市民，他们都想争先看一下亚非国家的青年一代。

　　会场布置简单而庄严,主席台后排是亚非27个国家的国旗。各国代表团进入会场,一群印度尼西亚女学生给每个代表团团长挂上了用鲜花编成的、象征和平友谊的花环。

　　印度尼西亚政府总理沙斯特罗阿米佐约在开幕式上首先发表演说。他说:"筹备这个亚非学生会议有些困难,这不是很反常的。让我坦白地告诉你们,首次亚非会议也不是容易获得胜利的,每个发展、每个进展都和困难分不开,没有困难就没有进展,而只有停止和衰退。——请记得,世界的眼光都在看着你们。我确信你们都完全了解你们的责任,万隆精神将会而且一定会获得胜利。"

　　他的这番话,对所有到会者是个鼓舞,对那些一心要破坏会议的人是个严重警告。他的演说结束时,全场报以长时间热烈的掌声。

　　接着,扩音器里传来苏加诺总统对会议的祝词。这是他在出国访问前特地为会议留下的录音。他说:"为什么要举行这样的会议呢? 一个很重要的原因是我们亚洲和非洲的人彼此很不了解。这不完全是我们的过错,而只不过是一切政治局势中最邪恶的东西——殖民主义的又一个恶果。许多世代以来,有人一直在教我们向西方寻求启发和指导。我们一直由于在我们周围竖立的障碍——实际的和精神的——而同我们的患难兄弟隔绝开来。现在已经有机会恢复很久以前中断的接触了。现在已经有机会推倒这些人为的障碍,重新互相了解了。"他充满信心地对代表们说:"我们能够消灭殖民主义! 我们能够制止战争! 我们能阻止挑起战争! 我们能在各处创造自由! 要做到这些的要素之一是合作,另一要素是了解,而你们今天在此聚集一堂,互相了解。那么请这样做吧!"他的诚恳而亲切的字句打动了每个人的心。

　　亚非学生会议印度尼西亚全国筹备委员会主席苏巴迪致词说:"我们将以去年4月的万隆会议为指针,万隆精神也将作为我们亚非学生会议一切讨论的基础。"他指出,"为我们各自国家服务的意思是寻求团结而不是争吵。因此不必在这个会议上讨论一个人的思想和一个国家的政治制度,虽然我们之间的确存在着不同的地方。我们不要寻求不同的地方,而是要寻求共同的地方。"他对中国总理周恩来、印度总理尼赫鲁、埃及总理纳赛尔等亚非国家领导人给会议发来的贺电表示感谢。

　　下午4时,亚非学生会议的游行检阅开始。集合在德卡勒加广场的,除与会各国学生代表外,还有印度尼西亚海、陆、空三军军事学校的学生,万隆市的大中学生以及各青年、学生团体的代表共约1万人。他们高举着写有"亚非学生团结万岁"、"消灭殖民主义"、"制止战争"、"和平共处万岁"、"促进文化、教育和友谊"、"为争取民族独立而斗争"等口号的标语牌,穿过万隆的主要街道进入市政府广场。一路上挤满了欢迎的群众,春雷般的掌声和欢呼声此起彼伏。

这一天,印度尼西亚各大报刊和电台纷纷发表社论、评论和报道,欢迎亚非学生会议的开幕。在雅加达出版的一张荷兰文报纸这天却保持沉默,与该报几天前以头版头条刊登"万隆失败了"的大字标题形成强烈对照。

开幕这一天的活动使人们对会议的成功充满了希望,但是艰苦的斗争还在后头。

四、大会期间的一波三折

5月31日,当地一家报纸登载了这样一条消息:5月30日会议开幕的当天,美国大使馆的几位官员专程赶到万隆,下榻于荷曼饭店,同菲律宾等国的代表在房间里密谈到深夜。果然,第二天的会议又碰到新的困难。

这一天,预定议程是全体会上各国代表发言。当会议主席宣布会议开始时,德维加忽然从主席台上走到讲坛前,声称今天的会议不是正式的,理由是到会代表的资格还没有经过审查。他抓住代表发言用的扩音机,不断打断主席的解释。主席说,既然会议已经在昨天正式开始了,会上又有印度尼西亚领袖们讲话,怎么能说会议不是正式的呢?这个解释得到了绝大多数代表的鼓掌支持。但是,由于菲律宾、伊朗、巴基斯坦、印度等少数代表坚持反对举行正式会议,会议被迫延迟举行。印度尼西亚代表团建议把会议推迟一天,等代表资格审查后,再开全体会议。

当会议宣布延期时,在会场里以美国合众社记者身份活动的那个COSEC代表团团长,竟然得意忘形,张口大笑,连说三声"很好,很好,很好"。而绝大多数代表则深感不安,议论纷纷。当天晚上,中国学生代表团邀请印度学生代表团举行联欢,其他代表团之间也在进行联欢和互访,这些活动为会议增添了一点友好融洽的气氛。

资格审查委员会在6月1日上午才开始工作。原来,在5月30日夜里,菲律宾和其他8国代表团发表声明,要求资格审查委员会里的印度尼西亚代表只有一人参加和一票表决权,也就是要改变国际筹委会原来关于印度尼西亚在资格审查委员会有两人两票的决定。在5月31日举行的各国代表团团长会议上,尽管有人认为这种要求修改原决定的行动只会引起争吵而对会议没有好处,但某些人坚持不让。最后,印度尼西亚代表团提出自己有两人参加,但只有一票表决权的折中方案,这才打破僵局,使资格审查委员会得以开始工作。

资格审查委员会在6月1日上午的会上通过了7个国家的代表资格。在从下午4时一直开到第二天清晨3时的会议上,又通过了18个国家的代表资格。留下巴基斯坦和印度代表团的资格问题没有解决,原因是有人在印度代表团内制造分裂,硬要把一个代表团拆成两个,这使资格审查委员会的工作又陷入僵局。又经过6月2日一整天的反复协商,才解决了剩下来的各种问题,资格审查委员会的工作全部结束,27个代表团全部合格。当晚10时,当会议主席宣布全体会议正式开始时,全场不约而同地起立鼓掌,这实际上也是对那些阴谋破坏会议者的示威。

6月3日上午的全体会议在选举主席团问题上又发生新的障碍。大会一致选举印度尼西亚代表团团长为主席,但是在选举两名副主席时,有人故意使埃及和苏丹之间引起争论,企图破坏阿拉伯国家之间的团结。埃及代表团似乎看到了这一点,主动放弃副主席候选资格,苏丹代表团为了维护团结,也主动放弃自己的候选资格。他们这种和解忍让的精神受到大家的欢迎。但是,由于有人继续故意制造矛盾和对立,到中午将近休会时,会议还没有能够选出两名副主席。

最后,中国代表团提出一项建议:为了避免争吵,副主席由各国代表团团长轮流担任。这一建议立即得到大家的同意。这样,会议才冲破了最后一道"程序问题上的障碍",得以进入实质性的议题——首先是大会发言。在会下,苏丹代表团团长对我们说,中国代表团总是提出合情合理的建议,使会议打破僵局。本着这种精神开下去,一定能成功。

6月3日下午到晚上,阿富汗、缅甸、锡兰、埃及、阿尔及利亚等国代表先后发言。阿尔及利亚代表发言是当晚的高潮。他用动人肺腑的言词,控诉殖民主义的罪恶统治。他最后说:"阿尔及利亚学生在监狱的深处,在斗争的火焰中,把他们的眼睛转向万隆,希望得到你们的了解和帮助。我相信他们的希望不会落空,因为他们不是在荒野中呼喊。"在他发言完时,全场起立,长久鼓掌,响亮地呼喊"麦台加"、"麦台加"(印度尼西亚语"独立")。

6月4日上午,继续大会发言。当大家在团结合作的气氛中各抒己见时,菲律宾代表德维加突然再度发难。他一手拿着烟,一手端着一杯水,走上了讲坛。他一上来就破口骂人,拍桌子,连续讲了20分钟。除了重复他讲过多次的什么这个会议是一个"骗局",是共产党、国际学联操纵的等等外,他公然质问会议为什么要以万隆精神为指导,质问为什么没有台湾参加。他攻击中国、朝鲜、越南都没有自由,他还横扫一大片,说埃及等国代表团不是学生。他声称不是代表他的学生组织讲话,只代表他自己,俨然以凌驾于所有26个代表团之上的"独夫"自居。

会场空气顿时紧张起来。人们都注视着中国代表团。不少人来打听中国代表团什么时候发言,也有人问准备讲什么。

下午,中国代表团团长发言了。发言讲到了反对殖民主义、发展民族文化教育以及和平、友好等问题,也就台湾、国际学联以及所谓中国没有自由三个问题阐明了立场,讲清了道理。发言自始至终没有攻击任何人。全场屏息倾听。当讲到"台湾是中国的一部分,正如西伊里安是印度尼西亚的一部分"时,发言被暴风雨般的掌声打断。发言结束时,全场再一次响起长时间的热烈掌声,十几个国家的代表走上前来和他热烈握手。埃及代表团团长称赞"讲话充满了和解精神,愿会议照着这样的精神开下去,一定会成功"。

尽管德维加在6月4日的交锋中明显处于下风,他还不死心,在6月5日的全体会议上再度发难。原来资格审查委员会已经在6月2日晚的全体会上宣布27国代表团全部合格,开始了正式会议;但资格审查委员会还需要向全体会议提交一份书面报告供审议。资格审查委员会于6月4日晚11时半开始开会,一直开到第二天早晨3时,才通过了报告书。菲律宾代表是资格审查委员会成员,却推托身体不适没有参加。6月5日上午的全体会上,资格审查委员会主席、埃及首席代表哈桑向大会宣读了报告书,同意接纳27国的代表为正式代表。对此,全场无人提出异议。德维加跳出来,坚决反对这个报告,说报告"自相矛盾",是个"骗局"。他说,只有16国的代表团有资格参加会议,其他都不能算代表,只能做观察员。伊朗、阿富汗的代表都是留学美国的学生,不是直接从本国国内来的,他也不承认他们的代表资格,他还说埃及代表不是学生。

埃及代表站起来,表示要向大会讲一讲菲律宾代表在国际筹委会中的故事。他详细地列举了国际筹委会受到阻挠的具体事实。他指着德维加问道:"我向你挑战,请你回答我一个问题,你在什么时候提出过对会议有建设性的意见?"德维加无法回答这个问题。

好几个国家的代表也起来指责德维加的无理。伊朗代表说:"我为什么没有资格代表伊朗学生呢?我是一个留美的伊朗学生,难道因为我在外国念书而失去我作为一个伊朗学生的权利吗?"

在没有得到哪怕是一个人支持的情况下,菲律宾代表宣布暂时退出会场。全体会议经过协商一致通过了资格审查委员会的报告书。各国代表团签署了一份呼吁书,要求菲律宾代表回来开会。下午,德维加回来了,他表示决定不参加会议了;又说,会议最好不要讨论殖民主义问题,如果一定要讨论,那么请大家讨论各种色彩的殖民主义。此语一出就泄露了天机:原来他近半个多月来从国际筹委会到全体会议上频频发难,不管打的是什么旗号,归根到底就是阻止会议谴责万恶的殖民主义,阻止不了时,就把矛头引向所谓各种色彩的殖民主义,这是他们用来诬蔑共产主义的代名词。联系他在6月4日全体会议上公然质问为什么要以万隆精神为指导,无非也是因为万隆精神的精髓就是反殖民主义。这也是德维加及其幕后操纵者的悲哀:他们反对万隆精神,妄想扑灭亚非学生反对殖民主义斗争的怒火,但又拿不到桌面上,因此抓住像1953年的布拉格声明以及大大小小的会议程序性、技术性问题纠缠不放,企图把会议拖垮。对此,我们同绝大多数代表团一起,沉着应战,不急不躁,既坚持会议按上次筹委会的决定如期举行,又对某些问题保持灵活性(如:有条件地同意改组国际筹委会),使会议顺利越过种种障碍。我们尽量不打头阵,而用很大力量进行会外协商活动,或在适当时机提出合理的解决方案。这一过程花费了大约半个月的时间,使德维加在程序性、技术性问题掩盖下破坏会议的伎俩完全落空。他在6月4日全体会上质问万隆精神、攻击中国、提出台湾问题等等,在他借程序性、技术性问题进行挑衅失败后,又企图用激怒中国代表团出来同他吵架的手法,使会议卷入争吵的旋涡不欢而散。中国代表团旗帜鲜明地对他提出的几个主要问题作了正面的阐明,但不落入他想引我同他吵架的圈套,这也赢得了几乎全场的同情乃至支持。德维加最后在6月5日全体会上又受到埃及代表团团长义正词严的质问而无言以对。他在这个会上再也待不下去了。但他还不忘最后亮出自己的基本立场:不要讨论殖民主义问题。

从会议上各国代表的全部发言看,没有人理睬德维加的要求。绝大多数代表强烈谴责殖民主义。也有人认为,殖民主义的问题属于政治问题,而学生只要学好知识,不要谈论政治。许多代表团的发言对这种观点进行了说理性的辩驳,强调只要存在着殖民主义,被压迫国家的学生就得不到最起码的学习条件,反对殖民主义是亚非学生的本分和神圣职责。在6月7日闭幕会上全体一致通过的《最后公报》中声明:"谴责和反对在其一切表现中的殖民主义";"对正在为自己的自由和民族独立而斗争的亚非国家表示同情和给予道义支持"; "规定每年4月24日为亚非学生反殖民主义日"。这里所说的"谴责和反对在其一切表现中的殖民主义",是照抄1955年亚非会议最后公报的用语,这是当年周恩来总理针对有人要用所谓一切形式的殖民主义来影射社会主义时创造的提法。含义是:殖民主义只有一种,但表现在各个方面,因此我们反对一切表现中的殖民主义,不存在所谓各种形式的或各种色彩的殖民主义。另外,4月24日是1955年亚非会议的闭幕日,规定这一天为亚非学生反殖民主义日,是弘扬万隆精神的一个具体行动。菲律宾代表德维加在6月5日下午离开会场后,就没有再回来,也没有参加6月7日的闭幕式。没有一个人跟着他退出会场,也没有人出来支持他的观点。这标志着他和他的幕后指使者千方百计要搞垮会议和反对万隆精神的活动已经陷入完全孤立,彻底失败。

五、万隆精神的胜利

大会发言告一段落后,6月5日晚的全体会议上,通过了总务委员会的名单,他们是:印度尼西亚、中国、埃及、日本、菲律宾、印度、阿尔及利亚。大会把菲律宾选进总务委员会,表示了团结的愿望,但是菲律宾代表已经决定不参加会议,自然也不会出席总务委员会会议。

5日晚的全体会议还通过了会议的议事规则和议程。根据议事规则,组成5个委员会分别处理以下问题:(1)学生教育问题以及教职员和学生的合作;(2)学生的社会环境和学生救济工作;(3)文化、亲善、出版和宣传方面的合作与交换;(4)文娱方面的合作——互相到对方国家旅行和进行体育活动;(5)一般问题。

议事规则还规定,全体会议的所有决定或决议必须一致通过,同时成立首席代表委员会以设法取得一致。

6月6日白天,5个委员会分头进行工作。当天晚上,总务委员会根据5个小组的讨论结果草拟会议最后公报。

6月7日下午4时,在主席奥古斯丁(印度尼西亚)的主持下,闭幕会议开始举行。苏丹和尼泊尔代表团团长担任会议副主席。根据总务委员会的决定,由印度尼西亚学生代表团的尼尼卡里姆女士接替古尔托姆担任主席团秘书。会议开始后,总务委员会主席、埃及学生代表团团长作了总务委员会工作的简短报告。接着主席团秘书宣读了根据5个委员会的建议草拟的会议《最后公报》草稿。在讨论中,代表们提出一些修改意见,会议曾两次休会以便总务委员会讨论和商定修改某些措辞。最后公报的序言和前四个部分在讨论后首先分别以口头表决通过。对公报第五部分经过单独讨论和修改后,也获得通过。6月7日晚上8时40分,会议主席奥古斯丁在最后公报全部被一致通过后宣布:"亚非学生会议现在已经圆满结束。"欢呼声和鼓掌声持续10分钟以上。人们把阿尔及利亚、马来亚、印度尼西亚的代表高高地抬起来,齐声高呼"麦台加",互相拥抱庆贺。这时,坐在楼上的记者们也起立鼓掌,只有一名"美国合众社记者"没有鼓掌。全场都回过头来望着他,这位记者不得不轻轻鼓了两下掌,赶快溜走了。

经过多少个不眠之夜,终于取得了亚非学生会议的圆满成功。追根溯源,是一年多前亚非会议及其所产生的万隆精神,为亚非学生会议指引了方向,树立了榜样。亚非学生会议的成功也是万隆精神的胜利。

六、尾声

中国学生代表团回国旅途中还有一个小小的插曲。回国不再乘坐包机,而是搭乘国际航班,但还是要避开香港。于是选定雅加达——新加坡——加尔各答——仰光——昆明这样一条航线,途中要三次换飞机,其中在新加坡需要在机场旅馆过一夜,这都是在购票时由航空售票处安排好的,也是国际航班的常规。哪知道,我们在新加坡机场办理转机手续、出示护照和下一段航程的机票后,办事的英国警员(那时新加坡还是英国的殖民地)表情立刻紧张起来。他要我们在一旁等候,自己入内请示。我们等候良久,他才出来宣布:可以在设在市内的过境旅馆住宿一夜,但不允许在市内发表演说。这真使我们啼笑皆非。我们说我们是按航空公司的安排为换乘飞机而过境,仅此而已。这倒也好,警方专为我们安排一辆小面包车,把我们送到市内的过境旅馆,在我们代表团住宿的一排房间外走廊口布置了便衣警察,连我们到餐厅吃饭也有便衣在一旁监视。第二天早晨,又用"专车"把我们送到机场,一直送上飞机。可谓"关怀备至"。我们想,这一幕也反映出,亚非学生会议的圆满成功,震动了那些殖民地的统治者,把我们这些平平常常的青年看成是三头六臂的怪物,怕得要死,如临大敌。

更有意思的是,在亚非学生会议结束后大约不到一年,德维加先生应邀来中国访问,在同我们的接触中,他主动为他自己在那次会议上的行为表示歉意。这虽然已经是会后的事,但还是给会议的成功增添了一点佐证。

附注:

根据会议结束后的归纳,参加会议的有27个国家或地区学生组织的代表团共110人,按照各个代表团内占主流地位的对会议有关问题的观点,大体分为5种类型,他们分别来自:

1. 中国、朝鲜民主主义人民共和国、越南民主共和国、缅甸、叙利亚、黑非洲留法学生联合会。这6个团观点比较接近。

2. 埃及、苏丹、阿尔及利亚、摩洛哥、突尼斯、马达加斯加、多哥、喀麦隆。他们坚决反对殖民主义,也反对共产主义,但不主张在会上提出这个问题。

3. 印度尼西亚、日本、马来亚、老挝、锡兰、尼泊尔。他们有反殖民主义要求,希望会议开好,但很害怕"共产主义控制"。

4. 印度、巴基斯坦、黎巴嫩、约旦、伊朗、阿富汗。他们在会议中的有些问题上跟菲律宾代表走,后来逐步转入同大多数一起开好会议。

5. 菲律宾。始终阻挠和破坏会议,未能得逞,最后孤身一人退出会场。

中国学生代表团名单如下:

钱李仁　　正在布达佩斯世界民主青年联盟任中国青联常驻代表,临时调回以全国学联秘书长名义任代表团团长

钱大卫　　团中央国际联络部东方科科长,以全国学联副秘书长名义任代表团副团长

程极明　　正在布拉格国际学联任全国学联常驻代表,以全国学联副秘书长名义任代表团秘书长

以下是代表团团员:

施元芳　　女,东北师范大学学生

刘　炎　　中国科学院实习研究员,山东大学研究生

高瑞石　　北京政法学院学生

钱炳圭　　湖南医学院学生

罗慎仪　　女,北京外国语学院学生

刘　品　　中央音乐学院华东分院学生

郑克琳　　女,中央音乐学院华东分院学生

钱慧娜　　女,中央音乐学院华东分院学生

买买提肉孜　　新疆学院研究生

阿曼古丽　　女,新疆学院学生

时钟本　　团中央国际联络部干部,译员

李学钧　　团中央国际联络部干部,译员

我在亚非学生疗养院工作的回忆

陈坚刚

半个世纪前,我在中央团校学习结业,奉命来到亚非学生疗养院(简称亚疗)筹办处工作。

筹办处的同人简言相告:"亚疗面积9万平方米,有三幢病房大楼,一幢办公楼和职工宿舍楼,全院有300个病床,医务人员和职工100多人",同时取出一张模型照片,我看了又看,喜不释手。

在到中央团校学习前,我原是青年团基层的一名普通干部,能在团中央直属单位工作,真是不亦乐乎。对我而言,所见、所闻、所做,都是新鲜的事物,一切重新开始。

筹办处设在北京城内关东店一号大院,传说是清朝慈禧太后的梳头太监安德海的住宅。宅院很大,房屋保管尚好,外观古色依旧。办事处人员不多,有主管人事工作的赵学廉,负责基建工程的史增延、李春嵩,专职采购物资的夏树昆以及财会干部沙镇家、张多忠等。他们经常往外跑,跑工地、跑市场、跑单位,来去匆匆。老史、老赵那时身患肺病,顾不上很好休息,坚持带病工作。办事处有时空无一人,电话铃声不断,有通知送货的、有联系报到的、有询问工程进度的。

1954年7月,亚疗工地上大吊车、运输车、搅拌机、轧土机、电焊器、电钻器整天开动,车声、机声轰轰震耳。老史、大李、老沙、小潘、小罗等头戴防护帽,汗流浃背地在人群中穿梭。工地上风沙飞扬,分不清谁是建筑工人,谁是一起来的亚疗同人,只见他们在炎炎烈日下,迎着风沙,不知疲倦地全力拼搏。

团中央西堂子胡同宿舍离筹办处很近,那里也有我们的办公室。我们天天到那里去,那里堆放着老夏采购来的仪器、医具、沙发、桌椅等物资,越堆越多,几天没去报到,办公室就成了仓库。

几天的见闻,不仅告诉我已进入了一个新的阵地,也预示:我的新任务即将到来。

我的第一个新任务是去团中央在火道沟的一个大宅院,负责新职工的报到和接待工作。这是全国学联接管的一座花园式洋房。记得老赵交代:新职工报到后就在这里住宿、生活、学习,一直到开院工作。老赵是筹办处负责人,工作认真、细致,当即动用汽车同我一起去北京医学院护校迎来了首批护士。前后来报到的有护士、大夫、外语翻译等10多人。全是20岁左右的青年,我也不到而立之年，都很年轻，对未来满怀憧憬，我们一起生活、学习，度过了一段愉快的美好时光。

老赵交给我的第二个任务，是去上海采购浴光室用的藤制桌椅。老夏说京津市场缺货，质量也差，希望在上海选购。我乐意去上海，可以看望老同志、老同学，可以回家探亲，一举两得。但事实上收获最大的是上海老领导在鼓励声中对我的关怀、教育。

新中国成立初期，百废待兴。在团校学习时，学校动员我们去苏联老大哥支援我国建设的143个工矿工作。上海老领导认为亚疗和工矿都是国家建设。他们说：工矿是国内的建设项目，亚疗则是我国外事工作的建设项目，是增进同世界青年友谊和推进世界和平事业的一个重要项目。他们鼓励我努力工作。我的老师、上海团市委副书记杜淑贞安排我在蒋公馆(蒋介石公寓)住宿、休息，老领导吴康临别时特意向在京的老朋友写了介绍信，令我很感激。特别是上海老领导对新建亚疗工程的认识、支持，使我深受教育。

我从上海回京，王仰文院长已经到任。主治大夫吴鸿吉、营养师汪照、护士长刘议玉等陆续报到。

王院长是山西人，个子较高，瘦长脸，年近50岁，额间已爬上一些皱纹，眼神明亮，简朴热情，平易近人。北京解放时，他随大军进城，接管医院，有扎实的医务管理经验，我跟随他跑卫生部和城内各大医院，去的次数最多的地方，就是后海卫生部医疗司(后改为医政司)和坐落在东城区的协和医学院。经过多次联系，报请上级批准，聘请了国际上很有名望的肺结核防治专家、协和医学院原副院长兼教育长裘祖源担任亚洲学生疗养院名誉院长，聘请了同仁医院胸外科主任张天民、天坛医院胸内科主任明安右、阜成门医院肺结核病科主任吴英凯、友谊医院寄生虫传染病科主任钟惠澜等为亚疗的专家顾问。专家明安右应聘后即来院工作，为开展医疗业务发挥了顾问指导作用。病房的一些规章制度，如《住院守则》、《探视规定》、《卫生员职责》、《护士职责》、《医生职责》等，也是在那时候制定的。所聘专家都先后来疗养院检查、指导，提供了许多宝贵的意见和建议。

王院长重视专家建议，也重视本院医生、护士的意见，经常召集医护会议，研究、改进有关药疗、理疗、气疗、体疗、食疗以及日光浴等疗效情况，事无大小，他都认真办理。听说病房门的声音大，影响患者睡眠，他就通知木工在门框贴上一条薄胶皮；发现病房温度低，立即关照总务科提高温度；当大烟筒冒出许多黑烟时，他又亲自去锅炉房查看，责成锅炉工人改进操作。

不久，团中央组织部张仲才同志来疗养院任行政院长。张院长是山东人，30多岁，中等身材，目光炯炯有神，为人直爽，办事果断。他是中共亚疗第一届党支部书记。组建支部后，严格组织生活，组织职工学习，加强思想教育。那时的人际关系是：关怀、团结、帮助，有了矛盾自我批评，彼此尊重、理解、爱护。

亚疗的职工队伍，是从各大区有关单位挑选出来的优秀人员，来自五湖四海，都是年轻人，生龙活虎干劲大，工作红红火火。职工住在院内，离西山八大处很近，沿途树木成荫，飞鸟成群，星期天或节假日，我们常结伴去爬山，欢快的笑声不断。那时的情景，我曾写小诗一首：

> 一团红红的火
> 张张欢乐的脸
> 杨柳翩翩起舞
> 百鸟在歌唱
> 踏遍西山
> 八处风光独好

环境清静、空气新鲜、风景幽雅的西山八大处是疗养院的最佳福地。国际学生联合会对疗养院的选址很重视，1951年首选在小汤山，后改在西山的八大处。疗养院的原名定为"国际学生联合会亚洲学生疗养院"，后改为"亚非学生疗养院"。各友好国家捐赠了仪表、仪器、透视机、理疗器材、救护车等医用物资。团中央书记处和组织部、国际联络部、学校工作部对亚疗工作都有重要指示，团中央秘书长洛风、学校部田德民同志亲自来院参加会议，传达中央文件和有关指示。建院10多年，接受亚非各国学生患者达数百人，除了个别重症患者外，经过半年至一年左右治疗，都先后康复出院，赢得了很高的国际声誉。

在亚疗期间，我同院部办公室齐健、肖婕、秦荣亮、刘志贞等一起工作。离开亚疗后，杨育芳、吴鸿吉、薛福林大夫都曾来我的新单位青年印刷厂共事。我调卫生部健康报社时杜玉枝大夫已在部机关医务室工作，每次开会，少不了见面。我来北京已半个世纪，同亚疗的同人们常在一起，他们在工作中的奉献精神和优秀品质，给我留下了深刻印象。

1958年我下放在保定安国县南楼底村，同团中央国际联络部老干部谢邦定同吃、同劳动、同睡一个炕。他是组长，学习、劳动都是我的榜样，亚疗收到的许多国际物资，就是他在国外经外交努力赠送的。我们在北京讲起亚疗，都有深厚感情,他回忆说:"1951年在小汤山举行首次选址奠基时,我是参加的,还讲了话。前几年有一次去西山八大处经过亚疗,我特意在门外张望,很想进去看看,只因没有熟人,很遗憾。"谢邦定同志和团中央许多老干部对兴建亚疗有特殊贡献,对亚疗的深情厚谊,不亚于我们调离了亚疗的同志,可以说:团中央许多老干部和亚疗全体同人在工作中的火红的热情和忘我精神,是值得珍惜的一笔精神财富。

附　录

国际学生联合会章程[①]

前　言

（本前言于1946年8月27日星期二在创建国际学联的世界学生代表大会上制定并通过。自此之后本前言一直未作修订，因为它表达着创始成员组织的原始愿望。）

我们全世界的学生

○于1946年8月聚集在布拉格，参加由伦敦国际学生会议1945年11月选举产生的国际筹委会召开的世界学生代表大会。

○意识到正在制订《联合国宪章》以及全体工人和青年正在努力为人类向着社会和经济进步的基本目标前进的事业服务的这个时代的历史意义。

○忠实地遵循我们成员中那些在民主人民为争取他们的自由而进行的战斗中牺牲的最优秀分子的榜样。

确认我们的意志是要

○重新建立一个向往自由、和平与进步的更加美好的世界，并在世界青年的前列中占有我们在以往历史进程中曾经常占有的那个位子。

为此目的，我们现在建立国际学生联合会。

国际学生联合会认为，一切为进步而努力，并将他们的活动建立在联合国的原则基础之上的民主力量的团结，是实现公正与持久和平以及各国人民的平

---

①　本附录中收入的《国际学联章程》及其附件的英文原文是从现在国际学联的网页上下载的。本章程于1946年8月27日星期二在世界学生代表大会上由绝大多数代表正式批准。从那时起它即生效实施。本章程于1953年第三次世界学生代表大会、1956年第四次世界学生代表大会、1960年国际学联第六次代表大会、1971年国际学联第十次代表大会、1987年国际学联第十五次代表大会和1991年国际学联特别代表大会上对前言以外部分作过修订。20世纪80年代末和90年代初东欧国家和苏联发生剧变后，国际学联于1992年1月在塞浦路斯举行了第十六次代表大会，这次代表大会选举了国际学联新的领导机构，同时对国际学联的章程作了不少改动。我们现在从国际学联的网页上下载的这个国际学联章程及其附件，看来就是国际学联第十六次代表大会通过的章程及附件。

等的不可或缺的条件。

建立在不同国家有代表性的学生组织基础上的国际学生联合会,其目的应是捍卫学生们的权利和利益,促使改善他们的福利和教育水准,使他们受到培养,为承担起作为民主公民将面临的任务而做好准备。

第一节 名称

这个组织的名称应为"国际学生联合会"(以下简称"国际学联")。

第二节 总部

国际学联总部设在捷克斯洛伐克的布拉格。

第三节 宗旨

国际学联,作为一个有代表性的、具有广泛基础的、世界性的,独一无二的、民主的、多元化的、独立的、非赢利的、非政府的、工团主义的(类似工会性质的)、非党派性的国际学生组织,将代表并捍卫全世界学生的利益,努力争取实现以下目的:

○通过普遍推行免费的中小学义务教育,使人人都受到教育;使大家不分政治信仰、宗教信仰、肤色、种族、性别、性别倾向、经济状况、社会地位的不同,或是否有任何残疾都同样有受到高等和大学教育的权利;使大家都有权利获准得到合宜的教育经费和进入广泛的国家奖学金体系,并得到家庭补贴,得到免费的基本学习材料;使学生们能享用维护学生健康的各种设施和享用改善他们生活条件的其他种种手段,使他们能够从各种文化成就中充分受益,充分发展他们的个性,把"教育变成一种权利,而不是一种特权"。

○实施教育改革和教育民主化,实现学术自由和大学自治。

○尊重学生的利益,维护他们的权利,特别是他们的结社权以及参与一切相关的决策进程的权利。

○在各自的社会中朝着符合人民的愿望和需求的方向发展教育与科学。在学校和学术团体中推进和实行教育为和平与友谊服务的原则和目标。

○表达有效的国际声援,支持作为人民组成部分的学生参加争取自由、民族独立、经济和社会进步、民主、平等、人权、国家主权和自决权,争取和平与安全,反对帝国主义、新老殖民主义,反对专制独裁、极权主义、法西斯主义、宗教原教旨主义以及一切形式的歧视特别是种族歧视的斗争。

○动员学生参与全球争取和平与裁军，争取防止核战争、消除核武器或其他大规模杀伤性武器、解散军事集团，争取实现国家间的合作和睦邻关系的原则，争取在相互尊重与平等、不干涉他国内政、通过政治手段而不采取以使用武力相威胁或使用武力的方法解决国家之间的一切问题的基础之上建立一个全球性的国际安全体制。

○对寻求解决阻碍各国发展的严重经济问题的途径，对实现各国间平等的经济关系与安全公正的世界体系的原则而进行的斗争做出贡献，寻求通过共同努力解决人类当前面临的各种全球性迫切问题，特别是环境、持续发展、贫困、人口过剩、吸毒、健康等问题，建立一个公正的世界信息、文化和传播的秩序。

○促进并捍卫民族文化，尊重各国人民的文化、人文价值和传统。

○争取妇女充分获得平等机会参与在她们各自社会中需要人们在各个层次上都采取积极行动的生活的各个方面。

○在每个国家中实现各种层次上的学生运动的统一。

○促进世界学生之间的友谊、相互了解与合作，实现世界学生群体的团结。

○积极参加世界青年运动的活动，为发展青年之间的合作和对话、为他们的联合行动做出贡献。

第四节 活动

国际学联将秉承在本章程第三节中所描述的宗旨的精神开展活动。这些或由国际学联直接组织，或与学生组织或其他组织合作举办的活动可包括：

○一般的或专门的国际性、地区性、次地区性和全国性的学生会议，以及为实施这些会议可能决定的政策和项目而认为必须采取的一切行动。为争取尽可能广泛的学生参与这些行动，以及为拟订一些能吸引具有各种政治、思想意识、社会、宗教、文化和种族背景的学生都参加的国际学生运动的最广泛和有效的联合行动的决定而进行的工作。

○支持和鼓励各国学生及其组织为实现更好的国际谅解、维护和平、促进裁军、争取民主教育、平等、学术自由和学生权利而做出贡献，对争取全球性问题的进展和解决而开展的斗争做出贡献。

○给予学生一切可能的帮助，为支持各国学生及其组织进行争取民主、自由、人权、自决、国家主权和民族独立的斗争开展国际声援活动。

○组织救济工作，并为此目的对有需要的学生及其组织提供物质和经费上的援助。这就需要设立专门的基金和发起全国性和国际性的运动。国际学联在这种救济工作中应与合适的机构进行合作。

○通过提供政治、道义和物质支援的方式,开展国际支援运动,以支持学生为维护学生权益而争取教育改革和教育民主化、促进学术交流而进行的斗争。

○收集有关学生问题的信息并向世界各国介绍这些信息。

○保持并加强与联合国系统,特别是与联合国教科文组织的沟通渠道,就学生关心的一些共同问题与其他国际组织发展密切联系。

○向各国际组织介绍学生的种种问题。

○与国际性和地区性民主组织就共同关心的事项发展密切的接触。特别要把重点放在同地区性和国际性学生机构以及其他青年、学术、科学和社会机构与团体的合作问题上。

○在院系对口的基础上推进学生之间和学生组织之间各种形式的实际合作。

○鼓励学生的文化活动。

○开展多种形式的学生旅游、远足和交流活动。

○组织或支持学生的体育活动。

○提倡国际学生通信活动。

○出版国际学联的正式刊物,根据发行的需求尽可能用更多的世界上通用的主要语言出版。

○建立国际学联的专门机构或代理机构,以便于在学生感兴趣的各种专业领域中开展活动。

○为促使实现国际学联的宗旨而需要开展的其他活动。

第五节　工作方法

为实现以上宗旨与活动,需要遵守以下组织原则和工作方法:

○国际学联应在其范围内帮助其会员组织和友好组织进行足够水准的

　　○信息交换;

　　○关于某些专门问题的研讨;

　　○协调在一些政治性、工团性(如工会)或其他性质的问题上取得一致意见,并促使采取联合行动和/或平行行动。

○国际学联在采取促进对话、包容和相互尊重彼此意见与努力达成共识的方法以实现上述各项时,应考虑到本组织的严格的非党派性、民主的多倾向性和多元架构的性质。

○国际学联应寻找种种方法吸纳其会员组织直接参与各种决策的过程；这种参与应通过在领导机构中的直接参与和通过建立使会员组织直接参加选举产生的执行机构和咨询机构并在这些机构中进行协作的机制来加以实现。

○国际学联在履行自己宗旨和进行自己活动中，当涉及某个特定国家的学生运动时，应首先考虑到该国学生运动所处的特殊现实情况。

第六节　国际学联的会员，其权利与义务

会员

1.基本会员单位

国际学联的基本会员单位是全国学生联合会（全国学联）。那些结构广泛、均衡地代表在一个国家（地区）中的或来自该国（地区）的学生并真正代表他们权益的学生组织可视为全国学联。这些组织应：

○由学生监督和管理，其全部权力机构的所有成员均由该组织的成员经民主选举产生；

○自主地和独立于国家当局或其他非学生势力之外进行独立决策；

○对在相关国家或来自该相关国家的全体学生开放，不管他们的政治信仰、宗教、肤色、种族、性别、婚恋倾向、经济状况、有无残疾、学习领域、学习地点、社会地位如何。

○代表在相关国家中或来自相关国家中根据上述三原则组织起来的学生的多数，并是该相关国家或来自该相关国家的唯一这类机构。

2.会员的类别

国际学联会员的类别为：

○正式会员

○联系会员

○具有咨询地位的会员

正式会员

国际学联的正式会员应是能满足为全国学联设定的上述标准的组织，达到以上为全国学联设定的大部分基本标准的以下各种组织也可以例外的是国际学联的正式会员：

○除了"代表在一个国家中或来自该国家的大多数学生"这一条外达到了为全国学联设定的所有标准的组织；

○设有一个代表该国的或来自该国的学生的学生部的全国青年组织,条件是相关的该国家中不存在全国学联,而且这些全国青年组织除"代表该国或来自该国的多数学生"这条以外达到了为全国学联设定的全部其他标准;

○能够联合本国国内或在国外的两个以上全国学生组织(或两个以上区域性、地区性的院系或大学学生机构),而且如果这些学联除了"代表在某国国内或来自该国的学生的多数"这一标准外在总体上都达到了为全国学联设定的所有标准的全国性学生代表团体。如果一个国家或地区只有一个具有这种现实条件的学联申请成为会员,如国际学联代表大会有三分之二的多数票同意接受,该学联也可以作为正式会员入会;

○任何其他在国际学联代表大会上有三分之二的多数接受的案例。

正式会员的权利

作为国际学联正式会员的每一个组织都有权利:

○取得参加国际学联代表大会的代表地位。

○参加国际学联代表大会的全部进程。

○提出建议和动议供国际学联代表大会和执行机构讨论。

○选举和被选举进入国际学联的各执行机构。

○当国际学联的领导、执行和咨询机构开会讨论或决定直接涉及一个会员组织的问题时,这个会员组织有权参加这些会议。

○向国际学联寻求协助以实施本组织要执行的任何特别活动或项目。

○在其名称中使用其国际学联会员资格及利用国际学联的会徽。

○退会和/或暂停其会籍。

正式会员的义务

成为国际学联正式会员的每一个组织均承担以下义务:

○接受国际学联的章程并为实现其宗旨和原则做出积极的贡献。

○对实施国际学联的权力机构和执行机构按照章程和政策作出的决定做出贡献。

○缴纳会费及国际学联代表大会的决定所要求的其他费用。

联系会员

应接纳联系会员。这类会员是有资格成为国际学联的正式会员并享有其权利,但受到其自身章程的限制只接受有限的义务并作为回应取得联系会员的某些权利。这些义务和权利由国际学联章程委员会和相关组织之间签订的协议予以确定,并须得到国际学联下一次代表大会的批准。

有咨询地位的会员

有咨询地位的会员是:

○有资格成为正式或联系会员的、但只愿意与国际学联有工作关系的组织,可申请国际学联的咨询地位。这些组织可以参加国际学联的代表大会但没有表决权,可寻求国际学联的协助并参加国际学联的各种活动。

○没有资格成为正式或联系会员的、但愿与国际学联只有工作关系的组织,可申请国际学联的咨询地位。这些组织可以参加国际学联的代表大会但是没有表决权, 可寻求国际学联的协助并参加国际学联的各种活动。这些组织应是:

○不符合以上为正式会员设定的标准的全国学生组织或设立了具有自治权的学生部的全国青年组织(条件是它们能充分民主、独立和自主地进行决策)。如果在相关国家或地区中已有一个是正式会员或联系会员的学联,它可以提出反对同一国家或地区的全国学生组织或青年组织的参加。这样的反对意见提出之后,有关的全国学生组织或全国青年组织需要国际学联代表大会上三分之二的多数赞成才能被接纳为国际学联的会员。

○能够代表某一特定的少数民族或种族或民族社区的学生组织。如在相关国家或地区已有一个是正式会员或联系会员的学联,它可以反对同一国家或地区的这一个学生组织的参加。这样的反对意见提出之后,这个学生组织需要国际学联代表大会三分之二的赞成才能成为国际学联的会员。

○在建立全国性学生组织之前的时间里的一个不具有全国性学生组织的国家中的地方性的、大学的或全国的院系学生会。

○特殊性质的学生组织:诸如宗教、人文、体育、救济、新闻、交流、旅游或妇女的学生组织。如在相关国家或地区已有一个是正式成员联系会员的学联,它可以反对同一国家或地区的这一个学生组织的参加。这样的反对意见提出之后,这个学生组织需要国际学联代表大会三分之二的多数赞成才能成为国际学联的会员。

○某个特定国家在国外留学的学生组织。如果该国或地区有一个学联已经具有正式或联系会员的地位,它可以提出反对以上组织入会。提出这一反对意见后,这个学生组织需要国际学联代表大会三分之二多数赞成方可被接纳为国际学联的会员。

○在某个特定国家留学的海外学生组织。如果所接受国的国家中已有一个已具有正式或联系会员资格的组织地位，它可以提出反对上述组织入会。在提出这一反对意见的情况下，这个学生组织需要国际学联代表大会三分之二多数赞成方可被接纳为国际学联的会员。

○全国性中学生联盟(全国中学联)可申请国际学联的联系会员地位。这些组织有资格参加国际学联有关中学教育事项的专门性活动。国际学联内代表中学学生(中学生)的专门机构的中学联成员将自动成为具有咨询地位的会员。

它们也能参加国际学联的代表大会但无表决权，可寻求国际学联的协助并参加国际学联的其他活动。

○国际学联代表大会将以三分之二多数赞成票的方式考虑任何申请加入成为这类会员的其他合适案例。

○咨询地位并不要求全盘接受国际学联的章程，只要求建立与国际学联的活动有关的某种工作关系。

入会和退会

○通过常设秘书处申请入会的学生组织可由理事会决定予以接纳，但须经下届国际学联代表大会批准。理事会在作出决定时应遵守上面说明的多数票数。这些决定应根据国际学联章程委员会按照"会员及其复审"的细则的规定提出的建议作出。

○意欲退会的国际学联会员组织必须将其决定通过常设秘书处告知理事会。这些组织可以向下一届国际学联代表大会提出他们退会的理由。

○加入国际学联并不排斥加入其他组织。

国际学联会员的复审

国际学联会员之会籍应在国际学联代表大会上根据国际学联章程委员会所准备的建议进行复审。章程委员会应在关于"会籍及其复审"的细则的指导下进行其工作。

在复审国际学联会员的会籍时，国际学联章程委员会为了维护国际学联的特性与原则和维护各国学生组织的民主原则可以建议：对某一会员组织发生的某一变化给予注意；对某一会员组织的会员类别作出变更；中止某一会员组织享有的章程规定的某些权利；在一定时期内冻结国际学联某个会员的会籍；终止国际学联某一会员组织的会籍。终止国际学联某一会员组织会籍的建议须在国际学联代表大会上以三分之二的多数赞成票通过。

国际学联理事会会议在通过这种复审时需要三分之二的多数票。这种决定需要得到国际学联下届代表大会的批准。

第七节　国际学联的权力、执行和咨询机构

国际学联的最高权力机构是代表大会(以下称国际学联代表大会)。

其执行机构是理事会和常设秘书处。

国际学联的咨询机构和论坛是章程委员会、审计委员会、地区性协商论坛和专题性论坛。

权力、执行和咨询机构在行使其职权时应:

○把本章程的原则与宗旨和世界学生的利益作为它们遵循的唯一指导方针。

○本着世界不同学生组织之间互相尊重和平等的精神行事并竭力反映国际学联会员组织的看法。

○尊重国际学联会员组织的独立、主权、组织的完整性和自主性。

国际学联三个组织机构之间的内部相互关系应确定如下:

国际学联代表大会作为全体会员组织都可直接参加的最高权力机构有权根据本章程作出有关本联合会的任何决定。

代表大会在两次代表大会之间作出决定的权力(除本章程中有明确规定者以外)应转交给理事会;

在理事会的两次会议之间,常设秘书处应执行国际学联代表大会和理事会所通过的决定,跟踪其执行情况,并与章程委员会和审计委员会相互协调以平稳地管理国际学联的工作。

地区性协商论坛和专题性论坛应通过向国际学联的权力机构和执行机构提出由会员组织本身或由其代表参与拟定的详细政策的方法充当协助它们工作的咨询论坛。

章程委员会和审计委员会作为咨询机构应履行国际学联章程的有关部分为它们确定的任务。

第一分节　国际学联代表大会

代表大会有权:

○修改章程、议事规则和细则;

○审议上次代表大会以来国际学联的工作；

○讨论理事会和常设秘书处的工作报告；

○讨论章程委员会的报告；

○审查国际学联会员的会籍；

○讨论审计委员会的报告；

○讨论国际学联各专门机构的报告；

○拟定国际学联的政策与纲领；

○通过国际学联政策和纲领的决议；

○在世界各地建立国际学联的代表处（遵照"关于国际学联的代表处"的细则）；

○设立专门机构协助落实国际学联的政策；

○使国际学联加入其他组织；

○批准新会员加入国际学联；

○批准预算并确定会费和其他费用交纳的规模及日期；

○选举理事会的成员，选举常设秘书处、章程委员会和审计委员会的成员。

代表大会应由来自国际学联全体会员组织的代表组成。来自一个国家的具有正式或联系会员地位的会员组织具有一票表决权。也可邀请观察员和贵宾出席代表大会；

代表大会至少每四年举行一次；常设秘书处经与理事会成员协商应在代表大会召开前不迟于三个月内把有关代表大会的议程、日期和地点的建议通知所有会员组织。常设秘书处应努力向会员组织提供尽可能多的信息并提供会员组织之间的信息。

在不少于国际学联全体正式和联系会员组织中三分之一的会员的要求下，可召开非常代表大会。

国际学联代表大会应遵照在每次国际学联代表大会开始时通过的"国际学联议事规则"进行工作。

代表大会所有的决定均应通过投票表决通过。除另有规定者以外，所有决定都应取得出席会议的正式或联系会员组织的半数加一的多数票。

代表大会的法定有效人数应由国际学联正式会员和联系会员总数的三分之二的代表团构成。如在确定开幕之时代表大会的法定人数不足，它将推迟24小时召开。如果国际学联正式和联系会员组织总数的一半加一已到场，代表大会可认为已达到法定人数。如果达不到这个人数，应在6个月内召开一次新的代表大会。

第二分节　理事会

理事会在代表大会之间执掌国际学联代表大会的权力,章程中专为代表大会保留的那些权力除外。

理事会行使职权的方式与国际学联代表大会类似(正如本章程第一分节中所规定的)。

理事会应每年开一次会。也可要求观察员和来宾出席理事会会议。

理事会的三分之二的成员构成它的法定人数。如果在确定开会时理事会法定人数不足,它将推迟24小时。如果理事会的正式和联系会员组织总数的半数加一到会,理事会即可被认为达到法定人数。

理事会有权制定出到下一次理事会会议之前这一时期国际学联的工作计划。

理事会的成员及其在代表大会上的选举应遵照"关于选举规则及程序"的细则加以决定。

国际学联理事会应由国际学联常设秘书处成员、国际学联章程委员会成员和地区性协商论坛及专题性论坛的代表(或主席组织的代表)组成(如"关于国际学联地区性协商和专题性论坛"的细则所规定的)。

理事会也有权以三分之二的多数表决票决定国际学联加入其他组织,或在世界各地设立国际学联的代表处。

理事会的全部决定均以投票表决通过。除另有说明者以外,所有这些决定均须与会的正式或联系会员组织以半数加一的多数通过。理事会内的决定也可采取在理事会成员间进行民意投票的方式通过。"关于民意投票方式"的细则应对此进一步作详细说明。

第三分节　常设秘书处

常设秘书处贯彻执行国际学联代表大会和理事会通过的政策、决定和项目。"关于国际学联常设秘书处的作用"的细则应进一步确定其职能。

常设秘书处的活动及其决定受理事会监督,常设秘书处应向理事会提交定期工作报告。

国际学联常设秘书处受托管理国际学联总部的运转、监督各专门机构的工作、管理国际学联的财物和财产、保存国际学联的档案和文件、协调国际学联代表处的工作。

国际学联常设秘书处、常设秘书处在国际学联代表大会的选举产生、理事会对常设秘书处成员的更换/重选,均遵照"关于选举规则和程序"的细则加以确定。常设秘书处由主席、总书记、司库、五位地区秘书和五位主管专门的分工工作的秘书(教育,学生权利和学生自由,信息,联络与宣传,与国际机构和组织的联络,妇女的平等和权利)组成。国际学联常设秘书处在国际学联总部办公,除非国际学联代表大会 (或国际学联理事会以其成员的半数加一投票通过)决定由于财政或其他职能上的考虑而派其某些成员驻在国际学联代表处工作;在这种情况下留驻国际学联总部的最少的代表人员为主席、总书记和司库。

当选的会员组织根据"关于选举规则和程序"细则的规定委派其代表。国际学联常设秘书处的成员有义务执行国际学联代表大会和理事会委派给他们的使命。他们在国际学联常设秘书处的工作中不应执行或牵涉到他们本国委派的使命。

在代表大会之间的时期里,国际学联常设秘书处代表联合会与任何第三方打交道,在任何法律机构或当局面前代表国际学联的应是其主席、总书记和司库。上述人员中任何二人的联署签名对学联均有约束力。常设秘书处的成员在履行国际学联委托的公务和职能时,应偿还他们为此支付的花费。

国际学联常设秘书处通过内部工作条例以确定其工作方法,这些条例须提交理事会下次会议批准。

国际学联代表大会之后离任的常设秘书处,其工作可延长到代表大会召开后的三个月之内。在此期间内,将离任的和新选出的秘书处应在联合签署的议定书基础上安排国际学联财产和物资的交接事宜,并准备平稳的过渡。新当选的常设秘书处应在为期三个月的期限结束时承接全部责任。

常设秘书处决定邀请出席国际学联代表大会或理事会会议的观察员和来宾。上述权力应在"国际学联议事规则"中确定。

常设秘书处应在合同基础上雇用个别人员作为办事员,根据他们的专业知识和经验安排他们在常设秘书处的处室和专门机构担任工作任务。它也可以雇用技术人员去执行国际学联总部管理方面的任务。所有这一切均应在相关的财务拨款的基础上去做。

第四分节　章程委员会和审计委员会

章程委员会：

○有权处理与解释章程有关的事项，审查并推荐新组织的入会申请，对某一会员的会籍进行复审，并向理事会和代表大会准备一份涉及国际学联各机构和论坛所作的决定和采取的行动是否符合章程的报告。它审查常设秘书处成员的资格证书，在每次代表大会开始时它作为权力机构审查各个代表的资格证书并宣布是否达到了法定人数。"关于国际学联章程委员会"的细则应进一步确定这个机构的职能。

○章程委员会由五人组成，他们是按照"选举规则和程序"的细则在地区基础上选举产生的。章程委员会的成员在他们之中选举产生章程委员会的主席组织。

○章程委员会各委员的组织单位不得在国际学联常设秘书处或审计委员会内任职。

○当需要投票表决通过决定时，章程委员会的全部决定均以半数加一的多数通过，少数人的意见也要作为情况予以通报。

审计委员会：

○有权检查国际学联预算的实施情况并对国际学联的财务和财产提出总的看法；它与国际学联理事会任命的正式审计员合作准备国际学联的审计报告。它将在理事会会议和国际学联代表大会上提出关于国际学联财务和财产的报告。

○它由国际学联代表大会选出的五位成员组成。这些成员是遵照"选举规则和程序"的细则在地区基础上选举产生的。

○审计委员会的成员以观察员的资格出席理事会的会议。

○审计委员会的会员组织不得在理事会内任职。

○审计委员会的一切决定均须由半数加一的多数票通过。

第五分节　地区性协商论坛、专题性论坛、少数派论坛

国际学联会员组织有权建立各种作为咨询机构的论坛，以协调具体事项、便于作出决定、增加信息流通，使国际学联会员组织有渠道直接参与国际学联的工作。这些论坛并不自主地活动，而必须将其项目和建议提交权力或执行机构开会通过。"关于国际学联地区性协商论坛和专题性论坛"的细则应确定这些论坛的职能。这些论坛在任何情况下都不抵消任何一个会员组织在任何时候提

出动议要求通过采纳的权利。

　　地区性协商论坛建立在清楚地界定的地区划分的基础之上(包括在"关于国际学联地区性协商论坛和专题性论坛"的细则之内)。该地区全体会员组织都自动有权参加这些论坛。地区性协商论坛有权就该地区的发展及/或其学生运动的有关政策提出动议,在该地区和国际学联之间起联系作用并协助落实已作出的决定。在两次代表大会之间,地区性协商论坛的工作由国际学联代表大会期间举行的地区性协商论坛会议上选出的协商论坛的代表机构进行协调,该机构由地区秘书(他作为主持人并且是国际学联常设秘书处的一位成员)及"关于国际学联地区性协商和专题论坛"细则中所确定的一些组织组成。

　　专题性论坛是在自愿基础上围绕要求参加的会员组织认为对工作重要的专题和事项建立的。每个会员组织都有权在国际学联代表大会上作出三个自愿性选择。那些为国际学联常设秘书处各分部保留的事项不能提出来供自愿选择,因为这些事项被认为对国际学联的全体会员组织都具有重要性和优先性。根据令人发生的兴趣和参加者多寡的程度,各种专题性论坛享有在"关于国际学联地区性协商和专题性论坛"细则中所说明的权利。专题性论坛有权就与论坛的专题和事项有关的政策提出动议,在参与论坛的那些成员组织之间和在整个国际学联中起联络作用,并协助落实已作出的决定。在国际学联两次代表大会之间可以建立特别的专题性论坛,这些论坛应向常设秘书处和章程委员会进行登记。在代表大会之间,专题性论坛的工作由在代表大会召开时举行的专题性论坛会议选出的代表(或联络小组)进行协调,这些论坛由论坛的主席组织和一些由"关于国际学联地区性协商和专题性论坛"细则所确定的组织组成。

　　地区性协商论坛和专题性论坛的全部决定均应由出席论坛注册会员半数加一的赞成票通过。

　　地区性协商论坛和专题性论坛在他们的财务拨款允许的情况下有权雇用有专门知识和经验的个别常务办事员以执行一些特别的任务。

　　学联会员组织提出的动议未被权力或执行机构接纳时有权组成少数派论坛。这些少数派论坛应向国际学联代表大会程序委员会登记,或在两次代表大会之间向国际学联常设秘书处和章程委员会登记。少数派论坛有权要求将其意见列入会议记录作为大会通过的文件的附件,并通过国际学联的刊物传播他们的意见。

第六分节　国际学联的专门机构

国际学联代表大会设立若干专门机构以处理以下事项并在某些专门领域中提供服务。专门机构根据由国际学联代表大会通过的这些机构自己的规则进行活动。这些专门机构应向国际学联代表大会和理事会负责,向理事会报告工作。

专门机构由常务办事人员管理。这些常务办事人员遵照"关于选举规则和程序"的细则予以任命。

国际学联常设秘书处监督专门机构的工作。专门机构的办公室按照国际学联代表大会或理事会的决定设在国际学联总部或它的任何代表处。

代表中学生和中学生学联的专门机构应有其本身章程确定的与国际学联在职能上与组织上无关的自主权。其章程应完全由全国性中学生联合会或中学生专门机构参加的全国中学联起草和通过。

第八节　预算和财务

国际学联的财务来源是:

○会员会费和会员组织按商定的数额缴纳的费用;

○不反对国际学联原则的其他组织给予的费用和其他捐赠;

○国际学联的物资和出版物的销售所得;

○"国际学生身份卡"销售所得;

○由国际学联和以国际学联名义由会员组织举办的学生或其他财务活动;

○来自国际学生有限基金会的收益。

常设秘书处做出财务预算草案,提交理事会和国际学联代表大会批准。"关于国际学联预算和国际学联审计委员会"的细则应列出需要遵循的有关程序。

在预算批准以后,国际学联理事会可根据会员组织内部情况的变化对会员组织缴纳的会费做出变动。

对预算的修订可在理事会的任何一次会议上投票决定。

理事会任命国际学联的正式审计员。

任何时候如国际学联被解散,应由国际学联代表大会决定其基金和财产的用途。

第九节　议事规则和细则

附在本章程中的议事规则和细则应由出席国际学联代表大会的三分之二的多数投票通过。

第十节　章程

在任何一次国际学联代表大会上,对章程的修订应由国际学联全部正式和联系会员的三分之二的多数通过。对章程的修订也可通过在国际学联的正式和联系会员中进行民意投票的方式进行，并须获得同样的多数票。"关于民意投票"的细则应对此作更详细的规定。

本章程应译成有学生组织加入的所有国家的语言文字。阿拉伯文、中文、英文、法文、俄文和西班牙文的正式文本对章程的解释来说都具有权威性。

章程附录

定义

为本章程的目的及其解释：

1."学生"一词是指那些正在攻读大学或研究生学业的人。正在大学、教育机构、培训学院和技术学院里攻读更高的学业课程的中等以上的高校和大学学生(简称"大学生")可以通过他们的学联获得国际学联正式或联系会员地位。这种情况也适用于"大学生"和中学生混合组成的学联。纯粹是中学生的学联只能获得国际学联联系会员的地位。

2."国家和/或地区"应根据联合国制定的列入国家和/或地区的名单加以确定。国际学联代表大会或理事会会议可以三分之二的多数票对这个名单加以追加或修订。

（于问陶翻译,徐葵校译）

国际学联章程附件

一、国际学联章程细则8件

(一)选举规则与程序细则

选举程序

1. 国际学联中所有职位的选举均应采用秘密投票方式。只有程序委员会颁发的选票才为有效选票。任何一张选票上如有违反秘密投票程序的标记,应认为是无效选票。代表填写选票时应在候选人(人数多少按第2条或第3条规定)姓名栏中填上"+"或"×"记号,或不填任何记号(弃权)。

2. 选举单个职位的选举程序应要求胜出的候选人在第一轮选举中获得有效票总数50%+1的选票。如果在第一轮选举中没有一个候选人获得必要的选票数,应对希望继续参加选举的候选人以同样的方式进行第二轮投票。如果仍无明确结果,则应安排第三轮投票,在第二轮投票中得票数最高和次高的候选人将进入第三轮投票。根据第三轮,即最后一轮投票结果,将决定胜出的候选人,得票数最多的候选人应被确认为当选。

3. 在选举设有×个职位的机构时,正式或联系会员应在每一轮选举中行使他们选举×个候选人的权利。在第一轮选举中得票数超过总选票50%+1并厕身于获得实际投票数中最高票数的×名候选人之列的候选人应为获胜的候选人。

如果在第一轮选举中没有一个候选人或几个候选人获得必要的当选票数,应为愿继续参加选举的候选人按同样方式举行第二轮投票。如仍无明确结果,则应安排第三轮投票。在第三轮投票中获得竞选剩余职位最高票数的候选人应被确认为当选。

4. 整个选举程序应由一个或几个选举监督人监督,监督人应是选举、申诉和争议的最后仲裁人。监督人由程序委员会任命,在任何情况下监督人均不得从与候选人有直接关系的组织中产生。

5. 如选举监督人不能解决申诉和争议,或有人提出选举舞弊的指责,应把问题提交程序委员会,程序委员会应决定是否取消选举结果,并/或重新举行选举,并/或重新推举候选人,并/或把对选举舞弊负有责任的组织开除出候选人名单。

6. 如在一次选举中出现票数相等的情况(如果这一情况明显影响到选举

结果的话),应安排对获票相同的候选人的第二轮投票。如在第二轮投票中仍出现票数相等的情况,则用抽签方式作出最后决定。

7. 在每次选举中,应赋予选举人选择投不同候选人的票和弃权的权利。如在一轮选举中弃权的票数超过有效总票数的50%+1,这一轮投票应再次进行。如第二轮投票得出同样结果,则应重新开始推举候选人。

8. 所有执行机构和咨询机构的选举均应在国际学联代表大会期间由相应的选举人机构进行。如在两次代表大会之间出现职位的空缺,则代表大会的选举权应转交给国际学联理事会。

程序委员会

9. 推举进入程序委员会的候选人应不迟于国际学联代表大会宣告的正式开幕日之前21小时提交将离任的章程委员会。候选人应按个人身份由正式会员和联系会员推举;在执行他们职务过程中他们本国交予的使命应不予承认。将离任的章程委员会(它按第4条规定在此情况下具有任命选举监督人的权利)应提出每个地区参加程序委员会的人数的建议(相应于预期的工作和顺利举行代表大会的客观需要)。程序委员会成员的选举应由正式会员和联系会员在国际学联代表大会第一次会议上按地区(按照本细则第3条的规定)进行。

国际学联常设秘书处

10. 对国际学联常设秘书处中各个职位的选举应按照第2条规定对国际学联常设秘书处中的每一个职位分别进行投票。国际学联主席、总书记、司库和5个部门秘书的选举机构应是国际学联代表大会的全体会议。地区秘书职位的选举机构应是相应的地区性协商论坛的全体会议。国际学联每个部门秘书职位的候选人人选,应根据将离任的章程委员会的决定,只向有关的特定地区公开欢迎推举。章程委员会应宣告开始推举候选人的时间。

11. 将离任的章程委员会应至少在国际学联代表大会之前3个月以给国际学联会员组织写信通告的方式宣布推举候选人时期的开始。对国际学联常设秘书处中每个职位的候选人的推举应至少在国际学联代表大会召开之前1个月提交将离任的章程委员会(通过国际学联常设秘书处)。

推举材料应包括候选人的个人简历（在学生运动中的经历和所起的作用,语言,组织才能,担任他/她竞选的职位的经验,出生日期,大学肄业生或研究生,毕业的时间,等等)。候选人在选举时应是大学肄业生或研究生。学生组织中已毕业的积极分子,如在选举时尚未满32岁或毕业后尚不到5年,也可被推举为候选人。竞选妇女平等与权利部秘书职位的候选人应是女性。将离任的章程委员会应不迟于国际学联代表大会召开之前3个星期将它在合适的截止期之前收到的推举国际学联常设秘书处职位的候选人的材料分发给国际学联的所有会员组织。

12. 常设秘书处的当选成员在履行使命过程中,如事先通知章程委员会并获得其同意,经审查其提出的替代候选人的资格证书符合本细则第11条规定的条件,其当选组织可更换自己的代表人员。在更换担任主席、总书记或司库职位的当选组织的代表人员时,最迟必须在理事会召开之前2个月通知章程委员会。章程委员会应至少在理事会召开之前1个半月把更替人员的材料分寄给各会员组织,同时宣布其他组织可以推举担任这个职位的新候选人。这些候选人的材料必须最迟在理事会召开之前1个月收到。章程委员会应至少在理事会召开之前3个星期寄出有关这个问题的通知信。接下来理事会会议应遵守的程序就是首先要审查所推举的替代原来当选的代表的候选人是否已取得了信任投票。如果所建议的替代人未能取得信任投票,应为这个职位的候选人组织一次新的投票,新的选举的候选人人选的推举应向建议进行更换代表人员的组织和推举别的候选人的其他组织都公开。

13. 如果任何一个当选的组织(和/或他们的代表)被认为从事违反国际学联章程和国际学联代表大会或理事会的决议的行动,对之可实施开除程序。为启动开除程序,应有三分之一的正式会员或联系会员在不迟于理事会开会之前2个月向章程委员会提出要求。章程委员会随后应至少在讨论候选人问题的理事会会议召开之前1个半月发出有关这个问题的通知信。候选人的资格证书应至少在理事会会议召开前1个月收到。章程委员会应至少在理事会会议之前3个星期发出有关这个问题的最后通知信。在理事会会议上应就开除问题进行投票表决。开除的表决需要获得所投票数的三分之二的多数。如果开除的表决得到通过,应从提出的候选人中组织一次新的选举,以选出担任这个职位的人员。

14. 国际学联任何一个会员组织在常设秘书处中任职不得连续超过两届。此外,在每一次代表大会上至少应更换三分之一的常设秘书处的成员;章程委员会应决定为此所应遵守的程序,或保证这一规定得到实际执行。

章程委员会与审计委员会

15. 章程委员会和审计委员会中每个职位的选举应按照本细则的第2条分

别进行。章程委员会和审计委员会中5个职位(按地区选任)的选举机构应是相应的地区性协商论坛的全体会议。

16. 将离任的章程委员会应至少在国际学联代表大会之前3个月向国际学联会员组织发出通知信,宣告开始章程委员会和审计委员会成员候选人的推举期。章程委员会和审计委员会成员候选人的推举应至少在国际学联代表大会之前1个月送交将离任的章程委员会。

地区性协商论坛与专题性论坛

17. 地区秘书的候选人资格与选举程序在本细则的"国际学联常设秘书处"一章中作了规定。对地区性协商论坛中的代表的候选人的推举应在相应的地区性协商论坛会议召开之前21小时提交程序委员会。地区性协商委员会的代表的选举,应按照本细则第2条,并根据"地区性协商论坛和专题性论坛"细则(第3条)的规定对每个代表分别进行。这些代表职位的选举机构应为相应的地区性协商论坛的全体会议。

18. 对专题性论坛中的代表的候选人的推举应在相应的专题性论坛会议召开之前21小时提交程序委员会。专题性论坛中的每个代表的选举应按照本细则第2条对每个代表分别进行。这些职位的选举机构应为相应的专题性论坛的全体会议。

19. 任何一个在常设秘书处、章程委员会或审计委员会中占有职位的组织,都不能在地区性协商论坛或专题性论坛中再占有职位,但地区秘书除外。任何一个组织都不得在整个地区性协商论坛或专题性论坛中当选两个以上的职位。

理事会

20. 由于理事会由国际学联常设秘书处、章程委员会、各地区性协商论坛的代表,或具有代表资格的主席组织,或专题性论坛的联系代表(按"国际学联地区性协商论坛和专题性论坛细则"的规定)组成,理事会成员的候选资格和选举程序应遵照以上所述的有关规定。

专门机构与执行管理员

21. 对担任专门机构的执行管理员职务(和常设秘书处各个部门中的执行管理员等其他职务)的候选人的推举应提交(监督这些机构的)国际学联常设秘书处。国际学联常设秘书处应至少在选举这些执行管理员之前3个月向国际学联的会员组织和友好组织发出说明对候选人的条件与要求的推举候选人的通知信。关于这些候选人的决定应由国际学联常设秘书处作出,常设秘书处在作出它的决定时应征求执行管理员本国的全国学联的意见。

22. 对地区性协商论坛或专题性论坛的执行管理员职位的候选人的推举应提交地区性协商论坛或专题性论坛的主席组织（并应遵循本细则第21条中规定的同样程序）。

全国学生协会的选举权和被选举权

23. 全国学生协会中的各个学联应通过把给予该国全国学生协会的单一选举权加以划分的办法行使他们的选举权。

24. 全国学生协会当选国际学联中各个职位的权利应规定如下:允许全国学生协会中的每个组织都有提出个别候选人的权利。如果是在常设秘书处、章程委员会和审计委员会中的职位,则从同一个国家中只应选举该国全国学生协会中的一个会员组织（如果该全国学生协会中有一个以上的学联进行竞选的话）。如果一个全国学生协会中的某个学联进行竞选并赢得胜利的话,按上述规定它应有权行使它所代表的那部分选举权。

临时条款

25. 作为一个临时条款,为了有利于国际学联的改革、变动和扩大,国际学联常设秘书处、章程委员会和审计委员会中职位的候选资格应向新申请会籍的学联开放。它们推举候选人的意愿应按照第11条和第16条提出,而且应在它们的入会申请被接受时立刻生效。这一临时条款应对第16次和第17次国际学联代表大会有效。

(二)会员标准和复审细则

会员入会

1. 国际学联会员应根据国际学联章程规定的标准与分类而定。

2. 一个要求成为国际学联会员的组织应向章程委员会提出申请(通过国际学联常设秘书处)。该组织应随申请书提交以下材料:

a. 几个文件

□其决策机构要求加入国际学联的决定及要求成为何种会员的说明;

□该组织的章程,并提供情况,说明其会籍对学生是强制的还是志愿的;

□该组织最近修订其章程的文件。

b. 包含有以下内容的一个报告

□关于其机构与决策程序的描述;

□介绍其选举程序及最近一次选举的细节;

□关于其收入和经费来源的一般介绍,如有可能,则附一份其最近的审计报告;

□该组织对其本国的人权、学术自由与学生权利状况的看法及其这些方面为维护学生的权利采取的行动;

□关于该国学生人数情况(及该国在国外的留学生情况),及加入该组织的高等院校及大学的学生数和中学的学生数;或许可能还有一些学生没有参加该组织的原因;

□该组织要求申请得到特殊会籍的有关材料;

□该组织认为与其入会申请有关的其他材料(比如,已加入其他组织、有关其活动的情况,它对该国教育制度采取的一些行动等)。

3. 章程委员会在研究一项申请时,应听取提出申请的组织希望表达的支持其入会要求的陈述, 并可以要求它和/或该国的其他组织 (会员或非会员组织)提供进一步的情况说明。在分析所得到的情况以后(按本细则第2条的说明用书面方式,或按本条说明用口头方式),应严格根据国际学联章程规定的会员标准和会籍分类作出决定。如果在收集情况过程中感到所提供的情况不准确或会发生误导,有必要做进一步的澄清,章程委员会可进行一次调查,包括派遣一个章程委员会的代表团去进行实地访问。

4. 入会申请应在下一次理事会会议和国际学联代表大会上进行讨论(如国际学联章程所规定的)。为此目的,章程委员会应在完全遵照国际学联章程规定的会员标准与会员分类,并对每一项申请给予充分考虑的情况下提出它"对入会和会籍的审查报告"。可以提出的各种建议为:

○以合适的会籍类别接受该组织入会;

○推迟申请,给予申请者时间以争取符合会员的条件;

○因不符合国际学联会员条件和标准而拒绝申请。

报告中应把详细说明作出这一决定所根据的情况作为一个部分。

对会员的复审

5. 对会员的复审应按国际学联章程的规定在国际学联理事会会议和代表

大会上进行。

6. 章程委员会应对国际学联会员的个案进行复审：

○根据该组织自己的(国际学联常设秘书处的要求)要求；

○在一个组织提出它认为需要对一个会员进行复审的理由后,根据该组织的倡议；

○根据现有正式会员或联系会员中10%的会员提出的依据它们认为需要进行复审的理由的要求。

7. 章程委员会在准备每次例行的国际学联代表大会时应安排一次充分的会员复审。复审应从章程委员会向国际学联全体会员组织发信开始,该信最迟应在代表大会召开之前5个月发出,并须提供包含有根据本细则第2条需要提供的情况文件。

8. 一旦作出了开始对一个会员进行复审的决定,章程委员会应要求接受复审的组织在一个月内递交第2条所要求的文件。并遵循第3条中详细规定的程序。

9. 章程委员会应研究这一案例并在"对一个组织的入会和复审报告"中提出它的建议。各种可能的建议为：

○把一个会员组织的名称的改动记录在案(如果这种改动并不影响会员的地位和类别)；

○把会员从一种会员类别改成适合于该组织当前状况的另一种类别；

○把现有的一个会员组织的会籍冻结一段特定的时间；

○终止某一个组织的国际学联会籍。

应把据以作出终止会籍的决定的说明当做作报告的一个部分。如改变国际学联会员会籍的原因是由于来自外面的机制上的干预和非会员组织所能控制的情况,章程委员会应把这些情况记录在案并在一定时期内作为一种例外情况不执行这一条的规定。

10. 在提出"在一定时期内中止一个国际学联会员组织的某些章程规定的权利"时,章程委员会应考虑以下的标准：

○一个会员组织不履行章程规定的缴纳会费和国际学联代表大会决定的其他费用的义务(在所有这些情况下,中止期应到该组织履行这些义务为止)；

○一个会员组织对与常设秘书处保持联系和接触经常有意表示不感兴趣。

11. 在提出"在一定时期内中止现有的一个会员组织的国际学联会籍"的建议时,章程委员会应考虑以下的标准：

○一个学联组织已有两次有意置理事会或代表大会的"在一定时期内中止

一个国际学联会员组织的某些章程规定的权利"的决定于不顾的情况；

　　○一个学联组织有意违反国际学联的章程和/或有意采取破坏国际学联利益的行动；

　　○一个学联组织已失去其民主性质。

　　12. 一个被中止和/或冻结国际学联会籍的组织不应计入出席会议的法定人数。

　　13. 在提出"终止一个会员的国际学联会籍"的建议时,章程委员会应考虑以下标准：

　　○一个会员组织已停止存在；

　　○一个会员组织已失去其学生的性质；

　　○一个会员组织已有两次置理事会或代表大会的"在一定时期内冻结一个会员组织的会籍"的决定于不顾的情况；

　　○一个会员组织有意参加了破坏学术自由、学生权利和/或人权的行动。

　　如这样一个建议向理事会会议提出并得到2/3的多数票的通过, 这一建议就有把该会员的会籍冻结到下一次代表大会之前的效力。终止某一个会员在国际学联中的活动的决定必须在国际学联代表大会上在关于这个问题的投票中得到2/3的多数票。

　　14. 所有有关中止、冻结和终止国际学联一个会员组织的会籍和对会籍进行复审的建议(或理事会的决定),都应在国际学联代表大会上,在选举程序委员会和通过大会的议程和时间表之后,立即提交大会审议。

　　15. 在国际学联代表大会上,当提出中止、冻结和终止国际学联一个会员组织的会籍的建议(或理事会的决定),并就此问题进行讨论时,所涉及的会员应有权提出申诉,出席大会并在会上发言。

　　(三)国际学联常设秘书处任务细则

　　1. 如国际学联章程规定,国际学联常设秘书处应执行和跟踪国际学联代表大会与理事会通过的政策、决定和项目。它应与章程委员会和审计委员会一起协调国际学联生活的平稳运行。它应协调和监督国际学联的代表处与专门机构。它应受托管理国际学联总部,保存国际学联的档案和文件,管理国际学联的经费与财产。

　　2. 在这方面,常设秘书处的权限应限于只处理有关国际学联代表大会和/或理事会已通过的政策的那些问题。

3. 在不影响决定国际学联常设秘书处的权力和责任的有关条款的情况下，它应有权根据国际学联代表大会和理事会制定的总方针和决议精神进一步发展与以下各部门的工作有关的问题上的政策：教育；学生权利与学术自由；信息；联络与宣传工作；与国际团体和组织的接触；妇女平等与权利以及与专门机构的工作有关的一些问题。

4. 国际学联常设秘书处的工作应由以下任务构成：

a. 跟踪与发展与第3条中列举的各部门的工作有关的工作问题上的政策；

b. 协调执行国际学联代表大会与理事会制定的在不同工作领域中的决定的工作，特别是与有关的地区性协商论坛和专题性论坛合作跟踪国际学联理事会通过的工作计划的执行情况；

c. 监督国际学联预算的执行，管理国际学联的经费与财产，监督国际学联掌握的和参加的所有经济团体；收集会费和缴纳的其他费用；

在审计委员会执行其任务的工作中与其合作并为之提供方便；

d. 在章程委员会执行其任务时与之合作并为之提供方便；

e. 协调国际学联总部及其代表处的工作，使国际学联管理人员和技术人员的工作平稳运行，保存国际学联的档案与文件；

f. 监督国际学联的专门机构的工作；

g. 协助与准备理事会会议以及将召开的国际学联代表大会；

h. 通过与国际学联的日常通信联系，回答在其职权范围内的各种问题并把其他的问题转给有关的机构和论坛（章程委员会、审计委员会、地区性协商论坛、专题性论坛、各个专门机构）；

i. 处理要国际学联参加各种活动的邀请，在这方面跟踪在其职权范围内的活动并在这些活动中代表国际学联，并把其他的活动转给其他有关的机构和论坛（章程委员会、审计委员会、地区性协商论坛、专题性论坛、各个专门机构）。

5. 在过去没有政策的所有其他问题上，国际学联常设秘书处应根据它自己的倡议和/或会员组织的要求请求国际学联理事会授权采取行动。这应视问题的紧迫性和/或重要性以及财务上的可能性而采用以下方式进行：

a. 仅在与地区性协商论坛或专题性论坛有关的专门问题上通过与地区性协商论坛的代表或专题性论坛的代表（或联络小组）的协商，并在取得共识后采取行动（在确定一个问题是属于地区性协商论坛或专题性论坛的专门范围，而不是属于整个理事会的范围时，必须取得常设秘书处的同意）；

b. 在个别问题上通过与理事会成员组织的协商，并在达成共识后采取行动；

　　c. 根据理事会成员组织中10%的成员的要求，就前一阶段协商中未达成共识的问题进行民意公决；如有50%+1的理事会成员表示同意，这就等于是理事会的决定；

　　d. 召集一次国际学联理事会紧急会议，或把问题提交下一次理事会例会。紧急会议可在1/3理事会成员的要求下召开。

　　所有这些决定都需要下一次理事会会议予以批准。

　　6. 国际学联常设秘书处应在它的第一次会议上通过它根据国际学联章程、议事规则和细则制订的内部工作条例（如国际学联章程所规定的），并应详细说明根据当前形势和它所掌握财务条件可以采用的工作方法。这些都应提请下一次理事会会议批准。

　　7. 如果国际学联总部所在国家的国际学联的会员组织不包括在常设秘书处的组成成员中，它应有权有一个代表席位并以观察员身份参加它的会议。

　　(四)国际学联章程委员会细则

　　1. 国际学联章程委员会有权作出对章程的解释，对新的入会申请进行审查并提出建议，完成对一个会员组织的复审，准备向理事会会议和代表大会提交有关国际学联各个机构和论坛所作的决定是否符合各种规定和规则的报告。它将审查常设秘书处成员的资格，并在每次国际学联代表大会开始时充当审查与会代表的资格和宣布大会是否达到法定人数的机构。

　　2. 在要求对章程作出解释时，章程委员会应提供解释。在召开下一次理事会会议或国际学联代表大会之前，章程委员会对章程所作的解释的裁定应认为有效，在理事会会议或国际学联代表大会召开时如提出要修订对章程所作解释的动议，对章程委员会的解释可进行修正。

　　3. 国际学联章程委员会根据自己的倡议，或在国际学联任一机构和论坛的要求下，或任一会员组织的要求下，应决定某一决定或行动是否符合国际学联的规定和规则。如果章程委员会裁定某一决定不符合规定和规则，所涉及的决定或行动的执行应推迟到下一次理事会会议之时，在理事会会议上如提出动议可对章程委员会的裁定进行修正。

　　4. 章程委员会应根据"会员及其复审"细则审议新的入会申请并进行对会员的复审。

　　5. 如发生变更一个当选组织在国际学联常设秘书处中的代表的情况，章程委员会应预先就该组织用以取代其代表的人选的资格是否符合"选举规则与程序"细则中(第11条)所列的标准和要求一事询问该组织是否同意的意见。章程委员会的决定在下一次代表大会之前具有约束力；在代表大会上如有动议,可对其决定进行修正。

6. 在代表大会开始时,将离任的章程委员会应审核与会代表的资格,宣布召开国际学联代表大会的合法性以及到会的法定人数。在审核出席国际学联代表大会(和理事会会议)的代表资格时,它应审核代表们是否合法地和真实地具有所要求的资格,特别是代表们是否符合应是全时大学生,或研究生,或学生组织中毕业时间短于5年,年龄低于32岁的积极分子的原则。不符合这些要求的人应不予登记。

在国际学联代表大会(和理事会会议)上,在有一个以上的代表组成的代表团里必须包括一名女性。如果一个国际学联会员组织不执行这一条,应不予登记。这并不排除由一名女性组成的一人代表团。在有经费困难的情况下,国际学联可用提供旅费的办法帮助有关的组织,以鼓励它们接纳女性参加他们的代表团。章程委员会对这些问题的裁定或它对资格审核的任何决定,可在合适的会议上提出动议对之提出质疑。在作出相应的裁定之前,应中止有问题的人作为代表出席会议的资格。

7. 章程委员会应向理事会会议和代表大会报告其工作。

8. 章程委员会每年至少应在国际学联总部召开一次会议。在闭会期间,它应由章程委员会的主席组织提出倡议,通过与其所有成员进行协商或召开一次章程委员会非常会议的方式对问题作出决定。

9. 所有与章程委员会的通信联系,应通过国际学联常设秘书处(国际学联总部)进行,或直接寄给章程委员会的主席组织。

(五)国际学联预算委员会与审计委员会细则

1. 国际学联的预算草案按照国际学联章程应由国际学联常设秘书处和国际学联理事会拟订,并提交国际学联代表大会批准。

2. 年度预算应按每年1月1日至12月31日的财务年度编制。

3. 代表大会通过的预算应包含能涵盖与召开下一次代表大会之前所必须的年数同样多的时期。

4. 在预算通过后,只有通过理事会会议上进行表决的方法才可对预算作出修正。

5. 在制订预算的收入部分时,应建立以下两个明显的栏目:

a. 直接收入

☐会议会费,各种缴纳和捐赠;

☐来自其他组织(联合国、联合国教科文组织等)的,或来自与其他组织签订的合同的收入;

☐来自国际学联专门机构(国际学生救济委员会等)的收入;

☐国际学生旅游中心的销售所得 (根据国际学联/世界学生旅游中心的共同协议);

☐出售出版物和其他材料的收入;

☐其他。

b. 非直接收入(在扣除所交的税收以后)

☐来自国际学联所有的经济单位(国际学生旅游局等)的收入;

☐来自国际学联参加的经济体(国际学生基金有限公司等)中的债券的红利;

☐其他。

6. 如国际学联章程规定,会费应在召开每次代表大会之前根据将离任的国际学联章程委员会和常设秘书处与每个会员之间的协议确定。在这方面,将离任的常设秘书处应根据以下标准提出一个有关会费的规模的建议:

○加入国际学联的会员数;

○国际学联的整个现状;

○关于国际学联财务情况的报告和它的最新的财务审计报告,这点如有可能的话。

此件应至少在代表大会召开之前4个月邮寄出去, 每个会员组织据此可作出反应,并与将离任的章程委员会以及常设秘书处协商缴纳会费的水平。最后协议应随同国际学联预算草案一起提交给为国际学联代表大会做准备工作的国际学联理事会会议。

7. 在拟订预算的支出栏时,应设立以下两个明显的栏目:

a. 与国际学联的章程机构有关的支出

☐举行国际学联代表大会;

☐举行国际学联理事会会议;

☐举行国际学联理事会常务会议;

☐举行国际学联章程委员会会议;

□举行国际学联审计委员会会议；

□与国际学联章程机构有关的意外开支费用；

□其他。

b. 组织开支

□与工作计划有关的预算拨款；

□对学生组织的声援运动和援助；

□与国际学联常设秘书处的各个部门有关的活动开支；

□出版宣传；

□与地区性协商论坛和专题性论坛的活动有关的预算拨款；

□为开设国际学联的专门机构所需的行政开支；

□为组织开支所需的意外费用；

□其他。

在每个预算年度的末尾，每年的预算执行结果应收入每年的平衡表中。这个平衡表应由理事会任命的正式审计员在不迟于预算年度结束之前两个月内进行审计。

8. 年度平衡表应包括对年度预算执行结果的叙述，对国际学联财产的叙述，并应说明国际学联当前的财务状况。

9. 在每次理事会会议/代表大会上，应提出自上次理事会会议/代表大会以来的各年平衡表。

10. 代表大会上在对涵盖代表大会之前这段时间的审计报告进行审核并认为没有问题之后，应解除常设秘书处对负责国际学联的各种财务活动所负的责任。有关这方面的经济活动的相关文件应在举行下一次代表大会之前保存在国际学联总部。

11. 如国际学联章程规定，国际学联审计委员会应有权监督国际学联预算的执行，监督国际学联的经费和财产；它应与国际学联理事会任命的正式审计员合作起草国际学联的审计报告；应向国际学联理事会会议和国际学联代表大会提出关于国际学联的经费与财产和关于它的工作的报告。

12. 审计委员会根据它所受的委托，应独立地监督国际学联的经费和财产，保证预算得到正确地执行，防止对经费的任何乱用。

13. 国际学联常设秘书处应为审计委员会开展自己的工作提供方便。

14. 审计委员会每年应在国际学联总部至少召开一次会议。

(六)国际学联代表处细则

1. 国际学联代表处的目的是为了在世界不同地区协调特定的国际学联活动而建立国际学联的代表机构提供方便。这些活动可以包括对国际学联地区性协商论坛和专题性论坛、国际学联的专门机构和国际学联常设秘书处各部门的工作的协调和跟踪。在国际学联要求派遣代表的国际政府机构所在地也应建立国际学联的代表处。

2. 国际学联代表处的经费应按照国际学联的预算来确定。为这些代表处的顺利开展工作,某些最低标准的条件是必要的(通讯设施和开支,办公条件和设备,合适的人员配备等)。如果国际学联代表处由国际学联的会员组织或其他学生组织予以接待,国际学联常设秘书处应与有关组织签署专门的协议书,这些协议书将确定这一代表处进行工作的细节。详细说明建立其他国际学联代表处及其运作的文件应由国际学联常设秘书处拟定。

(七)国际学联地区性协商论坛和专题性论坛细则

1. 地区性协商论坛和专题性论坛的组成与功能应按国际学联章程的规定加以确定。它们应作为咨询性论坛发挥作用,目的是协调特定问题上的工作,增加信息流,为国际学联会员组织提供直接参与国际学联工作的渠道。

地区性协商论坛

2. 应建立以下地区性论坛:

a. 非洲协商论坛——它应吸纳来自非洲大陆所有国家/地区和岛屿的组织参加。

b. 亚洲和太平洋协商论坛——它应吸纳来自亚洲大陆、大洋洲和南太平洋的所有国家/地区和岛屿的组织参加。

c. 欧洲、北美洲和其他工业化国家协商论坛——它应吸纳来自欧洲大陆和欧洲经济和合作组织的所有国家/地区和岛屿的组织参加。

d. 拉丁美洲和加勒比海协商论坛——它应吸纳来自拉丁美洲和加勒比海的所有国家/地区和岛屿的组织参加。

e. 中近东和阿拉伯协商论坛——它应吸纳来自中近东的国家/地区和岛屿以及阿拉伯联盟其他会员国家的组织参加。

属于两个地区性协商论坛的组织可以同等地行使它们参加两者的权利。但是它们只能根据它们是它们所属的两个论坛中的一个的成员资格要求选入常设秘书处、章程委员会和审计委员会中的有关职位。

3. 在国际学联代表大会召开期间,每个地区性协商论坛都应由来自相关地区的组织组成。每个地区性协商论坛在其会议上应讨论准备提出有关国际学联在该地区的政策,有关该地区的学生运动和国际学联章程中确定的适合于它的作用的其他问题的动议。同时,每个地区性协商论坛应从其成员中选举一名地区秘书(此人将协调国际学联在相关地区的工作,主持地区性论坛的会议,并在国际学联常设秘书处中代表该地区),以及地区性协商论坛的代表(这些代表应由能代表该地区的不同次地区和该地区的地缘现实的众多组织构成)。地区秘书和地区性协商论坛代表应是国际学联理事会的成员。

4. 在国际学联理事会会议期间,地区性协商论坛应举行来自该地区的所有会员组织参加的会议。在国际学联理事会闭会期间,每个地区性协商论坛应由地区秘书主管并由后者及其代表作为该论坛的代表。这些人将在为每一个地区性协商论坛提供的预算拨款的基础上监督地区性协商论坛的活动(拟订政策动议,跟踪决议执行情况,提供地区与国际学联中其他机构和论坛之间的联络和接触渠道等)。

专题性论坛

5. 专题性论坛应由会员组织志愿行使它们希望选择在3件工作上参与国际学联工作的权利的基础上建立。这个权利应通过填写应由将离任的章程委员会在召开代表大会之前5个月分发给所有会员组织的问卷的方式加以行使。需要在1个月内寄回的问卷应包含各种选择,但也应提供提出其他问题的机会。根据这些填写的问卷并在进行咨询(在国际学联常设秘书处的帮助下)以把同类问题加以归纳之后,应在不迟于国际学联代表大会召开之前3个月把最后的选择清单寄出。必须在1个月内寄回的第二次问卷调查的结果应构成提交国际学联代表大会的应由国际学联的各个专题性论坛在下次代表大会召开之前所包括的一些问题的最后建议。这些论坛依靠它们得到的支持水平应分类如下:

a. 一个常设运动的专题性论坛——如果得到45%以上的会员的支持的话;

b. 一支专题性的任务行动力量——如果得到25%以上但少于45%的支持的话;

c. 一个专题性小组——如果得到10%以上但少于25%的国际学联会员组织的支持的话。

在国际学联代表大会上,每个专题性论坛应在其会议上讨论准备动议的问题,这些动议是与国际学联在与论坛的主题有关的领域中的政策和其他被认为是适合于国际学联章程所规定的论坛的职能的问题是有联系的。同时,专题性论坛应从其成员中选举其代表机构。对一个常设运动的专题性论坛来说,其代表机构应由5个组织组成,每个地区选举一个组织,其中一个组织应担任主席组织。代表机构的成员应是国际学联理事会的成员。对一支专题性的任务行动力量来说,其代表机构的组成应与前者相同;但是只有专题性的任务行动力量的主席组织应是国际学联理事会的成员。对一个专题性小组来说,应建立一个最多由3个组织组成的联络小组,其中一个组织应担任主席组织的角色;专题性的任务行动力量的主席组织应是国际学联理事会成员。

6. 在理事会开会期间,专题性论坛应举行由其到会的所有登记在册的成员组织的参加者组成的会议。在理事会闭会期间,专题性论坛应由主席组织进行协调,并由后者及其余的代表(和联络小组)作为它的代表。他们应根据相应的预算拨款监督专题性论坛的活动(这笔拨款应受相应的分类的影响)。在代表大会闭会期间可按国际学联章程的规定建立临时的专题性论坛(如果它们代表不少于20%的国际学联会员组织),并应赋予派观察员参加理事会会议的权利,这些论坛可得到预算拨款,如在理事会会议上一项要求对国际学联预算作出适当修改的动议得到通过的话。

政策动议和工作计划

7. 地区性协商论坛与专题性论坛按照国际学联章程的规定应拟定与它们相应的工作领域有联系的各种动议。这些动议如在国际学联代表大会和国际学联理事会开会期间被代表大会与理事会会议通过的话将成为国际学联的政策。倡议这种动议的权利是参加相应的地区性协商论坛或专题性论坛的会员组织的一种特权。在代表大会或理事会会议闭会期间,这一权利应给予地区性协商论坛和专题性论坛的代表机构(或联络小组),这个程序还可通过与不包括在这些论坛的代表机构中的地区性协商论坛或专题性论坛的成员的协商方式加以实施。

8. 地区性协商论坛与专题性论坛的代表机构(或联络小组)在贯彻国际学联代表大会或理事会会议通过的政策时应拟订出地区性协商论坛与专题性论坛的工作计划。这些工作计划应在相应的预算项目的基础上提交下一次理事会会议。参加地区性协商论坛与专题性论坛的会员组织有权通过它们的代表机构(或联络小组) 提出建议。为了保持格式的一致和便于在理事会会议上进行比较,各种不同的工作计划思想应填入"国际学联工作计划表"。这些表格由国际学联常设秘书处编制,可向它索取。

(八)民意公决细则

1. 民意公决应就国际学联章程(对国际学联章程的修正案),或"国际学联常设秘书处任务细则"(第5条c)规定的问题进行。

2. 为修改国际学联章程进行民意公决需要:

〇国际学联代表大会、理事会会议投票通过举行一次民意公决的决定或1/3的正式和联系会议提出进行民意公决的要求;

〇民意公决的倡议者应草拟好要专门付诸公决的章程修正案的措词。

3. 为对国际学联常设秘书处任务细则(第5条c)进行民意公决:

〇进行一次民意公决的决定应至少得到10%的理事会成员的支持;

〇民意公决的倡议者应草拟好要专门付诸公决的问题的措词。

4. 民意公决应由国际学联常设秘书处利用书面的联系方式和通过其他合适的联系方式举行。章程委员会应监控民意公决的整个过程。

二、国际学联条例

国际学联代表大会议事规则

法定人数

1. 按照国际学联章程,代表大会的法定人数应由国际学联正式会员和联系会员总数的2/3构成。如果代表大会在确定的开幕时间达不到法定人数,大会的开幕应推迟24小时。如果国际学联正式会员和联系会员总数的50%+1出席,此时代表大会应被认为达到了法定人数。

2. 根据5个正式会员和/或联系会员的要求,在任何一次会议上可要求发表希望在会议上计算法定人数的程序发言。如果会议未达到法定人数,会议主席应宣布散会,直到会议达到法定人数为止。

代表大会的机构或论坛

3. 代表大会应由全体会议、地区性协商论坛和专题性论坛、专门机构会议、其他会议（如工作小组、讨论论坛等）以及一个起草委员会与一个主持委员会(Steering committee)组成。代表大会的所有会议都应向全体感兴趣的代表开放。

4. 除代表大会开幕式(在开幕式最初因发现不到法定人数而重新召开的情况下,全体会议的法定人数按照上述第1条确定)以外,代表大会的所有其他机构如有50%+1的已登记的会员组织代表出席,即应认为达到了法定人数。

代表资格的审查与代表大会的合法性

5. 将离任的章程委员会在代表大会开幕之前应根据"国际学联章程委员会细则"(第6条)审查代表的资格,并向全体会议作一个关于代表大会的合法性与达到法定人数问题的报告。

6. 将离任的常设秘书处在将离任的章程委员会的帮助下将负责与会代表的登记。将离任的常设秘书处应提议将离任的章程委员会应在何时作它的关于代表大会的合法性和达到法定人数的报告。将离任的常设秘书处应主持全体会议直至大会按照"选举规则和程序细则"选出大会的主持委员会。

主持委员会

7. 在代表大会开始时应从正式会员和联系会员根据"选举规则与程序细则"提名的候选人中选出一个主持委员会;主持委员会应负责主持代表大会,所有有关问题都应提交给它。

会议主席

8. 代表大会的每次全体会议都有主持委员会任命的一个会议主席。

9. 在地区性协商论坛和专题性论坛、专门机构、讨论论坛和起草委员会会议上,主席应是具有有关工作的专门知识的人,并应有主持委员会任命。

10. 主持委员会的会议应由从其成员中任命的人担任主席。

11. 会议主席在他/她主持的会上不应行使投票权,不应参加任何实质性的辩论。

12. 主席应负责保证会上有秩序地进行辩论,保证发言人不被打断,除非议事规则中另有规定。主席应严格要求发言人遵守发言的时间限制和遵守主持委员会建议的以及代表大会通过的,或包含在国际学联章程、议事规则或细则中的其他要求。

代表大会的议程和时间表

13. 将离任的常设秘书处和理事会在代表大会的第一次全体会议上应提出

议程草案与日程表草案请求批准。主持委员会应负责遵守已通过的时间表,如有必要,可提出可供选择的建议,以对时间表作出它认为是必要的改动。

观察员与来宾

14. 根据将离任的常设秘书处的考虑(按照国际学联章程的规定)可邀请观察员和来宾参加国际学联代表大会。国际学联的会员组织有权在全体会议上提出动议要求取消对某特定观察员或来宾的邀请,并阐述有关的理由。

与会者的发言权和投票权

15. 正式会员和联系会员组织的代表在全体会议上和代表大会的所有其他机构或论坛的会议上(按照国际学联章程的规定)应有完全的发言权和表决权。具有咨询地位的会员组织应有发言权和在全体会议以及代表大会所有其他机构的会议上提出动议的权利,如果有一个正式会员或联系会员附议的话。

16. 观察员

a. 来自非国际学联会员的国家、地区和国际学生组织的观察员应有发言权和在代表大会的全体会议及所有其他机构或论坛的会议上提出动议的权利,如果有一个正式会员或联系会员组织支持这项建议并把它作为动议提出的话,这一动议应有两个正式或联系会员的附议。

b. 来自其他地区或国际组织与专门组织的观察员在代表大会的全体会议及所有其他机构或论坛的会议上应有发言权。同样的权利应给予一个国家的地区学联,如果有关的全国学联不反对的话。

17. 访问者或来宾在他们向主席提出要求后可向代表大会致词。

辩论的指导

18. 所有动议都应用书面方式提交会议主席。如在会议过程中口头提出动议,应尽快向主席提交书面动议。

19. 不得接受任何动议对之进行讨论,除非它得到另一个代表团的附议。

20. 在同一时间内只能讨论有关某一个主题的一个动议。主持委员会在取得提议者的同意后应把同样的建议加以合并以便一起进行讨论。对动议的几个修正案应同时进行讨论,但在表决时应把第一个提出的修正案第一个付诸表决。如对一个修正案提出几个修正案,对这些修正案将同时进行讨论,在表决原始修正案之前应把对修正案的这些修正案按提出的次序将其付诸表决。

21. 在一个动议得到附议后,动议提出者应把动议向大会作一介绍。然后主席就开立对之参加讨论的发言人名单。在讨论中可提出修正案。在主席允许的情况下,每个代表团希望发几次言就可发几次言,除非代表大会对此表示反对。动议提议者有权在结束对其动议的辩论时作出回答。上述程序也适用于修正案。

22. 按照国际学联章程,代表大会由来自所有国际学联会员组织的代表组成。具有正式会员或联系会员会籍的会员组织应有一票的表决权。

23. 考虑与会者的意见与经验各异,他们采用的方法及对待事物的态度也有差别,在作决定时应尽一切努力在互相接受的协议基础上建立共同的论坛。这样,在作出决定时最好能采用达成共识(意思是不存在积极的反对意见)的方法。当这是不可能的时候,就得遵循章程与议事规则中规定的程序进行表决。在所有情况下,按照国际学联章程应给予机会把特定的分歧意见列入记录,或把少数派论坛的意见加以登记。

24. 代表大会上对所有问题的表决应用出示表决卡的方法来完成,除非有1/3的正式或联系会员要求进行秘密投票。每个代表团都有权要求把它们的立场,反对或弃权,记录在案;为此目的,应准备一个专门的投票记录,并连同代表大会文件予以公布。如果对表决的结果在表决之后立即有争议,可在处理任何其他事情之前重新进行计票。

25. 主持委员会应任命指导人(或选举指导人)以指导对各个决议(各种选举)的投票。主持委员会建议的对各个决议的表决程序应予以遵守。任何一个会员组织都可要求代表大会改变所建议的程序。

26. 如对一个动议投的票票数相等,主席应宣布休会,在复会时不应进行任何进一步的讨论而即重新进行一次投票。如果仍得出相等结果,则不应对此动议作出任何决定。

27. 应根据主席的决断,在考虑时间表及要求发言的总人数的情况下,为与会者的发言设一个时间限制。

程序动议

28. 如果接受了下述程序动议中的一个,在建议的中止讨论的程序动议得到附议并对之进行表决之后,进行中的讨论可予以中止。在做程序发言、进行表决或有人在发言时不能提出程序动议。程序动议的建议者应就动议作一分钟的发言。反对这一动议的另一个发言者应对这个动议作一分钟的发言。一个实质性动议的建议者,或者会议主席在遇到程序动议(a)和(b)情况下也应有权发言。然后应把动议付诸表决。在任何一个时间内只能讨论一项程序动议,对程序动议可以提修正案。这些动议应按照以下的重要性次序予以讨论:

a. 对主席的不信任动议(在出现这样一个程序动议时,主席应由主持委员会提出的另一个主席来担任,直到这个问题得到决定为止;如果这个动议得到通过,与之有关的这个人在会议的剩余时间内不应担任主席);

b. 对主席做的裁定提出质疑的动议;

c. 要求中止议事规则/或部分议事规则的动议;

d. 要求休会一定时间的动议;

e. 要求把问题转给代表大会的其他委员会或机构的动议;

f. 要求把手头的问题推迟到一个特定的时间再予以讨论的动议;

g. 要求对当前正在讨论的动议立即进行表决的动议;

h. 建议不作任何决定就放弃对所建议的某一特定动议的讨论的动议;

i. 在听取了提出动议后开列的发言名单中所有发言人的发言后要求停止辩论的动议;

j. 要求改变主席定的时间限制,或延长一个特定发言人的发言时间的动议;

k. 要求改变正在讨论的决议次序的动议;

l. 建议中止对一个特定的来宾或观察员的邀请的动议。

程序性问题

29. 主席应按以下次序承认要求做程序问题发言的人:

a. 程序问题发言;

b. 个人特权问题发言;

c. 情况发言。

30. 任何时候都应立刻听取程序问题的发言,除非正在进行一项表决。程序问题的发言应针对对章程和/或议事规则和/或细则的违反,应只涉及所采取的或指导会议的程序。应给予一分钟作程序问题的发言。

31. 只在当对某个人发表了有损其信誉的特定言论时,可要求作个人特权问题的发言,而且只有涉及的那个人可提出此要求。可给予有此要求的人两分钟作个人特权问题的发言。

32. 情况问题发言是就与正在讨论的问题有关的、会议所不知道的事实提出一个问题或作一个简短的声明(不超过一分钟)。

理事会

33. 这些议事规则也适用于理事会会议,在理事会会议上由章程委员会承担主持委员会的角色。

议事规则的通过

34. 议事规则应在第一次全体会议上通过,以后只有在有2/3的多数票的情况下才能对之进行修订。

议事规则的暂停使用

35. 不在议程上的事情,或不包括在议事规则中的程序只有在暂停使用本议事规则或其特定部分时才能提到会上。提出有2/3多数支持的要求暂停使用议事规则的动议后可以暂停使用议事规则。建议者应作一分钟的发言说明要求暂停使用议事规则的理由和暂停使用的最长时间。反对暂停使用议事规则的发言人也可发表一分钟的发言。

当一个与会者在作程序问题的发言时,或在进行投票时不能提出这样的动议。在暂停使用议事规则时只能讨论为之而暂停使用议事规则的事情。

国际学联附属机构组织条例①
国际学生研究中心条例
国际学生旅游局条例
国际学生交换计划条例
国际学生文化活动中心条例
国际学生体育运动中心条例
国际中学生联合会章程

（《国际学联章程》的附件部分由徐葵翻译）

---

① 这些条例未译成中文。

國際學生聯合會會歌

F短調（F＝6）　　4/4

列庸· 阿沙甫 詩　　朱子奇 譯詞
王諾· 穆拉德耶 曲　　蕭三 校訂
　　　　　　　　　　　任虹 配歌

勇敢健壯如進行曲
mf

‖: ⁶6 6·7 1 6·1 │ 3 2·1 7 3 │ 7 7·1 2 │ 7·2 │ 4 3·2 6 0 │

學生 的旗幟 在 全世界飛揚，我·們向青年朋 友　伸·出手　來。
一切　熱望著學習的人們，取·得知識就·要勞 動就·要門　爭。
在戰 火中我們 結成了朋友，我·們記得流 血　犧牲的情　景。

6 6·7 1 6·1 │ 3 2·1 7 3 │ 7 7·1 2 │ 7·2 │ 4 3·2 6 0 │

決 不 能讓戰 爭 砲 火 的烟霧，遮·住明朗的天 空　光輝的太　陽。
我·們擁 護科學來 引 導　人民，走·向自由幸 福　走·向和　平。
學 生 們起來　作一次偉 大考驗，為　世 界永·久和平 堅·決門　爭。

副 歌
f

1 │ 1·3 5 │ 4 │ 4·3 2 │ 5 7·2 4 1 2 │ 3 3·4 3 ̄ │

忠·實朋　友·的 堅強的意　志·比 原·子彈 和大砲 還更·有力　量。

4 2·3 4 ̄ │ 3 1·2 3 │ 2 7·1 21·7 6·7 1·2 3 │

百倍的信　心，　鞏固的友　情，　我·們青年一心 為和平門　爭。

ff

4 2·3 4 ̄ │ 3 1·2 3 │ 6 4·2 3 6·7 │1·2 1 7 6 6 0 :‖

無限的光　明，　鞏固的友　情，　我·們向 幸福　共·同前進！

3
1 7 6 6 0 ‖

共·同 前進！

（本會歌在一九五〇年八月世界學生第二次代表大會上正式通過，譯詞經中華全國學生聯
合會宣傳部審定，各地奏唱請以此為準）

中華全國學生聯合會印

国际学联会歌照片

国际学联会员组织名单（一）①

（在1962年在列宁格勒举行的国际学联第7次代表大会、1963年5月在阿尔及尔举行的国际学联执委会会议、1964年2月在布达佩斯举行的国际学联执委会会议上通过的名单。）

葡属黑非洲　葡属黑非学生总会（UGEAN）

　　（阿尔及利亚）

西非　西非学生总会（UGEAO）

西非和赤道非洲　黑非洲留法学联（FEANF）

　　（法国）

阿尔巴尼亚　阿尔巴尼亚劳动青年联盟学生部

阿尔及利亚＊②　阿尔及利亚全国学联（UGEA）

阿根廷　阿根廷大学生联合会（FUA）

比利时＊　比利时法语地区大学生运动（MUBEF）

比利时＊　比利时荷兰语地区学联（VVS）

玻利维亚　玻利维亚大学生联合会（CUB）

巴西　巴西全国学联（UNEB）

保加利亚　保加利亚全国学生理事会

缅甸　缅甸全国学联

布隆迪　布隆迪全国学联（UNEBA）

柬埔寨　高棉学生联合会

　　（法国）

斯里兰卡＊　斯里兰卡全国学联（CNUS）

智利　智利大学生联合会

中国　中华全国学生联合会

哥伦比亚　全国大学生联合会（FUN）

刚果＊　刚果学生总会（UGEC）

---

① 译自1965年国际学联出版的1965小日记本上登载的国际学联会员组织名单。

② 有＊号者为联系会员。

古巴　大学生联合会(FEU)

塞浦路斯　塞浦路斯学生联合会

捷克斯洛伐克　捷克斯洛伐克青联学生理事会

多米尼加　多米尼加学生联合会(FED)

厄瓜多尔　厄瓜多尔大学生联合会(FEUE)

萨尔瓦多＊　萨尔瓦多大学生总会(AGEUS)

埃塞俄比亚　埃塞俄比亚全国大学生联合会(NUEUS)

法国＊　法国学联(UNEF)

德意志民主共和国　自由德国青年联盟学生部

加纳＊　加纳学联(NUGS)

瓜德罗普　瓜德罗普学生总会(AGEG)

圭亚那　圭亚那学联(UEG)

海地＊　海地学联(UNEH)

匈牙利　匈牙利学生组织全国委员会(NCHSO)

印度　全印学联(AISF)

……

印度尼西亚＊　印度尼西亚学联(PPMI)

伊朗　德黑兰大学生联合会(TUSU)

伊拉克　伊拉克共和国学生总会(GUSIR)

日本　全日学联

约旦　约旦学联(UJS)

喀麦隆　喀麦隆学联(UNEK)
　　〔法国〕

肯尼亚＊　大学学院学生会(SUUC)

朝鲜　朝鲜学生委员会

黎巴嫩　黎巴嫩大学生联合会(UNUL)

利比里亚　利比里亚学联(LNSU)

马达加斯加　马达加斯加学生总会((FAEM)
　　〔法国〕

马提尼克　马提尼克学生总会(AGEM)
　　〔法国〕

墨西哥　技术学生全国联合会(FNET)

蒙古　蒙古学联

摩洛哥＊　摩洛哥学联(UNEM)

尼泊尔　尼泊尔学联(NNFS)

尼加拉瓜　尼加拉瓜全国大学中心(CUUN)

尼日利亚　尼日利亚学联(NUNS)

巴勒斯坦　巴勒斯坦学生总会(GUPS)

巴拿马　巴拿马学生联合会(FEP)

秘鲁　秘鲁学生联合会(FEP)

波兰　波兰学生联合会(ZSP)

波多黎各　主张独立大学生联合会(FUPI)

留尼旺　留尼旺群岛学生总会(UGECR)

罗马尼亚　罗马尼亚学生联合会(UASR)

塞拉利昂　塞拉利昂大学富拉湾学院学生会

苏丹　喀土穆大学学联(KUSU)

塔桑尼亚　达累斯萨拉姆大学学生会(USUD)

突尼斯＊　突尼斯学生总会(UGET)

乌干达　马卡雷尔大学学生会

苏联　苏联学生理事会

委内瑞拉　委内瑞拉中心大学学生联合会(FCU)

越南　越南全国学联(UNEV)

越南南方　越南南方争取解放学生联合会(UELSV)

西非　西非学联(WASU)
　　(伦敦)

西印度　西印度留英学生会
　　(伦敦)

国际学联会员组织名单(二)①

国家、地区　组织名称　会员类别　享有票数

阿富汗　阿富汗青年联盟(UAY)
　　　　　　　咨询地位
阿尔及利亚　阿尔及利亚全国学联(UNEA)
　　　　　　　正式会员　一票
阿根廷　阿根廷大学生联合会(FUA)
　　　　　　　正式会员　一票
巴林　巴林全国学联(NUBS)
　　　　　　　正式会员　一票
孟加拉国　孟加拉学联(BSU)
　　　　　　　多个正式会员　1/7票
　　　　　孟加拉查特拉联合会(BCF)
　　　　　　　多个正式会员　1/7票
　　　　　孟加拉学生统一组织(SUB)
　　　　　　　多个正式会员　1/7票
　　　　　孟加拉查特拉团(BCL)
　　　　　　　多个正式会员　1/7票
　　　　　孟加拉社会党学生阵线(SSFB)
　　　　　　　多个正式会员　1/7票
　　　　　孟加拉学生团(BSL)
　　　　　　　多个正式会员　1/7票
　　　　　全国学生团(NSL)
　　　　　　　会籍冻结
巴巴多斯　巴巴多斯大学生协会(GU)
　　　　　　　正式会员　一票
比利时　比利时弗拉芒学联(VVS)

---

① 译自2002年11月国际学联网站发表的国际学联会员组织名单。

　　　　　联系会员　一票

贝宁　贝宁全国学联(FNEB)

　　　　　正式会员　一票

玻利维亚　玻利维亚大学联(CUB)

　　　　　正式会员　一票

博茨瓦纳　博茨瓦纳学生理事会(BSC)

　　　　会籍冻结

巴西　巴西全国学生联盟(UNE)

　　　　正式会员　一票

　　　巴西中学联(UBES)

　　　　咨询地位

保加利亚　保加利亚全国学生协调中心(NSCCB)

　　　　　正式会员　一票

布基纳法索　争取布基纳法索发展学生民主联盟(ADEDB)

　　　　　正式会员　一票

缅甸　全缅甸学生民主阵线(ABSDF)

　　　　正式会员　一票

布隆迪　布隆迪卢瓦加索尔革命青年学生委员会(JRR-CE)

　　　　会籍冻结

柬埔寨　柬埔寨青年协会(YAC)

　　　　会籍冻结

喀麦隆　喀麦隆社会主义学生全国联盟(UNESK)

　　　　　正式会员　一票

加拿大　加拿大学生联合会(CFS)

　　　　　正式会员　一票

佛得角　佛得角阿米卡尔非洲青年组织(JAAC-CV)

　　　　会籍冻结

乍得　乍得学生与实习生总联盟(UGEST)

　　　　正式会员　一票

智利　智利学生联合会全国理事会(CONFECH)

　　　　会籍冻结

　　　智利工科学生[(CIS)高等教育机构联盟学生理事会(SC/CIS)]

　　　　　　　咨询地位

哥伦比亚　哥伦比亚全国学联（UNEC）

　　　　　　　会籍冻结

科摩罗群岛　科摩罗群岛全国青年学生联盟（UNAJEC）

　　　　　　　咨询地位

刚果共和国　刚果共和国全国学联（UNEC）

　　　　　　　正式会员　一票

民主刚果共和国　民主刚果共和国进步学生组织（ECP）

　　　　　　　咨询地位

哥斯达黎加　哥斯达黎加大学联（FEUCR）

　　　　　　多个正式会员　1/2票

　　　　哥斯达黎加国立大学学生联合会（FEUNA）

　　　　　　多个正式会员　1/2票

古巴　古巴大学联（FEU）

　　　　　　正式会员　一票

塞浦路斯　塞浦路斯学生及青年科学家总会（POFNE）

　　　　　　正式会员　一票

　　　　土耳其族塞浦路斯学生协会（UTK）

　　　　　　咨询地位

多米尼加　多米尼加大学联（FED）

　　　　　　正式会员　一票

厄瓜多尔　厄瓜多尔大学联（FEUE）

　　　　　　会籍冻结

　　　　厄瓜多尔工学院学生联合会（FEPE）

　　　　　　多个正式会员　1/2票

埃及　埃及学生总会（GUSARE）

　　　　　会籍冻结

　　　埃及青年民主联盟学生部（UDEY-SS）

　　　　　多个正式会员　1/2票

萨尔瓦多　萨尔瓦多大学生总联合会（AGEUS）

　　　　　　正式会员　一票

厄里特里亚　厄里特里亚青年总会（NUEY）

　　　　　　　　正式会员　一票

斐济　斐济南太平洋大学学生协会（USPSA）

　　　　　　　　正式会员　一票

法国　法国全国学联（UNEF）

　　　　　　多个正式会员　1/2票

　　　　法国全国学联独立民主派（UNEF–ID）

　　　　　　多个正式会员　1/2票

冈比亚　冈比亚全国学联（NUGS）

　　　　　　　　正式会员　一票

德国　大学生内部自由联合会（FZS）

　　　　　　　　正式会员　一票

加纳　加纳学生总会（NUGS）

　　　　　　　　正式会员　一票

危地马拉　危地马拉大学生协会（AEU）

　　　　　　　　正式会员　一票

几内亚比绍　几内亚比绍阿米卡尔·卡布拉尔非洲青年组织（JAAC）

　　　　　　　　会籍冻结

圭亚那　圭亚那进步青年组织学生理事会（SC–PYO）

　　　　　　　　会籍冻结

海地　海地全国学生联合会（FENEH）

　　　　　　　　正式会员　一票

洪都拉斯　洪都拉斯大学联（FEUH）

　　　　　　　　会籍冻结

印度　印度全国学联（NSUI）

　　　　　　多个正式会员　1/5票

　　　　查特拉·贾纳塔·达尔（CJD）

　　　　　　多个正式会员　1/5票

　　　　全印度学生联合会（AISF）

　　　　　　多个正式会员　1/5票

　　　　印度学生联合会（SFI）

　　　　　　多个正式会员　1/5票

　　　　全印度学生集团（AISB）

多个正式会员　1/5票

伊朗　伊朗民主青年与学生组织（ODYSI）

会籍冻结

伊拉克　伊拉克共和国学生总会（GUSIR）

多个正式会员　1/2票

伊拉克学生全国联盟（UNIS）

会籍冻结

牙买加　牙买加大学生联盟（JUTS）

正式会员　一票

日本　全日学联（ZENGAKUREN）

正式会员　一票

约旦　约旦学生总会（NUJS）

会籍冻结

肯尼亚　肯尼亚内罗毕大学学生组织（SONU）

会籍冻结

基里巴斯　基里巴斯学生协会（KISA）

咨询地位

朝鲜　朝鲜学生委员会（KSC）

正式会员　一票

库尔德　库尔德留欧学生社团（KSSE）

正式会员　一票

科威特　科威特全国学联（NUKS）

会籍冻结

老挝　老挝人民革命青年联盟（UJPRL）

咨询地位

黎巴嫩　黎巴嫩大学学生全国联盟（UNEUL）

会籍冻结

莱索托　莱索托学生代表理事会（SRC）

正式会员　一票

利比里亚　利比里亚全国学生联盟（LINSU）

正式会员　一票

利比亚　利比亚大学生总会（GUGIS）

正式会员　一票

马达加斯加　马达加斯加青年与学生民主委员会（KDTM）

正式会员　一票

马尔加什革命先锋党革命青年组织（MAREMA）

咨询地位

马拉维　马拉维学生联盟（MASULE）

正式会员　一票

马尔他　马尔他青年学生运动（YSM）

咨询地位

毛里求斯　毛里求斯学生运动（MUSC）

咨询地位

毛里求斯学生与青年运动理事会（COSYM）

咨询地位

墨西哥　墨西哥大学生全国协调组织（CNEM）

正式会员　一票

瓜达拉哈拉大学联（FEG）

咨询地位

蒙古　蒙古大学生联合会（UMS）

正式会员　一票

摩洛哥　摩洛哥大学生全国联盟（UNEM）

会籍冻结

摩洛哥学生总会（UGEM）

咨询地位

莫桑比克　莫桑比克大学生协会（AEU）

正式会员　一票

莫桑比克青年组织（OJM）

会籍冻结

纳米比亚　纳米比亚全国学生组织（NANSO）

正式会员　一票

尼泊尔　尼泊尔全国学联（NNFS）

多个正式会员　1/3票

全尼泊尔自由学生联盟（ANNFSU）

多个正式会员　1/3票

尼泊尔进步学生联盟(NPSU)

会籍冻结

荷兰　荷兰大学生协会(LSVB)

正式会员　一票

尼加拉瓜　尼加拉瓜全国学联(UNEN)

正式会员　一票

尼日尔　尼日尔学生联盟(USN)

正式会员　一票

尼日利亚　尼日利亚学生全国协会(NANS)

正式会员　一票

阿曼　阿曼全国学联(NUOS)

正式会员　一票

巴基斯坦　巴基斯坦民主学生联合会(DSF)

会籍冻结

Jeay Sindh Taraqui Pasand学联(JSTSF)

咨询地位

Sindhi Shagird Tehreek(SST)

咨询地位

Baloch学生组织(BSO)

咨询地位

巴勒斯坦　巴勒斯坦学生总会(GUPS)

正式会员　一票

巴拿马　巴拿马大学生联合会(FEP)

正式会员　一票

巴布亚新几内亚　巴布亚新几内亚全国学联(PNGNUS)

正式会员　一票

巴拉圭　巴拉圭大学联(UEP)

正式会员　一票

秘鲁　秘鲁大学联(FEP)

正式会员　一票

菲律宾　菲律宾全国学联(NUSP)

正式会员　一票

波兰　波兰学生协会(ZSP)

正式会员　一票

波多黎各　波多黎各争取独立大学联(FUPI)

正式会员　一票

加拿大　加拿大魁北克男女大学生运动(MEEQ)

正式会员　一票

罗马尼亚　罗马尼亚独立学生全国联盟(UNIS)

正式会员　一票

卢旺达　卢旺达国立大学学生总协会(AGEUNR)

正式会员　一票

西撒哈拉　西撒哈拉青年联盟学生部(UJSARIO–SE)

正式会员　一票

圣卢西亚　圣卢西亚全国青年理事会学生局(SB–NYC)

正式会员　一票

圣文森特和格林纳丁斯　圣文森特和格林纳丁斯全国学生理事会(NSC)

正式会员　一票

西萨摩亚　西萨摩亚南太平洋大学学生协会(USPACSA)

正式会员　一票

圣多美和普林西比　圣多美和普林西比解放运动青年组织(JMLSTP)

正式会员　一票

沙特阿拉伯　沙特阿拉伯全国学联(NUSSA)

咨询地位

塞内加尔　塞内加尔达卡学生民主联盟(UDED)

正式会员　一票

塞舌尔群岛　塞舌尔群岛人民进步阵线青年团(SPPF–YL)

会籍冻结

塞拉利昂　塞拉利昂全国学联(NUSS)

正式会员　一票

南非　南非学生代表大会(SASCO)

正式会员　一票

南非中学生代表大会(COSAS)

咨询地位

西班牙 西班牙进步学生组织(EP)

正式会员 一票

学生联盟(UDE)

咨询地位

卡塔卢尼亚中学生协调组织(CEEMC)

咨询地位

斯里兰卡 斯里兰卡全国学联(SLNUS)

多个正式会员 1/2票

统一国家党青年团(UNP/YL)

多个正式会员 1/2票

苏丹 苏丹学生民主阵线(DFSS)

正式会员 一票

苏里南 苏里南学生联盟(SSU)

会籍冻结

瑞士 瑞士全国学联(VSS/UNES)

正式会员 一票

叙利亚 叙利亚全国学联(NUSS)

正式会员 一票

坦桑尼亚 坦桑尼亚学生全国联盟(WATA)

会籍冻结

达累斯萨拉姆大学学生联盟(DARUSO)

咨询地位

多哥 多哥大学生和实习生全国运动(MONESTO)

正式会员 一票

特立尼达和多巴哥 特立尼达和多巴哥大学生协会(GU/TT)

正式会员 一票

突尼斯 突尼斯学生总会(UGET)

多个正式会员 1/2票

突尼斯学生总联盟(UGTE)

会籍冻结

乌干达 乌干达马克雷雷学生协会(MSG)

　　　　　　多个正式会员　1/2票

　　　　　乌干达全国学生协会(UNSA)

　　　　　　多个正式会员　1/2票

乌拉圭　乌拉圭公共教育社会文化学生协会——大学生联合会
　　(ASCEEP–FEUU)

　　　　　正式会员　一票

美国　美国学生协会(USSA)

　　　　　正式会员　一票

瓦努阿图　瓦努阿图全国学联(VNUS)

　　　　　　咨询地位

委内瑞拉　委内瑞拉大学联(FEUV)

　　　　　　咨询地位

　　　　　梅利达(Merida)大学中心联合会(FCU)

　　　　　　咨询地位

越南　越南全国学联(UNEV)

　　　　　正式会员　一票

也门　也门最高学生委员会(SSC)

　　　　　多个正式会员　1/2票

　　　　　也门学生中央理事会(CCYS)

　　　　　　多个正式会员　1/2票

赞比亚　赞比亚大学学生联盟(UNZASU)

　　　　　正式会员　一票

津巴布韦　津巴布韦全国学联(ZINBABWE)

　　　　　正式会员　一票

朝鲜　留日学生委员会

　　　　咨询地位

中国驻国际学联历届代表和工作人员名单

代　　表　钱存学　1947年夏至1948年年底

代　　表　梁　畊　1948年秋至1950年年底

代　　表　柯在铄　1950年年底至1952年8月

代　　表　谢邦定　1952年8月至1955年12月
工作人员　吕乃君　1952年8月至1955年12月
工作人员　潘世强　1954年11月至1955年华沙联欢节

代　　表　程极明　1955年9月至1958年9月
工作人员　孙稚如　1955年9月至1958年4月
工作人员　潘世强　1955年9月至1957年莫斯科联欢节

代　　表　徐　葵　1958年11月至1962年11月
工作人员　周抚方　1959年11月至1961年8月
工作人员　时钟本　1960年春至1962年11月

代　　表　胡启立　1962年11月至1964年6月
工作人员　潘世强　1962年11月至1964年6月

代　　表　胡述智　1964年10月至1966年9月
工作人员　王纪德　1964年11月至1966年9月

（徐葵整理）

殖民地国家独立的进程表①

国　名	所摆脱的国家	年份
叙利亚	法国	1944
黎巴嫩	法国	1944
约旦	英国	1946
菲律宾	美国	1946
印度	英国	1947
巴基斯坦	英国	1947
缅甸	英国	1948
北朝鲜	日本	1948
南朝鲜	日本	1948
以色列	英国	1948
锡兰	英国	1948
印度尼西亚	荷兰	1949
利比亚	意大利	1952
柬埔寨	法国	1954
老挝	法国	1954
北越	法国	1954
南越	法国	1954
苏丹	英国	1956
摩洛哥	法国	1956
突尼斯	法国	1956
加纳	英国	1957
马来亚	英国	1957
几内亚	法国	1958
刚果共和国	比利时	1960
索马里	意大利	1960
尼日利亚	英国	1960

---

①　引自［美］斯塔夫里阿诺斯(Stavrianos,L.S.)著:《全球通史》,第42章《诸帝国的终止》。

喀麦隆	法国	1960
马里	法国	1960
塞内加尔	法国	1960
马达加斯加	法国	1960
多哥	法国	1960
塞浦路斯	英国	1960
象牙海岸	法国	1960
上沃尔特	法国	1960
尼日尔	法国	1960
达荷美	法国	1960
刚果民主共和国	法国	1960
内(中)非共和国	法国	1960
乍得	法国	1960
加蓬	法国	1960
毛里塔尼亚	法国	1960
塞拉利昂	英国	1961
坦噶尼喀	英国	1961
阿尔及利亚	法国	1962
布隆迪	比利时	1962
卢旺达	比利时	1962
乌干达	英国	1963
肯尼亚	英国	1963
桑给巴尔	英国	1964
马耳他	英国	1964
马拉维	英国	1964
赞比亚	英国	1965
冈比亚	英国	1965
马尔代夫群岛	英国	1965
新加坡	英国	1966
圭亚那	英国	1966
博茨瓦纳	英国	1966
莱索托	英国	1966

巴巴多斯	英国	1967
南也门	英国	1968
毛里求斯	英国	1968
斯威士兰	英国	1968
赤道几内亚	西班牙	1968

资料摘编两则

一

（美国《壁垒》杂志发表文章，披露西方国家学联在冷战中从国际学联分裂出来的经过，特别联系到美国学联与美国中央情报局所起的作用。）

1967年3月，美国加利福尼亚州出版的杂志《壁垒》（"Ramparts"）上，发表了一篇题为"关于国际学生政治与冷战的简要报告"的文章，这个报告特别联系到了美国全国学联、美国中央情报局等在这方面所起的作用。现把报告中的主要内容摘编如下：

（一）谈西方国家学联退出国际学联召开国际学生会议和成立联络秘书处的经过

报告说，1946年8月，当来自38个国家的300名学生代表在布拉格音乐厅举行第一次世界学生大会之时，天空中已经出现冷战的寒气。出席大会的代表中，有25名美国学生，他们中许多人是参加"二战"的复员军人，他们代表美国不同的青年和学生组织和10所著名的大学。这次世界学生大会上共产党人占多数，在讨论什么是国际学生组织的合适作用时就产生了争论。但大会仍然在和善的气氛中结束，它向全世界学生发出了进一步进行合作和建立一个真正具有代表性的国际学生组织的号召，这个组织接着就产生了，它被称做国际学生联合会。参加大会的25名美国代表被称为"布拉格25"，他们回国后认为美国应建立一个新的真正具有代表性的全国学生组织，以便在国际学生运动中代表美国学生。"布拉格25"组成了一个组织委员会，呼吁召开一个全国性学生领袖会议，以组建一个新的美国学生联合会。1947年夏，一个通称为美国全国学联的名叫"美国全国学生协会"的组织在美国威斯康星州的麦迪逊召开了成立大会。美国学联举行这个成立大会之时，国际学联的氛围比起它1946年在布拉格刚成立时变得更加亲共产党了。但是，直到1948年在捷克斯洛伐克发生共产党政变和国际学联未能谴责捷共对捷学生的镇压之时，美国学联才与国际学联正式分裂。

1950年美国全国学联在斯德哥尔摩与18个其他国家的全国学生团体聚会，成立了一个新的国际学生团体——国际学生会议。到20世纪50年代中期，这个组织的参加者超过了55个全国性的学生组织，其中一半以上是来自不发达的"第三世界"的学生组织，国际学生会议拥有很大的预算资金，可开展各种活动，为一些国家的学生提供技术援助、奖学金等。美国全国学联逐渐成为这个国际学生会议中最强大的力量。

随着国际学生会议的发展，不发达国家的学生越来越要求它在诸如殖民主义和种族歧视等有争议的问题上表明自己的政治立场，当第三世界的学生组织在国际学生会议中开始提出这些政治问题的时候，美国代表团往往扮演调和的角色，企图使国际学生会议把工作重点放在学生本身的问题上。

在一定意义上，国际学生会议的发展也引发了它本身的问题。许多学生组织开始时由于对国际学联强加的一些严格规定有不满情绪而被吸引到国际学生会议中来，后来由于国际学生会议部分地是在美国学联的鼓动下开始采取自己强硬的冷战立场，那些学生组织就开始同它疏远了。到了20世纪60年代，形势倒了过来：国际学联开始摆出进行协商的姿态，谋求促进世界学生运动的统一，但是由美国全国学联带头的国际学生会议却坚持僵硬的冷战路线，把国际学联所做的试探都拒之门外。

（二）谈美国全国学联本身的发展和变化，说美国学联的对外活动由少数人操纵而与美国国内的学生生活相脱节

报告说，美国全国学联的发展在20世纪60年代进入鼎盛时期，在美国有400多所学校加入了美国学联。虽然美国学联从自己的会员组织那里得到的会费收入数额很小，但是它能够从一些基金会那里得到经费支持，来开展自己的各种活动。美国全国学联把它的大部分经费都用于它的国际活动上。它每年都主办国际关系研讨会、外国学生领袖培训项目、为外国学生提供奖学金等，而且还拥有大笔旅差费，供它的国际委员会的工作人员和驻外代表使用。

虽然美国全国学联在形式上是民主的，但它在国外进行的活动和它在国内校园的基地之间却很少有联系。美国全国学联召开的代表大会是大规模的群众性活动，参加者多数是参加美国全国学联的各学校的学生团体选派的学生代表。他们对美国学联的工作人员所进行的活动了解甚少。美国学联的国际活动和它的国际事务干事所做的工作是由精选的少数人研究和操办的，这些人在每次代表大会上通常都可以声称国际事务具有很大的专业性而把参加大会的代表们糊弄过去。美国全国学联选派的驻外代表和参加国际学生会议的代表从来不是在美国学联的代表大会上选举产生的。

美国全国学联总是表现出两副面孔。它的国内纲领、代表大会和地区性的会议一直都是公开的和自发性的。如果说美国全国学联的领导人有时候表现得过分小心谨慎的话，他们还是能跟上美国学生中的自由派的舆论潮流的。在20

世纪50年代,美国全国学联甚至采取过比在一般学生中流行的对一切都漠不关心的立场更倾向于自由派的立场。而在20世纪60年代,美国学联曾对美国校园中出现的新的有战斗性的抗议情绪作出了反应。它支持学生反对征兵,反对在越南的战争并且参加了争取民权的斗争。它在建立"学生非暴力协调委员会"的工作中起了关键作用,是该组织最坚定的支持者之一,它采取的这一立场使它在1961年付出了失去许多会员组织的代价。

然而美国全国学联在国外的形象却与此迥然不同。尽管美国学联的人员满嘴是自由派的词藻,但这些人在国外的表现更像是职业外交官而不像是学生:他们身上有某种不可捉摸的秘而不宣的东西,这与他们在国内所表现的开放性和自发性不是一码事。

鉴于以上这些情况,一些对美国全国学联有批评意见的人对它的国际活动提出质疑就不足为奇了。美国全国学联中的某些左翼人士,如1961年曾当选为国内事务副主席的保罗·波特曾透露说,他们一直怀疑美国全国学联的国际活动是与美国国务院有紧密联系的,得知这一点也不是什么令人震惊的事。但过去很少有人曾严肃地提出美国中央情报局曾介入美国学联的国外活动的这一更险恶的层面。

(三)报告中在题为"一些奇妙的资金来源"的一节中披露了美国中央情报局通过各种基金会为美国全国学联的国外活动提供经费的许多事实

报告中揭露了许多鲜为人知的事实,说明美国中央情报局通过一些基金机构为美国学联的外事活动提供经费。这些基金机构分布在美国各地,如费城的波尔登基金、纽约的普赖伊斯基金、波士顿的倍肯基金、达拉斯和旧金山的坎特非尔特基金。

两个给美国全国学联的国际项目提供经费的基金会——杰·弗雷德雷克·布朗基金会和独立基金会——定期收到与中央情报局有联系的上述几个基金机构经常给它们提供的资金。从1962年到1965年,美国全国学联为它的国际活动从独立基金会得到了256483.33美元的资助。美国学联在华盛顿的办公楼也是靠独立基金会的资助才获得的。1965年秋天,当美国学联搬到它在华盛顿的新址时,一名华盛顿邮报的记者为了写一篇关于美国学联的报道,曾问当时的美国学联主席舍伯恩,是谁为美国学联付房租的。舍伯恩拒绝作出回答。事实上,美国学联从来不向自己的代表大会提交完整的财务报告。《壁垒》杂志的记者了解到,杰·弗雷德雷克·布朗基金会和独立基金会的地址是相同的:都在波士顿的波士顿大街60号,这也是著名的海尔和道尔法律事务所的地址。著名的波士顿律师保尔·弗·海尔穆茨既是独立基金会的受托人,也是杰·弗雷德雷克·布朗基金会的受托人。当《壁垒》杂志的记者向他询问独立基金会的某些活动及其资金来源时,向来善于言谈的海尔穆茨先生立即变得谨慎起来,他拒绝透露是谁向他的两个基金会捐赠了资金,但是他却滔滔不绝地大谈他和美国全国学联的工作人员之间的亲密友谊。

美国学联也从波士顿的拉布基金会和休斯顿的圣·杰辛托基金会经常得到资助。圣·杰辛托基金会慷慨地资助国际学生会议用五种文字出版分发到世界各国的杂志《学生》。

近年来,纽约市的青年学生事务基金会每年都给美国学联提供大量经费。从1965年10月到1966年10月的一年中就提供了292750.60美元。

除了那个神秘的圣·杰辛托基金会以外,纽约市的青年学生基金会实际上是支持国际学生会议开展其活动的唯一经费提供者。在1962年至1964年的两年内,国际学生会议的账目显示,这两个基金会(主要是纽约青年学生基金会)向国际学生会议提供的资助超过其全部预算的90%以上,总额达到186.6万美元。如果没有青年学生基金会的资助,国际学生会议作为一个国际组织就会无法运转。

(四)详细报道了一次透露中央情报局向美国全国学联渗透已达15年之久的秘密的非同寻常的谈话

报告中说,这次谈话发生在1966年3月的第三个星期,地点是在华盛顿的塞龙·萨德尔餐厅。交谈者之一是时任美国全国学联主席的费尔·什伯尔诺,另一人则是时任美国全国学联开发部主任,或叫筹款部长的迈克尔·伍德。正是后者把这次谈话向世人作了披露,遂使中央情报局向美国全国学联渗透的真相大白于天下。

事情的起因是在费尔·什伯尔诺担任美全国学联主席时,他想让美国学联获得在国际事务中的自主权,能够独立处理自己的国际事务,而不再受中央情报局的控制。他这个努力遇到了各种阻力,一些基金会开始拖延或者拒绝给美国全国学联提供活动经费。身为筹款部长的迈克尔·伍德在筹款工作中首先就遇到了一些障碍。他们两人已在美全国学联中一起工作了半年,两人关系很好,因此他向学联主席提出,要么赋予他在筹款方面的全部权力,要么他就辞职。在这种情况下,费尔·什伯尔诺邀请迈克尔·伍德共进午餐,作一次倾心的谈话。在谈话中,什伯尔诺告诉伍德,美国全国学联和某些从事国际关系的政府机构包括中央情报局有某种关系,这些情况伍德过去是不知道的。这就是伍德未能获得为美国全国学联筹款的全权的原因。什伯尔诺告诉伍德说,他在被任命为开发部主任之后应该被告知美国学联与中央情报局的关系,但是美国全国学联的其他工作人员和中央情报局的联系人认为他在政治上不可靠,他曾是一个民权工作者,而且还有激进分子的名声。由于他没有被告知美国全国学联与中央情报局的关系,所以也就不能告诉他美国全国学联在获取资金方面的一些情况。什伯尔诺接着对伍德说,中央情报局在20世纪50年代初期就尽力想打进美国学联的国际活动。自此之后,实际上美国学联的每一个主席和负责国际事务的副主席都知道美学联与中央情报局的关系并且与之合作。那些资助美国全国学联的国际活动的多数基金会实际上花的都是中央情报局的钱。什伯尔诺说中央情报局卷入国际学生政治是个既成事实,所提供的大量金钱绝对是实质性的。虽然他对保持这种关系是否可取持严重的怀疑态度,但他觉得美国全国学联从任何其他财源都得不到那么多金钱,如果突然结束这种关系的话,将会使美国全国学联陷入灾难性的财务困难。

在交谈中,什伯尔诺还告诉伍德说,中央情报局的兴趣几乎全都集中在美国全国学联的国际活动上。多年以来,专门从事美国学联的国内项目的工作人员没有人卷进与中央情报局的关系中去,他们中很少有人了解这方面的情况。从1947年到1960年,美国全国学联的国内和国际部门一直在不同的城市办公,这就使得人们更易于保守与中央情报局联系的秘密。美国全国学联与情报局的人在半公开场合谈到他们之间的关系时,常常使用一些"暗话",如学联的人把中央情报局称为"公司"而不是"局";不把情报局的人称为特工,而称他们为"机灵人士"。给全国学联的领导人常常起一个代号以便与情报局的人进行联系,如什伯尔诺的暗号就是"津贴先生"(基于他有筹款的职能起的名)。

什伯尔诺说,变成为情报局工作的"机灵人士"的正常程序是先由学联的前任国际事务负责人对学联新的国际事务工作人员的可靠性进行一次仔细的评估,再由中央情报局对之进行一次全面的国家安全审查,如此人通过了考察,他就可以成为"机灵人士"。有希望成为"机灵人士"的学联工作人员通常是被一位已经是"机灵人士"的学联成员和中央情报局的一名代表带出去吃午饭。这位有希望成为"机灵人士"的学联工作人员在吃午饭时会被告知说,他在从事的国际工作中应知道一些涉及国家安全的情报,因此他需要签署一份保证国家安全的誓言。如他签署了要对向他透露的任何情报保守秘密的誓言,他就被告知他已与中央情报局建立了关系并被要求进行合作。其含义是清楚的:如果学联的国际事务工作人员将这种关系的任何情况泄露出去,那他就会受到法律的严厉惩罚。所以美国学联中从事国际事务的工作人员都被置于这样一种处境,即他们不可能对别人,包括对未同情报局建立关系的学联人员,承认学联与情报局有什么关系。什伯尔诺是15年来第一个在这道保密的墙上打开一个缺口的人。

美国学联的国际事务工作人员与中央情报局建立这种关系后,双方都可以得到各种好处。情报局可通过学联的对外活动获取各种情报,开展反对共产主义的活动,学联的工作人员则可因此而从基金会得到在国外进行各种活动的经费,可得到在国外进修的奖学金和去各国旅行等等,还可得到为他们开的推迟服兵役的证明,从而可享受缓期服兵役的待遇。

什伯尔诺告诉伍德说,他希望他对在那天午餐时所听到的每一件事都保守秘密。他之所以把这些情况透露给他,仅仅是因为他不希望伍德离开美国全国学联。但是伍德后来还是把这些情况披露出去了。什伯尔诺为此承受了巨大的压力,这不仅是出于他对学联仍有的忠诚,而且还有来自中情局方面的压力。情报局一直威逼他出来公开否认与伍德的谈话。1967年1月中旬某一天,美国全国学联的负责人们对什伯尔诺说,听说迈克尔·伍德已经把他所知道的情况传给了《壁垒》杂志。什伯尔诺打电话给伍德,要求他飞往波士顿。什伯尔诺在那里恳求了他一整天,要求收回他披露的谈话。之后他们两人飞往华盛顿待了4天,在那里同美国学联的两位时任负责人,一位学联的工作人员和一位前任国内事务副主席进行了紧张和折磨人的讨论。在交谈时,美全国学联的负责人们拼命说服伍德不要把那些情况传给那家杂志。伍德拒绝了并相反敦促这些负责人们公开确认这些情况,他认为这可能是挽救学联尊严的唯一途径。但美国学联的领导人不想承担这样做的责任。

在这之后的两周,在华盛顿的美国学联总部进行了激烈的内部讨论和紧急会议。学联的官员们拜访了一些有名的学联前任领导人员,包括白宫的工作人员道格拉斯·凯特,征求他们的意见。至少有一位(学联)的负责人直接跑到中情局去。他接触的那位在中情局的工作人员是学联的前任主席。他被中情局正式雇佣负责在华盛顿的国际开发事务。学联的负责人还召开工作人员会议,把这个逼人的情节告诉了他们,并且断然否认此事属实,他们想说,伍德编造了这个故事是为了报复全国学联使他丢掉了开发部主任的职务。最后,又召开了一次工作人员会议,这次会议承认了伍德讲的情况是属实的。

同时,在西海岸,《壁垒》杂志的两位编辑则同当时担任美国学联国内事务副主席的施瓦茨进行了一次谈话。施瓦茨曾经是美国学联中的自由派的领导人。看来这是冷战政治导致的一个直接的、有讽刺意味的结果,施瓦茨竟丢下了他在伯克利的自由派的活动,前来为他的组织——美国学联和中情局的合作进行辩护。施瓦茨在几乎持续了一整夜的讨论中,并不否定美国全国学联与中情局的密切关系,但他辩护说,如把这种关系透露出去,会大大损害美国学联的正常工作。讨论结束时,他还抱怨说,他失去了延期服兵役的机会。

几天之后,在首都华盛顿,《壁垒》杂志的一位编辑和学联的另外两名负责人斯蒂尔斯和格罗夫也进行了一次几乎是完全相同的谈话。交谈是在学联总部进行的。在交谈时,斯蒂尔斯和格罗夫都没有否认过去美国学联与中情局的联系,但声称"我们现在全部财务都来自合法的途径,都遵循正常合法的报告程序"。但当斯蒂尔斯被问道"你是否愿意断然地说在你任职期间你不曾和中情局有过接触?"他摇了摇头。

斯蒂尔斯和格罗夫都解释说揭露与中情局的关系对全国学联会是灾难性的,这会把学联置于可怕的政治困境之中。如果他们公开承认以往与中情局的联系,那就会严重地败坏它在国内外的形象,就会断送接受其他政府部门津贴的机会。学联的工作人员还害怕中情局的报复,特别是怕失去他们延期服兵役的机会。

美国学联的一些负责人过去自当选之日起就对学联与中情局的关系问题保守秘密,而现在则是采取行动,竭力缩小把这个问题披露出去后造成的后果。学联主席基内·格罗夫飞到荷兰的莱顿,与国际学生会议的一些领导人举行最高级紧急会议。格罗夫从莱顿回国后说,美国学联必须对它与中央情报局的关系作出某些承认,但是他在莱顿的同事们希望他在作出承认时尽量少谈细节。

报告在最后说,美国学联的许多普通会员最珍惜的品质是独立,特别是独立于政府的控制之外。他们认为正是这一品质使美国学联有别于共产党国家中的学联。他们中的多数人认为美国学联的这个品质是真实的,因为他们从来就不知道美国学联与中央情报局的关系。

当前的美国学联的负责人提出的不应把美国学联与中央情报局的关系披露于世的理由,人们极力劝说伍德不要把这些情况告诉别人的理由,归结起来就是一点:披露这件事不但会伤害美国全国学联,还会伤害中央情报局。

报告说,提出这种论据的扭曲的病态心理本身就很能说明问题。这种论据会如此轻易地由领导美国学联的有才能的青年自由派人士提出来,这是很不寻常的和令人震惊的。谁都会看到,认为"中央情报局中有一翼明智人士"的思想在提法上就是有明显矛盾的。但是这个思想却能得到一代学生领袖的接受和支持,这表明了在我们社会中已如何深深地刻下了把堕落的手段当成目的的烙印,为了搞冷战人们对撒谎和缺乏诚信已变得何其宽容。

（原报告作者为索尔·斯特恩,于问陶翻译,徐葵校译摘编）

二

"国际学生会议——联络秘书处(ISC/COSEC)"经费情况表

年　　度	预算（美元）	来自中央情报局	中情局所占%
1950/51	34 845	—	0
1951/52	27 822	—	0
1952/53	69 639	55 494	79
1953/54	71 495	48 262	67
1954/55	72 702	57 378	78
1955/56	106 933	92 719	86
1956/57	137 930	125 871	91
1957/58	144 594	112 842	78
1958/59	251 575	146 388	58
1959/60	260 028	121 029	46
1960/61	562 272	366 405	59
1961/62	616 429	420 116	69
1962/63	727 578	570 194	78
1963/64	492 242	375 584	76
1964/65	852 055	496 519	58
1965/66	755 293	375 069	49
1966/67	624 172	38 562	0.6
总计	3 272 440		

后　记

　　2006年2月,在团中央书记处的关心和指导下,国际联络部开始着手组织编辑《布拉格的回忆——参与国际学联工作二十年》一书。本书从策划到成稿历时两年有余,其间,很多人、很多事令我们感动和感激。

　　首先,感谢各位撰稿人,亦即中国派驻国际学联的各位代表。本书跨度时间较长,当年这些"不识愁滋味,爱上层楼"的热血青年,而今已是"识尽愁滋味,欲说还休"的耄耋长者。作为历史的亲历者,各位撰稿人克服年事已高、身体有恙的困难,积极参加研讨会,认真回顾和梳理国际学联的历史,研究和讨论书稿的框架、脉络及其内容,并负责任地提出个人意见和看法。草拟完初稿后,各位撰稿人又认真校对,并不厌其烦地查阅资料,对任何疑问一一进行核实;若暂无史料可考,各位撰稿人还通过走访老同志、咨询外国友人、查阅国外资料等方式,以求客观真实地反映史实。其严谨的治学态度、高度的责任感令人十分钦佩。

　　在撰写本书的过程中,有些事不得不提。钱存学同志是中国驻国际学联的第一任代表,也是本书的发起人之一,他不仅积极提供思路,谏言献策,还提供了许多珍贵的第一手资料。梁畊同志疾病缠身,握笔困难,但所有文字均用手书写,为此常常工作至深夜。程极明同志家住南京,撰稿期间还做了白内障手术,但他克服困难,不仅独立执笔完成概述部分,还亲自赴北京参加会议,认真听取意见,对概述部分反复进行修改。徐葵同志爱妻病重,他一边照顾妻子,一边笔耕不辍。在妻子病危乃至离开人世期间,仍坚持撰写文稿、校对文字。胡述智同志承担了形势复杂的晚期国际学联的撰稿任务,为此,他查阅大量文献,并通过各种方式寻找资料,力求还历史本来面貌。前辈们对青年外事工作的执著和热爱时时感动着编者,也鼓舞和鞭策着新一代青年外事工作者。

　　感谢本书顾问钱李仁同志。钱李仁同志年事已高,既要照顾自己,还要照顾有病的妻子。即便如此,他还是身体力行,按时参加会议,认真阅读书稿,并中肯地提出个人意见。特别是当某一问题争议较大时,他能够剥茧抽丝,求和纳同,为本书的顺利完成做出了突出的贡献。

　　感谢统稿人李玉琦同志。李玉琦同志抽出大量时间,花费大量精力,补充资料,核对史实,调整结构,斟酌词句,甚至几易其稿,为本书集结成册奠定了坚实的基础。

感谢负责此次编写组织工作的丁涤和同志。丁涤和同志承担了联络协调、组织编写、会议筹备、会务安排、后勤保障等各项具体事宜,事情烦琐,但井然有序,体现了她出色的组织协调能力、认真负责的工作态度、无私奉献的高尚品质。

此外,感谢团中央办公厅唐显凯、汪世清、李薇同志,正是有了他们的大力帮助和热情参与,使得本书的编写工作得以圆满完成。

最后,对所有参与过本书编写工作、后勤保障工作以及提出过有益建议的各位同志,恕不一一点名,在此一并表示感谢。